本书出版得到国家社会科学基金学术会议类社团资助项目"写作与讲好中国故事"（批准号：22STB084）的资助，特此致谢！

写好中国故事
——中国写作学会专题论文选编

方长安 萧映 宋时磊 主编

WRITING CHINA'S STORIES

Selected Papers from the China Writing Association

社会科学文献出版社
SOCIAL SCIENCES ACADEMIC PRESS (CHINA)

编委会成员

主　　编　方长安　萧　映　宋时磊
执行主编　胡辉杰
编　　委（按姓氏笔画排列）
　　　　　　毛正天　方长安　刘　敏　孙永良　沈　闪
　　　　　　宋时磊　张　均　张新颖　陈建军　欧阳明
　　　　　　罗振亚　岳海翔　胡辉杰　柳　宏　夏　琼
　　　　　　涂险峰　黄晓娟　萧　映　焦幸安　戴红贤

目 录

中国写作学派建设

中国写作学派"三大体系"构建 …………………… 方长安 / 003
创意写作与高校作家培养 ……………………………… 张永禄 / 014
文道共兴讲好中国故事 ………………………………… 李艳茹 / 028
大写作教育观与教育模式创新 ………………………… 管曙光 / 039

中国写作经验传承

木兰故事的民间共同体想象与生命美学书写 ………… 刘 娟 / 051
从陈望道《作文法讲义》看中国现代写作理论的早期形态
………………………………………… 陈建军 沈瑞欣 / 063
现代论说文写作教材的奠基之作
——论孙俍工的《论说文作法讲义》兼及国文教育思想
……………………………………………………… 崔正升 / 084
民国初年思想文化状况的微观展示:"学校国文成绩"述论
——以江苏编为中心的考察 ………………… 王 逊 / 094
在文体探索与审美追求之间
——以新世纪小小说类文学期刊为中心 …… 刘 莹 / 114

尹世霖：一个被低估和漠视的"教师作家" ……………… 张元珂 / 127
欧阳黔森报告文学集《江山如此多娇》叙事研究
　……………………………………………… 刘　慧　秦　钰 / 155

中国写作现象透视

向世界讲述中国故事
　——简论何建明报告文学创作 ……………………… 佘　飞 / 175
非虚构写作视野下的"新山乡巨变"
　——以罗伟章《凉山叙事》《下庄村的道路》为例 … 王良博 / 187
"后乡土"、焦点透视与文学性的力量
　——论冉正万的中短篇乡土小说 …………………… 张智谦 / 202
非虚构写作的视域：从城乡中国到日常中国 ………… 李保森 / 216
历史、神话与史诗
　——《雪山大地》书写山乡巨变的三重维度 ……… 邓钟灵 / 232
概念与分析：新世纪长篇小说返乡书写研究述评 …… 史婉莹 / 252
张系国科幻小说中的中国文化内核 ………… 孙　慧　王新晓 / 267
动物视角下的家庭空间与城市版图
　——以电影《忠犬八公》为例 ……………………… 刘　诺 / 278
少数民族文学创作中民族性表达的创意过程探析
　——以满族作家老舍为例 …………………………… 杨　越 / 291

中国写作人才培养

论传统写作观对大学写作教学的启示 ………………… 曹　渊 / 307
立足学生主体性，提升写作教材的引领作用
　——谈高等教育出版社《大学写作》的编写策略 … 金　鑫 / 314

红色经典作品融入大学写作课程思政的价值与路径探究
.... 王美芸 / 324

中国写作未来展望

爱荷华写作模型的疗愈潜能探析 .... 刘 婕 / 335
基于读者思维的新媒体写作特性、策略与问题探究 .... 张纯静 / 347
通识写作课的网络媒介素养教育与课程思政实践 .... 朱垚颖 / 361
多屏共生时代屏幕写作特性的生成与转化 .... 林晓琳 / 368
海外写作学界如何看待"创意写作研究"
　　——以《创意写作研究》为中心 .... 王海龙 / 381

后　记 .... / 392

中国写作学派建设

中国写作学派"三大体系"构建[*]

方长安[**]

摘　要： 中国写作学作为现代学科体系中的一门独立学科，经过百余年建设，形成了属于自己的知识系统与教学特征，但是在世界写作学谱系中的主体身份与特色并不十分鲜明，自觉构建中国写作学派是当前中国写作学界需要面对的时代课题。中国写作学派是基于中国立场，以世界为背景研究中国写作现象，以讲好中国故事、传承与弘扬中国精神为目的的学派，中国特色、中国风格、中国气派是其基本特征。写作的社会性、综合性决定了当代中国特色的写作学派应确立起"大写作"观念，构建中国"大写作"学科体系；以"中国写作"为研究对象，融通古今中外资源，建设具有中国主体性的写作学术体系；基于新时代中国式现代化实践，探索建设中国现代性写作学话语体系。"三大体系"建设相互依存，彼此促进，决定了自主的写作知识体系建设的质量，在此基础上最终将建成真正的中国写作学派。

关键词： 中国写作学派　学科体系　学术体系　话语体系

写作与人类文化的发生、发展相伴而生，记录着千百年来的文明创造与文化发展，是知识人基本的生存方式，写作的历史就是人类文明演进的历史。关于写作的论述同样漫长，伴随文明社会的发展，处于不同文化圈的人都在探索以文字符号记载所属群体的生活。随着现代社会的发展，中国出现了不同于传统写作学的现代写作学，它无疑是五四新文化运动以后逐渐建立起来的，具有文化建构的特征。一百多年来，写作学逐渐走进课

---

[*] 本文曾发表于《中国高校社会科学》2024 年第 1 期。
[**] 方长安，武汉大学文学院教授、博士生导师，中国新诗研究中心主任。

堂，成为现代学科体系中一门独立的学科，体现了一种学科自觉，并形成了属于自己的知识体系与教育特征。它的发生、发展过程无疑灌注着一种基于中国立场的文化建设性，体现了生生不息的中国精神，但是其在世界写作学谱系中的个性并不十分突出，从体系性看，还没有构建起写作学的中国学派。进入新时代，我们需要基于中国立场，回望中国写作学百年发展历史，以讲好中国故事为目的，自觉探索构建中国写作学派。①

何谓中国写作学派？从术语构成看，中国写作学派由"中国""写作""学派"三个语词或者说子概念构成，"中国"规定了其在世界写作学学科体系中的国家身份与主体立场，标识着中国写作学的中国性；"写作"是其作为学派的学科范畴，规定了论说的对象；"学派"即学中之派，限定了派之学术性。所以，中国写作学派是以世界为背景、基于中国立场、以中国写作为言说对象的学派，写好、讲好中国故事，传承与弘扬中国精神是其重要目的。自觉构建中国写作学派是文化自信的体现，它将总结中国写作学历史，面向未来，形成具有中国特色、中国风格、中国气派的写作学，这不仅是中国写作学历史上的大事，也是世界写作学发展史上的大事。

如何构建中国写作学派？习近平总书记指出："要按照立足中国、借鉴国外，挖掘历史、把握当代，关怀人类、面向未来的思路，着力构建中国特色哲学社会科学，在指导思想、学科体系、学术体系、话语体系等方面充分体现中国特色、中国风格、中国气派。"② 所以中国写作学派的建设，就是要着力建构中国特色的写作学。中国写作学是相对于世界其他国家、语种的写作学而言的，其最基本的身份标志就是中国特色，其建构的基本维度与核心问题是学科体系建设、学术体系建设和话语体系建设，它们构成中国写作学派自主知识体系的基本内容与特征。

---

① 笔者在《改革开放时代的写作学——〈当代写作学 40 年（1980—2020）〉序》（《写作》2021 年第 4 期）中提出了"建设中国写作学派"的主张。

② 习近平：《在哲学社会科学工作座谈会上的讲话》，《人民日报》2016 年 5 月 19 日，第 2 版。

一　构建中国"大写作"学科体系

　　写作就是以文字或者符号进行记录，从缘起、书写内容与行为特征看，它具有个人性、社会性与综合性，中国古代的"杂文学"观念对应的主要就是写作的综合性特征，诗、词、歌、赋、论、说、记、传、章、表、书、奏、碑、谏、箴、铭等都属于"杂文学"范畴。近现代以来的学科分野使写作的分类也日益细化，如纯文学、俗文学、虚构写作、非虚构写作、应用文写作、实用文体写作、报告文学写作、现代杂文写作、公文写作、新闻写作等。

　　从教学发展与实际应用看，写作学的百年发展状况具有科学性与合理性，但其当代社会的综合性特征日益突出，社会生活中出现的诸多问题都不是自然科学、社会科学中某一单科所能解决的。例如，经济学领域出现的某一现象，往往涉及社会学、人文学、生物学、数学、环境科学、心理学等学科问题，不是传统经济学思维与方法所能解决的。因此，关于某一现象的处理与表达，也就不是一个世纪以来所形成的学科界限分明的单科所能完成的。近年来的新文科、新工科、新医科、新农科等建设，就是针对近年来学科发展现状与实际生活现象脱节的问题而实施的战略性工程。21世纪以来兴盛的大学通识教育，从某种程度上说也是为解决学科日益窄化不利于当代人才培养的问题而产生的。与之相应，新时代写作学科建设也就不能再沿袭近代以来的发展路径，不能再走日益细化、窄化的道路。

　　写作的社会性、综合性特征决定了当代中国特色的写作学在学科建设维度必须确立起"大写作"观念。笔者曾在《中国写作学优秀论文选（1980~2020）》序言中提出"大写作"概念："所谓'大写作'，就是要突破传统写作学壁垒，将人类所有写作行为纳入其体系，以开放的关系网络为背景，研究人的写作乃至人工智能写作现象，将写作活动看作人的全面发展工程，看作人类社会文化与文明建设工程，所以必须将写作学科置于文史哲大背景中，与社会科学相融通，与自然科学相融通"；必须在大学科视域中建设写作学,"写作学关心的不再只是文学性和应用性书写,而是在人的深刻性和文化复杂性意义上打通所有学科边界的书写现象,以抵达传统写作学所未曾达到的所有领域;写作学讲授的不只是遣词造句的问题,不只是行文的修辞技术问题,而是在人类文明发展的宏观视野里,将人、事讲得既符合其原本生存形态与逻辑,又利于当代的社会秩序建设和文化的健康发展,利于立德树人意义上人的综合素质的全面提升";应将写作视为一种育人的"诗教","以'写'育人,以'写'塑人,打开日益固化的专业性边界,解放人的思维能力与创造力,创造性是写作课培养的重要目标";写作学课程,不再只是中文专业的课程,也不再只是英文专业、新闻专业的课程,教学形式也不再只是传统的课堂教学和完成课后写作训练,而是突破传统的教授时空,利用全网络,进行系统的写作阅读与实践,将写作意识与实践行为融入现代数字化生存时空";"大写作"观是相对于现代以来所建立的文体分类基础上的"小写作"观而言的,但与传统的"小写作"观并不矛盾,"这种所谓的'大写作'观念,并不是要排挤传统的'小写作'课程,而是包括'小写作'的全部内容,否则'大写作'就可能成为一个抽空的概念,甚至可能成为一个新的打压写作学科发展的概念"。[①] 简言之,"大写作"就是还原"写作"的本义,即所有文字、符号等形式的记录、叙述都是写作,也就是将写作视为一种综合性叙事、知识生产乃至文化创造行为,"大"既是知识范畴意义上的概念,也是对书写行为质的规定性确认。

那么,在学科建设上如何贯穿与体现"大写作"观?现代学科的特点是教研一体化,学校教育促使知识分域、学科分类,某种学科体系在相当程度上就是其教学体系,所以我们思考"大写作"学科体系建设的主要落脚点是教学体系建设。现代以来形成的"小写作"观念,决定了长期以来的写作教学主要包括文学写作和日常应用文写作两大类,文学、新闻学、艺术学等专业开设写作课程,其他专业一般不开设写作课程。"大写作"观付诸学科建设实践将带来革命性变化。各级各类学校都应该根

[①] 方长安:《〈中国写作学优秀论文选(1980—2020)〉序》,《写作》2022 年第 5 期。

据学生年龄、班级层次与教学目的开设相应的"写作"课程,提高学生的想象力、逻辑思维水平与语言表达能力。尤其是高校所有专业均应开设写作课,从知识表达、个体情感或主观精神言说几方面建设课程。知识表达指具体专业知识的表述,诸如哲学、考古学、经济学、法学、社会学、心理学、生物学、信息管理学、遥感学、大数据科学、地球物理学等,无论是学术论文还是科普文章,都需要从如何写作表达的角度进行探索,设置课程。个体情感或主观精神言说主要属于文学性写作,人无论从事何种专业,都在某种意义上进行精神活动,所以都有自我言说的冲动与表达需求,都需要培养相应的写作能力,都需要进行写作训练,这是丰富专业之外的情感生活、精神生活的一种人文性训练。在这个意义上,写作课程既属于超专业性的通识教育,又在专业教育范畴之中。写作课程的这种革命性变革,是基于对人的复杂性的尊重,是将人视为大写的复杂的人之结果,而不是将人简单地视为专业性存在。知识性写作课程属于专业性写作体系,科学意识与精神是其突出特征,只能由专业教师来承担;情感性、主观精神类写作课程可以由具体专业教师承担,但主要由人文学科尤其是文学专业教师承担。所以,写作课教师队伍建设不只是文学专业的任务,而是所有专业师资队伍建设的题中之义,即写作教师队伍包括所有学科专业的教师,是一个综合性团队。这样一支教师队伍不仅有助于各学科专业之间的交流、碰撞与融合,激发科学性的想象力与创造力;而且有利于人文精神培养与探索,使科技与人文相结合,以科技革命促进人文探索与思想革命,以人文性写作的想象力丰富科学活动,这是人类思想革命与文明进步的重要传统。

那么,中国"大写作"学科体系建设如何突出中国特色?使中国写作学派在学科体系上具有中国特色,这是一个核心问题,需要进行艰难的探索。中国写作学相比世界其他国家写作学的一个显著不同是汉语写作,汉语是我们安身立命之本,是写作学科体系建设需要深入探索的问题。汉语不只是交流工具,也是一种区别于其他民族文化的存在,是文化本身。汉语既是中国写作的言语媒介,也是内在的文化属性。那么在具体课程体系设置中如何贯穿、体现"汉语性"?在非文学性的自然科学写作课程中，汉语表达主要是一种身份标识，自然科学符号、外语与汉语的融合就是一种文化融合，即汉语文化内容和表达逻辑借助汉字及其相关符号渗透至人类自然科学言说之中，使之呈现出中国特征。中国的社会科学类写作主要使用汉语表达，用汉语讲述人类社会科学知识，使之具有汉语特征，即中国性；情感或主观精神类写作，也就是"小写作"或者说文学性写作，在课程建设上，可以从汉语经典阅读与写作训练相结合的角度展开。汉语经典包括古代汉语经典和现代汉语经典，以汉语经典研习来提高写作能力，这是中国写作学派文学性写作课程体系建设的重要路径与特征。

值得特别注意的是，以"大写作"观念为逻辑支点推动的课程体系建设，是一种开放兼容的建设。一是汉语写作与中华民族其他语种写作之间的关系是开放融通的，少数民族语种的写作也属于中国学派写作，所以汉语品格与少数民族语言品格之间是相互兼容的关系，在兼容中融合，突显共同的中国性；二是汉语写作要吸纳外国语言写作的特色，使汉语写作成为一种文明互鉴的世界性写作。

二 构建中国主体性写作学术体系

中国写作学要想在世界写作学版图中成为特色鲜明的学派，必须构建具有中国主体性的学术体系。那么，如何构建中国写作学的学术体系，如何突出中国主体性？写作学学术体系指写作学作为一门独立学科的学术研究体系，包括学术研究主体、研究对象、问题与方法以及学术组织等，学术性是该体系的基本属性。中国写作学学术研究主体由不同学科教师、科研单位人员以及社会上的写作研究者构成；学术研究对象指所有写作现象，尤其是中国社会上发生的所有写作现象，包括写作活动缘起、心理机制、目的诉求与语言修辞等；问题与方法指中国写作学基于中国现实与立场关注的所有问题，以及提出问题、研究问题和解决问题的基本方式与特征；学术组织是为学术发展服务的机构，如中国写作学会、省市写作协会、写作类杂志、高校写作联盟等。"大写作"学科体系决定了中国写作学学术体系是一个以"中国写作"为研究对象、以讲好中国故事为主要目的的综合性学术体系。

"大写作"性的学术体系非常复杂,其构想与建设是一项艰难的工程。总体来说,目前写作学研究的基本内容、思维方式、问题意识与研究方法还没有摆脱几十年来形成的旧模式,面对科技飞速发展所带来的丰富复杂的写作现象,面对网络数字化写作尤其是大数据时代的智能化写作,还未建立起新的写作学体系、问题意识与研究方法。写作学学术组织相对其他学科组织,还需要加大建设力度;写作教研队伍规模小,人员专业构成较为单一;关于自然科学、人文社会科学、交叉学科等的写作研究,在一些具体学科内部取得了一定的成绩,但大都没有上升到写作学科建设的层面,其成果并没有自觉汇入写作学学术研究体系,尚没有建立起明确的汇入机制;历史、哲学、新闻、艺术等人文专业领域专业性写作训练在教研层面上时断时续,为写作学学术体系建设提供的成果与经验并不丰富;中文专业写作一直是中国写作学学术研究的主要内容,但学术体系建设滞后于写作实践探索,多停留于传统的写作修辞技术研究阶段,跟不上时代发展步伐;人工智能写作对人类写作构成现象级挑战,但这方面的研究刚刚起步,学科意义上的阐释还很少。

面对如此状况,如何构建中国写作学学术体系?首先,在研究主体建构方面,应突破既有的"小写作"观念。现有的写作学研究队伍大都是近几十年写作学教研体系培养出来的,绝大多数毕业于中国语言文学专业,一直以来主要从事文学写作和应用文写作研究,难以完全承担人文社会科学和自然科学相融通的学术研究。所以应确立一种"大写作"学术体系构建意识,构建包括人文社会科学与自然科学在内的由不同学科领域教师组成的研究队伍,以培养"大写作"急需的人才。其次,以"大写作"为视域,基于传统学科、交叉学科、前沿学科规划写作研究的内容与问题,研究不同学科领域的写作现象,更新写作学研究对象与方法。再次,现有的写作学学术组织,如高校写作学科和写作教研室、写作学会、写作中心、写作期刊等,应突破原有的发展思路限制,以新文科、新工科、新医科、新农科等建设为契机,并一定程度上利用通识课程建设平台,以"大写作"

学科建设为目的,形成联动性发展机制,就"大写作"学术体系建构的基本问题提出系列课题,开展深入研究,推出系列成果,力争产生广泛的学术影响,使"大写作"学术研究成为写作学研究的新思潮。

中国主体性是中国写作学学术体系的主体身份,是派性标志。中国写作必然具有中国性,但关于中国写作的学术研究并不必然具有中国主体性,这与研究者的身份、立场有关,所以具有建构性特征。首先,中国写作学的研究者和学术组织应以马克思主义为指导,以中国主体性身份与意识开展中国写作学现象与问题研究,使自己的学术成果具有鲜明的中国主体性品格。其次,应以构建中国写作学派为基点,研究复杂的中国写作学现象,由鲜活的写作文本敞开中国历史与现实的丰富性、复杂性,敞开中国大地上的风土人情,揭示中国写作文本中所灌注的生生不息的中国精神,揭示中国人民的文化创造力与发展人类文明的担当精神。再次,应在写作学术研究中构建坚实的写作学知识体系,应将几千年来中国人民创造的优秀的人文思想传统、修辞传统转化为当代写作学学术体系的基石。与此同时,借鉴外国写作学研究经验,在与世界写作学人对话中突出中国写作学特征,使中国写作学学术体系在融通古今中外资源的过程中充分体现中国特色、中国风格、中国气派。

中国写作学学术体系建构的中国主体性、"大写作"性与中外写作资源融通继承性,决定了它将具有自己的突出特征。一是专业系统性。专业性与体系性是中国写作学作为独立学派学术体系的本质要求;学术体系系统性建设应基于对"大写作"学科的理解与实践,"大"既指涵盖一切写作现象与问题,是"大系统"之意,又是专业性意义上的"大",即一种专业深刻性,所以在构建"大写作"学术体系的时候,系统之"大"和专业之"深"是合二为一的要求。二是时代原创性。新时代构建中国写作学学术体系要求吸纳古今中外资源,但首先必须立足当代现实与发展要求,以解决写作现实问题为导向,突出写作理论原创性,以原创性理论建构写作学新的知识体系,服务于中国当代写作学学科体系与人才培养。三是现代探索性。构建中国写作学学术体系,既是一种理论探索,又是一种历史实践,它不是完成时,而是进行时,所以立足现实、向未来敞开的探索性是其重要特征，探索性意味着一种开放性，即它不是故步自封的，而是必须广泛传承与借鉴。

三　构建中国现代性写作话语体系

　　话语是一种言语行为与结果，写作话语体系就是关于写作这一行为的话语之总体或者说写作话语大系统。处于世界写作学谱系中的中国写作学，首先必须具有中国主体性，其次应具有现代性特征，合起来就是中国现代性。那么怎样构建中国现代性写作话语体系？

　　首先，必须明确中国写作学的话语构成系统，即整体的话语系统。"大写作"观念与学科体系决定了中国写作学派应建构与之相应的话语系统，包括自然科学写作话语、社会科学写作话语、人文科学写作话语、交叉学科写作话语、人工智能写作话语等。不同学科系统的写作，如生命科学、考古学、地球科学、哲学、中文、计算科学等，均有彰显自身特征的文字符号、言语媒介、思维特征、言说规则与表达逻辑，具有独特的知识系统和思想理论体系，具有不同的表达话语、知识话语和思想理论话语，科学性、社会性、人文性是其突出特征；而新兴人工智能写作带来的科学性、社会性、人文性相交叉的话语，是一种具有更大冲击力与生长性的写作话语。"大写作"话语体系内，各个学科写作话语相互关联是一个重要现象，所以关系机制话语也是总体系统中的重要组成部分。"大写作"是一个开放的观念，所以中国写作学的话语体系也是开放的，这是其生命活力所在。

　　其次，弄清楚中国写作学话语体系的中心话语，即体系之根本。明确中心话语，纲举目张，才能解决语什么、如何语以及语的目的与结果等问题，才能科学地处理话语系统的内在机制特征。"中国写作"决定了该话语体系的核心特征是中国性，所以体系之中心话语就是"以写作讲好中国故事"。中国"大写作"话语体系虽然涉及的学科领域繁复，不同学科领域的话语内容、话语方式不同，但它们都是以直接或间接、显在或隐秘的形式围绕着"讲好中国故事"这一核心而存在的。社会科学类写作话语和人文科学类写作话语的语言形式、民族文化内涵、中华情感特征、中国精神品格等，均彰显与"讲好中国故事"这一中心话语的关系；自然科学类写作话语，主要是由研究成果的前沿性、突破性来体现其与中心话语的关系，以自然科学成果即"写作文本"，体现自然科学领域的"中国故事"，或者说以自然科学文本彰显中国人的科学精神，彰显中国精神。以写作"讲好中国故事"这一中心话语赋予了整个话语体系中国性，它是体系的灵魂，决定了体系的本质，使体系建构具有明确的方向性、目的性，主题鲜明，话语逻辑明晰。

再次，明确中国现代性写作话语体系建设的资源基础与路径。立足中国当代现实，构建写作学现代性话语体系，一方面，必须以中国写作历史为根基，充分吸纳中国几千年文化创造与书写的历史经验，从中国文章学、诗词学中发掘讲好中国故事的话语创造方式与表达经验。史传传统和诗骚传统是中华民族叙事话语和抒情话语深厚传统的典型代表，其精神体系与话语表达体系充分体现了生生不息的中国精神，是中国当代写作话语体系建设需要认真发掘、传承与创造性转化的资源。另一方面，外国自古以来的写作话语建设资源，如古希腊神话故事叙述传统、印度史诗叙述传统、文艺复兴时期核心话语创造机制、19世纪欧洲现实主义文学书写经验等，作为人类文明的重要组成部分，也是我们需要充分借鉴的。质言之，中外话语交流、文明互鉴是人类文化发展的历史经验，古今中外写作话语是我们建设中国现代性写作话语体系的资源基础。

写作话语作为一种写作表达与行为结果，是人的社会实践的产物。人类社会实践活动要求书写、记录，实践活动是写作的动力源泉，社会实践性是话语创造的突出特征。因此，构建中国写作学话语体系不能在书斋里闭门造车，而必须在实践中探索。不同学科的实践形式有所不同，自然科学探索的主要方式是实验，实验是科学活动最初的也是最基本的实践，科学发明的目的是应用于社会生活，所以从实验室到社会实践是一个必然过程，自然科学类写作话语体系只有在这样的实践过程中才能逐渐建立与完善。社会科学，顾名思义，社会实践性是其本质特征。人文科学的基本特征是人的文化实践与创造，社会实践和个体心理活动实践是其特征。既有的写作学话语无不是在不同的实践中创造的，面向未来的写作话语一定是在新时代社会生活实践中生成的，只有基于新时代中国式现代化实践才能探索、建设中国现代性写作学话语体系。

　　构建中国写作学派，是新时代发展中国写作学的重要任务，目标是在世界写作学谱系中建立中国自主的写作学知识体系。学科体系、学术体系与话语体系构成自主知识体系的几大基本板块，决定着中国写作学自主知识体系的面貌与特征。学科体系是一个学科独立发展的基石，中国"大写作"学科体系决定着写作学课程体系建设、教材建设与人才培养模式建设，所有大学、各个学科都有必要开设写作课，承担起写作教学与人才培养任务。写作学科与每个具体学科相关，有利于具体学科思维培养与成果表达；同时，它又与人才培养教育直接相关。中国主体性写作学术体系，决定着写作学学科体系的理论厚度与人才培养质量，是中国写作学科区别于其他国家写作学科的重要标识。中国现代性写作话语体系，是写作学科体系与学术体系之观念系统的表现，具体的话语符号、话语内容、话语逻辑、话语表达方式等具有先天的中国特征，同时又在中国式现代化实践中形成新的现代品格。中国写作学话语体系直接影响中国在当今世界的言说方式与表达能力，影响着中国声音的传播质量和效能。在中国写作学派建设中，学科体系、学术体系与话语体系建设相互依存、彼此促进，"三大体系"建设决定着自主的写作知识体系建设，决定着最终能否建成真正的中国写作学派。

创意写作与高校作家培养*

张永禄**

摘　要：文化经济时代，审美成为重要的生产力，文化类的创作创意成为经济社会发展的核心动力。这客观上要求高校重点培养艺术创作型人才，而不只是文艺批评家。新文科战略要求高校发展创意写作学科，培养具有创造性和创新能力的人才来回应时代之需。这就需要我们回归常识——作家可以培养，写作可以教授。美国大学的创意写作教育经验值得借鉴。创意写作教育本土化任重道远，现存的几种模式需要进一步体系化和理论化。

关键词：创意写作　生产型人才　作家培养　中国模式

文化经济时代，审美作为重要的生产力受到各国高度重视，文化类的创作创意成为经济社会发展的核心动力。英美等发达国家先后实施创意国家战略，把科技创新和文化创意作为国家发展的双驱动力。这意味着，高校文艺学科以培养理论研究者、批判者及教育者为主的教学理念与模式已不能满足社会和时代的发展要求。高校文学和艺术学科的培养重点应是艺术创作型人才，而不只是文艺批评家。

这个转变对中文学科提出了很大挑战。长期以来，高校似乎有一种理所当然的态度：中文系做学术研究，不培养作家。作家汪曾祺在回忆其西南联大的读书生活时提到，时任中文系系主任罗常培认为："大学不培养作家，作家是社会培养的。"[①] 20世纪50年代，北京大学中文系主任杨晦

---

* 本文曾发表于《文艺论坛》2024年第1期。
** 张永禄，上海大学文学院教授。
① 汪曾祺：《沈从文在西南联大的教学》，载汪曾祺《汪曾祺论沈从文》，广陵书社，2016，第43页。

在上课的时候曾表示："本专业不培养任何作家,请有这种想法的同学马上转系。"① 古典文学大家朱东润在1977年考入复旦大学中文系学生的首节课上也告诫:"你们想写作自己业余做,复旦没有培养你们当作家的义务。"② 近年来,陈平原、曹顺庆和葛红兵等一批学者反思中文系的人才培养目标,对中文系不培养作家提出异议。比如,曹顺庆就认为:"这些年,中文系没能很好地培养出作家,甚至就认为'中文系不培养作家'。我觉得这种说法,是非常不理直气壮的,甚至是错误的,应该好好反省。大学里当然能培养也应该培养作家。我个人认为,近些年来,没能很好地培养出作家,是我们中文系的失职。"③ 对于这两种截然相反的观点,需要我们站在时代高点,结合历史经验与写作逻辑相统一的观点,综合文学观念的发展变化、大学教育的使命与职责定位以及写作(包括创意写作)的自身特点做出学理的思考,这有助于清理不合时宜的认知和偏执误解,从而有助于大学健康有序开展创意写作教育,推动新时代作家观念更新与作家培养。

一 科学理解创意写作教育的内涵与使命

(一)"创意写作"的丰富内涵

"创意写作"的意指非常丰富,它可以是一门课程、一种理念,还可以是一门学科(专业),甚至是一种教育教学方法。"创意写作"作为一门课程,与"基础写作"等相对。2018年教育部专业目录中就把"创意写作"列为汉语言文学专业的重要选修课。欧美高校开设创意写作课程已司空见惯,它们一般称其为"创意写作项目"(即纳入国家专项资助计

---

① 《念中文系就能当作家?北大杨晦教授:"本专业不培养任何作家"》,网易,2022年6月17日,https://www.163.com/dy/article/HA2ANH8G0543LPQ1.html。
② 《复旦大学创意写作班创立十年 王安忆开课曾遭不少反对》,凤凰网,2020年1月6日,https://culture.ifeng.com/c/7tOigJDg0xM。
③ 曹顺庆:《中文系培不培养作家?能,而且应该!》,《华西都市报》2021年2月20日,A12版。

划），这是创意写作发展很重要的前置条件，它帮助作家成为高校驻校作家，有稳定生活来源，能安心教书与写作。创意写作作为课程，与传统的基础写作最大的不同在于，它主要讲授的不是写作的基本理论，而是以写作工坊教学为标志性教学方法，引导学生提升写作的信心和开展具体的写作实践。

作为课程项目，欧美国家的创意写作课程开设非常普遍。教育主导者更多地把创意写作作为通识教育来开展，重点就是提高学生的表达能力和批判性思维能力。哈佛大学、斯坦福大学和耶鲁大学等名校非常重视写作课程，从大一到大四都开设类似创意写作的课程。苏炜介绍，写作课在耶鲁大学被誉为该校"金课"中的金课，是学生最难抢选的课程。[1] 清华大学于 2018 年面向全校新生开设"写作与沟通"课程，很大程度上是学习和借鉴了国外名校的做法。事实上，越来越多的高校（特别是理工科院校）意识到学生的表达能力不足，这不仅严重影响其专业水平的长足发展，也对学生的整个职业产生重要影响。重视和开设写作课已经成为高校普遍共识。这也是目前国内 500 多所高校开设创意写作课程的内在因素，但课程的普遍开设导致高校写作教育师资奇缺，这种状况与美国 20 世纪 40~50 年代创意写作教育面临的问题非常相似。

创意写作还意味着一种新的教育教学方法。对创意写作抱有敌意的人经常质疑："哪些写作是有创意的？哪些写作是没有创意的？"本质上讲，所有真正的写作都是有创造性的。美国著名创意写作教育学者唐纳利认为，创意写作与传统写作的根本区别在于，它作为一门学科，有自己的标志性的方法——工坊制教学方法，就像临床试验之于医学、田野调查之于人类学。通过工坊制教学，一群没有发表作品的学生教会了另一群从未发表作品的学生发表作品。工坊制教学法改变了传统的师徒制教学法，一群学生通过相互激发、相互讨论等集体合作互动的方式，迅速提升写作水平和能力，让作品达到发表水平。在这个过程中，学生是真正的主体，老师

---

[1] 《旅美作家、学者苏炜：中文写作该如何操练？》，中国作家网，2017 年 6 月 28 日，http://image.chinawriter.com.cn/n1/2017/0628/c405057-29367257.html。

则是旁观者，学生的主观能动性能得到充分发挥，积极性得到鼓励和保护。今天，工坊模式越来越得到认可和推广，对于创意写作来说，它是一种相对成熟而稳定的教学方法，可以作为其标志性教学方法。

创意写作要发展，不可避免要成为专门学科，这是中外研究者的普遍共识。1937年，爱荷华大学规定学生可以通过提交文学作品获得学位，标志着创意写作走上了学科化道路。据统计，目前，仅在美国，已有940个创意写作项目，包括本科学位项目740个（其中文学学士项目552个、艺术学士项目46个、理学学士项目4个及其他若干辅修学位项目）、硕士学位项目275个及博士学位项目48个。[①] 中国高校一些有识之士希望创意写作获得教育部认可的学科地位，而不是自主增设或寄生于其他学科门下。作为独立学科，创意写作应该有自己的研究对象、方法和概念范畴与体系。欧美国家出现了迈尔斯、麦克格尔、保罗·道森、大卫·莫利、哈珀、唐纳利等著名学者。葛红兵、刁克利、王宏图、许道军、张永禄、陈晓辉、刘卫东、雷勇、高翔等一批学者在美国创意写作理论启发下，努力进行本土化建设，在潜能激发、创意成规、创意阅读、创意作者、创意思维、创意国家与社区、疗愈写作、数字化写作等方面开展建设。但这刚刚起步，中国创意写作学的本土化建设任重道远。

（二）"创意写作"的使命

无论在何种意义上使用"创意写作"这个概念，其背后都有一些相通的内涵与使命。本质上讲，创意写作是一种激发普通人创造力的教育改革运动。创意写作源于美国的文学教育改革，其目的是改变欧洲古典学、修辞学和语文学等教育对当代人思想和情感的桎梏，早期试图通过阅读当代文学作品和进行新写作（相对于拉丁语等古典语言写作）这一书写当代生活的写作训练方式，发掘普通人的创造力和潜能，以摆脱欧洲文化对青年美利坚的"影响的焦虑"。创意写作教育坚信每个人都有创造力，都

[①] "Association of Writers & Writing Programs"，https：//archives.awpwriter.org/guide/guide_writing_programs，accessed December 30, 2023. 另可参阅高尔雅《美国创意写作学科发展史专题研究》，博士学位论文，上海大学，2019年。

有成为天才的潜质,这种潜质借助写作工坊教育的方式得到激励和释放。被美国总统林肯誉为"美国文明之父"的爱默生1837年在题为《美国学者》的演讲中提出"创意阅读和创意写作"的口号,"希望美国高校能够实现转型,成为真正致力于创意写作与创造性阅读的机构";① 另一位创意写作教育重要推动者休斯·莫恩斯1925年出版了创意写作的重要著作《年轻的创造力》,论述校园写作(主要是通过创意写作教学)如何培养学生的创造精神,让青年的美国与年轻的创造力交相呼应,成为美国创意写作教育的分水岭——从自我表达向创造力培养转移。②

培养和发展年轻人创造力的方式有很多,为何选择创意写作教育?这可能有偶然性因素,但更多地与文学及文学创作的性质相关。在早期的创意写作者看来,文学研究和文学是不同的,文学研究以文学为对象,是知识性活动,它以文本接受为首要原则,因此强调"积累、彻底性、准确性以及文本和语言、文本和文化之间的关联性",但它"始终无法接受文学作品最初是如何产生的","文学不是研究对象,而是惊讶与欣喜的所在,不能仅仅加以了解,而要不断创造与再创造"。③ 因为文学是想象力的发展,是不断的创造与再创造,加之它的公共性和入门门槛比较低等优势,文学写作就很自然地成为培养年轻学生的基本途径。随着美国高等教育的进步主义理念的推广,与教育的民主化、多元化和大众化一道,加之美国新闻与报刊印刷业和影视业浪潮相继到来,大量的创意写作专业毕业的学生成为文化创意产业的内容提供者。苏炜指出:"美国80%以上的作家是通过大学的写作训练培养出来的。"④ 他们为促进美国文化产业发展做出重要贡献。

创意写作教育作为一种新人文学科,具有鲜明的人文性⑤。它一方面

---

① 〔美〕D. G. 迈尔斯:《美国创意写作史》,高尔雅译,上海大学出版社,2022,第51页。
② John Carr Duff, "Pioneer in Creative Education", *The Clearing House*, Vol. 40, No. 7, 1966, p. 417.
③ 〔美〕D. G. 迈尔斯:《美国创意写作史》,高尔雅译,上海大学出版社,2022,第49页。
④ 《旅美作家、学者苏炜:中文写作该如何操练?》,中国作家网,2017年6月28日,http://image.chinawriter.com.cn/n1/2017/0628/c405057-29367257.html。
⑤ 关于创意写作的人文性特征,具体参阅张永禄《论创意写作教育的人文性》,《山东青年政治学院学报》2020年第1期。

是对文学和文学创作的解放，另一方面是对人创造力的解放。其核心口号是"写作可以教，人人可以成为作家"，其目的是通过以文学写作为中心的写作活动，把文学和自由连接起来。从文学阅读之门进入，通过工坊式写作活动，引导大众在写作中获得自我解放，走向个体的自由。从这个意义上讲，承认和发掘普通人的创造力，通过写作方式让他们获得自由，符合马克思主义的人民史观。只有厘清了美国创意写作教育的发生学和其新人文学科使命，我们才不会望文生义地嘲笑、诘难或者困惑地追问"哪些写作是有创意的，哪些写作是没有创意的"或者"不按照创意写作训练的作品就没有创意吗"？

二 新文科战略要求高校培养写作人才来回应时代之需

结合新文科战略和美国文化创意产业发展的历史，发展创意写作是新文科对文学学科转型的必然要求。换句话说，高校发展创意写作是新时代之需。

创意写作具有天然的新文科属性。"新文科"这一国家战略的全面启动和实施，对中国大学文科、中国教育乃至中国社会将产生巨大影响，也为创意写作在中国高校的发展提供合法性。"新文科"就是文科教育的创新发展，把新文科定性为创造性文科，"创造性"或"创意性"（creativity）是新文科的灵魂和根本意涵。何为创造呢？英国文化唯物主义学者雷蒙德·威廉斯考证，creative 在现代英文里有三重意涵，即 original（原创的）、innovative（革新的）以及 productive（生产的）。[①] 这三个意涵有助于我们对新文科的基本精神和内涵旨意的把握，也把创意写作与新文科属性紧密联系起来。

新文科是新时代社会发展对中国高等教育的必然要求。当今世界正

---

① 〔英〕雷蒙·威廉斯：《关键词：文化与社会的词汇》，刘建基译，生活·读书·新知三联书店，2005，第92页。

发生深刻的政治、经济和文化巨变。中国经过近百年的发愤图强,逐步改变落伍状态,正从世界的幕后走向前台,走向世界舞台的中央。变化的世界需要教育跟着变化,包括文科在内的中国高等教育要积极为社会服务,培养当今和未来社会需要的新人才。同时,这也是文科教育发展的历史性新机遇,是中国文科教育走出西方理论霸权和"影响焦虑"的重要节点。

社会需求是科技和文化发展的原动力。恩格斯说"社会上一旦有技术上的需要,则这种需要就会比十所大学更能把科学推向前进"。[①] 中国社会对于高质量文化生活的需求必将推动新文化和新文科的发展。现实社会需求下催生的文科内涵和形式才是原创的(original),具有鲜活的生命力和远大前程,这样的新文科教育培养的人才才是符合当今社会发展需要的有用人才。包括创意写作在内的人文科学要走出高校封闭的体制内的自我循环,直面社会重大需求,做好社会服务。很显然,现代社会的生产方式和特点要求高校为其培养专业化人才。具体到文学和艺术学科,则要求高校文学艺术专业重点培养艺术创作型人才,而不只(或不宜主要)是艺术批评家。高校创意写作教育当以培养服务于文化市场的各种各样的作家为己任。

新文科要求文学等专业脱虚向实,以满足国家和人民不断发展的实际需求为使命。著名的创造力研究家斯滕博格说:"创造力是一种提出或产出具有新颖性(即独创性与新异性等)和适切性(即有用的、适合特定需要的)工作成果的能力。"[②] 我们过去考量创造力,对新颖性很重视,但对适切性强调不够。新文科有意纠正这个偏向,把满足社会和个体需要的适切性作为新文科的重要衡量指标。

高等教育要实现高质量发展,专业和学科建设的"小逻辑"就要服务和服从于经济社会发展的"大逻辑",以需求导向、目标导向和特色导向来进行专业改革,大力打造和扶植特色优势专业,积极升级改造传统专

[①] 《马克思恩格斯文集》第 10 卷,人民出版社,2009,第 668 页。
[②] 〔美〕罗伯特·J. 斯滕博格主编《创造力手册》,施建农等译,北京理工大学出版社,2005,第 3 页。

业，坚决淘汰不适合社会需求发展的专业。这个举措对传统的文史哲专业和学科提出了挑战。

对传统文科的改造升级是一个大课题，也是难题，需要花很大力气摸索和推行这个改革。但基本方向可以大致确定：一是从传统文科门类里面"生长"出对社会需求有用的专业和学科方向，比如新闻、出版、秘书等就是从文学中分化出来的应用学科；二是从素质和能力并重的教育改革中培育出新的学科，比如创意写作学科重视对学生的创造素养和能力的教育；三是推进传统思想文化的现代性转化，让传统文化成为活的新文化，在新时代迸发出新的活力，产生巨大的精神动能，起到"培根铸魂"的作用。文化经济时代，人们对高品质文化需求越来越强烈，这客观上要求高校文学专业的学生与艺术生一样要直面文化市场，成为艺术的生产者，而不仅仅是过去文化艺术的解释者和批评者。

新文科要求高等教育落实到人的身上，培养有创造力的中国青年。"为谁培养人，培养什么样的人"？这是中国今日教育面对的根本问题，也是新时代文科人才建设面对的根本问题。新文科要培养的不是传统文化的忠实拥趸，也不是西方文化的粉丝，而是培养具有自信心、自豪感和创造性的青年。新文科培养的人才是中华文化的传承者、中国声音的传播者、中国理论的创新者、中国未来的开创者。面临越来越激烈的国际竞争，唯有高端人才的数量和质量得到保证才是胜出的法宝。国家实施新时代人才强国战略，对高校的人才培养质量提出了期待和要求。

新文科如何培养大学生的创造力？一个重要举措就是大力开展通识和专业并举的创造力教育。也就是把创造力教育作为大学生的必修通识课，在新文科的各个专业融入创造力教育，形成"创造力+专业"的课程教学与实践体系。创意写作教育无疑契合创造力提升和创造性写作人才培养的需求，具体到中文系就是培养作家。前文讨论创意写作的内涵时已经明确说明了这一点。创意写作的根本意义溢出了其学科可能的范围和效果，也溢出了文学教育的属性，走向了人类的基本创造性和自由。因而，从这个意义上讲，创意写作是天然的新文科，符合国家的根本战略，在服务地方经济文化发展方面前景广阔。

三　高校培养作家的路径和方式

传统意义上把作家作为"人类灵魂的工程师"的观念需要修正，否则我们仍走不出天赋作家的精英主义观念。刁克利在推介多萝西亚的《成为作家》时指出："英语中作家有两个含义：一个是创作的人，即'写作'（write）这个动词加一个后缀，变成做这个动作的人（writer），所以，作家就是愿意写作、能够写作、正在写作的人，与写作有关。在这几本书里，你会读到比如学生作家之类的词，即将来有可能成为作家，而现在的身份是在校学生的人。当然，也指任何从事写作的人，不管他的职业背景和身份是什么。换句话说，只要在写作，就可以被称为作家。所以，作家人人可为。另一个是我们熟悉的作家，是一种身份和职业，即主要靠写作为生的人，或者在写作上取得了成就，可以稳定写作为业的人。"① 我们习惯于从第二种意义上理解"作家"，而忘记了从第一种含义上理解"作家"（第一个含义包含了第二个含义），一些苛刻之人甚至把从事网络文学写作的人降格称为"写手"或"码字的"。在文化经济时代，我们需要解放"作家"观念，让对"作家"的理解和认定权回归到大众手中，坚持"愿意写作、能够写作、正在写作的人"都是"作家"，让"写作"成为每个个体日常生活的需要和习惯性行为，回到"作家人人可为"的常识。

那么高校应该如何培养作家？高校培养作家的方式与传统作家生成有何不同？传统作家基本是自学成才或者采用师徒制的私相授受。这需要学习者个人有较高悟性和意志力，有的人可能"运气不好"终生无所成就。但现代学校对人才的培养是集体性、专业性的，它们强调包括创意写作在内的学科是由专门知识、技巧和规律构成的，这些通过集体教授和习得可以获得。相比而言，这种方式有利于快速有效地培养大批量人才，这正是现代人才培养的特点与规律。作家阎连科曾发出"电梯说"的感慨："前

---

① 刁克利：《译者序：作家是可以培养的》，〔美〕多萝西娅·布兰德：《成为作家》，刁克利译注，中国人民大学出版社，2011，第2页。

两天看了这套书(指中国人民大学出版社'创意写作书系'——引者注),感到非常沮丧,因为在我五十岁的时候忽然发现,一栋七层高的楼房,像我这代人是从楼梯一层层走上来的,但其实它是有电梯的。等你知道这个事情,已经五六十岁了。在中国确实一直在说作家是不可培养的,是没有方法的,看了这套书你就知道确实是有电梯存在的。"[1]

结合当前中国高校开展创意写作教育的各种路径和经验,高校对于作家的培养存在三种形式或状态。

第一,高校是 21 世纪作家存在和活动的重要场所。在中国,作家存在的方式一般有如下几种:一是处于中国作家协会系统的专业作家,这些作家属于所在地区的事业编制,旱涝保收,但在市场经济的冲击下,作家协会系统严格管控编制名额,编制数量有限,多地逐步推广签约作家制以限制专业作家数量;二是兼职作家,这类作家有自己的工作单位,他们的主业或是记者或是教师、编辑等,写作是其业余爱好;三是自由作家,以写作谋生,但不依附在作家协会体制内。这些年随着网络等大众媒体,特别是网络写作兴起,靠文艺市场生存的作家慢慢增多,但除了一些头部作家外,腰部及以下的作家绝大部分生存状况一般。

进入 21 世纪以来,"中国当代文学生产中出现的一个很重要的现象,就是越来越多的作家回到高校……选择学院化生存的方式"[2],像王安忆、阎连科、毕飞宇、余华、苏童、方方、东西、田耳、郑小驴等越来越多的作家开始"转会"高校,成为"驻校作家"。由于高校扩招、大学功利化选择以及创意写作教育的兴起等综合因素,高校向作家抛出橄榄枝。对作家来说来,或"通过在高校谋得一份教职,为写作提供物质保障",或"进入高校,希望重新找回写作的状态",或"在大学里聚众收徒,传播文学,似乎都是这一代作家身上埋藏已久的梦想"等。[3] 无论出于何种目

---

[1] 《写作不可教?听听作家怎么说丨阎连科:每个人都可以成为作家》,知乎,2018 年 9 月 9 日,https://zhuanlan.zhihu.com/p/44122544。

[2] 叶祝弟:《新世纪文学生产机制批判:关于"作家学院化生存"的思考》,《社会科学》2012 年第 10 期。

[3] 叶祝弟:《新世纪文学生产机制批判:关于"作家学院化生存"的思考》,《社会科学》2012 年第 10 期。

的，作家进校园，以文学和写作的名义与青年学子在一起，有利于作家的"业务"水平提升，这事实上也是一种形式的"作家培养"，这种作家模式与历史上的"校园作家群"现象形成了本雅明所谓的"星座化"。

20世纪30年代，美国高校招生人数急剧扩张，招募了很多作家进高校教写作，这一方面对美国的创意写作发展起到了推进作用，另一方面也为作家提供了进步的机会，至少生活得到保障能让他们安心创作。美国校园作家的成熟与校园文学的几度繁荣从一个侧面也说明校园是作家成长和发展的理想环境。在中国，随着创意写作在高校中文系的普及，更多地方作家进入高校（专职、兼职），高校在作家系统的地位越来越高，以作家为纽带，作家协会、作家和高校的关系也越来越密切，更多地为地方文化文旅产业、地方公共文化服务。这是大学教学改革、建设新文科专业的重要途径和趋势，也是作家实现和发挥个体价值的有效方式，我们不妨称之为中国特色作家培养模式。过去，这种方式主要依靠作家协会来实现，如今高校的优势可能更加明显。

第二，高校成为培养新一代作家的摇篮。创意写作教育的普及，促使中文学科内部出现分化，从传统的语言与文学的二分，转变为语言、文学和创作的三足鼎立。创作就是要培养现在或未来的作家，越来越多怀着"成为作家"梦想进入中文系的学生可以光明正大地写作，在校园作家指导下，在校园浓厚的文学氛围与便利的文化资源的补给下能迅速成为作家。这里面可能有几种情况需要区别认识。一是对于本身写作天赋很好的人，创意写作教育能早日发现并帮助他们尽早尽快成才，即所谓写作天才和促成其早日成才。复旦大学陈思和在创办首个创意写作硕士时坦言："MFA（创意写作硕士）并不培养文学天才，因为天才毕竟是少数，但MFA至少可以发现天才并通过系统的写作训练，释放学生的写作潜能。"[①]

二是大多数写作天赋一般的写作者，在大学通过正确方法的引导和自我刻苦训练成为优秀作家。这种培训是系统的、多层面的，从创意阅读开始，经过模仿写作和工坊制训练等，到作品朗诵和投稿比赛等环节历练，

---

① 〔美〕多萝西娅·布兰德：《成为作家》，刁克利译，中国人民大学出版社，2011，封底。

新一代作家就这样"打造"出来。复旦大学、华东师范大学、北京师范大学、上海大学等开展创意写作教育，培养了不少学生，在《人民文学》《上海文学》《北京文学》《诗刊》等大刊都发表过不少作品，还有不少学生出版长篇小说和作品集。

三是以中国人民大学的创造性写作教育为代表，这是对国内一些崭露头角的青年作家进行学位教育，帮助他们进一步提升的人才培养模式，有些类似鲁迅文学院的作家培训与提升方式，但因它发生在高校，有丰富的高校资源和校园文化生活作为底蕴，因而具有独特性，影响力很大。

这三种高校作家培养模式主要发生在985高校，看重第一种含义上的"作家"概念，主要培养传统作家。作家叶炜认为，它们主要是培养文学的"农耕者"。[1] 应该看到，随着创意写作教育体系在中国逐渐发展成熟，写作氛围会越来越浓郁，加之发表条件宽松和形式的多样化，一定会吸引更多有着文学梦的孩子进入创意写作教育。大学重新成为作家的摇篮，大学写作现象和写作群的出现指日可待。

第三，高校承担为文化创意产业培养创意人才的任务。高校创意写作人才培养目标和模式有很多，《中国创意写作研究》曾开设"创意写作在中国"来介绍包括港澳台地区在内的全国30多所高校的做法与实践。我们也曾经把高校创意写作人才培养模式分为三种模式：第一种是以中国人民大学为代表的作家2.0提升模式；第二种是以复旦大学为代表的专业作家（传统精英作家）培养模式；第三种是以上海大学为代表的文化创意人才培养模式。[2] 叶炜认为："当下的中国创意写作实践已经出现了两个实践路径：一个是主要培养包括作家在内的创作人才，主要面向依然是文学；一个是培养创意人才，主要面向文化创意产业。而这两种探索路径对应的恰好是对于欧美 creative writing 一词的两种内涵不同的译介：创造性写作和创意写作。"[3]

---

[1] 叶炜：《创意写作的分化：选择"游牧"还是"农耕"？》，《文学报》2023年7月27日，第8版。

[2] 张永禄：《上海大学：中国创意写作教育的爱荷华》，《田家炳中华文化中心通讯》2022年第1期。

[3] 叶炜：《创意写作的分化：选择"游牧"还是"农耕"？》，《文学报》2023年7月27日，第8版。

他把前一种培养方式比喻为"农耕",把后一种方式比喻为"游牧"。

对于更多的高校中文系来说,创意写作培养的就是直面无限广袤的文化产业的生产者,即广义的作家培养。高校的人才培养要直接服务国家战略和国家重大现实发展需要。在文化经济时代,创意人才的聚集和创意产业的发展成为衡量国力的核心指标之一,美国、英国、澳大利亚、日本、新加坡等发达国家的创意产业在 GDP 中均占据支柱产业地位,比如美国的创意产业占 GDP 的 25% 以上。[1] 美国创意写作教育对创意人才的培养对此功不可没。2016 年 5 月 19 日,国务院颁布了《国家创新驱动发展战略纲要》,不仅把文化类创作创意视作经济发展的核心动力,而且将科技创新创意当作社会经济核心动力,这标志着中国创意国家战略基本成形。我们需要重视通过创意写作教育和"创意写作+专业"的教育方式来培养文化创意产业需要的创意人才。直白地说,就是培养文化产业上游需要的策划人、编剧人及原文稿、文本的写作人员和传播者等。恰如金永兵所言:"创意写作,不仅关乎如何写出具有创造性的文学作品,更涉及训练如何用各种符号语言来表达创意、制造创意,进而使创意成为已有文化产品的新的生长点。因此,创意写作的学科体系,培养的不是拘泥于某一类既有写作方法和风格的文字操作者、使用者,而是具有复合型知识体系、对文化语境的总体发展有推动作用的创新者、创造者。"[2] 从这个意义上讲,创意写作要培养的人才有着无比宽广的前景和美好未来。如果高校及时跟上社会现实需求的变化,大力推行创意写作这样的文学生产型人才的培养模式,那么创意写作在中国的前景也一定很灿烂。

结　语

发展创意写作及教育是世界性大趋势,也是中国文学教育的必然走向。但创意写作自诞生以来就一直备受争议。从欧美创意写作发展的教训

---

[1] 鲁元珍:《国外文化产业发展面面观》,《光明日报》2015 年 12 月 17 日,第 13 版。
[2] 金永兵:《新文科与创意写作人才培养》,《中国大学教学》2021 年 Z1 期。

来看，一个重要问题就是它以实践性著称，不重视理论建设。中国创意写作教育一开始就要有建立在实践基础上的理论自觉。这既是对欧美创意写作早期问题的规避，也是对中国高校教育学科化特点的适应。首先，创意写作理论建设中的一个难点是如何自觉确立同既有文学理论与文学批评的知识生产、理论体系的区别，建立以作家为主体、以文化创意生活为旨归的生产性文学体系，即刘卫东所言："以创意写作学科建设为契机，凸显作家参与的文学知识生产，建构作家主体性，将文学创意导向创意城市的文学实践，是通向不同于话语生产的新的文学知识生产的潜在路径，走向更为开放、更有活力的文学知识生产。"[①] 这将是一个漫长的过程。在中国当下，若创意写作及其理论体系建设不能实现，便会重蹈现代写作学的覆辙。希望在不久的将来，创意写作能获得专业型博士的学科地位。其次，创意写作和作家培养的方式与路径，立足高校又要溢出高校，要以丰富多彩的社区活动形式实现写作训练与作家培养的"社会化"。社区化与工坊制的结合是创意写作最有活力的所在。高校培养作家，并不是要把作家的写作活动空间框定在课堂或者校园，社区才是开放的创意空间。这与传统写作要求作家深入生活、深入群众是一致的。最后，我们不仅要解放作家"观念"，也要解放作品"发表"观。在社会交往与社交媒体前所未有便利和繁荣的时代，校园作家要学会推销自己的"作品"，在各种社区空间"呈现"和"表演"自己的作品，让作家自己的作品成为公共艺术品或公共性艺术活动的内容。知易行难，解决以上三个难题需要很长时间。创意写作需要不断地在实践中展开和在理论提升中成长，在各种诘难中成熟。但我们乐观地预测，中国未来作家会越来越多地由高校创意写作教育培养成才。

---

① 刘卫东：《文学知识生产的潜在路径与可能形式：基于创意写作研究的视域》，《中华文化论丛》2022 年第 2 期。

文道共兴讲好中国故事

李艳茹*

摘　要："讲好中国故事"的论述对中国写作学科有重要的指导意义。狭义的"文"可指文学，中国文学写作只有讲好中国故事才会走向世界；广义的"文"指"文章"，"讲好中国故事"就是文道关系在当代的新发展。故事背后的思想和话语就是"道"，中国写作学科要致力于构建中国话语，开创文道共兴的新局面。

关键词：文道共兴　中国话语　中国故事

文道论是中国写作学上一个源远流长的老话题，随着时代的发展不断被讨论、被更新。"讲好中国故事"是新时代习近平总书记关于社会主义文化建设的重要论述。政策的新论述指导老话新谈，对文道论的新探究也会给新论述提供强有力的理论支撑。文道共兴，讲好中国故事成为可能。

"讲好中国故事"的政策论述具有延续性。2013年8月，在全国宣传思想工作会议上，习近平总书记首次提出："要着力推进国际传播能力建设，创新对外宣传方式，加强话语体系建设，着力打造融通中外的新概念新范畴新表述，讲好中国故事，传播好中国声音，增强在国际上的话语权。"[①] 此后，2016年中国文学艺术界联合会第十次全国代表大会、中国作家协会第九次代表大会开幕式，2017年党的十九大，2018年全国宣传思想工作会议，2021年中国文学艺术界联合会第十一次代表大会、中国作家协会第十次代表大会开幕式等重要场合，习近平总书记就这一问题进行多次阐发。2022年10月，党的二十大报告进一步提出要"增强中华文

---

* 李艳茹，内蒙古大学文学与新闻传播学院副教授。
① 《习近平关于社会主义文化建设论述摘编》，中央文献出版社，2017，第197~198页。

明传播力影响力。坚守中华文化立场，提炼展示中华文明的精神标识和文化精髓，加快构建中国话语和中国叙事体系，讲好中国故事、传播好中国声音，展现可信、可爱、可敬的中国形象"。① 以中国话语和中国叙事讲好中国故事，更加鲜明地体现了中国的文化自信。要实现这一目标，正如习近平总书记号召的那样，"不仅宣传部门要讲、媒体要讲，而且实际工作部门都要讲、各条战线都要讲"。② 中国文艺工作者更要吹响时代的号角。

写作本就是文艺的一种。就中国写作学科而言，早在世纪之交就面临如何坚持中国写作立场、构建中国话语的问题，具体而言就是要解决"为谁写""怎样写""写什么"的问题。"讲好中国故事"的论述，号召广大文艺工作者"用情用力讲好中国故事，向世界展现可信、可爱、可敬的中国形象""在世界文学艺术领域鲜明确立中国气派、中国风范"，③从根本方向上给予指导。学习并贯彻这一论述，对中国写作学科意义重大。

一 "讲好中国故事"：文学写作 走向世界的必由之路

"讲好中国故事"论述对中国写作学有重大的指导意义，同时写作也是讲好中国故事的重要途径。2014 年习近平总书记在《在文艺工作座谈会上的讲话》中说："国际社会对中国的关注度越来越高，他们想了解中国……而文艺是最好的交流方式，在这方面可以发挥不可替代的作用，一部小说，一篇散文，一首诗，一幅画，一张照片，一部电影，一部电视剧，一曲音乐，都能给外国人了解中国提供一个独特的视角，都能以各自

---

① 习近平：《高举中国特色社会主义伟大旗帜　为全面建设社会主义现代化国家而团结奋斗——在中国共产党第二十次全国代表大会上的报告》，《求是》2022 年第 21 期。
② 习近平：《把中国故事讲得愈来愈精彩，让中国声音愈来愈洪亮》，载习近平《论党的宣传思想工作》，中央文献出版社，2020，第 122 页。
③ 习近平：《在中国文联十一大、中国作协十大开幕式上的讲话》，载习近平《习近平重要讲话单行本》（2021 年合订本），人民出版社，2022，第 181、182 页。

的魅力去吸引人、感染人、打动人。京剧、民乐、书法、国画等都是我国文化瑰宝,都是外国人了解中国的重要途径。"① 小说、散文、诗、电影、电视剧都属于文学写作的范畴,文学写作能以独特的审美形象"吸引人、感染人、打动人",是"讲好中国故事"不可替代的重要方式。

走向世界传播中国文化的中国文学作品比比皆是,如元代纪君祥创作的杂剧《赵氏孤儿》。这是第一部传入欧洲的中国戏剧,清雍正十年(1732),法国耶稣会教士马若瑟从《元人百种曲》中挑出纪君祥的《赵氏孤儿》,将其译成法文,取名为《中国悲剧赵氏孤儿》。目前,《赵氏孤儿》有一个法文版本、两个英文版本、一个德文版本和一个意大利文版本。虽然这部戏剧在传播的过程中,欧洲的剧作家根据自己的认识进行了多样化的改编,但《赵氏孤儿》促成了东西方文化的交流与交融。法国文学家伏尔泰高度评价道:"《赵氏孤儿》是一篇宝贵的大作,它使人了解中国精神,有甚于人们对这个庞大帝国所曾作和所将作的一切陈述。"② 西方观众通过戏剧讲述的故事了解了中国文化和中国精神。

戏剧作品可以通过讲述中国故事,传播中国文化和中国精神,小说亦如此。产生于明末清初的中国古典白话小说《好逑传》就是一例。《好逑传》是以青年男女爱情婚姻为题材的才子佳人小说。小说中的铁中玉与水冰心不违礼教,宁失爱情,不失伦常,固守贞洁的行为,表现了对当时伦理道德的维护。1761年,英国人托马斯·珀西发表了《好逑传》的英译本,开启了这部中国古典小说在欧洲的传播之路。1827年,德国的大文豪歌德在阅读这部小说后与助手爱克曼谈自己的认识时说:

> 中国人在思想、行为和情感方面几乎和我们一样,使我们很快就感到他们是我们的同类人,只是在他们那里一切都比我们这里更明朗,更纯洁,也更合乎道德。在他们那里,一切都是可以理解的,平

---

① 习近平:《在文艺工作座谈会上的讲话》,人民出版社,2015,第14~15页。
② 转引自孟华《伏尔泰与孔子》,新华出版社,1993,第119页。

易近人的，没有强烈的情欲和飞腾动荡的诗兴。①

歌德对中国的道德观，对古代中国的理性、平和、讲求秩序等品质充满赞许。歌德的好友——文学家席勒也对《好逑传》充满兴趣，曾几次计划重新改编这部小说，以便将重点放在传达小说中的精神上。《好逑传》传入欧洲时恰逢西方启蒙运动兴起，小说谨守礼教的观念与启蒙运动对待感情保持理性和克制的主张不谋而合，从而引发了西方读者的共鸣。

诗歌同样可以跨越国界，唐代大诗人李白、杜甫、白居易、张九龄、韩愈的诗歌在奥地利、英国、瑞典、俄罗斯等国广泛流传，这些国家的作曲家虽然不会说中文，但喜欢这些诗人并为其诗歌谱曲。2022年10月21日，"玉亦万重——歌中的唐诗之路"专场音乐会就演唱了十余首外国作曲家以唐诗为题材创作的艺术歌曲，展示了一百多年来中西方以唐诗为媒介，绵延不绝的文化融合之路。

可以看出，诸多承载了中国精神的优秀文学作品走向世界，很好地讲述了中国故事，让世界人民了解并喜欢中国和中国文化。从另一个角度来看，文学写作若想获得更多读者的认可，取得更大范围的成功，"讲好中国故事"是关键。习近平总书记曾在多个场合强调"只有民族的才是世界的"②。民族的之所以是世界的，一方面是因为世界的多样化，如马克思所说："凡是民族作为民族所做的事情，都是他们为人类社会而做的事情。"③ 另一方面是因为民族文化具有辨识度。2021年12月，在中国文联十一大、中国作协十大开幕式上的讲话中，习近平总书记也指出："文艺

---

① 〔德〕歌德著，〔德〕爱克曼辑录《歌德谈话录》，朱光潜译，人民文学出版社，1982，第112页。
② 例如，2017年9月29日习近平总书记在十八届中央政治局第四十三次集体学习时的讲话，2021年2月习近平总书记赴贵州看望慰问各族干部群众时都曾指出"只有民族的才是世界的""民族的就是世界的"。
③ 《马克思恩格斯全集》第42卷，人民出版社，1979，第257页。

的民族特性体现了一个民族的文化辨识度。"① 鲁迅在《且介亭杂文》中亦有类似表述,他说:"现在的文学也一样,有地方色彩的,倒容易成为世界的,即为别国所注意。打出世界上去,即于中国之活动有利。"② 虽然这段话是由木刻谈开去的,但写出了文学写作走出去的关键——尊重本民族文化,以独特的文化吸引世界的目光,进而将文学作品推广到世界。其中,"世界的"指具有世界性或世界意义的作品;但"容易"并非"必然",从文学本身的意义探讨,其特点是:

> 这类文学,本身是民族的,但或深刻地揭示了某些人生哲理,或表现了人类某些共同的思想、感情、理想、愿望和审美情趣,同时,艺术形式又较为完美,因而具有极为普遍的社会意义和较高的审美价值,为极广泛的人们,甚而是不同时代、国家和民族的人们所欢迎。③

具有民族特点的文学作品还要表现"人类某些共同的思想、感情、理想、愿望和审美情趣",才会受到世界上不同国家和地区的人的欢迎。文学写作讲述中国故事应如何寻找这些共同点?习近平总书记亦有论述:"中华优秀传统文化是中华民族的文化根脉,其蕴含的思想观念、人文精神、道德规范,不仅是我们中国人思想和精神的内核,对解决人类问题也有重要价值。要把优秀传统文化的精神标识提炼出来、展示出来,把优秀传统文化中具有当代价值、世界意义的文化精髓提炼出来、展示出来。"④ 这段论述说明,首先要树立文化自信,向传统文化求价值、求意义;更进一步则要从传统文化中提炼出具有当代价值和世界意义的文化精髓。这既是"讲好中国故事"的需要,也是中国文学写作走向世界的必由之路。

---

① 习近平:《在中国文联十一大、中国作协十大开幕式上的讲话》,载习近平《习近平重要讲话单行本》(2021年合订本),人民出版社,2022,第182页。
② 鲁迅:《致陈烟桥》,《鲁迅全集》第13卷,人民文学出版社,2005,第81页。
③ 宋光成:《论"愈是民族的,愈是世界的"》,《四川师范大学学报》(社会科学版)1990年第6期。
④ 习近平:《在全国宣传思想工作会议上的讲话》,《人民日报》2018年8月23日,第1版。

二 "讲好中国故事": 文道关系的新发展

文学写作是讲好中国故事的重要方式,而文学又是文艺的重要分支。在中国文联十一大、中国作协十大开幕式上的讲话中,习近平总书记将文章学的核心观念——文道关系论扩展至文艺:"文化是民族的精神命脉,文艺是时代的号角。古人说:'文者,贯道之器也。'新时代新征程是当代中国文艺的历史方位。广大文艺工作者要深刻把握民族复兴的时代主题,把人生追求、艺术生命同国家前途、民族命运、人民愿望紧密结合起来,以文弘业、以文培元、以文立心、以文铸魂,把文艺创造写到民族复兴的历史上、写在人民奋斗的征程中。"① 很显然,"以文弘业""以文培元""以文立心""以文铸魂"中的"文"指涵盖了文学的"文艺",为文艺的发展指出了新的发展方向。

值得注意的是,习近平总书记在讲话中引用了唐代李汉为韩愈诗文集作序时提出的"文以贯道"的观点。接着,总书记又引用了刘勰《文心雕龙·指瑕》中的"立文之道,惟字与义",号召文艺工作者在文艺创作中表现社会主义核心价值观。这里的"字"为言辞,"义"为道义,意思是文艺创作既要合乎一定的形式规范,又要传达出深刻的道理,这样才既有鉴赏的价值,又能带给人启示。而这个深刻的道理就由社会主义核心价值观来主导。在这里,文与道是密不可分的关系,"文"的价值要靠"道"来实现。同时,总书记在讲话中还从创作的角度谈了"文"和"道"的关系,如引用了唐李翱的论述"理辩则气直,气直则辞盛,辞盛则文工",并解释道:"只有把美的价值注入美的艺术之中,作品才有灵魂,思想和艺术才能相得益彰,作品才能传之久远。"②

文道关系的确是贯穿中国古代文章学始终的核心问题。李汉和刘勰的

---

① 习近平:《在中国文联十一大、中国作协十大开幕式上的讲话》,载习近平《习近平重要讲话单行本》(2021年合订本),人民出版社,2022,第176页。
② 习近平:《在中国文联十一大、中国作协十大开幕式上的讲话》,载习近平《习近平重要讲话单行本》(2021年合订本),人民出版社,2022,第179~180页。

相关论述不仅影响较大，而且具有继承关系和共同点，他们都比较重视文章在现实政治活动中的作用。第一个高度评价文章作用的批评者是魏文帝曹丕。他在中国文学批评史上第一部文学专论——《典论·论文》中说："文章，经国之大业，不朽之盛事"，对文章的价值、地位和作用给予前所未有的高度评价。他所谈的"文"指"成为著作的论文"和"诗、赋、章等作品"。① 刘勰的《文心雕龙》对唐宋以来的古文家产生了直接而深远的影响。《文心雕龙》第一篇《原道》提出文章是道的表现，道是文的本源。他力图阐明"道沿圣以垂文，圣因文而明道"② 的道理，即"道"通过圣人的文章显现出来，而圣人也通过文章彰显天地人之道。不过，"刘勰论文章，除了比较重视文章在现实政治活动和士人生活中的实用功能外，不空谈儒家的道统"。③

唐代的文学家韩愈和柳宗元继承了刘勰关注现实谈文道关系的特点。两人倡导的古文运动是一场文学运动，更是一场思想变革运动。韩愈受刘勰的影响，也创作了《原道》一文，表明他提倡古文、恢复古道的思想。在文中，他明确提出要推究的"道"为尧、舜、禹、汤等圣人之道，也就是儒家之道，这就是宋代理学家继承推崇的道统。不过，韩愈并不是一位道学家，他多次提及"文"和"道"的关系，表明他既重"道"，也重"文"。例如，"然愈之所志于古者，不惟其辞之好，好其道焉尔"（《答李翊南秀才书》）；"愈之志在古道，又甚好其言辞"（《答陈生师锡书》）；"君子……未得位，则思修其辞以明其道，我将以明道也"（《谏臣论》）。韩愈最为亲厚的学生李汉在为韩愈文集所作序中概括韩愈的文学思想较为贴切，他说："文者，贯道之器也，不深于斯道，有至焉者，不也。"④ 这里的"文"指文辞、文采、形式，"道"指儒家思想或文章的内容，"贯"为贯穿、宣扬之意。总体来说，韩愈是针对现实的弊病，强调用秦汉的散体古文彰显儒道，尤其是孟子心性学说，以对抗佛学。

---

① 王运熙、顾易生主编《中国文学批评史》，上海古籍出版社，1979，第95页。
② 刘勰著，陆侃如、牟世金译注《文心雕龙译注》，齐鲁书社，1995，第101页。
③ 周兴陆：《文道关系论之古今演变》，《南京社会科学》2017年第2期。
④ 李汉：《韩昌黎集序》，载韩愈《韩昌黎先生集》，世界书局，1935，第1页。

柳宗元提出"文以明道"同样是通过文章创作彰明圣人之道以反对现实浮滥的思想。他自述:"始吾幼且少,为文章,以辞为工。及长,乃知文者以明道,是固不苟为炳炳烺烺,务采色、夸声音而以为能者。凡吾所陈,皆自谓近道。"① 可见,柳宗元提倡创作古文是为了推明圣人之道。他认为道与政治活动是分不开的。他说:"且子以及物行道为是耶,非耶?伊尹以生人为己任,管仲毉浴以伯济天下。孔子仁之。凡君子为道,舍是宜无以为大者也。"② "意欲施之事实,以辅时及物为道。"③ 也就是说,在柳宗元看来,践行"道"最重要的方面就是同伊尹、管仲这样积极参加政治活动,做有益于国家和人民的事。韩愈、柳宗元论"道"的现实性与"讲好中国故事"系列论述的文道思想很大程度上具有一致性。

在韩愈、柳宗元之后,文道论也随时代思潮的变化而变化。北宋理学家周敦颐提出了"文以载道"的命题,将"道"理解为儒家的义理,认为"文"是载道的工具,不重视文章美本身的价值。这种观点也得到了理学家朱熹的认可。理学家对文章轻视的态度在程颐身上达到了极致,他甚至认为作文是玩物丧志,妨碍学道,进而提出了"作文害道"之说。考察清代的文道观,不能绕开桐城派。桐城派文道观与韩愈文道观最初是接近的,初创期的戴名世、方苞、刘大櫆等人承继韩愈文道观,倡导文道合一、道为根本;兴盛期的姚鼐等人稍做变通,坚持文道兼顾、偏重文;没落期的曾国藩、吴汝纶等人则提倡文道分离。1917年新文化运动时期,"文以载道"的观念受到陈独秀等人的批判。而后,周作人又主张将文学分为"载道"和"言志"两派。

由上可见,不同时代的文道论既有继承,又有变革。继承者多沿袭刘勰《文心雕龙》和韩愈的观点,变革多因时代思潮之故,其中重要的就有理学发展变化的原因。如今走入新时代,文道论也必然要被重释,这一理论的生命力也就在不断的阐述中保持新生。对这一理论的理解,美学大

---

① 柳宗元:《柳宗元集》卷三四《答韦中立论师道书》,中华书局,1979,第873页。
② 柳宗元:《柳宗元集》卷三三《与杨诲之第二书》,中华书局,1979,第853页。
③ 柳宗元:《柳宗元集》卷三一《答吴武陵论非国语书》,中华书局,1979,第824页。

师朱光潜认为关键是要看"道","如果释'道'为狭义的道德教训,载道就显然小看了文学……如果释'道'为人生事相的道理,文学就决不能离开'道'。……与其说'文以载道',不如说'因文证道'"。① "讲好中国故事"的论述以民族复兴为主题,以中国精神、中国形象为现实之"道",如此一来,"道"为"文"提供充实的思想,"文"为"道"的鲜活表现,实是新时代文道共兴的新发展。

三 "讲好中国故事":中国话语的建构

由以上论述可以看出,"讲好中国故事"追寻的是文道互通,文道共兴。事实上,这一目标仍旧任重道远。习近平总书记曾多次指出中国在国际上仍处于"失语""挨骂"的境地。例如,"落后就要挨打,贫穷就要挨饿,失语就要挨骂。形象地讲,长期以来,我们党带领人民就是要不断解决'挨打'、'挨饿'、'挨骂'这三大问题。经过几代人不懈奋斗,前两个问题基本得到解决,但'挨骂'问题还没有得到根本解决"。②

"挨骂"问题还没有得到根本解决,原因是多方面的,国际传播能力不强是一个重要原因,"我国综合国力和国际地位不断提升,国际社会对我国的关注前所未有,但中国在世界上的形象很大程度上仍是'他塑'而非'自塑',我们在国际上有时还处于有理说不出、说了传不开的境地"。③

"失语"一词形象地写出了中国在国际上"有理说不出""说了传不开"的处境,中国在世界上的形象是"他塑"而非"自塑"也源于自身的"失语"——对外传播的话语体系没有完全建立起来。解决这一问题的关键就在于加强对外话语体系建设,"构建中国话语和中国叙事体系"。

中国写作学科同样受"失语症"的困扰,构建中国话语也是其长久以来向往和努力的方向。早在 1995 年,黄维樑就曾十分感慨地说:"在当

---

① 朱光潜:《文学与人生》,《朱光潜全集》第 4 卷,安徽教育出版社,1988,第 162 页。
② 习近平:《在全国党校工作会议上的讲话》,《求是》2016 年第 9 期。
③ 《习近平关于社会主义文化建设论述摘编》,中央文献出版社,2017,第 212 页。

今的世界文论中，完全没有我们中国的声音。20 世纪是文评理论风起云涌的时代，各种主张和主义，争妍斗丽，却没有一种是中国的。"① 曹顺庆将这种现象概括为"失语症"，他说：

> 中国现当代文坛，为什么没有自己的理论，没有自己的声音？其基本原因在于我们患上了严重的失语症。我们根本没有一套自己的文论话语，一套自己特有的表达、沟通、解读的学术规则。我们一旦离开了西方文论话语，就几乎没办法说话，活生生一个学术"哑巴"。想想吧，怎么能期望一个"哑巴"在学术殿堂里高谈阔论！怎么能指望一个患了严重学术"失语症"的学术群体在世界文论界说出自己的主张，发出自己的声音！②

曹顺庆指出，"失语"指一味地承袭西方文论，没有自己的话语规则和独特话语系统，长此以往必将遗患深重。因此，必须发掘传统话语，在与西方的对话中完成其现代化转型，在广取博收中重建中国文论话语。

此后，"失语症"及其解决的问题引发了学术界的震动，学界展开了长达十余年的讨论。虽然学者对这一问题有不同的理解，但大多数人认可构建中国文论话语。1998 年，王志耕《"话语重建"与传统选择》认为"中华文化是我们文论话语的家园"；③ 2003 年，王岳川在《全球化语境与中国写作话语》一文中提出，应该坚持"中国写作立场"和"文化的可持续发展"，"使中国当代写作话语成为可以同西方中心主义写作话语对话和互动的东方话语代表"。④ 李建中、喻守国《中国文论话语重建的可行性路径》认为："要在与西方文论的对话中发出自己的声音，中国文论就必须立足于民族文化之根本，在中西交流中实现西方文论的中国

---

① 黄维梁：《龙学未来的两个方向》，《比较文学报》1995 年第 11 期。
② 曹顺庆：《文论失语症与文化病态》，《文艺争鸣》1996 年第 2 期。
③ 王志耕：《"话语重建"与传统选择》，《文学评论》1998 年第 4 期。
④ 王岳川：《全球化语境与中国写作话语》，《中国地质大学学报》（社会科学版）2003 年第 4 期。

化。"① 由此可见，学者研究迫切希望在世界上发出中国文论的声音，主张发掘中国传统文化，在与世界的交流中构建中国话语。

中国文论研究要求构建的话语是学术话语，实际上也在习近平总书记"讲好中国故事"论述的统摄之下。习近平总书记希望广大文艺工作者：

> 要坚守中华文化立场，同世界各国文学家、艺术家开展交流。要重视发展民族化的艺术内容和形式，继承发扬民族民间文学艺术传统，拓展风格流派、形式样式，在世界文学艺术领域鲜明确立中国气派、中国风范。②

习近平总书记讲话中的"中国气派""中国风范"就是中国话语的有力表现。"发展民族化的艺术内容和形式"与学者提出发掘中国传统文化异曲同工。如习近平总书记所说："话语的背后是思想、是'道'。……要加强对外话语体系建设，用中国理论阐释中国实践，用中国实践升华中国理论，更加鲜明地展现中国思想，更加响亮地提出中国主张。"③ 故事为文，话语是道。文以道充，道以文明，讲好中国故事文道共兴，反之亦然。

---

① 李建中、喻守国：《中国文论话语重建的可行性路径》，《文史哲》2010 年第 1 期。
② 习近平：《在中国文联十一大、中国作协十大开幕式上的讲话》，载习近平《习近平重要讲话单行本》（2021 年合订本），人民出版社，2022，第 182 版。
③ 《习近平关于社会主义文化建设论述摘编》，中央文献出版社，2017，第 213 页。

大写作教育观与教育模式创新

管曙光*

摘　要： 为适应新文科背景下教育改革和人才培养新要求，需要不断创新教育理念，树立大写作教育观，在传统写作教学基础上探索新的教育模式。大写作教育观基本构想主要包括大表达写作、大课程写作、大阅读写作、大文化写作、大技术写作、大实战写作、大管理写作七个方面。实施大写作教育观，需要构建全方位的写作教育教学体系，建立统筹全校的写作教育管理体系，建立一套以各种制度为基础的写作教育运行机制。

关键词： 大写作教育观　高校写作教育　教育模式创新

适应新文科背景下教育改革的新形势、新任务、新要求，信息社会和全媒体时代的新理念、新知识、新技术，需要不断创新教育理念，加大教学改革力度，在传统写作教学基础上，树立大写作教育观，探索新的教学模式，充分发挥写作教育教学在人才核心能力培养中的功能与作用。

一　树立大写作教育观，切实深化写作教学改革

在当今大学生的能力结构中，写作是核心能力，并且是必备和首要的核心能力。没有这一能力，一切有效学习、思考判断、交流沟通、充分展示以及未来发展都不可能或将受到制约。可以说，一个人的文字功夫是硬功夫，写作能力是软实力，也是核心竞争力。因此，在现代大学教育和人才培养结构中，写作能力是最基础也是核心的培养目标。

---

* 管曙光，原铁道警察学院（现为郑州警察学院）院长、教授，河南省写作学会会长。

同时，写作能力又是一种综合能力，需要多个学科、多门课程的共同培养。多年的实践也反复证明，仅靠写作课程，是完成不了这一重任、实现不了培养计划的，这也是高校和写作课教师开展一轮又一轮教学改革却收效甚微的根本原因。以公文写作为例，公文写作能力是一种超越常人、敏锐洞察时势、精准把握政策、高屋建瓴揭示事物本质，用明白晓畅、精准得体、富有感召力的文字表达思想、感受和领导决策、机关意志的能力，是以智能为核心，集思想、文化、专业、素质于一体的综合能力。毋庸置疑，这一综合能力的培养，是写作课程所不能胜任的。

因此，必须超越传统写作教学理念和模式，根据写作能力的生成和培养规律，树立大写作教育观，积极拓展写作教育资源，构建新的写作教育体系，切实深化写作教学模式改革，从根本上提高教学成效，提高大学生的写作能力。

二 大写作教育观基本构想

（一）大表达写作

写作的功能与目的需要通过表达来展示和实现。新时代对人才表达能力的要求越来越高。今天，我们已经有了一流的工作、一流的业绩，特别需要一流的表达、一流的写作。例如人民警察，不但要闻警而动、克敌制胜，还要能说会写、善于沟通、剑胆琴心、文韬武略。表达包括书面与口头两个方面，传统写作一般注重书面表达而忽视口头表达。口头表达也是表达，同样是对语言的运用，而且运用的难度和频率更高。口头表达越来越重要，应该让口头表达回归写作的大家庭。口头表达回归写作，既丰富了写作的内涵，也拓展了写作的外延。因此，写作教学应该包括口头表达能力的培养，增加口头表达与沟通的教学内容。近年来"写作与沟通"课程引起社会广泛关注并在部分高校推广，说明此举切中了传统写作教学的这一痼疾，找到了写作教学改革的突破口。其实写作与沟通能力是涵盖一个人思维、理解、口头表达和书面表达的综合性能力，包括有效的口头沟通、积极聆听、理解性阅读、针对性写作、批判性思维等基本能力。其中，"有效的口头沟通"无疑和"针对性写作"等同样重要，应该成为写作教学的内容，纳入写作教育的范围。

（二）大课程写作

大课程写作指对写作教育资源进行横向拓展和充分利用，由"写作课程"走向"课程写作"。

这里的大课程写作类似国外的跨课程写作，不同的是，跨课程写作教学是把写作嵌入大学专业课程。在大学教育中，所有的课程都应该也可以成为写作教育的资源。因为写作不是空洞的，不是熟悉了文章的形式就会写作，也不是懂得了写作理论就会写作。写作必须有思想、有内容、有材料，而这些仅靠写作课程是远远不够的。一是写作教学一般较少涉及专业内容；二是写作教学提供、涉猎或涵盖的范围不够广泛，容量不大，不够丰富；三是写作是综合性表达，需要有一定的文化基础、理论水平、政治素养、逻辑训练和科技素养等；四是把写作嵌入或融入各门课程，能够极大地促进学生思考，促进深度学习。因此一定要树立大课程写作教育观，把所有课程都纳入写作教育的视野，将其作为写作可以利用的丰沛资源和宝贵矿藏。

不可否认，多年来，大学在各类课程的教学中，或以论文或以作业的形式，体现了一定的写作元素。但任课教师大多是从学习本课程的角度，"下意识"或"无意识"提出的，并非从写作的角度"有意识"地提出强制性要求，论文或作业的质量也难以保证。其结果，学生不仅写作水平没有得到提高，由于没有深入思考，课程内容也难以学深学透。因此，树立大课程写作教育观，需要各门任课教师，以课程内容为目标，以有效、精准表达为标准，"有意识"地进行教学策略设计，最终实现学生掌握理论知识和提高写作能力的双重目标。当然，多数教师胜任本课程的教学，但未必善于向学生传递写作技能，因此课程考核成绩很难区分学生是理论知识没有学好还是表达能力不佳。这就要求任课教师，一是要"有意识"即强化"课程写作"意识，围绕课程核心内容精心设计写作任务；二是要在学生自评、互评基础上开展一对一的反馈，切实深入学生的写作过程，有针对性地帮助学生提高写作能力。

要特别重视以下五类写作资源的开掘和利用。

一是通识课。以大学语文为代表，包括中外文化、艺术或经典名著等必修课和选修课，在对学生进行文学鉴赏、文化素养、艺术品位、人文情怀的培养和熏陶时，要特别注重将文章的写作精华提炼出来，内化为写作能力。

二是政治理论课。政治素养和政治理论是写作的重要基础。政治理论课作为大学思政教育主阵地、主渠道，能够在思想理论水平和世界观、人生观、价值观树立上为写作能力的培养奠定基础。

三是逻辑课。逻辑课程与写作课程关系密切，写作思维建立在逻辑思维基础之上，写作的思路和条理是否清晰明白，思想和论述是否深刻有力，都与逻辑有关。要注重逻辑知识教育和逻辑思维训练。

四是专业课。包括专业基础课和专业课。写作必须"言之有物"，此"物"主要指写作所体现和承载的专业内容。没有过硬的专业能力，写作就是无源之水、无本之木。反之，专业学习不与写作紧密结合，忽略了写作能力的培养，其专业知识与理论、技能与素养也无法牢固、深入地掌握并充分展示。

五是第二课堂。要注重挖掘第二课堂的写作教育资源，充分发挥各类学术社团的作用。

总之，树立大课程写作教育观，就是充分融汇和吸纳所有课程的写作元素：通识课拓展文化和写作视野，政治理论课提高政治素养和思想水平，逻辑课提高思维能力与表达的逻辑性，专业课确保写作与专业融为一体。

（三）大阅读写作

阅读是写作的物质基础，是提高写作能力的源头活水。写作最好的准备是阅读，阅读能够让写作者遇到真正动人的美和伟大的灵魂，从而提高鉴赏眼光、写作素养、创新思维和人格品位。古今中外，许多文章大家不是靠听课"听"出来的，而是靠读书"读"出来的。所以，阅读才是写作的学习之道。虽然写作课程包括一定比重的阅读内容，但这样的阅读在数量、范围、方式和品质上远远不够。教材中的名篇和范文对于写作教学来说，犹如一朵花之于花园，一滴水之于大海。这个"花园"和"大海"就是教材之外的阅读，教师要借助这一朵花或一滴水，引导学生到花园里采蜜，到大海中遨游。

因此，必须树立大阅读写作教育观，在全校范围内营造浓厚的读书氛围，提高学生的文化素养、科学素养、专业素养，丰富学生的文化内涵和文化底蕴。一是在各专业人才培养方案中开列必读书目并提出一定的强制性要求；二是在各门课程教学大纲中明确必读书目、考核方式及所占学分；三是加大写作教学中的阅读比重，增加学生的阅读量，扩展其阅读范围，以及提高阅读质量；四是在全校或院系范围内建立各级读书社团，开展各类读书活动；五是根据不同的阅读类型或阅读范围，如基础阅读、专业阅读、专题阅读等，或思政、文学、社科、科技等，建立相应的阅读激励和考核机制、办法；六是要覆盖所有专业、所有学生。

（四）大文化写作

大文化写作即从文化育人的高度定位写作教育。

写作不仅仅是一个学科、一个门类，更是一种文化或文化的有机组成。写作教育对于弘扬传统优秀文化、传播社会主义先进文化、坚定文化自信具有特别重要的作用。因此应该从文化高度审视写作，从文化育人的高度审视写作教育。

以公安文化为例。公安文化是公安事业发展进步的重要力量源泉，是公安民警的共同精神家园，对于增强文化自觉，坚定文化自信，培育、弘扬和传承忠诚警魂、法治意识、英雄精神，培养人民警察职业精神，增强公安机关软实力发挥了重要作用。

公安写作是公安文化的重要组成部分。通常情况下，我们把公安文学创作作为公安文化的主要标志。公安文学用独特的方式描绘公安工作的历史画面，还原公安历史上的英雄形象，塑造震撼人心的典型人物，谱写感天动地的壮丽凯歌。但公安文学不能涵盖和代表公安文化的全部，公安文化还包括公安队伍的精神价值、工作理念、管理制度等软实力的融合与重构。也就是说，公安文化渗透进公安队伍的精神、制度、管理、行为，既是公安软实力的重要体现，也是提高公安软实力的重要手段，在促进公安硬实力向战斗力转化方面具有重要作用。公安队伍的精神、制度、管理、行为等需要借助和通过公安写作而不是公安文学创作来宣传和教育、贯彻和实施、总结和归纳、提炼和升华。

第一，要跳出公安写作的狭窄空间和视角，从公安文化的高度与广度审视和研究公安写作，把公安写作作为公安文化的有机组成部分。第二，从文化育警的角度和高度，重新理解和定位公安写作教育。在公安写作教学中，通过挖掘优秀传统文化蕴含的思想观念、人文精神、道德规范，通过吸收外来文化的精华，通过提炼公安文学艺术成果，坚定理想信念，弘扬英雄精神，培育忠诚警魂，打牢从警根基。第三，深化公安写作教学的文化内涵。好的文章需要精神凝聚和文化养成，否则空洞无物，无人愿意阅读和学习，自然发挥不了教育说服、宣传引领、入脑入心的作用。因此，教师在教学中一定要融入更多的文化因素，把政治属性、忠诚警魂、警察精神、职业道德、法治意识、为民宗旨和英雄情怀融入生动的文化表达、丰富的文化内涵和厚重的文化底蕴，在潜移默化和润物无声中强化学生的政治认同、价值认同、理论认同和情感认同。这是写作教育义不容辞的责任。第四，在更大范围内以更多形式组织学生参加学校或社会、行业的文化活动和文化实践。第五，举办多层次、多类型的写作文化类专题讲座，扩展学生的文化视野，深化其文化内涵，以及提高其文化品位。

（五）大技术写作

进入全媒体和大数据智能化时代，新技术在社会各领域的深度应用极大地冲击和改变着写作的理念、形态、机制和发展。特别是近年来，以ChatGPT为代表的人工智能技术发展迅速，能够模拟人类的思维方式，具有语言理解和表达能力，可以聊天、撰写论文、制订工作方案，甚至创作诗歌，给写作教学带来了颠覆性影响。虽然人工智能写作存在是否具备独创性、能否突破模式化、语言能否更加自然等问题，但在智能化浪潮下，人工智能写作应用有着巨大的市场需求，其发展趋势很难预测。即使人工智能写作不能完全替代人类写作，也能与传统写作协调发展，形成一种"人机协同"的工作模式，帮助写作者减少重复性劳动，使他们有更多的精力进行更有意义的写作。

作为高校写作教师，应该树立大技术写作教育观，第一，要正视而不是回避各种新技术如雨后春笋般涌入写作领域这一现实。第二，应该以积极的态度应对这一变化，重新思考与探索写作教学的方向、方法和路径。第三，主动学习掌握新技术、新方法，尝试将人工智能写作引进写作课堂，借助大数据、自然语言处理、文本分析等技术，创新教学手段，丰富教学技术，扩大写作应用范围，提高学生适应时代发展的能力，提高写作教育成效和人才培养水平。

（六）大实战写作

实战是教学改革的导向，写作教学必须树立实战育人的理念，通过实战提高学生的写作能力。过去写作教学提倡学生多写多练，培养学生的动手能力，但多是模拟训练，远离实战，无法检验成效。因此，尽管模拟训练必不可少，且多多益善、熟能生巧，但只有实战才能真正检验写作成效并使学生树立自信、激发活力。文学创作的实战检验是能否发表或出版，新闻写作的实战检验是能否在校内外媒体平台发表或传播，公文写作的实战检验是能否成为机关或学校的正式公文。学生起草的信息简报、总结报告、领导讲话稿和新闻宣传稿件如果被采用，哪怕需要一定程度的修改，也是成功的。对公安院校的人才培养来说，树立大实战写作教育观尤为重要。因为通过实战，学生在学习一线民警的优秀品质、优良作风和奉献精神，经受考验磨炼、强化警察意识的同时，能够亲自参与公文或法律文书写作实践，体验写作甘苦，积累写作经验，提高写作水平。当然，受条件所限，课堂不可能完全搬到一线，但如果精心设计，充分利用各种资源，例如与专业实习或社会实践等紧密结合，与学校或院系的公文工作、新闻媒体平台紧密结合等，就可以最大限度地提高实战教学的比重。

（七）大管理写作

大管理写作主要指学工、共青团及宣传、科研等职能管理部门，在日常管理和服务、思政工作、政治学习、党团活动、纪律作风、新闻宣传、社会实践、文体活动、学生社团、就业创业等学生工作中，以会议、讨论、演讲、竞聘、比赛、征文、朗诵、晚会、迎新、运动会、问卷调查、卫生纪律检查、"三会一课"及各种主题活动等形式，通过校内外的报纸、刊物、板报、宣传栏、微信群、新媒体平台、学生综合管理服务平台等，要求和鼓励学生写作各种实用文体、新闻宣传文体，开展各类文学体裁的创作。最有效的办法是把大学期间的各类活动、各项工作涉及的各类文体、各种平台以及量化考核标准、激励政策、责任部门等汇编在一起，发给入学新生，指导其今后的课余写作。

如果这项工作有计划、有要求、有考核、有奖励，且管理部门思想统一、责任明确、密切配合，就能充分调动学生的积极性，与写作课程及"课程写作"的学习互为表里、相得益彰，经过三四年的持续训练，学生的写作能力必然取得较为明显的进步。实际上这也是在校内开展的大实战写作教育。从全方位构建写作教育模式来看，学工、共青团及宣传、科研等职能管理部门也是一支不可忽视的重要力量。

三　加大改革力度，推进教育教学模式创新

实施大写作教育观，需要在全校范围内构建全方位、全过程且统一、具有可操作性的写作教育教学体系和教学模式，涉及人才培养意见、培养方案、教学体系、管理体制、运行机制、保障措施等宏观问题，需要做好顶层设计、统筹组织、多方配合。

首先，探索构建全方位的写作教育教学体系。一是根据学校总的人才培养指导意见，修订各专业人才培养方案，在人才培养目标、培养规格和对知识、能力、素质的要求上充分体现、更加突出写作教育的重要地位和作用，并提出相应的原则要求。二是要求各类课程在教学大纲中突出写作

教育教学内容和元素，改进和创新考核方式，提高写作课程的学分比重。三是尽可能多地增设写作教育的相关课程，包括必修课、选修课。四是修订所有课程教材或暂以补充教材的形式，把"课程写作"的教学内容、教学任务落到实处。五是所有教师（包括管理干部）既要切实把"课程写作"贯穿到教学过程中，又要努力提高自身的公文写作、学术写作和文学创作水平，以促进教学和科研双重能力的提高。六是写作课教师要特别注重提高自身的专业水平和新技术运用能力。

其次，建立以学校教务部门为主，统筹全校院系及管理部门互相支持、协同配合、共同服务的写作教育管理体系。其中写作教学部门或写作课教师在规划设计、考核评估等方面要发挥引领或指导作用。

最后，建立一套以各种制度为基础的写作教育运行机制。

大写作教育观的实施和写作教育模式的改革需要学校根据本校实际情况循序渐进、逐步拓展。各种模式可以根据自身条件，逐项探索实验，扎实推进，注重实效；也可以在个别院系或专业进行试点探索后，再逐步在全校推广。

同时要清楚，大写作教育观的实施和写作教育模式的探索是一项规模较大、影响面广、内容丰富的教育教学改革，也是推动写作教学改革的重要抓手和突破口，必将涉及整个人才培养体系与传统教育教学体系的调整和完善，也必将面临诸多阻力、困难和挑战。但只要坚定改革信心，明确改革目标，统一思想认识，统筹规划设计，精心组织实施，不断总结改进，就一定能够有效推进和切实深化写作教学改革，提高写作教育成效，提高人才培养质量和水平。

中国写作经验传承

中國軍事思想史

木兰故事的民间共同体想象与生命美学书写

刘 娟[*]

摘 要："木兰"是中国文学艺术领域中一个兴盛不衰的"母题"，民间文化十分丰富。它在对"尽孝"和"尽忠"双重主题的表现中，运用民间想象这一民间共同体解决问题的独有"工具"：一方面，它以易装的大胆想象促成了女子战场杀敌的"狂欢"想象与自身价值肯定的"非分之想"，营构了封赏官职、家人团聚和有情人终成眷属的"大团圆"结局；另一方面，它采用"饥者歌其食，劳者歌其事"的叙事手法，昭示了民间群体刚健自强的担当精神、自由洒脱的达观态度、亲情至上的"有情"观念以及生生不息、敦厚淳朴的审美格调。民间本色的共同体想象与生命美学交融的书写艺术，为我们以跨媒介叙事的方式挖掘民间故事沃壤中的民族独特性因素与世界性共同因素，进一步讲好中国故事提供了范式。

关键词：花木兰 民间文化 民间想象 民间立场 生命美学

"人民是文艺创作的源头活水。"[①] 民众在日常生活中形成的神话传说、民间故事、民歌民谣等形式的民间文学，真实地反映了劳动人民的生存状态与思想意愿，表达了与正统官方作家文学的文化精神和伦理诉求截然不同的民间想象、期望诉求及审美倾向。花木兰"替父从军"的民间传奇故事背后是百姓的生活想象与理想愿望，凝聚着民间原始的价值观念

---

[*] 刘娟，山东石油化工学院副教授。
[①] 习近平：《在文艺工作座谈会上的讲话》，中国政府网，2014年10月15日，https://www.gov.cn/yaowen/liebiao/202410/content_6980503.htm。

与生命力量。一千四百多年间,从口头到文本到戏曲再到影像,民间文化在"木兰"系列艺术作品表达中经久不衰。从北朝民歌到电影经典,花木兰的系列文本与戏曲、电影等其他艺术形式一起将其从一个民间传奇故事上升为国家与民族形象的象征。各种艺术的改编与演绎,不约而同地将花木兰的民间叙事特色演绎得淋漓尽致。木兰故事谱系包含怎样的民间想象,代表怎样的民众心理,体现怎样的民间立场与审美意识,都值得我们关注与探讨。在讲好中国故事的时代背景下,研究木兰故事的民间叙事特征,总结民间本色与民族特色的中国故事文化内涵和表达技法,是对时代语境与文学艺术研究新要求的积极回应。

一 构建身份平等:易装与圆满的民间想象

想象是在所谓正统的语言之外确立起来的"小传统",是相对游离于国家权力之外的边缘化的文化空间。[①] 作为北朝时期传唱的乐府民歌,《木兰诗》通过花木兰命运的沉浮,真实反映了底层民众深层的情感动因和心理欲求。从产生至今,《木兰诗》已经演变形成了品类繁多、情节丰富的木兰故事谱系。花木兰系列作品巧妙地整合了民间故事的结构形式,把民间想象与艺术表达有机地结合,比较完美地呈现了作品最初的民间共同体欲求。

(一)易装想象的视角呈现民间共同体身份平等的理想

花木兰系列故事体现的最具中国文化特点的民间想象性情节是木兰从民间普通女性变装为男性奔赴战场,并获得官职封赏、收获爱情。平民出身的木兰面对年迈的父亲被迫应征入伍的困境,决定一改妆容替父从军,最终成长为一名优秀的战士,立下赫赫战功的巾帼英雄。清人沈德潜对《木兰诗》的评价是"事奇诗奇"。的确,按照常理,这样的故事是不可

---

① 陈思和:《民间的浮沉》,载陈思和《中国当代文学关键词十讲》,复旦大学出版社,2002,第129页。

能发生的。一个女子易装后，与战友并肩生活战斗十二年却没有被发现，此为"事奇"之一。作为女性，在战场上巾帼不让须眉，立下赫赫战功并获得皇帝的封赏，此为"事奇"之二。但恰恰是这些民间想象往往"同老百姓在日常生活中所表现出来的乐观主义和对苦难的深刻理解联系在一起"①，寄托了民众的社会理想与价值观念。木兰故事的巾帼英雄主题与大团圆的结局，正是从民间文化的土壤中获得了充分的想象空间。木兰故事通过民间想象表达底层民众理想愿望具体表现在以下三个方面。

第一，用"狂欢"的想象消解封建伦理，塑造女性英雄形象。传统的父权制的意识形态"明确规定了男人永远担任统治的或男性气质的角色，而女人永远担任从属的或女性气质的角色"②。民间文化具有鲜明的"狂欢"特征，它否定男尊女卑乃至整个封建等级制度，以民间文化一贯的平等性原则行事。中国民间文化的"狂欢"与西方的狂欢节一样，"仿佛是庆贺暂时摆脱占统治地位的真理和现有的制度，庆贺暂时取消一切等级关系、特权、规范和禁令"③的文化行为。民间文化的这种"狂欢"特质对民众有着强烈的补正、松弛和调节功能，它从根本上反映了民间百姓的情感欲求，因此对代表统治者和男权利益的主流文化形成了巨大的颠覆作用。木兰故事正是以民间想象的"狂欢"瓦解与颠覆封建社会男尊女卑的伦理观念。这种颠覆性的民间想象，在同时期的民间文学作品——汉乐府民歌《陌上桑》中也同样存在。采桑女罗敷面对使君"宁可共载不"的调戏之言，不卑不亢地说出"坐中数千人，皆言夫婿殊"等夸夫之辞，更是民间想象力量大展身手的体现。在民间想象文化的助力下，各个版本的花木兰都表现出比男性更为优秀的智慧和能力。她不但能轻而易举地征服在入伍途中"挑事"的战友，克服征战途中的各种恶劣环境，而且能以过人的勇气、非凡的智谋和超常的威猛战胜敌人，最终成功得到皇帝的封赏。《木兰诗》以身体的"去性别化"折射出女性主体意识的觉醒，也

---

① 陈思和、何清：《理想主义与民间立场》，《中山大学学报》（社会科学版）1999年第5期。
② 〔美〕罗斯玛丽·帕特南·童：《女性主义思潮导论》，艾晓明等译，华中师范大学出版社，2002，第73页。
③ 〔苏联〕巴赫金：《拉伯雷研究》，李兆林等译，河北教育出版社，1998，第11页。

是魏晋南北朝个体意识觉醒的时代产物。

第二，以民间的"非分之想"打破性别差异，证成女性的社会价值。花木兰故事的原型得益于汉乐府民歌《木兰诗》。隶属于民间文学的汉乐府民歌，具有"记述老百姓生活史、风俗史，饱含民众深深的情感；文本的字里行间流淌着老百姓对生活的看法，寄寓着民众的理想与希望这股浓浓的情。所以在描述历史、刻画人物时就大肆渲染，极度夸张"[1] 的特点。它展现的是民间百姓的情感愿望，叙述的是民间百姓对现实生活的理解和想象，实现的是对他们自身价值的肯定。身处底层的百姓在个体意识觉醒的时代背景下，巧妙借助传奇的想象，在乐府民歌《木兰诗》的虚拟世界中成功实现了女性征战取得胜利并获得帝王封赏的"非分之想"，满足自己对现实的期望。

第三，将想象的两性矛盾体化合为完美形象，打造民间理想人物。花木兰是民间想象的一个"双面人"的完美形象。作为女性，她"对镜帖花黄"容貌出众；作为"男性"，她身披铠甲英勇善战。民间想象实现了对花木兰女性身份符号的转变，其意义在于将现实的不可能变为文本的可能。这种"变性"是由民间的需求与欲望决定的。因而，花木兰女扮男装的民间想象具有强烈的实用主义目的，它最大的特点是以背对现实的方法解决现实中女性无法解决的问题。这种想象的靠山展现的是"人的觉醒"时代背景下女性个体意识觉醒的强烈情感色彩，目的在于以一种情感安慰另一种情感，进而排遣封建社会现实生活中女性被压抑的各种不适感。因而，想象是排遣女性沉重生活的出口，通过想象女性可以摆脱无望的现实，建构一个平等的、充满希望的世界。因此，木兰故事是民间想象的一个绝佳的说明文本，其间包含着最强大、最丰满的想象：一个平凡的女性通过易装变为男性，背负家国大义的重要使命，最终出色地完成出征使命。当木兰凯旋归家之后，她立即"当窗理云鬓，对镜帖花黄"，变回柔美的女性真身。穿上铠甲是一名英姿飒爽的战士，卸下铠甲是一名温柔贤惠的女性。一人身上雄雌同体的民间想象

---

[1] 刘守华、黄永林主编《民间叙事文学研究》，华中师范大学出版社，2005，第120页。

恰恰寄托了北朝普通百姓在由历史时空搭建的人生坐标中追求身份认同和自我命名的期望。魏晋南北朝的百姓把生活中遭受的苦难浓缩在一个女人从军的故事里，用出神入化的想象，逾越了令人窒息的现实空间，实现了对现实的成功反抗，获得身心暂时解脱的同时，也得到了巨大的精神享受。不得不说，创作者通过民间故事聚焦花木兰这位女性形象的欲望书写和身份建构，"厘清并洞悉父权社会中潜藏的性别诘问和权力关系，探索女性主体意识的策略性建构，积极寻求女性自我命名的路径，具有一定的社会意义和文化价值"。[1]

（二）大团圆结局表征民间共同体心向美好的期待

木兰故事的民间价值观和理想欲求，在民间想象的巧妙运作下融合到一起，实现了中国式的"大团圆结局"。"大团圆结局"是中国传统艺术的表达模式，体现了"哀而不伤"的儒家审美原则。这种结局往往是以善良正义战胜邪恶偏见结束，或者以"有情人终成眷属"的美好结尾收场。这种深受大众喜爱的审美样式蕴蓄着平民百姓"天理昭彰，报应不爽"的质朴的心理期待。因为一个民族的审美诉求与审美心理定式中内蕴着该民族的道德观念或者道德心理期待。因而，一个民族的道德观念一定会映射在本民族的艺术表达中。在普通民众喜闻乐道的民间文学中，这种映射现象更为突出。古代生活在底层的百姓常常面对天灾人祸带来的生存威胁，就会产生世事无常、生命难以保障的观念与心态，进而形成崇拜团圆的文化价值观。"大团圆结局"往往使人们把摆脱苦难的希望寄托于"人"以外的神、鬼、天的超自然力量。人们在虚幻的期待中获得暂时的满足，化解内心的痛楚。因此，民间文学"大团圆"表述方式的背后体现的是民间"善恶报应"的道德观念，寄托的是"靠天吃饭"的平民百姓对于现实的无奈和对于未来的美好期冀。

木兰故事起源于北朝的乐府民歌，历经一千多年的历史打磨，被民间和官方不断改编与创作，时至今日，众多版本的木兰故事虽然结局不尽相同，

---

[1] 王帅：《女性主义视阈下〈花木兰〉中的女性形象研究》，《电影文学》2021年第5期。

但是已经形成了庞大的木兰故事谱系。其中,被受众广泛接受的版本是木兰最终获得皇帝赐予的官职并收获美好爱情的"大团圆结局"。作为承载着民间底层百姓愿望的花木兰,在替父从军的十数年中经受重重磨难,最终成功实现"女孩子也能光大门楣"的美好愿望。这样的"美好收场"正是底层百姓在民间文学作品中建构乌托邦想象、追求美好生活结局心态的直观体现。审美的重要作用之一就是在现实的比照下建构一种理想的乌托邦。文学世界就是"人类借助想象形式对现实世界感悟和超越的结果,它的内在精神动力是人类对现实的不满足,其基本内核是一种乌托邦想象"。[①] 文学乌托邦的价值恰恰在于以远离现实的形式折射现实此岸的无奈与黑暗,展现理想彼岸世界的神采。因此,木兰故事谱系的大团圆结局援引现实期待中的"男女平等"、"清官廉吏"以及超现实的"天神鬼魂"来实现"天理昭彰""善恶报应",正是信仰的"超越性"在民间文学中的真实体现。

二 负载精神底色:自强自由与亲情至上的民间立场

刚健自强与自由乐活并存的民间精神,是民间文化范畴的独属,具有倔强原始生命力与无限自由的特点,它"不仅不负载精英思想,相反,它可能最大限度地包容和生产着世俗思想"。[②] 一方面,木兰在家国危难之际"替父从军"是面对困境底层小人物自强不息、勇于担当、坚韧不拔的处世原则的表现;另一方面,木兰身上坦然随性的世俗思想是底层民众面对人间亲情与功名利禄发生矛盾时的一种清心寡欲、淡然处之、活在当下的乐观精神的体现。前者是中华民族一以贯之的民族品格,后者是魏晋南北朝的时代风气。刚健自强、担当奉献的民族精神与纵情自由、亲情至上的时代风尚对创作于魏晋南北朝时期的《木兰诗》有一定的影响,为不同时期的读者所接受。

---

① 贺仲明:《重建我们的文学信仰》,《钟山》2008 年第 3 期。
② 施爱东:《大陆新武侠与武侠小说的民间性》,《西南师范大学学报》(人文社会科学版) 2004 年第 6 期。

（一）刚健自强呈现民间担当精神

《木兰诗》开篇"昨夜见军帖，可汗大点兵。军书十二卷，卷卷有爷名"埋下了花木兰替父从军的伏笔。"阿爷无大儿，木兰无长兄"，这样的现实成为她易装出战的直接催化剂。这种民族道义的担当精神与不低头屈降于现实的直面精神，符合民间群体坚韧自强的精神风貌和果敢决断的行动风格。民间百姓在现实磨难基础上形成一种独立不惧和自胜者强的生活态度。自强精神不仅是中国民间共同体的精神底色，也是中华民族自古以来的精神内核。《易传》有言："天行健，君子以自强不息。"这里的"刚健"，除了有发挥主观能动性、不停止的意思，还有"独立不惧""立不易方"之义，也就是孟子提倡的"富贵不能淫，贫贱不能移，威武不能屈"，同时还有老子的"自胜者强"的意思。换言之，刚强不屈一方面是"义以方外"对抗外部压力的能力，另一方面是"敬以直内"对待自身缺点的能力。[①] 自古以来，刚健有为、自强不息的精神一直是中国人的人生总则，也是中华民族精神延续至今的优秀基因。

（二）自由淡泊体现民间达观精神

陈思和认为民间"具有浓厚的自由色彩，而且带有强烈的自在的原始形态"，[②] 自由自在是民间文化最基本的审美风格。面对"策勋十二转，赏赐百千强"，花木兰"不用尚书郎，愿驰千里足，送儿还故乡"的人生态度是民间自由达观精神品格的直观展现，也是魏晋南北朝重自由、轻名分、重亲情的时代精神风貌的具体表现。自由淡薄的思想倾向与这一时期个体意识觉醒的时代风气是一致的。魏晋南北朝时期，儒、玄、佛、道多元并兴的思想状况使士人脱略束缚，重新审视自我。以嵇康、阮籍为代表的魏晋名士更是力图"越名教而任自然"，追求个性解放、人格独立、超脱自由的人生境界。士人追求自在自由和挣脱束缚的内在思想观念与民间

[①] 张岱年、程宜山：《中国文化精神》，北京大学出版社，2015，第85页。
[②] 陈思和：《鸡鸣风雨》，学林出版社，1994，第35页。

文化自由自在的审美风格邂逅，成就了《木兰诗》的作者对自由达观的价值观念的认同与坚守，造就了花木兰"不用尚书郎，愿驰千里足，送儿还故乡"的自由潇洒、自求其乐的人生态度和自在洒脱、超然绝俗的人生境界。

"在文化范畴里，一切非生命体都具有生命体的特征——言说，它单独或整体地代表了一种话语意义。"[1] 由此来看，就文化形态而言，《木兰诗》的"源文本"成功避开了政治意识形态的思维定式，选取民间的视角来看待生活现实，表现了下层民众的社会面貌，显示了民间共同体生命价值观的本色。《木兰诗》生动体现了民间百姓的伦理观、道德观、审美观，故事自始至终都具有浓厚的洒脱之感和平淡色彩，带有强烈的民间立场与时代况味。

（三）家庭亲情彰显民间"有情"生活

魏晋南北朝时期的个性解放，最先是肯定、尊重和重视亲情，解放被伦常规范、束缚的亲情。时人面对事亲、事君发生矛盾，往往侧重于事亲。无论是当时的经学还是文学均有表现人伦至情的倾向。王肃之学与郑学争衡，从"亲亲"之义的角度出发，缘人情释礼、解释丧礼正是重视亲情的具体表现。虽然经学在魏晋南北朝时期已经衰微，但作为官方学术，其仍对当时的社会人情有一定影响。

因而，"情之所钟，正在我辈"是魏晋人的普遍观念。魏晋士人多以"有情"自许，对亲情的领悟真挚而细腻。《世说新语》的《言语篇》中记载："谢太傅语王右军曰：'中年伤于哀乐，与亲友别，辄作数日恶。'王曰：'年在桑榆，自然至此，正赖丝竹陶写。恒恐儿辈觉，损欣乐之趣。'"谢安与亲人临别时生发伤感之情是亲情的心理捕捉，王羲之以音乐来陶冶消愁，又担心被晚辈发觉而减少了欢乐之趣更是对亲情细致入微的体味。士家大族的亲情感受尚且如此鲜活，非理性的、纯感情的民间审美更是如

---

[1] 傅守祥、宋静宇：《从〈木兰辞〉到迪士尼〈花木兰〉的跨文化改编与误读探微》，《艺术传播研究》2022 年第 1 期。

此。"木兰英雄的内涵"是"作为女性主动承担起男性的保家卫国的责任，恢复女儿身份，过上平民生活，享受亲情温馨"。[1] 因此，木兰出征前"唧唧复唧唧，木兰当户织"的温馨生活，征途中"不闻爷娘唤女声"的拳拳深情，凯旋后"愿驰千里足，送儿还故乡"的家庭诉求，以及归乡后"爷娘闻女来，出郭相扶将；阿姊闻妹来，当户理红妆；小弟闻姊来，磨刀霍霍向猪羊"亲人团聚的欢乐喜悦，都被文人细腻地捕捉、感受，传达了家庭首位、亲情至上的价值观念。

三 拥抱美好生活：生生不息与真朴有爱的民间审美

民间文化是民族文化结构中最底层、最隐蔽的部分。与庄重严肃的主流文化相比，民间文化更能体现人性本身的原始情绪与生命力。"民间的传统意味着人类原始的生命力紧紧拥抱生活本身的过程，由此迸发出对生活的爱与憎，对人生欲望的追求。这是任何道德说教都无法规范、任何政治条律都无法约束，甚至连文明、进步、美这样一些抽象概念也无法涵盖的自由自在。"[2] 作为文本源头的《木兰诗》从一开始就奠定了木兰故事民间审美的生命美学基调，充分体现了创作者对原始生命力和淳朴善良人性的赞美。

（一）民间群体的生命力量美

"世积乱离，风衰俗怨"使魏晋南北朝成为一个生命自觉的时代，生命意识是这一时期诗文创作的重要内容，生命主题成为一种文学传统。以曹操的《短歌行》为代表的生死感叹和以陆机的《挽歌》为代表的忧生之嗟等作品就是这一时期生死主题的代表作。此外，刘勰的文论著作《文心雕龙》也融入了文人对生命的思考，建构了大量极富生命力的文论话语。其开篇的"日月叠璧"、"山川焕绮"与龙凤"呈瑞"、虎豹"凝

---

[1] 孙绍振：《从两首木兰诗看经典本〈木兰诗〉的思想和艺术》，《语文建设》2020 年第 19 期。

[2] 陈思和：《民间的沉浮——对抗战到文革文学史的一个尝试性解释》，《上海文学》1994 年第 1 期。

姿"、"云霞雕色"、"草木贲华"、"林籁结响"、"泉石激韵"呈现了自然万物的生命灵动美。《物色篇》同样以用诗性的语言描绘生机勃勃天地万物,将文学与生生不息的天地日月、山川万物联系在一起。《文选》中的山水景物诗和体物赋更是以灵动的动词描绘天地万物富有活力的情状,展现生机盎然的大千世界。例如,"池塘生春草,园柳变鸣禽"(谢灵运《登池上楼》);"暮春三月,江南草长,杂花生树,群莺乱飞"(丘迟《与陈伯之书》)。在这样一个生命意识觉醒的时代,以"人类原始的生命力紧紧拥抱生活本身"成为时人的共识,作为民歌的《木兰诗》同样也流露着强烈的生命力量的美感。

木兰"愿为市鞍马,从此替爷征"的决定拉开了她替父从军的大幕。《木兰诗》用备战、参战、战场三组场景,充分展示了民间生生不息的力量。全诗把国事的紧急、艰苦的环境和生命的能量融为一体,歌颂了以战士为代表的底层民众用生命紧紧拥抱生活的力量美。出征前,"东市买骏马,西市买鞍鞯,南市买辔头,北市买长鞭"跃跃欲试的忙碌场面描写是木兰爆发底层女性生命激情和力量的前奏。《木兰诗》的字里行间透露着民间文化积极、充满战斗力的原始生命力量之美。"旦辞爷娘去,暮宿黄河边。不闻爷娘唤女声,但闻黄河流水鸣溅溅。"作者以奔赴战场途中的粗野环境,形象地再现战士强盛生命力的同时,也表现了他们思念亲人的自然纯粹的人性。"旦辞黄河去,暮至黑山头。不闻爷娘唤女声,但闻燕山胡骑鸣啾啾。"无论是濒临汹涌奔流的黄河岸边,还是地处北国边陲的黑山(燕山)脚下,文本呈现的强烈的边缘化色彩散发着浓烈的生命色彩。"万里赴戎机,关山度若飞。朔气传金柝,寒光照铁衣。将军百战死,壮士十年归。"战斗场景描写则将战士的苦难承受力和坚韧不拔的生命力推向高潮。虽然《木兰诗》是战争题材,但简短的战争场面描写从生存高于一切的视角,将战士浴血奋战的英勇无畏精神以及坚忍顽强的生命力量形象地表现出来,充满着以人类原始的生命力紧紧拥抱生活的民间传统意味。

(二)民间世界的淳朴民风美

生活世界并非简单的感官世界,从认知符号学的视角来看,它源于朴素物理学和民间心理学的加和。[①] 因而,民间文学中展现的生活世界更是大众民间心理的直接呈现。《木兰诗》从一开始就铺垫了在广阔的民间生活背景下塑造木兰形象的基调。作者将民间百姓的日常生活与精神状态纳入审美视野,进行贴近人心的原生态描述,赞颂了他们身上淳朴善良的人性美、人情美。开篇"唧唧复唧唧,木兰当户织。不闻机杼声,唯闻女叹息"这一贴近日常生活的场景,便营造了浓郁的生活气息和民间风情。随后,作者把民间情感中的美好情愫置放于"昨夜见军帖,可汗大点兵。军书十二卷,卷卷有爷名。阿爷无大儿,木兰无长兄"这一近于绝望的社会与家庭背景中。在这样的生存状态下,生活在民间世界的木兰在经过"叹息""所思""所忆"之后,便以爱家和爱父亲的善良之心积极面对生活,担负起替父从军的责任。故事日常化的结尾"爷娘闻女来,出郭相扶将;阿姊闻妹来,当户理红妆;小弟闻姊来,磨刀霍霍向猪羊"更是营造了热闹质朴的民间特色氛围,呈现了民间百姓淳朴的心灵和对美好生活的憧憬。作为民间文化核心内容的伦理道德、风俗民情与人情世故,在《木兰诗》的完结处以潜移默化的方式调和着花家内外的人际关系,彰显着这个大家庭淳朴和谐的生活氛围与民间朴实自然的人性之美。

在民间故事想象的背后是作者的价值判断和民间立场。作者通过木兰英勇作战的行为,加上富有生气的百姓生活书写,打造了日常的民间场域,带领读者从生命和生活美的角度去感知世界,体会民间阶层的苦与乐、悲与喜。从"唧唧复唧唧"的"当户织"到前往东、西、南、北的集市积极准备参军物资,再到战场上刀光剑影的各种苦难,直到最后战争胜利建立功勋、荣获封赏,木兰故事塑造了一名心中有爱、勇往直前、积极乐观的民间奇女子。通过日常生活、战前准备、奔赴战场与艰辛战斗等场景描写,展现底层民众的生活镜像,讴歌民间群体坚忍顽强的生命力,赞美百姓积极向上的生活态度,颂扬和气有爱的淳朴民风,是从源文本《木兰诗》一开始就呈现的生命美学和生活美学特色。在木兰勇敢顽强的生存意志和替

[①] 〔瑞典〕约伦·索内松:《认知符号学:自然、文化与意义的现象学路径》,胡易容等译,社会科学文献出版社,2019,第158页。

父从军的任务满足中，木兰系列故事的很多作品均延续母题，张扬了民间原始生命坚毅刚健的力量美、敦厚朴实的人性美和温暖有爱的人情味。

结　语

木兰故事以易装变性和大团圆结局呈现的民间诉求为创作主旨，以自强自由和亲情至上的民间立场为叙述基点，以生生不息和淳朴有爱的民间审美为美学表达，民间文化叙事特征鲜明。以木兰故事为代表的民间故事蕴含着人类对世界原始的文学想象，是正统文学形成的土壤与根基，其中含有丰富多彩的民间文化，内蕴着民间的文化认知、思维模式、审美取向和精神诉求，是中国文学和影视艺术创作永不枯竭的源泉与沃土。

信息网络时代，民间故事已经逐渐成为各类艺术改编的重要题材与素材，彰显民间文化品格的文艺作品成为铸造崭新民族形象的重要媒介。"民间"这个原本位居边缘的"小传统"，作为一种被重新发现的文化空间，转而成为一种国家和民族的象征。民间故事资源的发掘和诠释，直接关涉中国形象塑造的问题。在图像媒介逐步取替文字书写的新媒体时代语境下，如何基于一个优质的源故事推陈出新、与时俱进，通过跨越媒介叙事激活民间故事的生命活力；如何在民间传说的基础上巧妙构思，实现现代审美与民间优秀传统文化精神的完美契合；如何以多样性与共通性的视角，挖掘民间故事沃壤中的民族独特性因素与世界性共同因素，是中国民俗学与文学艺术界的重要命题，也是广大有识之士应当深入思考的重要问题。

从陈望道《作文法讲义》
看中国现代写作理论的早期形态[*]

陈建军　沈瑞欣[**]

摘　要：作为五四运动以后最早系统论述白话文写作的理论著作，《作文法讲义》兼具开创性和典型性。这部著作构建了一种较为宏观的写作理论体系，借助表意清晰的现代概念、归纳与演绎的逻辑方法对写作规律进行多层次累积式的揭示，为晚出的其他写作学著作提供了可资借鉴的范例。《作文法讲义》中的文体分类反映了 20 世纪 20 年代写作理论共有的文体分类倾向，以便于写作练习为出发点，打破了"因文立体"的文体分类传统，呈现出实用文体与文学文体相混杂的特征。其文章构造之法、分体作文之法、视角运用之法具有较强的可依循性和鲜明的读者意识，显示了当时写作理论对实用和法度的推重。《作文法讲义》是中国现代写作学史上一部发凡起例的著作，体现了中国现代写作理论在初创阶段重体系、重文体、重规律的基本形态，对后世写作理论及实践产生了深远影响。

关键词：陈望道　《作文法讲义》　现代写作理论　文体分类

1920 年 1 月，中华民国教育部下令改"国文"科为"国语"科，白话文由此在制度层面取得了合法性，开始以破竹之势进入教科书，并成为写作教学的重头戏。面对这一变革，广大师生一时陷入了迷惘，毕竟，文言文写作尚能从传统的文章学中寻求理论支持，而白话文写作则近乎白手起家，既无现成经验可用，也无成规惯例可循。有鉴于此，陈望道、高语罕、

---

[*] 本文曾发表于《中南民族大学学报》（人文社会科学版）2024 年第 2 期。

[**] 陈建军，武汉大学文学院教授，主要研究方向为中国现代文学、写作学等；沈瑞欣，武汉大学文学院博士研究生，主要研究方向为写作学。

孙俍工、夏丏尊等众多学者纷纷著书立说，意欲为白话文写作提供轨范。

1921 年 9 月 26 日至 1922 年 2 月 13 日，陈望道的《作文法讲义》初稿分 20 期连载于上海《民国日报·觉悟》。1922 年 3 月，《作文法讲义》单行本由上海民智书局出版。1924 年 1 月，"初版三千部"[①] 销完后，民智书局又推出再版本。至 1927 年 8 月，民智书局版《作文法讲义》已出到第 7 版。其间，1926 年 9 月 16 日，此书全本刊载于《河南教育公报》第 5 卷第 9、10 期合刊。1944 年 1 月，《作文法讲义》改由上海开明书店出版，并在接下来的 7 年间重版了 3 次。

《作文法讲义》在民国时期被多次刊载、重版，很大程度上是因为其言约义丰，切近实用，极适于为白话文写作初学者指点门径。而在实用性之外，这部著作还颇具开创性，正如民智书局发布的出版预告所言："从来我国关于国文之书，皆偏重修辞方面；本书独于一切作文法则包举无遗。其特点有三。一，词句简要，予人以自由推阐之余地；二，陈义普遍，包举各方，不限于章句一面；三，论理谨严，无笼统之弊……为我国破天荒之创作。"[②]《作文法讲义》出版较早，被认为是"中国有系统的作文法书底第一部"[③]，稍后问世的写作学著作在体例方面对其多有借鉴。《作文法讲义》中的文体分类和写作技法反映了 20 世纪 20 年代写作理论的共性，对后世写作理论及实践产生了深远影响。在此意义上，《作文法讲义》可谓中国现代写作学史上发凡起例的著作，体现了当时写作研究者共同的理论追求和中国现代写作理论的早期形态。

一　写作理论的体系化尝试

在《作文法讲义》小序中，陈望道开宗明义地指出，"我又希求从来对于作法只是零碎掇拾的惯习，从此变成要有组织的风尚"，"在我编时注意所及的范围内，一切，都想提纲挈领地说；一切，都想条分缕析地

[①]《陈望道先生的作文法讲义再版》，上海《民国日报·觉悟》1924 年 2 月 9 日，第 1 版。
[②]《作文法讲义出版预告》，上海《民国日报》1922 年 2 月 20 日，第 2 版。
[③] 刘大白：《修辞学发凡序》，载陈望道《修辞学发凡》，大江书铺，1932。

说；一切，都想平允公正地说"。① 无论是"要有组织"的寄望，还是"提纲挈领""条分缕析"的编写原则，都体现出作者创构写作理论体系的高度自觉。

陈望道对《作文法讲义》的修订，与他创构写作理论体系的设想密切相合。相较上海《民国日报·觉悟》刊出的初稿，1922年3月初版的《作文法讲义》单行本出现了几项明显改动。一是增补。正文前增加说明写作意图的小序；第三章增加多处例文，以解释如何选词；第十章增加关于文体分类的说明；增加第十一章"文章底美质"，即《讲演：文章底美质（在上海女子体育师范学校所讲）》，原刊于上海《民国日报·觉悟》1921年3月28日第2~3版；增加第十二章及附录三篇，探讨用字、书写、标点等问题。二是替换。将第一章对文章革新现状、纲领的介绍，替换为对文章元素、作文态度的解读。三是删节。删去第二章中的文体分类图表。四是名词修订。第二章中文章的"成分""种类"分别改为"构造""体制"，"象状文""疏解文""议论文""激劝文"分别改为"记载文""解释文""论辨文""诱导文"。经过此番修订，《作文法讲义》的章节体例更加完善，概念表述更加精准，例证材料更加充实。此后的各种版本基本上都保留了初版的原貌。《作文法讲义》中宏观体系的构建、基本概念的确立、归纳与演绎的统一，无一不呈现出科学化、系统化的特征。

（一）宏观体系的构建

相较传统写作理论"零碎掇拾的惯习"，《作文法讲义》构建了庞大的知识网络。全书所涉范围极广，探讨了写作主体的修养问题，如第一章第二节要求写作者保持力求真实的态度，第三章第八节建议写作者广泛阅读、勤加练笔、尝试翻译；谋篇布局的问题，如第三章到第五章对如何选词、造句、分段的说明；文体分类的问题，如第六章到第十章对五种文体的界定；美学风格的问题，如第十一章提出明晰、遒劲、流畅三种文章美质。同时，还引入了逻辑学、修辞学乃至美学方面的相关知识，就行文逻

---

① 陈望道：《作文法讲义》，民智书局，1922，小序。

辑、用字规范、诗画异质等问题发表看法。

《作文法讲义》遵循由浅入深、层层递进的逻辑，形成了一套严密的话语系统。书中正文采取了先总后分的思路：第二章"文章底构造体制和美质"为总述，第三章到第五章为"构造"部分的分述，第六章到第十章为"体制"部分的分述，第十一章为"美质"部分的分述。"构造"部分的分述按照单位的大小，对选词、造句、分段逐一阐释；"体制"部分的分述按照写作的难易度由易向难过渡，采用了记载文、纪叙文、解释文、论辨文、诱导文的编排顺序。

《作文法讲义》对繁杂的写作现象进行了高屋建瓴的统摄和简化，这既是五四运动以来科学思潮兴起的结果，也是讲义编写的体例要求。20世纪20年代，许多研究者从事过作文教学，其写作理论多由课堂讲义衍生而成。例如，高语罕对其在上海平民女校的讲演加以扩充，遂成《国文作法》（1922）；孙俍工为南京东大附中的学生编写作文教材《记叙文作法讲义》（1923）、《小说作法讲义》（1923）、《论说文作法讲义》（1924）；《中学以上作文教学法》（1925）来自梁启超在东南大学的演讲稿；《文章作法》（1926）则糅合了夏丏尊、刘薰宇在长沙第一师范、白马湖春晖中学或立达学园的执教经验……《作文法讲义》也不例外，是陈望道在复旦大学和上海女子体育师范学校所施用的讲义。

《作文法讲义》出版较早，其宏观体系不仅体现了时代的共性，而且开风气之先，为稍后问世的其他写作学著作提供了可资借鉴的范例。《国文作法》《论说文作法讲义》《中学以上作文教学法》《文章作法》等著作都采取了与《作文法讲义》相类的总论加文体论的编排模式。黄正厂《国语文作法》（1924）包括文章的构造、体裁、美质三个子系统，其体例与《作文法讲义》相差无几。黄正厂本人也在序言中坦言，"编者特向读者诸君介绍陈望道先生底《作文法讲义》"，"本书取材，除《作文法讲义》外，又参加其他诸人意见和个人私见"。[①] 可见《作文法讲义》倡导的作文法体系在当时确实引领潮流，颇具影响。

---

① 黄正厂：《国语文作法》，中华书局，1924，第1页。

（二）基本概念的确立

《作文法讲义》对基本概念的选择和确立是构建现代写作理论体系不可或缺的一部分，也是其区别于传统写作理论的根本所在。民国初年，姚永朴《文学研究法》（1914）、谢无量《实用文章义法》（1917）等著作已对文章规律和写作技法进行了较为系统的梳理。然而，这些著作以文言文写就，列举的均为古文范例，在概念运用方面带有传统写作理论的明显痕迹。例如，《文学研究法》中的"性情""气味""声色""刚柔"，《实用文章义法》中的"养气""神韵""义理""识力"，一望可知接续了桐城诸派的遗韵。相形之下，《作文法讲义》选取的概念洋溢着鲜明的现代气息，抽象的文章被拆解为一个个具体元素——"段""句""词""不纯粹的词""不精确的词""科学的记载文""文学的记载文"，形成了具有内在自洽性的基本概念演绎系统。

在界定概念时，《作文法讲义》格外注重表述的科学性，尽可能地避免歧义。陈望道认为，单词界说所具条件共有七项，即类名、特色、分类、例证、对称、类似语或同义语、语义的变迁。[①] 考察《作文法讲义》中诸概念的定义，类名、特色两项尤其常见，这恰好满足了现代逻辑学中概念界定的结构式，即被定义概念＝种差＋邻近属概念。以"不纯粹的词"为例，书中将其定义为"一切违背国语标准的词"，[②] "违背国语标准"即为种差，"词"则是邻近属概念。由于"违背国语标准"的表述仍失之笼统，陈望道又将符合这一条件的词划分为四类——死语、滥造语、外国语、方言。[③] 陈望道通过定义法，阐明了被定义概念的内涵，同时又通过划分法，将一个属概念进一步分为若干个种概念，揭示被定义概念的外延。如此一来，读者便对写作的核心概念形成了较为清晰的认识，不至于因为概念不清、思维混乱而形成写作上的误区。

不独《作文法讲义》，20世纪20年代的其他写作学著作对于概念界

[①] 陈望道：《作文法讲义》，民智书局，1922，第75~80页。
[②] 陈望道：《作文法讲义》，民智书局，1922，第10页。
[③] 陈望道：《作文法讲义》，民智书局，1922，第10~14页。

定亦颇为关注，而且力求做到简明扼要、通俗易懂。《论说文作法讲义》《文章作法》论及说明文时，详细阐释了单词界说的条件。这一时期几乎所有的写作学著作均对不同文体和修辞手法的概念做了明确界定。例如，《中学以上作文教学法》根据话语方式和功用，将论辨之文定义为"自己对于某种事件发表主张，或修正他人的主张，希望别人从我"；①《国文作法》将明喻细分为"直接的明喻""原因的明喻""结果的明喻""关系的明喻"四个种概念。② 这多少说明20世纪20年代的写作理论背离了以感性体悟来把握抽象道理的传统写作理论，转而迈向科学化、现代化的道路。

（三）归纳与演绎的统一

如果说"一切，都想提纲挈领地说"追求的是宏观上的明晰性，致力于写作理论体系的总体建构，那么"条分缕析地说"则着眼于微观上的透彻性，试图借助归纳与演绎的逻辑方法，对写作规律进行多层次累积式的揭示。在《作文法讲义》中，陈望道将阅读、写作和教学实践中遇到的大量案例分门别类，概括出五种文体的特征及写作时的注意事项，便是运用了归纳法。与此同时，陈望道从这些文体规律和写作通则出发，结合特定的写作情境推导出更为具体的结论，此即演绎法。例如，第三章第七节总结说，"凡是现在不通用的，就是死语"，③ 用词时应当避去，并在此基础上做出新的判断：由于今人不再反复背诵"四书五经"，过去文言中流行的许多词语现在也已废弃，因此，写作白话文时应尽量避免"四书五经"的语言和文言中流行的词语。此处关于"死语"的论述既有一般性原理，又有经过推导得出的具体结论，体现了归纳与演绎的统一，颇具说服力，也为读者扫清了理解障碍。

《作文法讲义》对写作法则进行演绎时，还会通过相关内容的对比参照加以辨析。书中对五种文体的阐释，基本上都从旨趣、功用和写作法则

---

① 梁启超：《中学以上作文教学法》，文心出版社，2019，第32页。
② 高语罕：《国文作法》，文心出版社，2017，第34页。
③ 陈望道：《作文法讲义》，民智书局，1922，第10页。

等方面入手。讲到纪叙文，就把前文讲过的记载文作为它的认知基础；讲到解释文，先阐明它与纪叙文、记载文的异同点；讲到论辨文，专辟一节探讨其区别于记载文、纪叙文、解释文的独特之处。类似的比较与互鉴在同时期的其他写作学著作中亦有体现。例如，《国文作法》对比了虚构叙述文与历史叙述文在构造条件和功用方面的差异，《文章作法》特别提到记事文和叙事文的区别在于记述的对象不同。读者由此更加准确地把握住写作对象的本质，不同类别的写作皆有规律可循。

值得注意的是，上述著作在论述时力避譬喻，无论是归纳还是演绎都用词精准、表意明确。传统写作理论如《文赋》《文心雕龙》，阐述写作规律往往立象以尽意，常有"理扶质以立干，文垂条而结繁"①，"若辞失其朋，则羁旅而无友"② 之语。比《作文法讲义》早几年问世的《实用文章义法》即沿用了这种比兴思维，将文势归纳为"如贯珠""发走珠""如击蛇""如破竹"等数种，而对"如贯珠"进行演绎时，仅仅称《晋文公问守原议》《原道》《春秋论》可作为文势"如贯珠"的典范。③ 至于为何得出这样的结论，怎样操作才能使文势"如贯珠"，则一概不谈。反观《作文法讲义》，归纳写作法则时多采用直白的简单句，并结合丰富的实例条分缕析。叶圣陶《作文论》（1924）更是明确指出，"无论应用归纳法或演绎法，决不能从譬喻里得到判断"。④《作文论》的主张似乎也正是同时期研究者奉行的通则，通过对归纳和演绎的运用，其著作纷纷体现出以简驭繁的精粹性和抽丝剥茧的细致性。

二　服务于"写"的文体分类

《作文法讲义》将文章分为记载文、纪叙文、解释文、论辨文和诱导文，这种分类法并非凭空得来，而是在前人研究的基础上形成的。尽管传

---

① 陆机著，张怀瑾译注《文赋译注》，北京出版社，1984，第25页。
② 刘勰著，陆侃如、牟世金译注《文心雕龙译注》，齐鲁书社，2009，第452页。
③ 谢无量：《实用文章义法》，中华书局，1917，第43页。
④ 叶圣陶：《作文论》，载叶圣陶《怎样写作》，中华书局，2007，第23页。

统写作理论以《文选》式的分类法为主流,依据实际功用对文章进行细致纷繁的划分,但在南宋时期,真德秀《文章正宗》按照表达形式将文章分为辞命、议论、叙事、诗,实现了对以往文体分类的突破。此后李兆洛《骈体文钞》将骈文分为庙堂之制、进奏之篇、指示述意之作、缘情托兴之作;曾国藩《经史百家杂钞》将文章分为著述门、告语门、记载门,与真氏分类法形成了呼应。① 到了近代,西方出现了三种在世界范围内颇具影响的文体分类法。亚历山大·贝恩在初版于 1866 年的《英语作文和修辞》中将作文分为描写(description)、记叙(narrative)、说明(exposition)、演说(oratory)和诗歌(poetry);② 约翰·F.杰农在 1885 年版《实用修辞学原理》中将作文分为描写文(description)、记叙文(narration)、说明文(exposition)、议论文(argumentation)、诱导文(persuasion);③ 亚当斯·舍曼·希尔在 1895 年修订扩展版《修辞学原理》中将作文分为描写文(description)、记叙文(narration)、说明文(exposition)、议论文(argument)。④ 西方的文体分类法被日本学者加以借鉴发挥,转而流入中国。汤振常参照武岛又次郎《修辞学》(1898),在初版于 1905 年 5 月的《修词学教科书》中提出了记事文、叙事文、解释文、议论文的四分法;⑤ 同年 8 月出版的龙伯纯《文字发凡》"修辞学"卷亦采用了武岛又次郎的分类法。⑥ 在发表于 1919 年的《怎样做白话文》中,傅斯年建议学习西方文体知识体系,并将散文分为解论(exposition)、辩议(argumentation)、记叙(narration)和形状(description)四类。⑦

陈望道没有明说他的分类法源自何方,考虑到他少年时期的国学积

---

① 赵逵夫:《〈中国文章分类学研究〉序》,载朱广贤《中国文章分类学研究》,民族出版社,2000,第 9~11 页。
② Alexander Bain, *English Composition and Rhetoric: A Manual*, D. Appleton and Company, 1867, pp. 4-5.
③ John F. Genung, *The Practical Elements of Rhetoric with Illustrative Examples*, Ginn & Company, 1894, pp. viii-ix.
④ Adams Sherman Hill, *The Principles of Rhetoric*, Harper & Brothers Publishers, 1899, p. 247.
⑤ 宗廷虎、李金苓:《中国修辞学通史(近现代卷)》,吉林教育出版社,1998,第 151 页。
⑥ 宗廷虎、李金苓:《中国修辞学通史(近现代卷)》,吉林教育出版社,1998,第 156 页。
⑦ 傅斯年:《怎样做白话文》,《新潮》1919 年第 1 卷第 2 号。

累、青年时期学习英文及留学日本的经历，他可能同时受到了古代中国、近代西方和日本的文体分类的影响。从定义来看，《作文法讲义》中的文体分类与杰农《实用修辞学原理》中的五分法相似度更高。也有学者认为陈望道与日本修辞学渊源颇深：他在早稻田大学攻读法科时，修辞学是必修内容，而日本著名修辞学家坪内逍遥和五十岚力彼时正在早稻田大学执教，他们的修辞学也已出版，并用作课堂讲义。① 然而，无论《作文法讲义》的分类法在多大程度上继承了前人的研究成果，它依然具有不同于以往文体分类的特异性，对日后的文体教学产生了深远影响。

（一）"先体后文"的分类机制

在中国古代，文体分类是文章积累到一定程度后的必然结果。正如王瑶所言："因了时代的进步，文章的日多，秘阁藏书，分部录簿，事实上也不能没有一个分类的办法和观念。而且各家的诗文既然日见其多，则阅者随其爱习，采摘钞录，也自然会促成总集的出现和分类的条贯。"② 郭英德则进一步指出："从分类实践来看，'因文立体'是文章体系内的文体分类得以确立的基本路数"，"先有单篇文章的创作，后有多篇文章因其自身形态或功能的相似性而得以合并归类，并为之确立类名"。③ "因文立体"的分类机制不拘泥于形而上的逻辑学，而执着于尽可能地包容各类已有的义章。正因为如此，随着新文体不断涌现，文体分类的名目日益繁杂，以至于在明代《文章辨体汇选》中达到了132种之多。清代以降，文体分类虽由博趋约、化繁为简，但本质上变化不大，直到白话文占据主导地位，文体分类方才经历一场较为彻底的现代演变。

纵观20世纪20年代的写作学著作，可以看出文体分类机制从"因文立体"向"先体后文"演变的过程（见表1）。出版于1920年的《白话文做法》《白话文轨范》似乎更多地沿袭了"因文立体"的分类传统，在

---

① 郑子瑜：《中国修辞学史稿》，上海教育出版社，1984，第494~495页。
② 王瑶：《文体辨析与总集的成立》，载王瑶《中古文学史论》，商务印书馆，2011，第100页。
③ 郭英德：《中国古代文体学论稿》，北京大学出版社，2005，第55页。

引入"议论""纪叙"等现代表述的同时,仍保留了"序跋"这一偏向传统文体的表述,呈现出新旧文体混杂的特征。特别是《白话文轨范》,与其说是写作理论,倒不如说是一部附有白话文写作事项的范文集,书中没有对文体分类标准进行说明,而是直接根据当时较有名气的白话文作品划分出应用文、说明文、序跋文等类别。这些类别层级不同、彼此涵盖,有悖于叶圣陶提出的"包举""对等""正确"[①] 的现代文体分类原则。相形之下,《作文法讲义》以及此后的写作学著作更倾向于"先体后文",首先设定文类的逻辑体系,而非大量占有文章成品。《作文法讲义》《文章作法》论及各类文体时,所举例证皆为句子或段落,并没有完整的范文。《国文作法》《中学以上作文教学法》选取的范例多为《史记》《左传》等著作中的古文。《记叙文作法讲义》《小说作法讲义》《论说文作法讲义》虽列举了田汉、周作人、瞿秋白等现代作家的白话文,但仍以文体划分为第一要务,仅仅对单篇文章进行对号入座式的归类。由此可见,在 20 世纪 20 年代的写作理论中,"先体后文"的文体分类机制确实成为主流,这一方面是因为当时白话文的数量还不够充沛,远没有实现经典化,另一方面可能也关系到研究者创立新文体以带动白话文写作的迫切诉求。

表 1　20 世纪 20 年代写作学著作中的文体分类

作者	著作	出版时间	文化分类
戴渭清、吕云彪、陆友白	《白话文做法》	1920	议论的白话文 纪叙的白话文 说理的白话文 序跋的白话文
吕云彪、朱麟公	《白话文轨范》	1920	议论文 表抒文 记叙文 说明文 序跋文 传记文 小说文 应用文

---

① 叶圣陶:《作文论》,载叶圣陶《怎样写作》,中华书局,2007,第 15 页。

续表

作者	著作	出版时间	文化分类
高语罕	《国文作法》	1922	叙述文 描写文 解说文 论辩文
叶圣陶	《作文论》	1924	叙述 议论 抒情
孙俍工	《论说文作法讲义》	1924	记叙文 论说文 文艺文
黄正厂	《国语文作法》	1924	记载文 叙事文 说明文 论辩文 诱导文
梁启超	《中学以上作文教学法》	1925	记述之文 论辩之文
夏丏尊、刘薰宇	《文章作法》	1926	记事文 叙事文 说明文 议论文 小品文

（二）文学文体与实用文体的交叉融合

在 20 世纪初期的文体研究中，始终贯穿着文学文体与实用文体观念之分辨。1905 年，王国维提出"纯文学"概念；[①] 1907 年，鲁迅《摩罗诗力说》对"纯文学"做了阐释；[②] 1908 年，周作人将文章划分为纯文章和杂文章；[③] 1917 年，陈独秀《文学革命论》将骈文、诗歌等界定为

---

① 王国维：《论哲学家与美术家之天职》，《教育世界》1905 年第 7 期。
② 令飞（鲁迅）：《摩罗诗力说》，《河南》1908 年第 2 期。
③ 独应（周作人）：《论文章之意义暨其使命因及中国近时论文之失》，《河南》1908 年第 4 期。

"文学之文",与碑铭、墓志等"应用之文"对举;① 1918 年,胡适《建设的文学革命论》呼吁建设"国语的文学,文学的国语",其中"国语的文学"涵盖小说、诗文和戏本;② 1919 年,蔡元培《国文之将来》指出,文章可分为应用文与美术文两类,应用文的主要作用是记载和说明,美术文包括诗歌、小说、剧本。③

及至 20 世纪 20 年代,文学文体与实用文体大别为二基本已成为学界共识,但在这一时期的许多写作学著作中,二者并没有明确的分野。《作文法讲义》讲到纪叙文写作时,所举例证多来自《水浒传》《老残游记》《儒林外史》等小说;讲到记载文写作时,又将记载文分为科学的记载文和文学的记载文。类似的情况也出现于《国文作法》中:描写文分为科学的描写文、艺术的描写文,前者包括科学论文、说明书等实用文体,后者追求艺术和比兴,可归属于文学文体。《文章作法》将记事文分为科学的记事文和文学的记事文,而文学文体如小说、实用文体如历史都被归入叙事文的大类。这种文学文体与实用文体混杂的现象,或许可以用叶圣陶的话来解释:"既然普通文与文学的界限不易划分,从作者方面想,更没有划分的必要。"④

如果说叶圣陶等研究者无意在作文法中划分文学文体与实用文体,那么孙俍工则是有意为之,却没有呈现出预想的效果。孙俍工曾直言其记载文、纪叙文、说明文、辩论文、诱导文的五分法"系根据陈望道《作文法讲义》"。⑤ 他认为记载文、纪叙文同属于记叙文,说明文、辩论文、诱导文同属于论说文,它们共同构成了实用文;而在实用文之外,他还提出了美文的概念,美文又称"文艺文",包括诗歌、小说、戏剧三种体裁。按照孙俍工的分类,记叙文属于实用文,但《记叙文作法讲义》辟专章讲解如何作游记,又用整整一节阐述写景与抒情,似与美文有着千丝万缕的联系。鉴于中国以往的文体学体系"并非像西方那种以虚构和抒情为主的

---

① 陈独秀:《文学革命论》,《新青年》1917 年第 2 卷第 6 期。
② 胡适:《建设的文学革命论》,《新青年》1918 年第 4 卷第 4 期。
③ 蔡元培:《国文之将来》,《教育丛刊》1919 年第 1 期。
④ 叶圣陶:《作文论》,载叶圣陶《怎样写作》,中华书局,2007,第 4 页。
⑤ 孙俍工:《记叙文作法讲义》,文心出版社,2019,第 2 页。

'纯文学'文体，而是在中国的传统礼乐、政治制度以及日常生活功用基础上形成的"①，现代写作理论中文学文体与实用文体的交叉融合也反映出新式分类法在一定程度上对中国古代的"大文章"传统有所保留。

（三）偏于写作练习的文章体式

无论是从主观意图还是客观效果来看，《作文法讲义》都是为写作练习而服务的。陈望道曾坦承编写此书的目的是向"男女同学们"及"男女同学以外的男女青年"介绍作文上的重要问题与解决方法。② 民智书局发布的广告亦称《作文法讲义》"出版以后，即被各地著名学校采用为教科书；已有男女各校教员的教授报告散见于教育杂志及《觉悟》等处"③，"出版以来，风行海内，教育界认为教学作文最好的读本"④。《民国日报》《申报》还多次刊登图书广告，将《作文法讲义》与《国语文读本》《记叙文作法讲义》《新文艺评论》一同列为初级中学、高级中学适用教材。⑤

与之相应，《作文法讲义》的文体分类也以便于写作练习为出发点。在《作文法讲义》初稿中，陈望道称传统分类法"虽然各有一种用处，在论作文法上却不很有意义，所以这里断然抛却不说"。⑥ 这种理念在《作文法讲义》单行本中得到了进一步发挥。《民国日报》所刊初稿原本将五种文体分为三级（见图1），类似于明清时期流行的分门系类，如《经史百家杂钞》在著述门、告语门、记载门三门之下又分论著、辞赋、序跋、诏令等十一类。但在单行本中，三级分类图被删去，五种文体以平列的形式出现，这未尝不是因为简化、精要的文体知识更适用于写作练习。新增加的文体分类说明亦强调："我们这一种文体分类法，是作文上的分类法，并不是文章作品上的分类法。实际做成的文章，大抵一篇文章

---

① 吴承学：《建设具有现代意义的中国文体学》，《文学评论》2015年第2期。
② 陈望道：《作文法讲义》，民智书局，1922，小序。
③ 《陈望道先生的作文法讲义再版》，上海《民国日报·觉悟》1924年2月9日，第1版。
④ 《作文法讲义出版预告》，上海《民国日报》1923年7月14日，第2版。
⑤ 参见《新学制初级中学适用国文教科书》，上海《民国日报》1924年8月24日，第3版；《初级中学高级中学教科用书》，《申报》1925年2月11日，第3版；《初级中学高级中学适用教材》，上海《民国日报》1925年2月12日，第8版。
⑥ 陈望道：《作文法讲义》，上海《民国日报·觉悟》1921年9月26日，第2版。

中含有二种以上的文章。"① 可见《作文法讲义》提倡的文体分类更像一种权宜之计，仅作用于前写作阶段，对写作练习起导向作用。

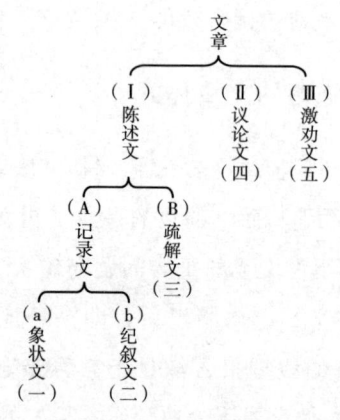

```
                          文
                          章
         ┌────────────────┼────────────────┐
        （Ⅰ）            （Ⅱ）            （Ⅲ）
         陈               议               激
         述               论               劝
         文               文               文
                         （四）           （五）
    ┌────┴────┐
   （A）     （B）
    记        疏
    录        解
    文        文
             （三）
  ┌──┴──┐
 （a）  （b）
  象     纪
  状     叙
  文     文
 （一）（二）
```

图 1　《作文法讲义》初稿中的文体分类

资料来源：陈望道：《作文法讲义》，上海《民国日报·觉悟》1921 年 9 月 26 日，第 2 版。

新式文体分类法不仅风行于写作学著作，还出现在 20 世纪初的语文教育政策中，这同样说明文体革新与现代写作练习密不可分。1902 年颁布的《钦定小学堂章程》要求高等小学第一学年至第三学年分别"作记事文短篇""作日记、浅短书札""作说理文短篇"；《钦定中学堂章程》规定第一学年至第四学年"词章"科的教学内容分别为"作记事文""作说理文""学章奏、传记诸体文""学辞赋、诗歌诸体文"。②1922 年，《小学国语科课程纲要》明确规定初小"能作语体的简单记事文、实用文"，高小"能作语体的日用文、说明文、议论文"。③ 从这些政策中可以约略窥见文体分类的沿革，白话文写作教学也随之取得了长足的进步。

---

① 陈望道：《作文法讲义》，民智书局，1922，第 115 页。
② 潘新和：《中国现代写作教育史》，济南出版社，2017，第 14 页。
③ 潘新和：《中国现代写作教育史》，济南出版社，2017，第 74 页。

三 立足于"法"的写作指南

明清时期的写作理论受八股取士制度的影响,将作文技巧发展到新的高度。由于八股文写作需要用到不少表达技巧,数百年间,文人旦夕揣摩,技巧理论渐趋细密完整。例如,唐彪《读书作文谱》将八股文技巧总结为深浅虚实、开合、衬贴、跌宕、照位、关锁等三十余种;蒲松龄《作文管见》指出:"文章之法,开合、流水、顺逆、虚实、浅深、横竖、离合而已。"[1] 对技巧的推崇尽管有助于锻炼文笔,但在一定程度上导致文章的刻意雕琢、僵化板滞。陈望道认为,倘若一味迁就"起伏照应""擒纵伸缩""声律""对偶",则不免"毁伤真实"。[2] 梁启超也认为,"从前先生改文只顾改词句不好的地方,这是去规矩而言巧,所以中国旧法教文,没有什么效果"。[3]

随着白话文写作的兴起,写作理念由为功名转向为实用,对技巧的推崇也让位于对"法"的偏重。这一时期的写作学著作多以"作法""作文法""教学法"命名,此处的"法"即法则、规矩。《中学以上作文教学法》在开篇强调"万万没有离规矩而能巧者";[4]《文章作法》指出,"法则究竟能指示人以必由的途径,使人得到正规"。[5]《作文法讲义》亦是一部立足于"法"的写作指南,其作文法可分为两个层次:一是文章构造之法,即写任何文章都必须恪守的基本法则;二是分体作文之法,即写不同体裁文章的特殊规矩。考虑到《作文法讲义》中的视角理论呈现出不同于前代的新气象,且对同时期的其他写作学著作产生了一定影响,因此,在上述两个层次之外,还需要特别注意其视角运用之法。

---

[1] 盛伟编《蒲松龄全集》第 2 册,学林出版社,1998,第 1398 页。
[2] 陈望道:《作文法讲义》,民智书局,1922,第 2 页。
[3] 梁启超:《中学以上作文教学法》,文心出版社,2019,第 4 页。
[4] 梁启超:《中学以上作文教学法》,文心出版社,2019,第 4 页。
[5] 夏丏尊、刘薰宇:《文章作法》,中华书局,2007,第 2 页。

（一）文章构造之法

《作文法讲义》中的文章构造之法分为选词、造句、分段三方面，尤以选词方面的论述最为充分。在陈望道看来，词是文章中的根本成分，其选词方法始终围绕着一个中心——简明：选词时既要注意词的性质，力避不纯粹的词和不精确的词；又要注意词的数量，提防用词过少造成的残缺，用词重复或冗赘造成的芜杂。造句方法则以恰当为目标：句子须长短适宜，不超过五十字；骈散自然，不硬凑对偶句；张弛有度，张句和词句协调搭配；宾主分明，重要的词应放在句首、句末、奇突的处所等关键位置；断续合理，一句只表一个意思。至于分段方法，重在条理分明：可依据空间位置、时间顺序、逻辑秩序、事件纲目进行划分，保证一段有且只有一个中心思想。

无论是词语的简明、句子的恰当，还是段落的条理分明，其目的不外乎表意清晰，而这也是 20 世纪 20 年代作文法的普遍追求。《作文法讲义》第十一章将"明晰"列为文章美质的首要条件，与前文致力于表意清晰的构造之法相呼应。《国文作法》从选字、造句、分段、谋篇四个角度入手，归纳出种种细则，以实现文章的浅显简当。《中学以上作文教学法》表示，文章所传达的应当"恰如自己所要说的"。[①] 可以说，《文学改良刍议》《文学革命论》以来言之有物、平易明了的文学主张在 20 世纪 20 年代的作文法中得到了延续，并且形成了方法论。

大约因为 20 世纪 20 年代作文法的受众多为白话文写作初学者，学习的目的以实用表达为主，这些方法论表现出比传统作文法更强的可依循性。《文章作法》称《文心雕龙》《读书作文谱》等论及作文法的著作往往"陈义过高，流于玄妙"。[②] 的确，对照《文心雕龙》第三十四篇《章句》与《作文法讲义》第四章"造句"，不难发现后者给出的指导意见更加具体。讲到句子长短时，《章句》仅仅介绍了在哪些作品中出现了二字句以至七字

[①] 梁启超：《中学以上作文教学法》，文心出版社，2019，第 3 页。
[②] 夏丏尊、刘薰宇：《文章作法》，中华书局，2007，第 1 页。

句,"但考字数,无所发明";[1]"造句"却直接断言"过于五十个字的长句,总以不用为是"[2],并指明了长句和短句的适用范围。相较"造句"中对句子长度、结构、气势、断续的清晰规定,《章句》更多地顾及文学创作的复杂性,行文迂回,处处留有余地,分章造句之法以一句"随变适会,莫见定准"[3]始,又以一句"断章有检,积句不恒"[4]终,仿佛了解再多的写作法则最后还是要落到一个"当"字上,分寸全要靠个人把握。

(二)分体作文之法

陈望道的作文法与其文体分类紧密相连,所谓"文莫先于辨体,体正而后意以经之,气以贯之,辞以饰之"[5]。《作文法讲义》在明确各类文体旨趣的基础上,建构起一系列富有针对性的写作法则。例如,记载文的旨趣在于记载人与物的形状和性质,因此,作记载文需要精密切实的观察,记载的次序可以从起点到终点,也可以从大体到细部;纪叙文的目的在于描述时间变化的历程,那么叙事节奏的把握就显得尤为重要,流动急速的纪叙文多记举动,少写会话,流动缓慢的纪叙文则恰恰相反;诱导文既然要诱导别人按自己的意思去做,最好少用抽象词句,摒弃丽词艳句,行文婉转从容、先轻后重。

在介绍此类写作法则时,《作文法讲义》没有停留于静态陈述,而是着力揭示分体作文的动态程序。作纪叙文,首先要抓住人物、事迹、处所、时分四个要素,确定文章的主旨,然后搜集切合主旨的事实,处理纪叙的停留点、流动的次序和缓急等问题;作论辨文,先是确定论题、阐明论题的要领,继而结合自己的经验、别人的指证、公理学说等论据,运用演绎法、归纳法和比拟法来进行论证,最后得出结论,以实现文章的首尾一贯、浑然一体。这些操作规程和动作要领贯穿于整个写作过程,既便于

---

[1] 刘勰著,陆侃如、牟世金译注《文心雕龙译注》,齐鲁书社,2009,第451页。
[2] 陈望道:《作文法讲义》,民智书局,1922,第26页。
[3] 刘勰著,陆侃如、牟世金译注《文心雕龙译注》,齐鲁书社,2009,第452页。
[4] 刘勰著,陆侃如、牟世金译注《文心雕龙译注》,齐鲁书社,2009,第459页。
[5] 吴纳、徐师曾:《文章辨体序说·文体明辨序说》,于北山、罗根泽校点,人民文学出版社,1998,第80页。

教师的教学指导，又有利于初学者进行写作实践。

需要说明的是，《作文法讲义》以及同时期的其他写作学著作始终以读者为导向，这种浓厚的读者意识在各类文体的作法中表现得尤为突出。《作文法讲义》认为，写科学的记载文务必"传达知识，使人理解"，写文学的记载文务必"传达情意，使人感受"；① 纪叙文的主旨或是"开人知识"，或是"动人观感"，或是"给人兴趣"；② 解释文旨在"使人理解"，字句"适合读者的程度"，段落"从读者易知的写到读者难知的"；③ 论辨文旨在"使人信从作者底判断"；④ 诱导文旨在"感化别人的言行"。⑤《文章作法》指出，写文学的记事文务必勾勒事物特色，记述主观心情，使用含有动作的词句，以便让读者获得生动的印象。⑥《中学以上作文教学法》则主张论辨之文须得"对机"，也即见什么人说什么话。⑦ 简而言之，在这一时期的写作研究者眼中，读者是评价文章的主体，作者应尽力创作适合读者的作品，而各类文体的作文目标或许可以用陈望道的"文章美质说"来概括：明晰（要别人看了就明白）、遒劲（要别人看了会感动）、流畅（要别人看了有兴趣）。

（三）视角运用之法

《作文法讲义》中的记载文和纪叙文作法皆涉及视角运用问题。陈望道将视角称作"停留点"，即作者在记载或纪叙时所处的立脚点。其视角运用之法主要包括三方面：一是要注意限知视角的局限性，"在一个停留点上作者官能所不能接触的不可写"；⑧ 二是视角转换须有章法，"纪叙文底停留点原不是绝对不得变更，却绝对不可轻易变更"；⑨ 三是视角选择

---

① 陈望道：《作文法讲义》，民智书局，1922，第46页。
② 陈望道：《作文法讲义》，民智书局，1922，第58页。
③ 陈望道：《作文法讲义》，民智书局，1922，第84~86页。
④ 陈望道：《作文法讲义》，民智书局，1922，第87页。
⑤ 陈望道：《作文法讲义》，民智书局，1922，第110页。
⑥ 夏丏尊、刘薰宇：《文章作法》，中华书局，2007，第17~19页。
⑦ 梁启超：《中学以上作文教学法》，文心出版社，2019，第44页。
⑧ 陈望道：《作文法讲义》，民智书局，1922，第51页。
⑨ 陈望道：《作文法讲义》，民智书局，1922，第62页。

应当为记载事物、表现主旨服务。

陈望道的视角运用之法，很可能从明清小说评点以及西方现代小说理论中汲取了养分。金圣叹曾以"影灯漏月"来指代《水浒传》中的限知视角。但明伦称《聊斋志异·莲香》采用了"从鬼口中说出狐，从狐口中说出鬼"[①]的"互写法"，通过视角转换达到了理想的叙事效果。脂砚斋评《红楼梦》第三回"从黛玉眼中写三人""从众人目中写黛玉"[②]，同样体现出对视角转换的关注。而在19世纪末20世纪初的西方，亨利·詹姆斯提出并践行了"意识中心"理论，打破了传统的全知全能视角，为现代视角理论的发展做了铺垫。到了1921年，清华小说研究社借鉴西方理论编成《短篇小说作法》，书中提出了"观察点"的概念，认为观察点确定以后理应贯彻全篇。《作文法讲义》的发表时间在《短篇小说作法》之后，或许受其影响亦未可知。

稍晚于《作文法讲义》出版的作文法，或继承了陈望道的视角理论，或在此基础上有所发展。《国语文作法》中的视角运用之法基本上是对陈望道主张的简述。孙俍工论及视角转换问题时，承认自己参考了"作文法讲义二八节"[③]。但与《作文法讲义》不同的是，《记叙文作法讲义》将叙述的方法细化为主观的叙述和客观的叙述，并进一步指出短篇文字中的观察点不宜轻易变动，长篇小说或复杂历史更适合转换观察点。此后，张九如《初中记事文教学本》(1927)、徐国桢《记叙文作法向导》(1929)皆沿用了孙俍工的说法。而在《文章作法》中，观察点被分为三类，即居于发动者一边、居于受动者一边、居于旁观者一边。

与明清小说评点中的相关论述相比，20世纪20年代作文法中的视角理论实现了从"读法"到"写法"的转化，不再满足于鉴赏已有作品中的视角运用之妙，而是提供了简单易学的视角选择方法，但正是这种对实用方法的关注，在一定程度上阻碍了其在理论上进行深耕。《作文法讲

---

① 蒲松龄著，但明伦评，项纯文辑校《聊斋志异新评》，华艺出版社，1996，第99页。
② 罗书华著，黄霖编《中国历代小说批评史料汇编校释》，百花洲文艺出版社，2007，第487页。
③ 孙俍工：《记叙文作法讲义》，文心出版社，2019，第183页。

义》出版当年，适逢卢伯克《小说技巧》问世。《小说技巧》深入探讨了如何限制视域、发挥每种视角独有的美学功能，后世的小说理论名著都将其作为重要的对话者。而同时期的民国作文法在论及视角时多流于浅表，即便是在 1924 年哈米尔顿《小说法程》被译介到中国以后，研究者也仅仅借鉴了书中的视角分类，没有进一步发掘理论，对作者和叙述者做出区分，无怪乎有论者称《作文法讲义》"在理论上可说是并没有特殊的建树"①。

结　语

《作文法讲义》篇幅不长，仅有六万余字，其中一些方法论以今天的眼光来看未免粗疏，陈望道对此做了解释："因这是说述基本解决法的书，写时务使独特的主张减至最少限度。"② 事实上，就当时的历史条件而言，《作文法讲义》已经算得上"组织严密，搜罗详尽"，"可供详密的钻研之用"③。更重要的是，这部著作不仅富于开创性，而且反映了中国现代写作理论在初创阶段重体系、重文体、重规律的整体风貌和基本形态，对后世写作理论的发展产生了深远影响。

作为五四运动以后最早系统论述白话文写作的理论著作，《作文法讲义》着眼于文章技术所在的全领域，运用现代逻辑方法对白话文写作现象及规律进行概括提炼。稍后出版的其他写作学著作多沿袭了《作文法讲义》的体例，力求借助提纲挈领的写作理论体系，对写作规律进行多层次累积式的揭示。

《作文法讲义》中服务于"写"的文体分类打破了"因文立体"的传统文体分类法，呈现出实用文体与文学文体混杂的特征。同时期的其他

---

① 道琪：《评陈望道的几种著作》，《申报》1935 年 6 月 30 日，第 20 版。
② 沈选千、陈望道："《作文法讲义》中的一个疑问"，上海《民国日报·觉悟》1922 年 4 月 25 日，第 4 版。
③ 夏丏尊：《国文科课外应该读些甚么》，中学生社编《读书的艺术》，开明书店，1935，第 36 页。

写作学著作亦体现出对文体的高度关注，其文体分类更加注重写作者的主体性，与《作文法讲义》中的文体分类颇为类似。有论者认为，"这种白话文的习作模式的'体'分"成了"现代文章忽而三分忽而四分摆脱不了的'体'认"[1]，可见如今的中小学写作教学仍深受 20 世纪 20 年代文体分类的影响。

  以《作文法讲义》为代表的 20 世纪 20 年代写作学著作针对文章构造之法、分体作文之法、视角运用之法提供了可操作性较强的细则，这也反映出现代写作理论逐步摆脱经验主义的传统理论模式，从自在自发走向自由自觉。自此，现代写作理论开始由重体悟、重模仿过渡为重规律、重习得，使得教师有所教，学生有所学，在实践中以简驭繁、转换生成。

---

[1] 朱广贤：《中国文章分类学研究》，民族出版社，2000，第 128 页。

现代论说文写作教材的奠基之作
——论孙俍工的《论说文作法讲义》兼及国文教育思想[*]

崔正升[**]

摘 要： 孙俍工的《论说文作法讲义》既是20世纪20年代初国文教材建设的"应需之作"，也是系统阐释白话论说文写作理论的奠基之作、开山之作。孙俍工将说明文与辩论文归为一类，不仅突出了论说文在阐释、说理、辩驳方面的本质，还强调了其在论证性、逻辑性方面的特征。对文类系统与作法系统的构建，充分体现了孙俍工国文教育"以作法为中心"的科学化构想；把纯文学与杂文学的各种文体统摄起来加以分类的探索，是现代文体分类的一大创造。该书还吸收了现代逻辑学的理论，使论说文写作步入科学化的轨道。

关键词： 论说文 写作教材 国文教育 文体分类 写作理论

在中国古代"以文治国"的文化语境中，论说文因专于阐发见解、说明事理而发挥了举足轻重的作用。近代以降，面对救亡图存的社会现实以及报刊崛起的时代际遇，论说文更是扮演了启蒙思想、变革社会的重要角色。新文学运动兴起后，随着白话文逐渐取代文言文，一种具有全新思想内容、文体形态、书写范式的现代论说文诞生。文体革新的实践必然催生写作理论研究的兴起。考察20世纪前期的论说文写作理论，孙俍工的《论说文作法讲义》（以下简称《讲义》）不容忽视，它不仅是现代分文体写作教材的开山之作，也是最早的一部系统阐释白话论说文写作理论的

---

[*] 本文曾发表于《语文建设》2022年第21期。
[**] 崔正升，西北民族大学中国语言文学学部博士研究生，白银矿冶职业技术学院副教授。

专门教材。通过对《讲义》的考察，我们不仅能触摸到孙俍工的教材编写理念及国文教育思想，也能感受到他致力于新文化建设的良苦用心和家国情怀。

一 冒险的航行者：《讲义》的编写初衷

新文化运动犹如沉沉黑夜中的一声春雷，对当时的文学界、教育界造成了很大震动。孙俍工早年参加过五四运动，后来又成为新文学运动的一员骁将。他不仅创作了大量的新文学作品，还将很大一部分精力投入国文教育改革和教材编著。这本《讲义》成书于1924年，是他在南京东大附中执教国文时的讲义。放在今天看，这种介绍写作方法的书籍并没有多少价值，但在20世纪20年代初期，这类作文法讲义发挥着举足轻重的作用。正如沈从文所说，"在当时大有助于一般中学教员国文教学和初学执笔从事写作的，或应数孙俍工先生编写的《新诗作法》一类启蒙书。这些为中学生示范参考书，目下说来似无何等价值，但在当时一般社会是有它的广泛意义的"。[1]

从《讲义》序言看，孙俍工编写此书的主要用意在于国文教学改革以及教材建设。胡适、陈独秀启动文学革命后，白话文的声势如日中天。为了稳住阵脚、扩大战果，借助国文教育这个"经典确立"和"文学生产"机制来壮大新文学势力，新文学主将通过各种运作促成了白话文在国文教育中获得法定身份。将"国文"改为"国语"容易，在实践层面推行白话文却没有预想的那样顺利，问题主要出在白话文写作教学上。白话文因浅显通俗的优势，阅读起来并不困难，但对于习惯用文言写作的人而言，白话文写作并非易事。钱基博就对当时作文教学改用语体文持谨慎态度："不论是'语体文'，是'文言'，既然叫到文，必定是个'有系统有组织'的文字……读者诸君，切勿误会是'语体文'便可拔起笔来，

---

[1] 沈从文：《沈从文全集》第17卷，北岳文艺出版社，2002，第161页。

胡乱写满一张纸，就算数的。"① 道理很简单，语言不仅是工具，它背后还隐藏着一套文化观念、审美习惯和书写规范。对于习惯用文言写作的人而言，他们对白话文写作很生疏，传统的零星、笼统的写作理论也无法起到指导作用。加上当时白话文尚处于初创期，并没有多少可以借用的写作经验，许多国文教师也是古文背景出身，以至于白话文写作教学陷入无序状态。因此，不论从推广普及新文学的角度看，还是从国文教学的现实需要看，都需要建构一套白话文写作理论及方法体系。孙俍工对此有着清醒的认识："教记叙文时应教记叙文作法，教论说文时应教论说文作法，教小说时应教小说作法。"② 也就是说，为了让白话文站稳脚跟，让白话文写作变得易掌握、易推广，推动文言写作教育向白话写作教育转换，建构一套全新的白话文写作理论及方法体系显得尤为迫切。

教材居于教育变革的中心位置，国文教育改革的实绩很大程度上体现在教材编写上。自清末废科举、兴学校，语文教材也逐渐从传统的综合性向分科教学的纯语文性过渡。但直到五四前夕，文言文依旧占主导地位，语文教材依旧沿袭传统文选本子的老路。虽然北洋政府教育部在1920年通令各学校逐步采用白话文教科书，但由于当时白话文范本较少，国文教材的编写一时难以取得突破，特别是中学语文教材编写进展十分迟缓。对此孙俍工坦言，当时的国文教材中"编次较有条理而适于中学程度用的"，严格地说"一种都没有"，教材的缺乏成了"国语文运动的一大障碍"。③ 在他看来，如果不下功夫解决教材缺乏的问题，"不但国语文建设底希望达不到，就是现在已有的这点根基，恐怕都难于保存"。④ 因为抓住了教材建设，也就牵住了教育改革的牛鼻子。出于对新文化运动以及对国语文建设的坚定支持，孙俍工除了不遗余力地执鞭教坛外，还将很大一部分精力投入教材编写。1922年8月，在上海吴淞中学任教的孙俍工与同事沈仲九合编的《初级中学国语文读本》由民智书局出版，这是最早

---

① 钱基博：《语体文范》，无锡县公署三科，1920，第15、17页。
② 孙俍工：《小说作法讲义》，中华书局，1923，序言，第3页。
③ 孙俍工、沈仲九：《初级中学国语文读本》，民智书局，1922，序言，第1页。
④ 孙俍工：《小说作法讲义》，中华书局，1923，序言，第4页。

的中学白话文教科书。该书专选现代人写的白话作品,又重在文艺,传播新思想、新文化是其一大特色。不过相对于其他教材编写者,孙俍工更是看到了当时写作教材建设的薄弱点。他不仅在后来编写的几套国文教材中融入文体写作知识,还在教学实践的基础上整理编写了几本分文体写作教材,如《记叙文作法讲义》《论说文作法讲义》《小说作法讲义》《诗歌作法讲义》《戏剧作法讲义》等,这些教材不仅全部采用白话文编写,而且开分文体编著写作教材的先河,这在当时是罕见的。孙俍工在《讲义》的序言中自称"冒险的航行者",而编写这一系列作文法教材的初衷是在国文教学的海洋里,"探出一条正确路径,避开那些看不出来的暗礁,指给我们几桩具体的系统的方法,也好让我们来比较得失,也好给我们从容取则,也好有个津逮可寻"。① 在他看来,编写作文法教材,不单是为了解决国文教材短缺的问题,更是为国文教育改革尤其是白话文写作教育探出一条路子。

二 论说文体的近代革新以及《讲义》对论说文本体的认识

论说文在古代堪称文章之大宗,是士大夫阶层发表意见和阐述思想的主要方式。晚清以降,面对日益衰微的国势,许多仁人志士借用报刊这个新的媒介平台议论时局、阐发政见。正所谓"自报章兴,吾国之文体为之一变"②,迅速崛起的报刊,不仅促使传统"士大夫"身份向现代"知识分子"角色转换,也深刻改变了知识分子的"论说"方式。特别是五四时期,论说文以长于说理攻战、启蒙宣传的优势成为文化斗士最重要的言说方式。围绕《新青年》《每周评论》等舆论阵地,形成了以陈独秀、李大钊、鲁迅、周作人、钱玄同、刘半农等新文化先驱为主的论说文作者群。他们的白话论说文既有长枪大炮式的篇幅较长的文艺性政论,也有匕

---

① 孙俍工:《论说文作法讲义》,商务印书馆,1924,序言,第2页。
② 梁启超:《中国各报存佚表》,《清议报》1901年12月1日。

首式的短小精悍的随感录，还有评论、杂记、通信、讨论、答问、编者按等，成为白话文盛行的一个很重要的原因。① 相对于古文的简约、含蓄，白话论说文以直白、修饰见长，具有文言文无法比拟的细密、严谨、自由等特征，显示出传统论说文无法具备的说理优势。文体的变革必然会促进理论上的探讨与总结。虽然孙俍工的这本《讲义》出版时间不是最早的，却是五四后首部系统总结论说文写作规律与方法的专门教材。书中大胆借鉴西方文体学、逻辑学和修辞学理论，所用范例均取自新文化运动时期的名篇名作，堪称现代论说文写作理论的奠基之作。

《讲义》探讨的首要问题是对论说文本体的认识。伴随着传统论说文文体的蜕变、转型，陈望道、高语罕、孙俍工等人在继承前人的基础上又融合西方文体学理论，构建起一套白话论说文写作理论体系。不同的是，陈望道、高语罕都将说明文、辩论文分开论述，梁启超只提到辩论文这一种，而孙俍工则将说明文与辩论文整合在一起论述。在《讲义》的绪论中，孙俍工开宗明义提出："论说文就是说明和辩论两种文体的合称。"对于为什么要进行文体整合，他解释道："按照作文法的分类，本有记载文、纪叙文、说明文（解释）、辩论文（议论）、诱导文五种，但以前四种为最重要；现在依着性质相近而又很有连带关系的分做两大类：一是包括记载文与纪叙文的记叙文，一是包括说明文与辩论文的论说文。"② 他根据"性质相近"的原则将陈望道划分的五种文体整合成了两种，理由是"二种体裁粗略地看来，每每不易辨别"。③ 在他看来，"辩论文与说明文关系最密切"，因为"说明文以使人理解为主旨，辩论文以改变他人的意向为目的，也非使人对于作者自己的主张详细理解不可，这是两者的旨

---

① 例如，胡适在《五十年中国之文学》中指出："长篇议论文的进步，那是显而易见的，可以不论。"参见胡适《五十年中国之文学》，载刘师培《论文杂记》，上海科学技术文献出版社，2014，第 93~94 页。朱自清也认为，"白话文之所以盛行"，"大半靠《新青年》里那些白话论文（文言的很少），那些达意的文字；新文化运动更靠着达意的文字。这是白话宜于说理论辩的实据"。参见朱自清《朱自清全集·文言白话杂论》第 4 卷，江苏教育出版社，1996，第 349~350 页。
② 孙俍工：《论说文作法讲义》，商务印书馆，1924，第 1 页。
③ 孙俍工：《论说文作法讲义》，商务印书馆，1924，第 102 页。

趣完全相同的处所"。① 孙俍工将说明文与辩论文整合在一起的主张有着深远的历史渊源，因为先秦时期的"说"与"论"具有你中有我、我中有你的交融关系。"说"原是"悦"的本字，最初具有愉悦、开释、言说等义，其"言说"义则由"用语言使人愉悦"的义项发展而来。在那个百家争鸣、"说者成伍"的社会中，人们普遍重视辩说，并且在长期的辩说实践中懂得了如何通过言语使人解除疑虑、获得愉悦，如何使自己的言说具有可信度与说服力。这就使先秦时的论说文具有了"使人愉悦"的特征：在解说道理的同时使人愉悦，在使人愉悦的基础上解说道理。只是后来随着社会生活的需要以及文体分类的精细，"说"的独立性越来越强，其文体功能也侧重于解释、说明。孙俍工将说明文与辩论文归为一类，这表明他不仅看到了普遍存在的文体交叉、互渗现象，也在一定程度上扭转了当时文体分类过于烦琐的倾向，更加契合论说文写作的实际。因为把一个话题或命题说得清楚明白，通常会用浅显的事实或道理来说服人，而列举这些事实或道理自然要用到论证；反过来，要论证一个观点，必然进行适当的阐释与铺垫，这是论说文展开的重要基础。

《讲义》在界定概念时，还强调了其在论证性、逻辑性方面的特征。古代论说文虽然很发达，但大都偏重下论断，而极少做严密的论证。比如，贾谊的《过秦论》大部分篇幅在叙述秦国由强盛走向灭亡的过程，只有最后一段才有少量的分析论证，这显然与中华民族重经验、体悟而轻逻辑、推理的文化思维有关。近代以来，受西方哲学、逻辑学的影响，论说文写作也逐渐强化了推理论证、逻辑演绎的成分。例如，孙俍工认为辩论文是一种"使人信服作者自己的主张的文章"，"就是作者对于一桩事情的见解，无论所主张的是或非、善或恶、美或丑，只要确定了后，就把这种主张用文字向他人发表出去，使他人也有与作者同样的主张"，其目的在于"发表作者自己的思想，改变他人的意向"。② 看得出，孙俍工对辩论文所下的定义正是抓住了这一点，这是现代论说文迥异于古代论说文

---

① 孙俍工：《论说文作法讲义》，商务印书馆，1924，第102页。
② 孙俍工：《论说文作法讲义》，商务印书馆，1924，第102页。

很重要的一个方面。

　　此外，孙俍工还看到了论说文与时代的紧密关系，认识到论说文在针砭时弊、干预现实方面的重要功用。古代论说文起于王道既微、诸侯力政的乱世，论说文干预现实的社会功能不言而喻。但明清以来，文人疏离现实的倾向十分明显，论说文关注现实、针砭时弊的功能有所弱化。孙俍工对此极为不满，他痛斥中国的文人"向来只会读陈腐的书籍，不喜欢谈论当代国家社会里的重要问题；一摇笔作文，便是'美人''芳草''风云月露'这一派无关痛痒的话；有时虽也发发议论，但也不过是用了一种空空洞洞的话，骂一骂那些陈死的古人，如什么'秦始皇焚书坑儒论''汉武帝罢黜百家论'那一类的议论罢了"。① 据此他提出现代论说文的两大特点："材料是现代的——采取国家社会问题和现代的知识思想；方法是科学的——适用论理学、心理学、修辞学等原则；所以我们能够把素来对于思想知识方面的缺陷，都可借辩论文来增添改正或是发展：这可见辩论文的重要了"。而学做现代辩论文"可以养成一种推理正确，思想精细，知识丰富的学者"，"可以鼓吹自己的主张，攻驳他人的谬论"。② 这些见解在当时都是言之凿凿、极为深刻的。

三　科学化与现代化：《讲义》对论说文写作理论的系统化建构

　　五四时期，科学教育思潮借助民主、科学这股强劲的东风涨溢到前所未有的高度，"教育科学化""科学教育化"的口号高唱入云。部分国文教师在科学精神的鼓舞下，对传统重道轻器、重悟轻法的写作教育范式进行反思，力图建构一套彰显科学精神、凸显方法色彩的白话文写作理论体系。梁启超在《中学以上作文教学法》的开篇中就明示："我所讲的这种研究法，可以成立与否，还不能定，不过我总希望多带一点科学的精

---

① 孙俍工：《论说文作法讲义》，商务印书馆，1924，第107页。
② 孙俍工：《论说文作法讲义》，商务印书馆，1924，第107~108页。

神。"① 这表明当时国文界已认识到文法、作法知识的重要性,追求国文教学的科学化、高效化已成为有识之士的自觉追求。

身为国文教育改革先锋的孙俍工,也在多个场合表达了他对国文教育科学化的热切向往。早在漳州二师、长沙一师、中国公学附中担任国文教员时,他就与舒新城等积极试验美国的道尔顿教学方法,由其与沈仲九合作编写的《初级中学国语文读本》不仅解决了当时缺少国文教材的问题,"而且廓清了初中学生的腐旧思想,代入了一种前进的科学化的新的思想"。② 由于孙俍工对国文教育的突出贡献,北洋政府教育部在组建中小学课程标准编订委员会时将他确定为中学国文科的召集人。这期间,他提出了"以作法为中心的单元教学法"设想,旨在"把国文所包含的各种体裁,精细地作一个横的剖解,使学者对于国文的各种体裁的组织——篇章节句语法修辞以及各体材料的区别,材料的来源,取材的方法,结构的方法,描叙的方法等有充分地明了,能自由地分析总合及活用"。③ 他抱怨"向来教授国文,很不注重科学方法。间有讲方法的,亦只限于什么词章,训诂,义理,音调等稍带神秘性的标榜"。④ 在他看来,那种神而明之、玄而又玄的所谓"方法"算不上科学方法,而构建以作法为中心的国文教学体系,容易达到能读能作的目的,也适合客观的科学化的分析研究。

就《讲义》这本书来看,孙俍工构建"以作法为中心"的国文教学体系,主要体现在对文类系统与作法系统的建构上。

先来看文类系统的建构。五四以来,国人渐以情感、想象等指标衡量文学,传统的文学被肢解为文学与非文学两种基本类型。除了诗歌、小说和戏曲,许多传统意义上的文学种类被排斥在文学界墙外。为了淡化文学与非文学之间的二元对立,一些学者试图以表达方式为依据,寻求一种通

---

① 梁启超:《中学以上作文教学法》,中华书局,1923,第1页。
② 孙俍工:《抗战时期中学国文选》,诚达印书馆,1938,序言。
③ 孙俍工:《我对于中学国文教学的意见——以作法为中心的单元教学法》,《图书评论》1932年第1卷第2期。
④ 孙俍工:《我对于中学国文教学的意见——以作法为中心的单元教学法》,《图书评论》1932年第1卷第2期。

用的、基础的、以不变应万变的分类方式。例如，陈望道的《作文法讲义》就将文体分为记载文、纪叙文、解释文、论辩文、诱导文五种。孙俍工则主张文体分类要兼顾内容与形式两个方面，并将文章分为"实用文"与"美文"两大类，其中"实用文"又分为记叙文、论说文两类，前者包含记载文、纪叙文，属于"知的文"和"事物的文"；后者包含说明文、辩论文和诱导文，既属于"知的文""意的文"，又属于"思想的文"。这比陈望道的分类更科学、更有系统性。同理，教材也可分为属于内容的"讲读教材"和属于形式的"方法教材"，并且它们在各个学段的使用都有系统的安排。例如，对于方法教材，初中第一学年重在语法与记叙文作法，第二学年偏重论说文作法，第三学年重在文艺文作法及修辞学。显然，这个文类系统兼顾实用文与文艺文两类文体，其由易到难的使用原则不仅符合学习心理，也使学生对于各种体式和内容"有一个完全的有系统的认识与理解"。① 后来他干脆提出"应该把国文一词统统系于文学一名词之下"②，意思是将所有文章都纳入文学范畴，只不过有"纯文学"与"杂文学"之分而已。这种划分虽然失之于宽泛，却在一定程度上消解了文学与非文学之间的对立。而他将论说文归入"杂文学"范畴，既能区分出它与纯文学之间的差异，又在文学领地为其留下了位置，这是现代文体分类的一大创造。

再来看作法系统的建构。我国传统文章学信奉文章写作的"神而明之"，对于写作理论的研究容易陈义过高，流于玄妙。新文学运动兴起后，随着白话文逐渐取代文言文的主导地位，以文言文为研究对象的传统文章学已经不能适应形势的需要，研究现代汉语文法、修辞以及白话文作法成了一种风气，写作理论的研究更加重视实践性、操作性。就论说文文体而言，虽然陈望道、高语罕、梁启超的作文法讲义中均有涉及，但多停留在"是什么"的本体论层面，对"怎么做"的技术理论研究并不深入。

---

① 孙俍工：《从中学底国文说到大学底国文：教材底联络与支配——著者自所著书一个简明的系统（附图表）》，《新学生》1931 年创刊号，第 155~164 页。
② 孙俍工：《二十九年度国文建设运动之展望》，《中国青年（重庆）》1940 年第 2 卷第 2 期。根据上下文语境，引文中的"国文"应该指"文章"。

孙俍工的这本《讲义》不仅系统阐释论说文写作规律与技法，还充分吸收了西方逻辑学的理论，使论说文写作步入科学化的轨道。例如，他指出辩论文的题目"是有断定语"的，就是"甲是乙"或"甲非乙"的形式，即"含有主词与表词的形式意义都完全的句子"。[①] 这是从语法角度描述了"命题"这一概念。再如论据，他将逻辑学中的因果论、例证论、譬喻论、符号论（孙俍工称其为"记号论"）作为证据的构成基础，指出证据与断定之间具有因果互证性，认为因果论与例证论具有连带关系，强调比喻论与例证论的不同之处在于前者是从两件不同事理的许多类似特点上推论得到相似的断定，后者是从实验或观察所得的法则推及未知的东西。可以说，孙俍工这本《讲义》很大程度上是以逻辑学为纲的议论文写作理论体系建构，它不仅为议论文的教学提供了有效的支持策略，也找到了现代逻辑学知识进入语文课程的适切载体。

---

① 孙俍工：《论说文作法讲义》，商务印书馆，1924，第109页。

民国初年思想文化状况的微观展示："学校国文成绩"述论

——以江苏编为中心的考察

王 逊[*]

摘 要： 民国初年，有鉴于国文教育的重要性，进步书局面向全国征集学生作文，最后编成"学校国文成绩"系列丛书。书中作文虽出自小学生之手，却在一定程度上反映了其时社会思想文化的一般面向。就江苏编的内容来看，时人作文中的突出倾向有四，即共和诉求、爱国热诚、教育理念、格致热情，各文的观点不见得高明，但反映了他们的现实观感。该书编选意在为学生写作提供示范，编者虽有过高的自我期许，但实际效果不佳。但只言片语的提点以及特别的文章编排形式仍可给人一定启发。

关键词： "学校国文成绩" 进步书局 民国小学作文

在清末民初的出版史上，文明书局是比较重要的民营出版机构。它于清光绪二十八年（1902）由无锡名士俞复、廉泉、丁宝书等在上海创办，在其出版物中，影响最大、声誉最广的当属教科书和笔记小说，前者以《蒙学读本》系列为代表，后者中较著名的则有《说苦》《清代笔记丛刊》《笔记小说大观》等。民国成立后，因商务印书馆、中华书局在教科书领域的激烈竞争，文明书局营业日衰，于1915年9月并入中华书局[①]。"并入后，书局仍陆续印行新旧杂书小说及医药技艺等书，由王均卿主持，称杂书部。"[②] 文明

---

[*] 王逊，文学博士，扬州大学文学院教授。
[①] 周利荣：《文明书局考》，《出版史料》2007年第2期。
[②] 张梅：《文明书局教科书出版研究》，天津师范大学，硕士学位论文，2008，第15页。

书局创办时，为了在上海书业商会的投票中多得一票，曾一个机构挂两个牌子，副牌为进步书局，故而以进步书局为名也出版了不少图书。例如，《笔记小说大观》便"由进步书局辑刊，但也归文明书局发行"。① 此外，文明书局还曾出版通俗小说以及《太平天国野史》《二十四史通俗演义》等通俗史学作品。② 文明书局在教科书出版领域成绩卓著，编辑出版若干教学辅助材料，特别是在国文方面（彼时考察国文水平的方式主要是作文，故下面提及的"国文成绩"就是针对学生作文习作而言），他们认为"国文为各科学之主干，故观一国之教育，全视国文之优劣以为断"③。于是，在1915年前后，文明书局面向全国发起倡议：

> 我国教育，上下提倡，不遗余力。国文成绩标新领异，有一日千里之势。本局敬尽绵力，愿切表率，继续进行，随时剞劂，务望各省各校办学诸君源源寄下，积有成帙，印行汇刊，以副先睹为快之意。④

最终的成品便是由进步书局编辑、文明书局印刷、文明书局（上海南京路）和中华书局（上海棋盘街）作为发行所、中华书局各地分售处分售的"学校国文成绩"系列丛书。该丛书包括《直隶省学校国文成绩》（1册）、《奉天省学校国文成绩》（6册）、《广东省学校国文成绩》（4册）、《江苏省学校国文成绩》（6册）、《浙江省学校国文成绩》（2册）、《湖南湖北省学校国文成绩》（2册）、《福建省学校国文成绩》（1册）、《江西省学校国文成绩》（1册）、《安徽省学校国文成绩》（1册）。考虑到该丛书各编间多有共性，为了讨论的集中和方便，下文将主要围绕江苏编展开考察，并在必要时引用其他各编的材料作为补充⑤。

---

① 郑逸梅：《书报话旧》，中华书局，2005，第80页。
② 朱联保编撰《近现代上海出版业印象记》，学林出版社，1993，第241页。
③ 《学校国文成绩提要》，《江苏省学校国文成绩》第8版第1册，进步书局，1926。
④ 《全国办学诸君公鉴》，《江苏省学校国文成绩》第8版第1册，进步书局，1926。
⑤ 笔者收集了江苏、浙江、湖南湖北、江西、安徽等省国文成绩，其他诸省因种种条件限制未能经眼，故而文中针对该系列丛书做出的一些结论仅是依据现有材料而言，未必能够代表总体情况，但想来应该相差不大。同时，由于缺少了四省材料，其中有没有一些特殊内容也不得而知，不免影响对该系列丛书总体特色及价值的判定，殊为憾事，特此说明。

一　江苏编的基本构成及突出特点

《江苏省学校国文成绩》共收录作文500余篇，分为论、说、述、辨、书、记、文、题、跋、序、传等11类，其中以论、说数量最多，分别为199篇和219篇，此外除书（22篇）和记（53篇）外，其他文类皆不满10篇。由此可见，时人在创作时的文类选择取向或者说其时写作教育的偏好（毕竟，很多学生在写作时接受的是"命题作文"）。论、说占主流的倾向不只表现在江苏卷中，其他各卷亦然，笔者对此做了一项简单统计，具体见表1。

表1　"学校国文成绩"系列收录作文情况

单位：篇

地区	论	说	述	辨	书	记	文	题	跋	序	传	赠序	策问	书后	策议
江苏	199	219	7	6	22	53	1	1	5	2	2				
浙江	103	54			3	10				4		2			2
湖南、湖北	79	64			1	20				2	1	3		3	
江西	59	27		3	3	5									
安徽	40	32				12								3	

进一步扩大考察对象，我们可以发现，这是相当长一段时间内的基本状况，反映的正是传统写作教育的遗存。科举取士的主导科目是经义、策论等内容，读书人苦心经营的也正是论、说等形式。

书中收录的作文基本都标注了作者姓名，并有相当一部分注明了籍贯，但形式不一，或采用苏州、常州、盐城等市一级名称，或选择松江、如皋、兴化等县级名称，还有一些如周庄、氾水则是乡镇名称。全编共涉及37个地名，依照今日的行政区划，上海涉及的范围最广，除标注为"上海"以外，尚有松江、宝山、崇明、浦东、嘉定、金山、南汇、青浦、枫泾等9地。从收录作文的数量来看，以泰县（45篇）最多，其后是如皋（43篇）、无锡（33篇）、武进（21篇），属于海门、兴化、宝应的也超过了10篇。除盐城外，主要地区为上海和今日江苏中南部地区，这或许反映了其时各地的经济、文化水平，特别是与上海的交流、沟通状况。

论、说部分涉及的内容较多，从编排形式来看，编者对作者显然有所规划。就论而言，首先是《论寄命托孤之重》《蒙以养正圣功也论》《操守论》《立志论》等关于宏观命题的讨论。其下可谓史论，或论重要历史事件，如《尧舜禅位论》《大禹治水论》等；或论知名历史人物，如《虞象论》《管叔论》等。当然，在具体写作过程中，论事必然及人，论人须当述事。史论部分以中国历史为大宗，但在最后有4篇作文涉及外国人物，特别是政要，即《鲁冰逊论》《克鲁伯论》《俾斯麦论》《俄皇大彼得以战败之费比之学费论》，此中颇有深意，详待下述。就中国部分论，在排列这些作品时，编者依照时间先后顺序，故而自《尧舜禅位论》始，迄于《太平间亡国论》终，上下数千年，许多重要历史事件和人物皆有论及，堪称一部微型、专题中国史。其他各编这一部分的编排方式与此相当，且同样有几篇涉及外国人物或题材的作品，如浙江省编的《寻获美洲非哥仑布论》，湖南湖北省编的《论拿破仑华盛顿》《科伦布论》，江西省编的《哥仑布论》《纳尔逊论》，安徽省编的《论鲁滨孙之能自立》（3篇）、《林肯解放黑奴论》（2篇）、《德留勤学不倦论》（4篇）、《福泽谕吉知教育为立国之本论》（3篇）等。再往下4篇为《日论》《亚洲中国风气论》《论江苏省之地势》《上海繁华论》，不便归类，置于此处也稍嫌突兀。但以下内容的逻辑较为清晰，依次论及教育、工业、政治、动物、植物、矿物、气候、卫生、日用品、生活习俗等方面的内容。最后10余篇又呈现无序状态，既有《论二十世纪之中国》《党争足以亡国》等政治话题，又有《贫富论》《论金钱之害》等伦理话题，又有《灯火功用论》《水之变态论》等科学话题，或因相近内容太少，故便宜处置。"说"部的安排与此类似，但相对来说，内容更为丰富且集中，编排逻辑也更为合理。

另需说明的是，论、说部分的话题包罗万有、横贯中西，堪称宏大，但较之学生的生活实际不免疏远，故虽有观点精警、论证翔实之作，亦有不少作文虽文字整饬，但内容稍嫌空洞。特别是所谓中西比较，看似开明有新意，但由于他们对外国史实缺少足够了解，往往多有曲解，且最终还是要回到自己熟悉的本国题材甚至命题，难免俗套。例如，《论买卖奴婢之不合人道》一文中提及了林肯解放黑奴之事，不过作者显然不能领会此举的历史意义，故而虽批判买卖奴隶的行为，认为这是"皆侵人之自由而违背人道者也"，但他可以依赖的理论资源仍不超出传统的儒家学说，所以最后联系了张载，称"张子曰：'民吾同胞'，愿以斯言，告天下之不重人道者也"。① 倒是"记"之一体，如《图书馆成立记》《本校演讲会记》《联合运动会始末记》，或者《清晨练身记》《郊外看秋景记》《捕黄花鱼记》《竹荫读书记》《春日旅行记》之类，虽仍不免沿袭俗套之作，但相对来说这些属于同生活实际关系密切的话题，故较为日常、具体。譬如《清晨练身记》一文：

　　上海为通商大埠，近更为学校荟萃之区，求学者皆赴焉。惟十里沪滨，号为黄金之地，故校舍不畅，操场狭小，不能辟操场者更十之五六，学生多不能得新鲜之空气。即有操场广大、校舍宏敞者，因杂居尘嚣之间，空气亦因之而不洁。余有见于此，每早起身后，即至校后火车站附近，或江边公园内，散步一周。雨则在校内庭中操练，徒手或器械，随意为之约一小时。行之至今，精神健爽，视昔远胜矣。②

就内容而言，卑之无甚高论，却是真实的生活写照，丰富、实在，较易引起人的共鸣。且就行文来看，条分缕析，逻辑清晰，故评语称"层层井井，记事文中佳手也"。

前已提及，由书局出面征集学生作文编辑出版是其时的普遍现象，但相较而言，本书的征集状况似稍显逊色。就江苏编而言，仅收文500多

---

① 方来：《论买卖奴婢之不合人道》，《江苏省学校国文成绩》第8版第1册，进步书局，1926。
② 邓欣廉：《清晨练身记》，《江苏省学校国文成绩》第8版第6册，进步书局，1926。

篇，不免有些惨淡，且这应该是最终征集的情况，而非像某些作文选那般经严格筛选。证据有二。其一，编者对相关作文并非全然满意，偶有批评声音。例如，论《振兴实业论》一文称："惜后半幅文字，太觉泛泛耳"；又如，论《废物利用论》一文称："文极开放，惜乎稍觉离题。"假使应征作文足够充足，类似有瑕疵的文章应在淘汰之列。其二，此编中还出现了同一人有2篇以上作文入选的情况（其他各编也有这种情况），甚而唐允恭有《论毛遂》《论项羽》《论王莽篡汉》《当兵纳税为国民应尽之义务》《河海为发生文明之导线》《竞争说》等6文，王汝昌有《申包胥乞师于秦论》《三卿分晋论》《诸葛武侯出师伐魏论》《轮船铁路交相为用说》《论选举之利弊》等5文。收录同一人的多篇作文未尝不可，但当这种情况出现得较为频繁时，有理由怀疑征集的文章数量可能不足。因资料欠缺，难以获知征文不够理想的原因，或许是因为当日多家书局皆有如此举动，故征文分散，又或者是因为进步书局经营日渐出现危机，故在征文方面投入不足。

书中收录了不同作者的同题作文，计30题，多为一题两文，其中《天下兴亡匹夫有责论》有3文，《说犬》更是有4文。有些标注了作者，但未提及籍贯，不少作文则交代了详细信息，据此可知相关作者都来自同一地。可以作为参考的证据是，题为《说鱼》的作文有2篇，作者分别是蔡森源、陈昌第，虽未标籍贯，但陈文的评语中告知"此著与贵同学蔡森源君，有异曲同工之妙"。由此可见，同题作文不仅出于同一地区，而且作者有可能是同学，这些作文应是他们老师布置的教学习作。教师命题除沿袭传统与惯常外，也受到特定时势的影响与感召，由题目颇可以了解一时一地的教育倾向及思想文化状况，故而笔者认为这些国文成绩类出版物"可以成为我们思想文化史研究的重要补充"①。江苏编作文涉及多地，这些地方的社会状况、发展水平不无差别，但仍然存在一定的共性趋向。就标注了籍贯的作文来看，具体命题虽颇有差别，但一个共同的特征是多元兼综，既有传统话题，如《人不可以无耻论》（如皋）、《服用宜戒

---

① 王逊：《民国所刊"国文成绩"类出版物述论》，《中国现代文学研究丛刊》2020年第2期。

奢华论》(上海)、《知耻说》(无锡)等；也有现实题材，如《学问与财产之比较说》(上海)、《民富则国富说》(无锡)、《人民有服兵役之义务说》(泰县)等。关注日常更是普遍趋向，如"说"部与"钓"相关的作文有3篇，分别出自武进王士贞、如皋薛增元以及浦东黄振秀之手（稍有差异的是，前两篇名为《钓说》，后一文名为《说钓》）。此外，兴化有以《说犬》为题作文，泰县有以《说菊》为题作文。各种类型的题目虽具体指涉不同，但有共性的命题思路，这自然是因为作者遵循着一致的历史传统、现实境地和教育旨趣。如此一来，相关作文的观点、思路虽不无具体作者的个性思考与独特认知，但应当也会反映或者难以超出必要的思想文化状况，故而可以认为它们代表了其时其地的某些共同观念。

二　共和诉求与爱国热诚

江苏编作文论域广泛，新旧话题兼备，具体来说，有以下几点值得关注。

第一，民国鼎立，政体更张，这一划时代巨变无疑会对世人造成巨大冲击，但就作文中反映的情况来看，时人非但接受这一变革，且热烈拥护。例如，书中收录《说专制与共和之害》（武进王冲）、《说共和与专制之利弊》（郑于梁）、《共和说》（薛祖康）、《共和说》（无锡余诚模）四文，较为明确地表达了时人态度。在他们看来，"世界整体，莫善于共和，莫不善于专制"，"今者变专制而为共和，此诚我四万万同胞共有之幸福也"，[①]态度极为鲜明而强烈。可见民国虽成立时间不长，但共和、民主的观念已深入人心，至少说，它们已成为一种主流论调得到了普遍宣扬，否则不会在小学生的笔下成为常规话题。当然，他们对于"共和"的认识还相当隔膜，多半是借助传统资源来理解这一"新生"事物，所以他们会声明"夫共和者，和衷共济之谓也"[②]，"通力合作之谓共，和衷

[①] 薛祖康：《共和说》，《江苏省学校国文成绩》第8版第4册，进步书局，1926。
[②] 余诚模：《共和说》，《江苏省学校国文成绩》第8版第4册，进步书局，1926。

共济之谓和"①。这样的看法虽与"共和"本义存在一定差距，但与旧观念类比正是一般人接受新主张的必然途径，且此举对"共和"观念的传播、接受不无裨益。他们虽对共和热烈拥护，却并不盲目，反而对建设和实现共和的困难有清晰认识，或言：

  共和之制，以世界为公共之物，上有行政机关执行政务，下设议院议决国政。不设君主，使人人能参预政事，此共和之利也。然或人民程度未足，各立党派，彼此争夺政权，则国中扰乱无已时，此共和之害也。……方今世界，人类无不恶专制而倾向共和，然共和有共和之真精神，不得精神而徒袭形式，未见其有济也。世固有少数人民，假共和以快其私者，不可不戒哉。②

这里的反思与警醒尚停留在理论层面，另有学生则就其时的复杂形势与恶劣环境予以深入检讨：

  ……今则已变专制而为共和，凡我国民，宜咸享共和之幸福矣，乃两载已来，兵变、暗杀等事，时有所闻，其变乱更甚于昔者，何也？盖由国民智识浅陋，权利思想太重，徒窃共和之名而未得共和之实耳……我国今日之共和政体，貌似而质非也，愿我国民在上者咸奋其国家观念，在下者各发其爱国思想，力除私见，共谋公益，以收强盛之效，幸勿袭取共和之皮毛，以淆乱共和之真相也。③

由此可见，他们不是只教条式地接受理论，更有强烈的现实关怀与独立思考。

第二，与强烈的现实关怀和沉重的社会反思相表里的，是时人的爱国热诚。在他们看来，"爱国之思想，即为保国之根本，保国必由爱国始，

---

① 薛祖康：《共和说》，《江苏省学校国文成绩》第 8 版第 4 册，进步书局，1926。
② 王冲：《说专制与共和之害》，《江苏省学校国文成绩》第 8 版第 4 册，进步书局，1926。
③ 余诚模：《共和说》，《江苏省学校国文成绩》第 8 版第 4 册，进步书局，1926。

而思想不可不存也"。① 其中有两个方面尤值申说。首先，他们饱含浓重的危机意识，对国家的现实局势多有关注和担忧，但他们的核心诉求不是表达伤感情绪，而是希望国人能够知耻而后勇，发愤图强，建立一个崭新强大的国家。例如，《对于香港澳门之观念》一文指出军港对国家安全具有重要意义，但清政府腐败无能，以致失地辱国，"今之列国，较割香港澳门时，其富强奚啻倍蓰，今之中国，较割香港澳门时，其贫弱亦奚啻倍蓰。清政府失地辱国，不暇自哀而吾人哀之，吾人哀之而不鉴之，窃恐非我族类，其心必异，虽求其哀而不可得也"，故而尤当振作。② 另有《欧美文化多传自中国说》一文，就题目来看，作者的观点不无偏颇，但某些反思则较为深刻。例如，作者认为，"欧美文物虽传自我国，彼不弃人之术而不考求，且以人之术为己之发明，故事事皆可成就，而能加诸于人上，此其称强之原也"，点出了中西文化的不同特质以及由此导致的不同发展方向，关于此，科学史研究多有精彩论断，此不赘述。在此基础上，作者呼吁："苟我国人人更善用其耳目，善用其心思，则异日之文化物质，安知不与欧美并驾，又安知不加乎欧美之上哉！"③ 编者想来也非常认同此文思路，故在评语中响应称："前事不忘，后事之师，无如外患日亟，不堪回首耳！"该编另有《当兵纳税为国民应尽之义务》《整顿陆军扩充军舰以强中国说》《按长城运河有感》《中华民国地形颇似秋海棠叶说》《潼关山海关嘉峪关在今地何处并如何扼要》等文，亦是这一视域观照下的产物。

前已提及，"史论"部分的最后几篇涉及外国题材，详查文意，作者通过歌颂和表彰异域的豪杰之士，希望唤醒国人的爱国热情，渴望诞生英雄人物，实现民族复兴与国家自强。例如，《克鲁伯论》中称：

> 国家当存亡续绝之际，必有一二豪杰之士，苦心孤虑，发为鸿谟，使国人得所从命而驱驰，而后得有成功。是故，成事之力出之于

---

① 佚名：《国民宜存爱国思想说》，《江苏省学校国文成绩》第8版第3册，进步书局，1926。
② 朱崧生：《对于香港澳门之观念》，《江苏省学校国文成绩》第8版第4册，进步书局，1926。
③ 王掌文：《欧美文化多传自中国说》，《江苏省学校国文成绩》第8版第3册，进步书局，1926。

众，而其功则归之于一二发踪指示者。①

《俾斯麦论》中更是明白宣告："强国之本与夫强国之人岂可少哉！"② 这些思考或许并非全然出自他们己见，很可能只是记录或复述师长的观点，但这种记录或复述本身也代表着一定的态度，并且既在他们心中留下印迹，终究也要融会到他们的思想观念中。其他各编中同样透露出这样的意图。例如，江西编中的《哥仑布论》一文呼吁："然则欧有哥仑布，其种族以繁，其势力以伸，今我中国犹幸有哥仑布其人者，以广疆土大民族乎？不禁拭目以待。"③ 顺带说一句，这几篇作文虽未全部标注籍贯，但已涉及武进、无锡两地，亦可为前文的猜测，即时人多有共性认识，提供一佐证。

其次，出于富国强国的考虑，他们大力强调使用国货，这一诉求也是经由反思现实问题而提出。"吾国库之匮乏，至今日而极矣。然卒未有救贫之策者何也？吾以为不知用国货耳。不用国货，则利权外溢，府库空匮"；与此同时，参考他国经验发现，"尝闻各国之富强也，凡一切日用服御，皆重国货"。④ 两相对照，该主张的合理性不言而喻。在他们看来，"苟人人能购用国货，则国家之富，可指日而待。他日与列强并立于地球之上，安知非今日倡用国货之功哉"。⑤ 这一想法不免过于乐观，但他们的殷切之情和爱国之心可见。与此同时，在使用国货问题上他们表现出难得的清醒意识，国货固然应当维持，但不能仅仅依靠说教甚至道德绑架。文中指出，"大凡物之质良而价廉者，为情所必趋，为势所必至"，其时国人之所以喜好洋货，无非因为"土货窳而贵，洋货便且廉耳"。故而，从根本上说，需提高国货的品质，使其在竞争中获得理所当然的成功，"是故维持国货云者，不在嚣嚣然号于

---

① 吴国勋：《克鲁伯论》，《江苏省学校国文成绩》第 8 版第 2 册，进步书局，1926。
② 佚名：《俾斯麦论》，《江苏省学校国文成绩》第 8 版第 3 册，进步书局，1926。
③ 佚名：《哥仑布论》，《江西省学校国文成绩》第 8 版第 3 册，进步书局，1926。
④ 吴毓桂：《维持国货说》，《江苏省学校国文成绩》第 8 版第 4 册，进步书局，1926。
⑤ 沈流芳：《倡用国货说》，《江苏省学校国文成绩》第 8 版第 4 册，进步书局，1926。

众曰国货是尚也,须改良国货之形质工价,使与洋货敌,夫然后为有济耳"。①

至于如何提高国货的品质,他们特别强调了观念的转变。一是要抛弃工匠、工艺低人一等的传统认知。在他们看来,"或以劳心者为贵,劳力者为贱,因农工商受治于官吏,遂以官吏为尊,岂知立国之道,非农工商不可乎",因此农工商、官吏之间"固无尊卑贵贱之可言也,人之与人相依相待以营其生而利国家"。②所谓地位的平等不是一套空洞的说辞,还关涉一系列观念、方式的调整,"彼能文识字之人既耻为工匠,为工匠者十百千万之中稍明文理者不数数观,且大都默守陈法,不求进步",③这导致了中国的贫弱,那么当务之急便落在了提升工艺活动从事者的层次与水平上,这就有赖"吾辈学生"了。二是要转变工艺理念及方式。在他们看来,"我国地大物博,所产之物,无不兼备。特墨守旧法,不知自行改良,凡所产之原料,多输入外国,而外国复制成各物输入中国,逐倍蓰之利,致利源尽溢于外,甚可惜也",换言之,不能仅从事简单的原料输出,而应提升工艺水平,获取更多的附加值,西洋各国正是胜于"讲求工艺,而吾国不知改良土货故耳"。④至于改良之法,这一问题涉及甚广,或超出作者的认识水平,故文中未详尽阐发。但他们通过中西工艺的对比发现,"夫外国之货所以便且廉者,以汽机一人可兼十百人之工,而所成之物,则以一人所为十百人之工而减作二三人之工价",因此"欲维持国货,必自广用汽机始",⑤观点全属陈言,表述也不免空洞,但若能积极宣扬一种口号并使之落到实处,总能收获必要改观。

三 教育理念与格致热情

上文已经提及,时人深刻认识到建设共和可能面临的问题,那么自然

---

① 吴毓桂:《维持国货说》,《江苏省学校国文成绩》第8版第4册,进步书局,1926。
② 王掌文:《农工商不贱于官吏说》,《江苏省学校国文成绩》第8版第4册,进步书局,1926。
③ 顾谦吉:《工艺为富国之本说》,《江苏省学校国文成绩》第8版第4册,进步书局,1926。
④ 洪毅:《改良土货说》,《江苏省学校国文成绩》第8版第4册,进步书局,1926。
⑤ 吴毓桂:《维持国货说》,《江苏省学校国文成绩》第8版第4册,进步书局,1926。

要探讨解决办法,在他们看来,教育是一个关键因素。有学生提及了当时的议员选举一事:

  议员之选举,为立政之基础,必贤而才者方能胜任。乃吾国此次之选举,投票之人匆匆而来,当举人之际,不知斯事为何意者居其多数,而复染烟癖者十居八九,不识字者十居五六。嗟乎!以若辈而使之选人,安望其能得人乎?且彼而举人,人亦何尝不可举彼,以此等人而充当议员,国事安得而理乎?①

造成这一局面的关键原因,正是教育不普及,国民无真知,如此一来,不要说共和建设无望,即连国家也陷入危亡局面,故而有人强调:

  吾国今日骤言共和,未免躐等,全恃学生为之表率,故为共和国之学生难,为今日共和国之学生尤难。诸先哲倡之于先,为之后盾者,我学生也。我学生而无真实之学问和同之道德以持其后,则时局沦胥,何所底止……②

职是之故,必须强化国民教育,"教育普及治国,其民人人明公义,知爱国,而国势日昌。教育不普及者,其民必冥顽昏聩者多,知自私而不知公德,身家而外,不知复有国也"。如果国民教育能够落到实处,"使子女人人受合法之教育,则十数年之后,人人皆可谓智战场之决战捷卒,未尝不可与列强一竞争也"。③

强调教育固然应该,但这一诉求不能停留在简单口号层面,一旦具体落实,便会发现其中充斥诸多复杂且纠缠的话题,如教师、教材等等。但在此之前,还有一个需要先解决的难题,即教学组织形式问题,具体说来便是学堂与私塾之争。有学人指出,"新式学校从清末十年开

---

① 杨雪桢:《论国民无教育之弊》,《江苏省学校国文成绩》第8版第2册,进步书局,1926。
② 范存仁:《共和国之学生》,《江苏省学校国文成绩》第8版第2册,进步书局,1926。
③ 杨雪桢:《论国民无教育之弊》,《江苏省学校国文成绩》第8版第2册,进步书局,1926。

始快速发展，但中国旧有的学塾制度并没有相应退出历史舞台，而是至少活跃了半个世纪以上，且数量一度庞大，甚至对学校的存在产生威胁"。① 在此过程中，"'闹塾'与'毁学'两极悖反情形在同一时空出现，甚至尖锐冲突，引起社会动荡不安，反映了日渐被拖入世界体系的近代中国社会的困境与尴尬"。② 江苏编中亦涉及了这一话题，作者对于私塾存在的问题有清晰认识，有人甚而声称"私塾之状况如是，不特使学生光阴虚掷，抑且贻误其终身矣"③。这一观点或不免极端，但有人仔细比较了二者差别，称：

> 夫学校未兴、科举未改，而子弟入学者，重背诵而不重讲解，抱膝长吟，虽读书数部，破卷五车，而问其所学，茫无一得。或稍有错误，而为之师者，即妄加鞭挞，不顾其身体之受伤，此私塾之弊也。迨科举废而教育改良，县立小学、国立大学，凡子弟之就学者，重讲解而不重背诵，循循善诱，不使困于书中。修身也，为之助其德育焉。算学也、格致也、英文也，为之助其知日育焉。且有音乐以陶其性情，体操以强其身体，此公学之利也。

如此似可坐实前一结论，故作者呼吁"吾旷观世之青年学生者，汲汲焉入公学而受普通之教育，日进乎高明之地，习一艺以自治，岂不美哉，岂不快哉！"④ 如此一来，兴学校、废私塾似乎理所当然。但问题是：

> 不然去一私塾，必设一学校，而后学龄儿童始免失学，吾市私塾以百十计，财力几何，宁能添设多数之学校乎？不能添设多数之学校，而骤去多数之私塾，则私塾之儿童纷纷而来，学校固无容纳之

---

① 左松涛：《近代中国的私塾与学堂之争》，生活·读书·新知三联书店，2017，第34页。
② 左松涛：《近代中国的私塾与学堂之争》，生活·读书·新知三联书店，2017，第50页。
③ 傅兆瑞：《述私塾之状况》，《江苏省学校国文成绩》第8版第4册，进步书局，1926。
④ 顾宝田：《公学与私塾之利弊何在说》，《江苏省学校国文成绩》第8版第4册，进步书局，1926。

地，如其不来而从此辍学，转不如私塾存在之时，犹得借不良之教育以求一知半解之为愈矣。

故而，尽管塾师存在诸多缺陷，但由于现实条件的制约，加之"彼为塾师者，未必其绝无旧学也，所缺者新知识耳"，将其完全淘汰的做法并不可取。于是，有人提倡："设立研究所，招致塾师，而从其旧学之基础，灌以新知识，俾得于教授上管理上改弦而易辙焉，讵不可得为学校之辅助哉！"① 此举似更为通脱客观。当然，这一问题的复杂程度也超越了作者的设想，"有关私塾改良的争论在清末开其端绪，直到1930、1940年代还在反复出现，老调重弹的状况非常普遍，可见问题的延续与棘手"。② 从实际成效来看，"塾师一旦听闻官府对于私塾进行改良，往往进行集中抵制，这种抵制或是故意示弱，以退为进；或是到官府机关去请愿，施加压力"。③ 但不管怎么说，时人能从切身实际出发，细致考量各种现实因素并提出合理主张，已属难能可贵了。

与教育话题相关，又有两项内容颇值得注意。首先要提及的是对女性地位的重新认识。书中有一篇题为《论二十世纪之中国》的作文，作者标注为"邹佩珊女士"，这应该是唯一的女性作者。其时民国初建不久，女性的地位未得到充分肯定，其权益也未得到基本保障，书中列入女性作文显然具有强烈的象征意味。编者还在评语中郑重声明："惟有高尚之思想，乃成伟大之国民，斯言予实佩之，谁谓女子无识哉！"编者的态度还是比较超前的。就其时一般社会层面的认识来看——学生作文正是此种认识的绝佳反映，时人虽强调要尊重女性，并给予其必要权利，特别是受教育权利，但此举并非意在女性自身的完善发展，而是更为看重一个"合格"的女性对于家庭乃至社会、国家的意义。例如，江苏编收录《辟女子无才是德之谬》《女国民说》《女学为教育之母说》三文，基本倾向及思路可谓一致。他们认为，

---

① 冒鸿生：《设塾师研究所议》，《江苏省学校国文成绩》第8版第2册，进步书局，1926。
② 左松涛：《近代中国的私塾与学堂之争》，生活·读书·新知三联书店，2017，第50页。
③ 左松涛：《近代中国的私塾与学堂之争》，生活·读书·新知三联书店，2017，第278页。

"欲女子同肩天下之责乎，则其事必自平权始。所谓平权也者，必使男女同受教育、同资阅历，乃可责以同尽义务"。① 此举的意义何在呢？"要知学校乃养育人才之地，女子具有才能，则即家庭教育已先受其影响，获效至钜"。② 这一结论似不免疏略，《女学为教育之母说》中则有详细阐发：

……故言教育者，当以儿童教育为先，盖欲茂其叶，必先固其本也。虽然，儿童未入学时，家庭苟多恶劣之见闻，固已先入为主，迨既入学后，虽有师友之教导规谕，未始不能导善格非，然在学校者几时，抵暮归复受家庭邻里之陶冶，一日曝之十日寒之，吾未见其有济也。学校既不能变易儿童之精神，则操其术者，其惟家庭乎？主持家庭者，非我女子乎？然则儿童之良否，胥系乎女子矣。儿童之最亲者莫若母，最爱而最信任者又莫若母，母教之善，斯善；母教之恶，斯恶……女子苟无学识，已不正，安能正人？即欲正而无方，然则欲女子教育儿童，则女学又不可缓矣。③

苛刻一点说，他们对于女性的认识并没有突破传统的贤妻良母说，只不过因应时代变化，做出一些适当调整而已。当然，这一想法亦可谓渊源有自，昔日梁启超于光绪年间创议设立女学堂时就称"上可相夫，下可教子，近可宜家，远可善种"④。近二十年间，可喜的是梁氏的主张得到更大范围的认可；可悲的是，时人的认识仍然陷于一偏而很难突破。

其次要关注的是作者对于格致之学的强烈兴趣。例如，江苏编收录《格致论》一文，其中称：

---

① 夏蔚荪：《女国民说》，《江苏省学校国文成绩》第 8 版第 4 册，进步书局，1926。
② 龚晖：《辟女子无才是德之谬》，《江苏省学校国文成绩》第 8 版第 4 册，进步书局，1926。
③ 徐新华：《女学为教育之母说》，《江苏省学校国文成绩》第 8 版第 4 册，进步书局，1926。
④ 梁启超：《创议设立女学堂启》，舒新城《近代中国教育史料》第 2 册，上海科学技术文献出版社，2015，第 161 页。

致知格物，我国儒宗亦尚矣，但有研究，无试验，有虚言，无实用，格致之学遂因以不传。今海禁不设，外人之来中国者多矣，器用之行于中国，不一而足矣，此不过就自然天机、当然物理，以穷其所至，如重学、声学、光学、化学、雷学，皆足供国家之利用。吁！何其奇妙也。我国亦重格致之科，开实业之校，非不仿而行之也，苟能精益求精，则取精用宏，原足自兴利赖，何患财源之溢于外哉。①

其将西洋科学与我国固有的格致之学类比，并号称此类思想系古已有之，显示出时人的保守与狭隘，他们对于科学精神的实质或无真切理解，对于科学精神的呼吁和宣扬也夹杂着复杂因素，但出于富裕自强的诉求，他们依然要大力传播和践行西洋的科学精神与科技知识，假以时日，想必也能扭转他们的观念。世人的整体认识虽未改变，但部分领域已在发生微妙变化。例如，书中收有《虹霓说》《彗星说》等文，在编者看来，"本西人之说，力辟古人不经之谈，非深知格致之理者不能道"，"以新学说理，迷信之见，不攻自破矣"。需要说明的是，早在清末颁布《奏定初等小学堂章程》时，就已明确提出了格致教育的要求，其内容为"讲乡土之动物、植物、矿物，凡关于日用所必需者，使知其作用及名称"②，江苏编中的不少作文正是对此类教育宗旨推行传播后的反映。

四　提炼技巧与开示门径

作文选意在为学生写作提供示范，故而编者便不只是随意收罗若干作文拼凑成书，他们极为在意出版发行后的效果及影响，或出于自信，或出于宣传需要，他们对自己的工作评价甚高，该系列图书的宣传语中即明白宣告其优点有四：

---

① 佚名：《格致论》，《江苏省学校国文成绩》第 8 版第 3 册，进步书局，1926。
② 璩鑫圭、唐良炎编《中国近代教育史资料汇编·学制演变》，上海教育出版社，1991，第 297 页。

（一）体裁各体具备，不拘一格，亦不分长短先后，总以合于小学程度，借收相观而善之效。

（二）所选者皆学生原作，间或稍加润饰，亦以不失原意为主。

（三）评语圈点，详明切当，俾可一览了然。

（四）所选均出小学校学生之手，小学生读之，不特获无数法门，且不啻得无数良友。①

严格来说，第一点勉强符合实际，第二、四点是客观情况说明，算不上优点，那么剩下的只有第三点，即编者的评语，我们不妨略做探究。在该书提要的第三点中，编者指出，"一题有一题之作法，一文有一文之佳处，不经揭出，学者何所适从？本编于每篇后赘以评论作法之如何，佳处之奚在，俾可一览了然"②，但此语不免言过其实。每篇作文后确实附有评语，内容也颇为多元，但有时仅两三字，扼要表明编者对文章之印象，如"条达""清朗""尚见平稳""笔甚精炼"之类，并无太多实际意义。稍微细致一些的，如"意匠经营，不同肤泛""切实发挥，波澜老成""议论明通，文笔廉悍""断制谨严，识见不凡"之类，也难以给人清晰深刻的印象。从这些评语入手，学者恐怕很难有所适从。这或许是传统时代文章评点的常规形式，但在新的教育形式下，多少显得不合时宜。恰如有学人所批评的，"而其评语，则习用于八股文者为多"。③

当然，若将全编评语一概斥之"无用"不免苛刻，其中也有部分内容试图体现其编撰意图，或分析结构脉络，如评点《说梅》一文称，"老树着花无愧枝，文亦犹是。'节'字起，'节'字收，首尾呼应，自成格局"；或提点写作技巧，如评点《稻说》一文称，"先实后虚，先叙后议，措辞宛转，所以寄托者深矣"；或点出文章对前人的借鉴，并总结个中得失，如论《捕黄花鱼记》一文，称"全篇笔法，仿欧阳修《醉翁亭记》，

---

① 《江西省学校国文成绩》第 8 版，进步书局，1926，封一。
② 《学校国文成绩提要》，《江苏省学校国文成绩》第 8 版第 1 册，进步书局，1926。
③ 黄炎培：《考察本国教育笔记》，转引自朱有瓛主编《中国近代学制史料》第 2 辑上册，华东师范大学出版社，1990，第 297 页。

文虽甚稚，然能善学古人，亦可喜也"。

此外，虽说这些评语不免零散、随意，无系统梳理和归纳，但有关写作之认识、写作教育之核心，均在不经意间有所揭示。例如，要重视审题，论《巴律西经营陶业》一文称："以坚忍二字诠题，通篇一线到底，初学作文，当以此为法"；又如，为文理当重视立骨，论《勾践事吴论》一文称："通篇以一'忍'字立骨，就题生发，语不离宗"。此外，编者特别强调，作文特别是史论，理当立论高妙、内容充实，而这取决于个人的学养。论《论项羽》一文称："读书有识，故下笔如老吏断狱"；论《汉武帝表彰六经论》一文也强调"融铸经史，发为文章，吐属自尔不凡"。在这些议论中，编者还会表露出对特定文体及其创作要求和方法的认识，论《述本校分给诸生枇杷事》一文称："无闲笔，无泛语，记事文之合作也"；论《重建阴雨操场记》一文则认为，"参议论于叙事之中，作记文字，自应如此"。可惜的是，这些文字吉光片羽，不成规模和体系，影响其金针渡人之效的发挥。

值得注意的是，部分评语是编者针对作文话题及内容表达的个人意见，就此可见其思想倾向，其中最为凸显的是殷切的忧世之心与爱国之情，不妨列举数例，以见一斑：

篇末"国不养民，民不爱国"二语，为我国痛下针砭，国乎民乎，可不交勉乎？①

论借国债，言埃及、摩洛哥等国，为中国殷鉴，是有心世道之言。②

变法当便乎民，可谓至言。③

---

① 佚名：《论国与国民之关系》，《江苏省学校国文成绩》第 8 版第 2 册，进步书局，1926。
② 徐炎：《论国债》，《江苏省学校国文成绩》第 8 版第 2 册，进步书局，1926。
③ 佚名：《变法论》，《江苏省学校国文成绩》第 8 版第 2 册，进步书局，1926。

论颇有见地,然骤欲改革数千年秕政,殊非易也。①

总体来说,国家形势危殆,国人当有爱国之心,奋发求变,但种种变革的宗旨当有益于民。与此同时,改革将面临种种困难,恐难收一时之功。除此以外,编者的文化态度偏于保守,评《以孔教为国教论》尚称"以孔教之兴废,关乎国家之治乱,其言不为无见",评《尊孔说》时则直言"见地独真合作也"。此种态度是否"先进"且存而不论,但它反映了一种基层的、普遍的认识。

除了编者直接的言说外,还可稍留心本书的"形式"方面。首先,内容的安排也有指导写作之意。以游记来说,有《郊外看秋景记》《春日旅行记》《暮春旅行记》《柳堤晚眺记》等数篇,考虑了季节、时间、地点等各种不同要素。再如,有关动物这一题材,"说"部既有《动物说》《说禽兽》这样的总论文章,具体说来,则依次论及马、豕、虎、犬、猿、猫、鲸鱼、鱼、鹰、鹤、燕、蝶、蜜蜂、蚁等十余种动物,基本囊括了生活中的常见类别。就植物论,则有稻、桑叶、茶叶、梅、柳、竹、莲、菊等,亦可谓品类齐全。如此一来,学生不管写作哪种类型,皆有范文作为参照。

其次,前面提到有多篇同题作文,它们除了可以作为考察思想文化状况的材料外,更有鲜明的教育意义。一题多文,角度各异、模式有别、程度不等,学生可在比较、参照中获得良好教益。譬如谈论钓鱼,3篇文章的主旨各不相同:

夫渔夫之设饵以诱鱼,此机诈之手段也,而无知之鱼,竟以贪区区之食物,而殒其生命于钓饵之上,甚矣,机诈之难防也。甚矣,贪欲之为害也。②

---

① 佚名:《盐税论》,《江苏省学校国文成绩》第8版第2册,进步书局,1926。
② 黄振秀:《说钓》,《江苏省学校国文成绩》第8版第5册,进步书局,1926。

子何但见我之钓,而未见人之钓也。我钓之时白日堂堂,人钓之时昏夜茫茫;我钓之地柳堤莲塘,人钓之地利薮名场;我钓之物,鳡鲤鲦鲨,人钓之物,紫绶朱章。人之钓术,不更狡于我乎!……此必非泛泛钓徒也,姜子牙之徒与严子陵之徒欤!①

夫世之人藏其机巧之心,发为阴诈之事,足以陷溺人身者,岂独钓哉?……朝鲜之亡也,吞日人之钓饵也。安南之亡也,吞法人之钓饵也……以中国地大物博,彼眈眈虎视之外人,何一不悬钓饵以诱我,我而不为贪之一念所误,则常保其游泳自由之趣,庶几临流持竿者亦废纶而罢钓也。②

第一文系就事论事,生发感慨;第二文则由鱼而及人,既表达了对汲汲于名利之人下场的警醒,又抒发了对淡泊名利这一高尚品行的歌颂;第三文则上升到国家战略层面,通过梳理朝鲜、安南往事,提醒国人要有清醒意识,切莫因小失大。三文合观,学生可以领会思路如何打开、延展及深化。

---

① 薛增元:《钓说》,《江苏省学校国文成绩》第 8 版第 5 册,进步书局,1926。
② 王士贞:《钓说》,《江苏省学校国文成绩》第 8 版第 5 册,进步书局,1926。

在文体探索与审美追求之间[*]

——以新世纪小小说类文学期刊为中心

刘 莹[**]

摘 要： 随着市场化程度加深，新世纪文学期刊频频遭遇生存危机，但小小说类文学期刊在激烈的市场竞争中脱颖而出。它们的文体特征鲜明，通过种种期刊行动培育小小说作家作品，厘清小小说定义，确立小小说文体，在创作群体、流通传播、接受对象、文化意义四个方面明确了小小说大众性的文体要义。它们强调雅俗共赏的审美追求，在内容、结构、语言等多个层面既满足了读者的阅读趣味，又实现了小小说美学品格的提升。适应时代变革的文体类型给新世纪文学发展提供了源源不断的推动力，创造了丰赡多姿的文学实绩。

关键词： 新世纪 文体 审美 小小说 文学期刊

进入 21 世纪以来，绝大多数的文学期刊在"经济场"和"文学审美价值"的天平上下摇摆。屈从于"经济场"挤压，文学期刊随之而来的可能是"文学自主原则"的丧失，《漓江》《湖南文学》等期刊改版失败就充分说明了盲目媚俗的结果往往是"赔了夫人又折兵"。然而，坚守"文学审美价值"，一味追求"为艺术而艺术"，在"读者为王"的今天更会遭遇市场的无情抛弃，《天南》的停刊似乎验证了商业法则和文学自主性的尖锐对立。然而，以《微型小说选刊》《小小说选刊》《百花园》《微型小说月报》为代表的小小说类文学期刊在充分尊重商品市场准则的

---

[*] 本文曾发表于《文学与文化》2023 年第 3 期。
[**] 刘莹，湖南大学文学院副教授。

前提下，取得了小小说作为一种独立文体的文学价值的突破。它们定位明确，抓住了小小说文体特征的大众性，牢牢把握目标读者的阅读需求，弥补了市场空白；在审美追求上，它们大多强调雅俗共赏，既保持了刊物的趣味性，又增强了刊物的可读性。在获取强大"市场资本"的同时，赢得了"象征资本"的接纳和认可，促进了大众趣味和"精英"审美趣味的对接。

一　新世纪小小说类文学期刊的繁荣

随着市场经济不断发展，文学出版机制在世纪之交面临着更大的挑战，"三刊工程"的启动意味着期刊面临新一轮的优胜劣汰。政府积极鼓励大刊、名刊不断将"蛋糕做大"，"使导向正确、文化含量高、读者欢迎的优秀期刊占有最大的市场份额，把那些内容不健康、质量不高的小报小刊或非法出版物挤出市场"。[①] 1997 年 3 月 10 日，新闻出版署颁布《关于期刊业治理工作的通知》，规定除学报、学术类期刊外，其他期刊发行量不足 1000 份的予以停办。[②] 统计资料显示，从 1988 开始，我国文学、艺术类期刊每年的出版种数、总印数都在不断下降，2000 年文学、艺术类期刊有 529 种，相较 1988 年减少了 20%，总印数为 21141 万册，相较 1988 年减少了 55%。[③]《小说》《昆仑》《漓江》《峨眉》等文学期刊陆续停刊，《人民文学》《中国作家》《北京文学》等大型文学期刊的发行量也不断下降。《红岩》主编谢宜春感叹："沉重的经济压力，也让文学期刊的老总们再也无法静下心专心致志地去构建雕饰他的艺术圣殿了……进行各种各样的尝试与探索。改刊、改版乃至改变宗旨者，有之；重新包装，活跃发行渠道者，也有之；以文养文，以商养文，文企联姻者，也不

---

① 中国出版年鉴社编《中国出版年鉴 2001》，中国出版年鉴社，2001，第 258 页。
② 《关于期刊业治理工作的通知》，载中国出版年鉴社编《中国出版年鉴 1998》，中国出版年鉴社，1998，第 251 页。
③ 张伯海、田胜立主编《中国期刊年鉴 2002》，《中国期刊年鉴》编辑部，2002，第 11~12 页。

鲜见;直至改换门庭,引入现代企业管理机制,实行现代企业化管理等等,可以说是八仙过海,各显其能,凡是能做的他们都做了,令人感佩之至。"[1] 据不完全统计,仅 1998 年更名和申报更名(1999 年才以新刊名出刊)的刊物就有 154 种[2],因此 1998 年和 1999 年被称为中国期刊的"改版年",绝大多数的文学期刊在刊物定位、办刊模式等方面做出不同程度的调整。

　　世纪之交,文学期刊在"长""短""杂"三方面做出调整。"长"指部分文学期刊将文类重心调整至长篇小说,频频创办"增刊""专号",文学期刊的"长篇化"倾向,既与作家的"长篇崇拜"心理有关,又与20 世纪 90 年代以来影视媒介兴起、长篇小说被改编成影视作品所获得的巨大商业效益有关。"短"的方面,一方面部分文学期刊缩短刊期,由双月刊改为月刊或半月刊。全国期刊读者调查数据显示,从发行周期来看,2004～2009 年半月刊和月刊的平均阅读率高居前两位,远远大于双月刊、旬刊、周刊的平均阅读率。[3] 由此可见大众相对更为青睐月刊、半月刊。另一方面,体量小、篇幅短、敏锐反映现实生活的文类成为文学期刊的制胜法宝,譬如增设"微型小说""小小说""微小说""一分钟小说"等栏目。小小说类文学期刊的兴盛显示出信息时代阅读趣味的变化,短小精妙的小小说文体契合了读者的需求。"杂"则指文学期刊开始突破传统体裁四分法的格局,转变为综合类文学杂志。1999 年《小说家》将刊物内容的重点从小说转移到文学史和文化史;《黄河》讨论的话题集中于思想文化,致力于打造"知识分子"读物;《中华文学选刊》大谈热门影视剧,并登载漫画、标语等"俗文学"内容;《人民文学》压缩小说篇幅,增加散文比重,标榜"跨文体写作"。这一动向反映出进入 21 世纪后文学不再局限于文本内部的语言、形式、结构,而是向更为丰富也更为宽泛的文化层面转移,文学放下了孤傲清高的架子,融入日常化的俗世生活。

---

[1] 谢宜春:《悲壮的努力》,《北方文学》1999 年第 12 期。
[2] 参见李频《期刊策划导论》,河北教育出版社,2001,第 126 页。
[3] 参见姚林、杨新林《2009 年全国期刊读者市场综述》,载《中国期刊年鉴》杂志社编《中国期刊年鉴 2010》,《中国期刊年鉴》杂志社,2010,第 744 页。

它可以是下里巴人的俗言俗语，也可以是小资读者的小情小调；它可以汲取民间文化资源，也不排斥时尚白领的阅读趣味。新世纪文学期刊在"长""短""杂"三方面所做的调整，充分说明期刊的发行周期、文体倾向、文学趣味都深受读者、市场、时代的影响和制约。而适应特定读者群的需要，有针对性地开发潜在市场的文学期刊才是这场"生死战役"中的胜者。新世纪小小说类文学期刊的繁荣恰恰是满足了以上条件的必然结果。相关数据显示，《小小说选刊》"自 1995 年改为半月刊以来，5 年发行 3000 万册……2000 年的月发行量已达 64 万册"。① 百花洲文艺出版社主办的《微型小说选刊》发行量也"稳定增长，月发行 70 万册。2001 年发行码洋比 1992 年增长 46 倍，利润同期增长 58 倍"。②

新媒体时代的来临，还意味着不同媒介之间的交流、融合愈加密切，文本样式、文体特征通过多样媒介形态的生产、传播而呈现多元化的发展趋势。"长""短""杂"是仅囿于纸质媒介内部所采取的自救策略，而应对时代变局掌握先机，寻求转变。一则要求文学期刊敏锐捕捉不同媒介特性，借助新兴媒体，扩大自身影响力。例如，《小小说选刊》《微型小说选刊》开设微信公众号，借助自媒体交互性强、传播度广的特性，依托纸质刊物的优质资源，打造期刊品牌。二则要求文学期刊探寻文体特色，把握文体特性，实现跨媒介转换与流动。近些年，有声产品的创作与传播渐成热潮，第十九次全国国民阅读调查显示，"2021 年，我国有三成以上（32.7%）的成年国民有听书习惯"。③ 而在喜马拉雅、荔枝 FM 等音频分享平台上，"微小说""小小说"等主题音频的播放量都突破百万。早在 2016 年，郑州小小说文化传媒有限公司（原百花园杂志社）就与蜻蜓 FM 签约，在平台开设"听故事"和"小小说精选"两个专辑，以听觉产品的形式传播汪曾祺、梁晓声、莫言等作家的小小说作品。从近十年龙源期刊网发布的"中国人文大众期刊数字阅读影响力

---

① 木仝：《以精短的系列描绘时代画卷——访〈小小说选刊〉、〈百花园〉月刊主编杨晓敏》，《出版发行研究》2000 年第 11 期。
② 张伯海、田胜立主编《中国期刊年鉴 2002》，《中国期刊年鉴》编辑部，2002，第 417 页。
③ 路艳霞：《2021 年我国成年国民人均读书 4.76 本》，《北京日报》2022 年 4 月 24 日。

TOP100"来看,《小小说选刊》《百花园》《微型小说选刊》等小小说类文学期刊多次上榜,显现出较好的数字化传播影响力。

二 面向大众的文体探索

虽然小小说类文学期刊的发行量惊人,但长久以来,小小说在主流文学队伍中的位置颇为尴尬,或身份不明、性质难辨,或被看作短篇小说的附庸,长期被评论家、作家所忽视。究其原因,一方面来自主流文学的"精英意识",认为小小说的篇幅有限,难以反映宏大的时代面貌、广博的社会生活,题材内容大多是家长里短、市井民情,语言风格大多简单直白,似乎上不了主流文学的台面;另一方面,小小说虽天生具备与大众文化的共通性,更容易与消费、通俗、时尚等商业社会的关键词画上等号,但部分创作者为赢得市场青睐,一味追求作品情节的传奇性而忽略了文本的审美性,过分强调创作高产量却无法保证作品的高质量,从而消解了小小说的文学特性,使其沦为欲望的产物。自20世纪80年代以来,为争取小小说的文体独立性、消除主流文学界的偏见和误解,小小说类文学期刊通过各种期刊行动培育小小说作家作品、厘清小小说定义、确立小小说文体。小小说类文学期刊不定期组织活跃于小小说领域的作家举办笔会、研讨会,打造小小说团队平台,扩大期刊、作家、作品的影响力。2002年,《小小说选刊》联合中国作家协会创作研究部、文艺报社举办"小小说庆典暨理论研讨会",2005年《小小说选刊》与中国小说学会联合主办"小小说理论高端论坛",从理论和实践上深化了小小说的文体概念,促使小小说走向独立。《百花园》《小小说选刊》《微型小说选刊》《小小说月刊》等小小说类文学期刊共同成立了小小说媒体联盟,通过编辑交流、资源共享,推动小小说文体发展。除此之外,由《小小说选刊》、《百花园》、《小小说出版》、郑州小小说学会联合设立的"小小说金麻雀奖"至2023年已举办九届,奖掖作家、遴选精品,成为全国最具权威性的小小说奖项,为促进小小说的繁荣和发展做出不容忽视的贡献。期刊的苦心经营促成了小小说这一文体的崛起,国家和政府颁发的一系列奖项则代表着

"官方趣味"对大众趣味的接纳。21世纪初启动的"百刊工程"强调期刊"导向正确、文化含量高、读者欢迎"①，是对期刊所具备的"社会影响"和"经济效益"的双重肯定。《小小说选刊》和《微型小说选刊》凭借着强大的市场份额以及"人民大众喜闻乐见"所包含的社会效益双双入选"百刊工程"。2006年，小小说作家、编辑、评论家杨晓敏、聂鑫森、王晓峰、孙方友等参加了中国作家协会第七次代表大会，中国作家协会在工作报告中对小小说予以高度评价。2010年，中国作家协会发布修订的《鲁迅文学奖评奖条例》，正式将小小说文体纳入鲁迅文学奖的评选。2018年，冯骥才凭借小小说集《俗世奇人》获得第七届鲁迅文学奖，这也是小小说自鲁迅文学奖开评以来首次获奖。至此，"市场资本"的巨大效应已经影响到主流意识形态所代表的文学评价体系并使其做出相应调整，曾经"不入流"的小小说赢得了官方"象征资本"的承认，得到应有的一席之地。因此有研究者认为小小说文体的规范和繁荣"已不仅是一个普通文坛景观那么简单，而且应该是一种文体真正意义上形成和崛起的里程碑式的印证"。② 换句话说，这并不仅仅是一种文体独立性的明确，更意味着小小说所代表的大众审美价值、大众阅读趣味、大众消费文化的强势崛起和快速渗透。它以"市场资本"为坚固依托，以理论建设为文体内核，以"象征资本"为品质保证，一步步打破主流评价系统的封闭性，消解了精英文化的权威性。

　　小小说类文学期刊自诞生就把读者放在首要位置，根据大众读者需要选择贴近现实的题材、保持亲切质朴的语言、运用短小精悍的文本形式，确立了期刊的定位和风格。而当时绝大多数的文学期刊还纠缠于语言变异和文本革新，刊发的作品越来越趋向形式实验，读者为此感到困惑、不满，原本颇受大众欢迎的通俗文学期刊走向衰落。因此，此时异军突起的小小说类文学期刊填补了大众的阅读缺失，这也坚定了小小说类文学期刊走平实路线、向大众靠拢的决心。最终，这种简单朴素的文学观念不断发

---

① 中国出版年鉴社编《中国出版年鉴2001》，中国出版年鉴社，2001，第258页。
② 宗利华：《一种新文体的全方位崛起》，《文艺报》2005年9月1日。

展,演变成《小小说选刊》主编杨晓敏提出的"小小说是平民艺术"这一文学理论。杨晓敏认为:"之所以称小小说为'平民艺术',是指小小说是大多数人都能阅读(单纯通脱)、大多数人都能参与创作(贴近生活)、大多数人都能从中受益(微言大义)的艺术形式。"[1] 这恰恰同大众文化的要旨相契合:"以大众传播媒介(机械媒介和电子媒介)为手段、按商品市场规律去运作的、旨在使大量普通市民获得感性愉悦的日常文化形态。"[2] 可见,二者都强调在接受商品市场规则的前提下,以满足最普泛意义上大众读者的阅读诉求为目标。

大众文化区别于精英文化的最关键一点,就是它的普及性。小小说类文学期刊则在创作群体、流通传播、接受对象、文化意义四个方面充分展现了大众文化来源于大众、根植于大众、依赖于大众、反哺于大众的特点。从创作群体来说,涉足小小说领地的作家数量庞大,若以"代际"划分,第一代有许世杰、邢可、曹乃谦、吴金良、孙方友等,第二代有侯德云、王海椿、邓洪卫、朱晶、刘建超等,第三代则是以20世纪70年代前后出生的创作者为主;若以地域划分,有"苏军""川军""冀军""鄂军""豫军"之说,其中尤以江苏籍和河南籍作家创作实力最为突出;若以职业划分,除了专业作家外,编辑、教师、机关干部、企业职工乃至田间地头的劳动者中都有小小说的创作者。与精英文学的创作要求不同,小小说的创作更具有大众参与性,因其贴近生活、反映现实,某些直接来源于世俗日常的片段、细节往往更能打动读者,具有意想不到的叙述效果,大多数人能从自己或他人的记录、观察和体验中撷取一个生活的横截面加以创作。从流通传播来说,随着网络媒体和新媒体的快速崛起,读者的阅读兴趣、阅读方式也更加多元,碎片化、跳跃式的快速阅读渐渐为大多数人所接受。《小小说选刊》《微型小说选刊》在1995年和1996年相继由月刊改成半月刊,销量大增。有调查显示,从期刊的发行周期来看,相比于双月刊、旬刊、周刊,半月刊、月刊的总体阅读率最高,是期刊市

---

[1] 杨晓敏:《小小说是平民艺术》,《青岛文学》2011年第12期。
[2] 王一川:《当代大众文化与中国大众文化学》,《艺术广角》2001年第2期。

场的主流。① 因此，小小说类文学期刊以半月刊、月刊为主，更加符合小小说这一文体的文类特征。小小说的单篇阅读时间合乎现代社会人群的阅读需求，更加适合当下快节奏的阅读语境。从接受对象来说，根据《小小说选刊》2000 年所做的一次市场调查，"小小说爱好者兼及社会各界，文化程度多为中等偏上，覆盖面相当广泛"。② 显然，小小说囊括了中国文学期刊消费群体的最多数人。既然面向大众、服务大众，小小说创作题材自然也与大众日常生活息息相关，柴米油盐、世态万象都应该有所涉及、有所体现。小小说类文学期刊的"亲民性"还表现在低廉的价位，市场上主要的几种小小说类文学期刊的定价大多数不超过 9 元。第十四次全国国民阅读调查数据显示，有八成的成年国民与期刊读者能接受期刊价格在 9 元以下，只有不到两成的期刊读者可以接受期刊的价格在 9 元以上。③ 市场上大部分文学期刊的价格高于 9 元，比较而言，小小说类文学期刊的定价更加符合期刊购买者的价格承受力，自然在最大限度上获得了读者的青睐。从文化意义来说，杨晓敏认为："作为小小说文体，它的文化意义大于它的文学意义。一篇小小说，要求它承载非常高端非常极致的文学技巧，或者要求它蕴含很大的容量，是非常难的，也会限制它的蓬勃生命力。如果延伸一步，小小说的教育意义又大于它的文化意义。因为小小说文体既有精英文化品质，又有大众文化市场，对于提高全民族的大众的文化水平、审美鉴赏能力，提升整体国民素质，会在潜移默化中起到不可估量的作用。"④ 因此，在刊物设计、栏目策划、内容选择上，小小说类刊物始终坚持积极、乐观、明朗的人生态度和社会价值，对大千世界的荒诞与丑恶则予以讽刺和抨击，进而强调道德的坚守和精神的深化。这种近似教育功能的期刊理念和小小说刊物的阅读群体有莫大关联。2000 年《小小说选刊》的读者调查显示，"在自费订阅的读者中，15～18 岁的占

---

① 姚林、刘勇：《2011 年全国期刊读者市场综述》，载《中国期刊年鉴》杂志社编《中国期刊年鉴 2012》，《中国期刊年鉴》杂志社，2012，第 620 页。
② 陈琳静：《〈小小说选刊〉编创和经营研究》，河南大学，硕士学位论文，2009。
③ 中国新闻出版研究院、全国国民阅读调查课题组：《全国国民阅读调查报告 2017》，中国书籍出版社，2018，第 89～90 页。
④ 杨晓敏：《小小说的大众文化意义》，《文学报》2007 年 6 月 14 日。

25%，18～25 岁的占 45%"①，青少年读者达 70%，这远远区别于一般的文学刊物。《小小说选刊》《微型小说选刊》又是"双百期刊"，自然肩负着为年轻的文学爱好者提供高品质精神食粮的重任。它可以作为作文初步训练的阅读材料，训练青少年的写作能力，乃至为高考、应试服务。《快乐青春·绝妙小小说》就曾以"篇幅短小，千字左右，有利于提高学生的阅读和写作兴趣，课本中就选编了不少小小说，中、高考试题中也不乏出现。可见，小小说也特别适合学生阅读、借鉴"为广告语来宣传。《微型小说选刊》更是特别提到，"每年都有作品被收入各省高考、中考语文试卷当中。本刊 2014 年第 3 期转载的《抻面》收入江西省 2014 年语文高考试卷中的阅读理解题。"② 一名高中语文老师的自身经历更说明了小小说期刊的"应试"功能："我最初接触贵刊是高二那年，语文老师向我们推荐的，说对作文水平的提高很有帮助……读小小说不仅能提高作文水平和文化素养，更重要的是，它能使一个人的思想得到净化，修养得到提高。如今作为一名高中语文教师，我每教一个新的班级，都要向同学们推荐贵刊为课外读物。"③ 正是在"口口相授""代代相传"中，小小说类文学期刊的品牌和口碑得以树立。

三 雅俗共赏的审美追求

虽然小小说与大众文化关系密切，但并不能因此否定它所具有的文学审美特性。冯骥才对此曾有非常翔实的阐述："小小说凭什么能成为一个独立的文体？它在审美上有怎样的规律？一是小中见大。就小小说的思想艺术而言，虽然篇幅不长，却总要有一个很深刻的思想，或博大，或深远。二是巧思。不仅仅是指巧妙的结构，而且指小说中作者的思考，如何把小说写得绝妙、好看，从中显示作家的智慧。三是有一个意外的结尾。交给读者想象的空间有多大，小小说的创作空间就有多大。四是细节。这

---

① 陈琳静：《〈小小说选刊〉编创和经营研究》，河南大学，硕士学位论文，2009。
② 《微型小说选刊》2014 年第 23 期，封二。
③ "读者沙龙"，《小小说选刊》2002 年第 19 期。

是小小说的血肉，没有'自己发现的细节'，小小说的价值就少了许多。五是惜墨如金。要像唐代散文、绝句，尽量用最少的字表达丰富的意思。"① 一言以蔽之，就是篇幅微小、立意新颖、结构严密、结尾巧妙。小小说字数不多，单篇一般不超过 1500 字，但通常能从"一滴水中见大海"，从"一粒沙中见世界"。这点从小小说类文学期刊的栏目设置上就可以看出。例如，"乡野风情"聚焦田园土地上的平民百姓，"红尘异事"多为大千世界的奇闻逸事，"人在旅途"记录羁旅途中的点点滴滴，"青春之歌"回忆花样年华的纯真梦想，"职场经纬"叙述白领生活的喜怒哀乐，"都市霓虹"呈现城市江湖的变化万千，"家庭内外"涉及日常琐事、柴米油盐，"历史观园"回眸时代的跌宕起伏，"故事新编"解构历史记忆。这也是研究者所指出的："微型小说因为跟生活取零距离，它反映的几乎都是现实生活中的人和事，可以说很多微型小说都是因为生活中的一言一行、一颦一笑、一个画面、一个场景的触发而进行艺术构思、敷演成篇的。"② 与此同时，以地域文化为背景能展现一方土地的风土人情。例如，孙方友的"陈州笔记"以"陈州"和"小镇"为家园构筑一个又一个传奇故事；杨小凡的"药都往事"以华佗故里亳州为蓝本，解读地方文化和民间精神；相裕亭的"盐河人家系列"连缀起盐河的历史变迁和民俗风情；江岸的"黄泥湾系列"展现了豫南的乡风流韵；赵明宇的"亢城故事"书写历史古城华彩记忆；凌鼎年的"娄城系列"洋溢着江南水乡的乡野乡情；王往的"平原诗意"表现平原日常生活的别样境界和情调。由此可见，小小说篇幅虽小，但范围不小；字数虽少，但题材不少。小小说既可以取材于现实生活，也能涉及虚构世界；既可以描摹爱恨情仇、喜怒哀乐，也可以着眼于生命感悟、人生哲理；既可以描画山川河流，也可以描绘花花草草，万千素材由写作者任意选用、尽情发挥。最为难得的是，小小说的有限篇幅并未限制其思想的博大和深刻。赵新的《二乘以三得八》(《微型小说选刊》2014 年第 20 期) 的语言、人物乃至

---

① 冯骥才：《小小说让郑州扬名》，《文学报》2007 年 7 月 5 日。
② 梁多亮：《微型小说写作》，四川文艺出版社，1989，第 142~143 页。

故事都非常朴素平淡。在故事中，赵泰爷爷开杂货铺，看似重利抠门，实则睿智慈爱，他利用四分钱使了一个小诡计，改变了一个农村孩子的命运，直至故事结尾，读者方知他的良苦用心——再穷也要让孩子读书。赵新的小小说大多描写底层人物的生存状态、人生态度，他们虽身份卑微，却有着坚忍的品格和纯朴的灵魂，透过这些朴素的故事，作者也传递了一种平和质朴的力量。凌鼎年的《酒酿王》（《小小说选刊》2011 年第 5 期）写的也是一个小人物——古庙镇上卖酒酿的黄阿二。卖酒酿虽然只是小买卖，黄阿二并不敷衍，他尊重手艺，"凭良心做，凭经验做"，赢得了古庙镇人的信任和喜爱。他热爱生活，"皮包水、水包皮乃人生两大享受，神仙也不过如此"，一个市井小贩寥寥数语就呈现一种乐观、坚定的人生信念，蕴含着深邃的人生哲理。

　　美国作家雷蒙德·卡佛曾说："是什么创造出一篇小说中的张力？在一定程度上，得益于具体的语句连接在一起的方式，这组成了小说里的可见部分。但同样重要的是那些被省略的部分，那些被暗示的部分，那些事物平静光滑的表面下的风景。"[1] 表面上，小小说寥寥不过千言，选取的通常是生活中的小场景、小片段，但正是这些高度压缩的"微观"碎片反映出历史、时代乃至思想的宏观，高度集中的语言、时间、场所和人物恰恰创造了戏剧文本的无限张力，可谓牵一发而动全身。修祥明的《天上有一只鹰》（《微型小说选刊》2012 年第 17 期）中年逾古稀的"朱老汉"和"钟老汉"为天上飞的是鹰还是雕争得面红耳赤、不可开交，一个"浑身抖动，嘴唇哆嗦，气也喘得粗了"，一个"像一个爆竹般蹿起来"。修祥明的故事既不离奇也不曲折，似乎也没有特别高深的内涵，然而他的文字极其洗练灵动，通过对话、动作、神态勾勒出两位执拗、倔强甚至有些孩子气的老汉。更为巧妙的是，当读者也在困惑天上飞的是鹰还是雕时，作者却笔锋一转——天上的飞物落下来，原来是一只鸟形风筝，"立时，两位老汉像叫菜叶子卡住了的鸭子，只能伸着长脖子翻眼珠，嘴干张着咧不出声"。秦德龙《无组织的人》（《小说月刊》2010 年第 5 期）

---

[1] 〔美〕雷蒙德·卡佛：《大教堂》，肖铁译，译林出版社，2009，第 237~238 页。

以一个老太太的葬礼闹剧聚焦户口、档案、人事关系等社会热点话题,各级单位的层层推诿折射出现实的荒诞,最终礼仪公司的操办才让王老太太入土为安,结束了这场啼笑皆非的闹剧。作者构思巧妙、目光犀利,对社会弊病予以批判,行文丝毫没有生硬之感,反而多了几分幽默和喜感,令人在捧腹之余亦能掩卷沉思。芦芙荭的《条子》(《微型小说选刊》2014年第17期)里小小字条折射出错综复杂的权利关系——争夺学校的两个教师指标。校长自设局中局,假借县委书记和县长的两张条子化解了尴尬局面,招到两名没有关系的优秀教师。作者谋篇布局,匠心独运,用戏剧性的手法表现出对社会、人性的敏锐观察和清醒思考。

除了精妙的构思、新颖的立意,小小说创作者在细节、语言上也颇下苦功。例如,林斤澜主张自然生动,写法上以白描为主,行文洒脱,具有诗歌的意境和韵律;汪曾祺讲究干净利落,往往在不经意间给读者留下广阔的想象空间;陈毓追求飘逸空灵,既有率真动人的情怀又充满雅致的古典意蕴;刘建超倡导沉郁硬朗,行文间充满浩然正气;孙春平注重细腻缜密,故事情节丝丝入扣,令人叹服;申永霞突出诙谐俏皮,天马行空又收放自如,无拘无束又蕴藉深远。蒋冬梅的《大湖》(《微型小说选刊》2020年第18期)充满凌冽、坚韧的生命气息。作者寥寥数笔绘制了一幅东北捕鱼的壮阔图景,"寒冷把天地和大湖冻在了一起","水冻成透明的玉,数尺之下能看见网在游",天地之间,两代捕鱼人为追逐、捕获想象中的大鱼不辞劳苦,永不服输,这不禁让人联想到海明威笔下与大鱼搏斗的老人圣地亚哥。"你记着,人,活不过湖!大鱼,一直都在湖里!"师傅对把头的叮嘱蕴含对生命的深刻体悟,对自然、天地的敬畏和尊重。莫小谈的《蝉鸣》(《百花园》2021年第6期)语言清雅而富有哲思,借助纯真的儿童之眼描摹了一个兼具世情和诗性的佛家人物——慧明和尚,他对待孩童温润和煦,时常给后街的孩子发"薄薄的,酥酥的,还带有一丝丝的甜"的鏊饼,任由调皮的孩子玩闹也不生气;他对待佛法则庄严自律,诵经时"双目微闭,手捻着念珠诵经,纹丝未动",随性和庄重的反差让身为孩子的"我"困惑不解。声声蝉鸣是作者营造的空灵悠远的禅意,亦给读者留下无尽遐思。

结 语

　　小小说的美学意蕴和文体价值在于，它在充分考虑读者阅读习惯、阅读兴趣的前提下，并没有放弃对文本的审美追求，形式上的"小"并没有限制其意蕴上的"大"，就如《小小说选刊》主编杨晓敏所说："在当下的文学大家族里，小小说有成千上万的写作者，有月发行几十万册的核心刊物，有数以百篇计的优秀作品被选入大、中专教材，并产生了数十位具有全国影响力的著名作家。作为一种新的文学样式，它从多方面调动了大众对文学的理解和认同，也弥补了长、中、短篇小说及其他文学体裁的不足。小小说为提升和开发全民族的审美鉴赏能力，为传播文化、传承文明提供了又一种行之有效的方式。"[①] 不断革新、趋向成熟的创作力量、传播方式、文体类型给文学发展提供了源源不断的推动力，拓展了文学生产的多样途径，创造了丰赡多姿的文学实绩。

[①] 杨晓敏：《2006：中国小小说盘点》，《文艺报》2007年1月4日。

尹世霖：一个被低估和漠视的"教师作家"[*]

张元珂[**]

摘　要：尹世霖自20世纪50年代开始文学创作，一生笔耕不辍，尤擅长儿童朗诵诗和历史题材文学创作，终身以教师和"教师作家"为业、为荣。作为中国当代朗诵诗的奠基者和主将，他为推动少年儿童朗诵诗发展和普及教育做出了巨大贡献。在当代中国，鲜有作家能像他这样，任凭世事如何变迁，任凭文学思潮如何翻涌，始终将自己的审美姿态、文学情怀、创作精力、文学愿景投注于儿童朗诵诗的理论与创作实践，从而为中国当代文学特别是儿童文学开拓出一块新地。他也擅长长篇历史题材文学和散文随笔创作，并在普及中国历史知识、历史文学理论和丰富特定年代大众读者精神生活方面做出了一定贡献。他在文学活动组织方面的能力和贡献也有目共睹。因此，从教学、创作到文学活动，尹世霖都是一个不容忽视的当代作家，须予以全面、深入研究。

关键词：尹世霖　儿童文学　朗诵诗　韵律体系　"教师作家"

尹世霖（1938~2021），祖籍日照，中国当代著名儿童文学作家。曾为北京二中名师、中国作家协会会员，兼任北京作家协会儿童文学创作委员会副主任。他出生于武汉，成长于青岛，立业于北京，先后在青岛市太平路小学、青岛二中初中部、北京二中高中部、北京师范学院（现首都师范大学）历史系完成从小学到大学的求学历程，后任教于北京二中。

---

[*] 本文曾发表于《写作》2023年第3期。
[**] 张元珂，文学博士，中国艺术研究院副研究员、硕士生导师。

他自20世纪50年代开始文学创作，一生笔耕不辍，尤擅长儿童朗诵诗和历史题材文学创作。其中，作为中国当代朗诵诗的奠基者和主将，他先后出版《红旗一角的故事》《少年儿童朗诵诗选》《尹世霖儿童朗诵诗选》《夏令营朗诵诗集》《中国儿歌一千首》等十几种深受小读者喜爱的朗诵诗集，为推动少年儿童朗诵诗发展和普及教育做出了巨大贡献。同时，他也创作了《岳云小将真传》《文明之花五千年》《三国兴亡》等几种长篇历史题材文学作品，以及《冷眼热游大洋东》等若干散文随笔，成为文学创作领域内的多面手。他在文学活动组织方面的能力和贡献也有目共睹。比如，在北京几次举办作家培训班并自任班主任，发现并培养了不少教育领域内的作家；与同人策划并创办《中国校园文学》；屡屡组织并参与各种少年儿童朗诵诗活动。因此，从教学、创作到文学活动，尹世霖都是一个不容忽视的当代作家。

一　作家之路：生平、身世与作家身份的生成

任何一位作家的身份生成、从文动机、文体诉求以及最终形成的文学样态，都与其人生历程以及以此为基础逐渐成形的世界观和文学观息息相关。尹世霖生于较为自由、开明的士绅之家，这为其童年和少年时期的生活和教育预设了充分而完备的物质基础。父亲尹昇日虽在1952年病逝于青岛，但作为政界或军界的技术型人才和官员，他在过去几十年间，保障了包括尹世霖在内的7个儿女的正常成长。尹昇日"没有忘记，自己的儿子世栋和世梁，都曾被占据观海二路11号大院的日本人立川家里那身强力壮的孩子欺负过。因此，除了告诫子女们要能吃苦、爱劳动和以简朴为本之外，他还不止一次的鼓励子女们锻炼身体"。[①] 这对妻子吕淑春及子女的家庭教育产生了重大影响。这位贤淑而开明的母亲，在此后岁月中大力鼓励和引导子女在读书求学之外多多从事文体活动，尹世霖在文艺和体育上的天赋得以发挥。在青岛，他较为顺利地完成从小学到中学的学

---

① 黄喆生：《尹世霖评传》，未来出版社，2016，第34页。

习，其间他特别乐于和善于参加各类文体活动：

> 小学四年级时的演出比赛和头一次登台演戏的场面，我至今记忆犹新……第一次登台演出，我演一个次要角色——仆人……不知怎的，那以后，我竟成了学校的"名演员"了……我在六年级，上街头演出《锯大缸》，好些青岛市民都认识了我。①

> 我考上青岛最棒的青岛二中，第一次活动就是讲故事比赛。接着，我又参加了中学的剧团。不过，到了中学，我再也不演老太太了，而是演小孩、小牧童什么的。令我永生难忘的是，学校推荐我参加了青岛市孩子文工团，又随团参加了新鲜有趣的夏令营。②

在青岛，少年时期的尹世霖从课堂内到课堂外都接受了彼时最好的教育。在文化课之外，他经常参加演讲、演戏（话剧、歌剧）等文娱活动，并阅读《三国演义》《西游记》等古典小说和《小五义》《青城十九侠》等武侠小说，还痴迷讲求韵律的韵文，试写快板、快书，这些都逐渐培养了其对文学特别是朗诵诗的爱好。演戏对其文学素养的养成尤其重要，尹世霖曾对这一段经历总结道：

> 可不能小瞧这些活动呀！我的"艺术细胞"、"文学素养"不就是这样培养出来的吗？那些讲究音韵节奏的戏曲的词儿，不就是我最初背诵的"诗歌"吗？为什么我初中时就在自己的小本本上写下一段又一段的快板诗，难道不是受的这些有益活动的影响吗？③

> 人的文学细胞、艺术细胞有的是天生的，有的却是后天培养的。肯定是我在小学、初中的文艺活动，培养了我的文学艺术细胞……我

---

① 尹世霖：《儿童文学路》，《金色少年》1991年第11期。
② 尹世霖：《儿童文学路》，《金色少年》1991年第11期。
③ 尹世霖：《儿童文学路》，《金色少年》1991年第11期。

从来没读过什么十三辙韵、诗词韵律的书，可是我从初中就开始爱上说快板、说快书，后来又爱上了朗诵诗。而且我从那时起就自己写快板、快书，后来又写起"诗"来。①

通过以上描述可以清晰地看到这样一条因果链：父亲告诫儿女强健身体→母亲信服这种理念并以此引导子女→子女在文艺和体育方面的天赋与潜能得以发掘和表现→尹世霖在中小学期间凭借经典阅读和参加各类文体活动而初步培养起对于文学（韵文、朗诵诗）的热爱。另一条因果链是，大家族、大家庭，物质条件较好→子女受到良好的教育，而且家庭成员多，各有所长，互为鼓励→尹世霖为"文"的素养与才华得到培养和初步表现。

从青岛来到北京，并考入北京二中，是尹世霖人生中的又一件大事。北京二中向来重视校园文体活动，从出墙报，举办朗诵会，到开办写作营，各种活动丰富多彩。北京二中秉持先进的办学理念、各种社团组织，成为培育尹世霖文学天赋的丰厚沃土。关于这段求学经历，尹世霖说：

> 高中，我大胆地独自进京（当时没有户口问题），考入享誉中华的北京二中。无独有偶，进入北京二中的第一项活动又是演讲比赛。我这个一口山东腔的土包子竟获得第二名（第一名是同年级的韩少华——现在中国的著名散文家）。我刚刚摘下红领巾，就当上了少先队中队辅导员。中队活动多么需要朗诵诗呀！但是到哪里去找呢？于是，我自己写。不过，我仍然没有想到去当作家，做诗人。因为我向往的是大海，一心要考造船学院和海运学院。50年代前期的恶劣住校生活，使我们班上40多人中的20多人患上了肺结核，我也位列其中，不得不在高考前3个月改报文科。我就这样上了北京师范学院（首都师范大学）历史系。②

---

① 尹世霖：《种子》，《少年作文辅导》1991年第11期。
② 尹世霖：《儿童文学路》，《金色少年》1991年第11期。

在自述中，他言及与韩少华同台竞技并获奖、担任少先队辅导员并创作朗诵诗，以及高考填报时弃工从文的经历，这是促使其"作家身份"最终生成的重要一环。尹世霖在北京二中求学期间，潘逊皋别具一格的深谙文学之道的语文课，同年级同学韩少华和往届学兄从维熙、"神童作家"刘绍棠无形中所给予的文学启蒙，以及在参加北京市青年文学晚会时结识阮章竞、袁鹰、郭小川等大诗人所引发的对于成为一名作家或诗人的美好愿景，诸如此类具有鲜明文学氛围的校内外活动，对尹世霖由文学爱好者向作家转型做了良好的铺垫。更关键的是，兼任少先队辅导员并不断创作各类风格的朗诵诗，以及主持"文艺宣传队"、创立"诗歌创作组"、组织"北京二中影视小组"等社团，更使其在"诗人"身份与气质方面向前迈进了一步。虽然北京二中求学时期以及进入北京师范学院时期尹世霖并没有明确把作家作为自己的身份和志业，但他所热衷和努力实践的活动无不时时、处处与文学或文学活动密切关联。从把从维熙、刘绍棠、韩少华等二中才俊当作自己钦慕和学习的楷模，到自己亲自创作各种朗诵诗以供朗诵活动需要，再到因病不得不弃工从文并进入大学历史系学习，他所走的每一步都是自觉或半自觉的从文之路。这位酷爱朗诵诗、追慕诗人情怀的"准大学生"在发表第一首长达 96 行的儿童朗诵诗《夜空飞游记》时①，就初步展露出由文学爱好者向作家转型的苗头。他说："我当时还没想到，《辅导员》杂志发表的处女作和北京师范学院的录取通知书，决定了我的人生道路——作一名'双重园丁'，既是一位教书育人的教师，又是一位向孩子提供优秀精神食粮的儿童文学作家。"② 也就是从这一刻起，教师和"教师作家"的身份、志业虽然在他的脑海中仍然是模糊性的存在，但"儿童文学作家"的自我认知及其形象建构已开始潜滋暗长。这一身份的萌芽以及灵光乍现，在其一生为文之路上恰似一个路标，始终指引其排除万难而一往无前。

考察尹世霖的作家之路，他最初在不断的实践中找到自己奋斗的目

---

① 尹世霖：《夜空飞游记》，《辅导员》1957 年 8 月号。
② 尹世霖：《难忘的一步》，《辅导员》1993 年 7 月号。

标，即出于对演戏、演讲的体悟，配合各种校内外文体活动而创作朗诵诗，因为长期受到文学才俊和前辈的文学熏陶，而逐渐生成一种由外到内式的自我观照和形塑的演进模式。这一生发过程不可谓不长，起于青岛中小学时期的典籍阅读和登台演剧，酝酿于北京二中时期的朗诵诗试写和文学氛围，萌发于高中毕业后的第一首长诗发表与自我期许，然后经过大学四年以及重回北京二中从教时期的多年沉淀、淬炼，才在 1972 年因儿童朗诵诗《红旗一角的故事》发表并被屡屡搬上朗诵诗的大舞台，而终于在当代文坛确立了其优秀诗人的身份和地位。所以，在笔者看来，尹世霖作为"儿童文学作家"的身份被同行和读者广为熟知，并在更大范围和更高层次产生实质性影响，应是奠定于 20 世纪 70 年代初期。然后，尤须强调的是，他依然是在"十七年"文学时期成长并受其影响的一代作家，也是链接"十七年"和"文革"儿童文学的代表性作家。其意义就在于，经过十多年的摸索和文体历练，冲破种种意识形态的拘囿，以《夜空飞游记》和《红旗一角的故事》建立起"诗人"的形象，也正见证和反映了一位作家与时代既合拍又背离的发展之路。因此，尹世霖及其诗歌在新时期以前所走过的历程，既是一种文学（儿童朗诵诗）归向本体的自律发展之途，也是一种包含历史风云的镜鉴之路。

二 文学之路：创作、出版与作家志业的实现

尹世霖一生笔耕不辍，据笔者不完全统计，截至 2022 年底，他至少出版了 78 种各类著作。如此高产，当然与其拥有健康的身体、自觉的奉献精神和非凡的文学智慧紧密相关。自 1957 年 8 月发表处女作，尹世霖在文学之路上，将文学创作、教育教学、个体生活聚为一体，使其彼此关涉、生发、升华，从而成就了其作为"教师作家"的非凡成就。文学作为一种生活、志业直至其生命终点才止息。他的文学创作主要包括四类。

一是儿童朗诵诗。这是最能彰显其文学成就和地位的门类。他一生致力于为低幼儿、幼儿、儿童、少年等各年龄段的孩子创作朗诵诗，先后出版了 20 多种朗诵诗集。这些诗歌因在内容、主题、韵律、意境、意象及

艺术形式建构上的别出心裁、雅俗共赏而自成一脉，一直以来备受读者（各年龄段孩子）喜爱。其诗歌不仅在班级、校园、校外夏令营、城市广场等场所的各类活动中被广为朗诵，还屡屡被改编为广播剧、艺术片、音乐剧，或制成录音带在广播电台和电视台播出。从现场活动，到被拍成艺术片，再到被制作成唱片、录音带，尹世霖及其朗诵诗借助各种媒体或平台，得到广泛传播。无论是儿歌，童话诗，谜语歌，歌谣，植物诗，花儿诗，童话寓言诗，海滨、生物（林学）、地质、天文、测绘、海洋、水利等夏令营朗诵诗，还是《船长》等长篇叙事诗，都可展现其诗歌在题材和内容上的广博、主题和文体上的丰赡。尹世霖及其朗诵诗，从创作、出版到教育，都是他人无可取代的独立品牌。

二是历史读本和历史文学。因大学所学为历史专业，后又长期担任历史老师，尹世霖必然在创作中关注历史。作为中学历史教育界的名师，他先后编写《中国近代史自学读本》《中国历史学习手册》《鸦片战争和第二次鸦片战争》《外国历史学习手册》等发行量几万册乃至十几万册的历史辅导读物。在20世纪八九十年代，尹世霖独自主编或与其同样是历史专业出身的妻子赵贵玉合编的诸种历史读物，面向各级学生及历史爱好者普及历史知识、辅助历史教学，做出了不小贡献。更重要的是，作为教师作家，他先后创作《三国兴亡》《岳云小将真传》等长篇历史小说，编写《帝王的故事》《神童的故事》《包青天的故事》《中国名人童年故事》《中华人物故事全书》《历代少年精英画传全书》等普及性历史故事书。这些普及历史知识的辅导读物，或者集历史知识与文学趣味于一体的历史文学作品，比较充分地展现出尹世霖作为"教师作家"的史责、史识、史思、史情。其历史文学创作的艺术特质有三。第一，以小说方式写历史，以实现文学与史学的科学结合，即他所说："时间、地点、主要人名，全是真的"[1]；"素材一律取之严肃的史书"[2]，同时，他也注意"观

---

[1] 尹世霖：《文学、史学的科学结合（代序）》，载尹世霖《岳云小将真传》，湖南少年儿童出版社，1990，第4页。
[2] 尹世霖：《文学、史学的科学结合（代序）》，载尹世霖《岳云小将真传》，湖南少年儿童出版社，1990，第5页。

点新""全景式"(不光写军事、政治斗争)、"重事实",以使读者在乐于阅读的同时,获取真实可信的历史知识①。第二,突出文学性,尤其善于通过对话和场景设置,生动呈现历史事件和历史人物的原貌。第三,将历史故事化,将历史人物形象化,并将历史知识灌注其中,使其历史文学拥有了雅俗共赏、寓教于乐、中外皆宜的接受与传播效应。他的历史文学或历史人物故事可单篇发,可专栏发(多在《少年文学报》《初中生周报》《小葵花》等报刊上连载),亦可以文丛方式出版,在小读者群中有着较为广泛的传播面。其影响不仅体现在国内,亦扩展至国外。比如,1992年,美国《世界日报》(华文版)邀请尹世霖写了近5年的专栏文章,即在该报"儿童世界"专版连载其《中国少年英雄》,每月刊发2~3篇稿件;他还为马来西亚编写了一套《包青天的故事》(共3本),主编一套《马来西亚小学道德参考读物》(一至六年级,每年级一本)。这两个事例可表明,尹世霖及其历史文学书写也为普及中华英雄人物形象、传播中华文化精神做出了贡献。

三是散文与随笔。首先,他在期刊上发表的文章多为教学教育随笔(比如《我再也不敢拍着胸脯说……》《教师的面子》《教师光荣的背后》),人物印象记(比如《莫说教师多凡品》《鲜为人知的艾青轶事——献给艾青先生辞世十周年》),紧贴时事的时评与杂感(比如《卡通和文学》《〈义务教育法〉太及时了——与中学生谈〈中华人民共和国义务教育法〉》),记录日常生活和抒怀性的小散文(比如《青春常绿》《老将新兵常德行》《听听女儿的几句话》)……这些文章后结集成《教师光荣——尹世霖五十年教育文存》一书并由接力出版社于2007年4月出版。这些文章被分别归入"德智体美""二中钩沉""杏坛之光"栏目,足可见其在题材、内容、主题上与尹世霖作为"教师作家"的身份、视域和经验的一致性。其次,《冷眼热游大洋东》是一部记录美国之行的游记性散文著作集。这部散文集共有8个栏目,即"归去来兮"(9篇)、

---

① 尹世霖:《再谈谈历史文学创作》,载尹世霖《让诗长上翅膀》,接力出版社,1996,第697页。

"水色山光"（20篇）、"社会多棱"（15篇）、"人物剪影"（13篇）、"衣食住行"（13篇）、"洛城四季"（8篇）、"佳节吉日"（18篇）、"文体之花"（11篇）。作者将述行、记事、写景、摹物、随想和文化关怀融为一体，并以"冷眼"视之，从而客观、冷静地将这次美国之行予以全景式呈现。其中，以自己的切身经历说事、析理，或者采用对比视角，揭示中美文化差异，从而带给读者某种深刻启迪，成为其在这部著作中所侧重表达的主题向度。另外，这部著作以游记方式介绍美国之行，以朴素文笔素描异域风景，以文明互鉴心态置入文化反思，为中国读者认识美国文化、感知中西差异提供了较为新颖的视域和典型的素材。

四是文论。他的文论不是严谨的专业论文，而是带有突出的散体文写作的特质。他的文论作品主要包括两类。一类是关于朗诵诗的评论或理论探讨。比如，《童诗要让孩子喜欢》《我写儿童朗诵诗的体会》《朗诵诗和诗朗诵》等是探讨朗诵诗理论和实践经验的代表作，他言情析理，将自己所想娓娓道来，带有十足的娓语体风格。另一类是关于教育教学、历史的文论，比如《编好中学历史课本》《韵文识字、诗教和语文教育——在21世纪中小学语文教育座谈会上的大会发言》，这类文论文风朴实，论述及物，通俗易懂。这两类都是服务于诗歌创作和教育教学的带有经验总结性的文论，比较充分地展现出作者的诗观、历史观、教育观。

上述四类作品创作贯穿于尹世霖生命始终。儿童朗诵诗和历史文学创作是尹世霖文学志业的主攻方向。在其一生中，诗歌、历史文学、散文随笔、文论各自承担着不同的生命体悟和文类诉求。他不断在纯文学与俗文学之间转换，并以创作儿童朗诵诗和历史文学为主线，以创作散文、随笔和文论为辅线，以编写各类通俗故事、辅导读物为补充，从而形成了其带有突出应用性、教育性的为文之路。

"教师作家"是尹世霖对自己身份和志业的期许，他全力将之贯彻于自己的文学创作和文学实践活动中。在中国现当代文学史上，虽然以教师身份从事文学创作的作家并不鲜见。比如，朱自清、丰子恺、叶圣陶、夏丏尊、曹文轩、余一鸣等曾身兼教师与作家两种身份，创作了不少以教育为背景或题材的经典之作，但像尹世霖这种自始至终将教师和作家两种身份合二为一，将儿童文学创作和教育教学关联在一起，并将为儿童写诗、写故事、出精品的宏愿（"我的上帝在中国，他们是海峡两岸的中国少年儿童！"①）不折不扣执行至生命终点的"教师作家"并不多见。他创作朗诵诗、短篇历史故事和长篇历史小说的愿景主要面向小读者，端正、通俗、有趣成为其竭力追求的文本品格，特别是知识性、趣味性与文学性的结合，常使其能够切合和满足少年儿童心理、接受习惯的内在需求。在当代幼儿及少年儿童读物中，他的儿童朗诵诗之所以拥有庞大的受众群体，并被各大出版商反复出版，其根本原因就在于此。

三　文学活动：参与、建构与新时期儿童文学的守护者

"文革"结束后，中国进入"新时期"。政治层面上的拨乱反正，经济上的改革开放，文化上的中西交融，都为新时期文学提供了非常自由、开放、多元的发展空间。各类文学流派、思潮此起彼伏，文学社团与民刊遍布各大高校，各类作家和名作纷纷面世，从而生成了中国当代文学史上的一个黄金时代。置身于这种文化语境中的尹世霖，借助北京二中和北京作家协会这两个平台，以新时期儿童文学（朗诵诗）为阵地，逐渐由边缘进驻中国新时期文学现场的中心地带。这个地带不是那种经由精英作家借助"三个崛起""朦胧诗潮""先锋小说""新写实"等显赫思潮所建立起来的上层空间，而是借助教师和"教师作家"在文学上的自觉自为、校园文学的勃兴而逐渐衍生的一个相对独立但与"上层"并列存在的场域。在这个场域中，尹世霖是一位冲锋陷阵、引领潮流的开拓者。他也是文学活动家，在文学流派、社团、期刊、培训班的阐释、组织和运作方面，做出不可低估的贡献。

第一，他是"北京二中作家群"的命名者、阐释者。作为北京二中

---

① 尹世霖：《我的上帝在中国》，载尹世霖《冷眼热游大洋东》，中国社会出版社，1996，第4页。

作家群中的一员，他率先提出这一说法并从其内涵与外延角度予以详细梳理、阐释、建构，从而确证其在北京新时期文学流派史上的重要地位。根据原北京二中校长梁新儒的说法："'北京二中作家群'这一提法是世霖在二中的一次文学讲座中最早提出的。"① 可推知，这一命名的提出时间应在1998年以前。其实，自20世纪80年代，他就在《从刘绍棠到韩晓征》《文学新星在闪耀》等文章中次第介绍和阐释从北京二中走出去的文学名家。到20世纪90年代即常以"群"论之：

> 北京二中被誉为"作家摇篮"，如果说从维熙、刘绍棠、韩少华、舒乙、李洪洲、孙武臣、李冠军、关登瀛以及本人，是建国早期新中国如日初升时期"出身"于二中的作家的话，那么，即使在十年动乱期间毕业的学生中，也涌现了作家兼记者的刘霆昭、刘厘华、陈维伟、李培禹、杨大明、刘庭华、施亮等，他们既是各自报刊的"笔杆子"，又是全国或市作家协会会员，至于"文革"以后二中培养的小作家，更是接连不断：韩晓征、刘慧军、王蕤、朱佤佤、许言、张悦悦……社会上把二中说成是作家摇篮并不为过！②

很多当代作家的成长与其高校教育经历密不可分。比如，张炜与烟台师专（鲁东大学）、毕淑敏与临沂师专（临沂大学）、李洱与华东师范大学、海子与北京大学等。但与高中教育发生实质关联者并不多见。从这个意义来说，关于"作家摇篮"和"北京二中作家群"的命名，以及主编《作家摇篮——文学之星从这里升空》一书，尹世霖不仅对开掘、宣扬北京二中与作家的关系以及源远流长的校史精神做出了贡献，而且为促进从维熙、刘绍棠等作家研究以及阐释现代教育与文学内在关系提供了新视角、新材料、新样本。从主流文学史层面来看，"北京二中作家群"与代表新时期文学创作成就的"乡土小说"（代表作家刘绍棠）、"大墙文学"

---

① 梁新儒：《时代的呼唤》，载尹世霖主编《作家摇篮——文学之星从这里升空》，中国社会出版社，1998，第2页。
② 尹世霖：《莫说教师多凡品》，《北京教育》（普及版）2004年第10期。

（代表作家从维熙）、儿童朗诵诗（代表作家尹世霖）等，在作家谱系和精神渊源方面有着不可忽视的内在关联性。从作家个体成长角度来分析，北京二中的民主之风、名校传统、教育思想对刘绍棠、从维熙、尹世霖等新时期著名作家文学素养、思想和风格的影响各个有别，因而也是需要区别对待的课题。比如，韩少华及其散文与北京二中语文教育教学存在何种关联，刘绍棠及其早期小说与北京二中语文名师潘逊皋有着怎样的内生关系，尹世霖及其朗诵诗与北京二中校园文化如何在主题和修辞上发生互动式效应，等等，都是"作家论"书写中所不能忽略的领域或命题。总之，作为"北京二中作家群"的最早提出者、建构者，尹世霖功不可没。

第二，他是《中国校园文学》杂志的重要创刊者。该杂志虽然是尹世霖与黄世衡、夏有志等人共同发起，但申请刊号、编务等一系列活动都由尹世霖主持或操办。事实上，尹世霖是其中最关键的人物："《中国校园文学》的刊号，是我'跑'下来的；挂靠单位，是我联系的；编辑部用房及全套设备，是由我所在的北京二中免费提供的；印刷、装订则由我的家乡日照市印刷厂接手；就连发行人员，也是我从北京二中'借来'的。为了刊物的诞生，我的确付出了艰辛努力。"[1] 由原北京二中提供场所和启动资金，1989 年 5 月，被誉为"中国校园写作第一刊"的《中国校园文学》第 1 辑以丛书形式由教育出版社出版、发行。对于第 1 辑的参与者，尹世霖亦有清晰记忆："第一辑《春潮》扉页注明主编（黄世衡），副主编（尹世霖、夏有志），顾问（韩作黎、刘国正），以及挂名的编委 18 人。尾页注明《春潮》由山东日照市印刷所印刷，中国校园文学丛书处发行。但是，书上未能注明的编辑部七君子——除正副主编外，还有编辑（郭洪波、于玉珍），发行（赵宏升），财会（樊俊英）。"[2] 20 世纪 80 年代是中国文学的"黄金时代"，各种流派、思潮、作家层出不穷，各种官办、民办刊物接连出现，共同推动了新时期文学大发展。尹世霖是新时期儿童文学领域朗诵诗的奠基者，也是儿童文学期刊阵地建设的主将。在

---

[1] 尹世霖：《魔障》，载尹世霖《教师光荣——尹世霖五十年教育文存》，接力出版社，2007，第 205~206 页。
[2] 转引自黄喆生《尹世霖评传》，未来出版社，2016，第 160 页。

创刊过程中，他几乎不要任何金钱和物质上的回报，只以责任和事业为重，为中国校园和当代儿童文学争得了一块宝贵的文学园地。2000年后，《中国校园文学》主管单位由教育部移交中国作家协会，到今天已成为全国性的大刊、名刊。它主打"校园文学"旗号，读者遍布中国校园，一直是教师作家发表文学作品的主阵地，也是促进中国当代儿童文学发展的重要力量。总之，以尹世霖为核心和主将的开创者的贡献亦当铭记。然而，现实是，今天的读者（包括绝大部分文学界人士）知道此事者已寥寥无几了。

第三，他策划和举办了儿童文学作家班。尹世霖在担任北京作家协会儿童文学创作委员会副主任期间，策划并创办了"北京市中小幼教儿童文学作家班"（1990年12月2日至1991年2月1日）。这期由尹世霖担任班主任、吸纳150位学员（北京教师和部分高校大学生）参加的儿童文学作家班，邀请曹文轩、樊发稼、金波、郑渊洁、张之路等儿童文学作家或评论家担任授课教师，对举办方式、培训对象、讲课内容都做了有益探索和实践。邀请教师行业内的作家（主要是儿童文学作家）为教师行业的学员授课，以及以举办作家班方式寻找和培养教师作家的行动，都具有十足的开创性。不仅如此，尹世霖还在此基础上举办"作家提高班"，即从首期学员中选出20名优秀学员，邀请陈建功、吴苏阳、毕淑敏等著名作家、教授授课，为优秀学员的快速成长助一臂之力。尽心呵护，辛勤培育，终于结成硕果，据曾为当年培训班学员之一的黄喆生统计："进入21世纪以来，有近10位学员因创作成绩显著，当上了名副其实的教师作家。其中，有1位成了中国作家协会会员，7位加入了北京作家协会。这些学员的作品有的荣获了全国优秀儿童文学奖，有的荣获了冰心儿童图书奖，有的获文化部蒲公英奖。"[①] 这些学员成为"教师作家"并取得不俗成就，若追根溯源，都与尹世霖及其所操办的作家班有着不可分割的关系。

第四，他也是新时期儿童文学的反思者和建设者。儿童文学作为一种以少年、儿童和婴幼儿为受众主体的文学门类，在理论、创作、出版和阅

---

① 黄喆生：《尹世霖评传》，未来出版社，2016，第166页。

读方面都具有相对独立而特殊的文类属性。古今中外，优秀儿童文学作品在帮助儿童释读历史、感知时代、增长知识、开发心智、补益生活方面展现了成人文学无可取代的艺术品质。然而，长期以来，理论与创作的滞后，特别是儿童文学精品的匮乏，使新时期儿童文学发展存在诸多误区，比如过分"成人化"（背离儿童本体）、抽象的说教气、严重的类型化或概念化、农村题材的荒芜、对"美的规律"及其图景的创造力严重不足等。对尹世霖而言，他的观照点有二：一是儿歌、童诗接受语境，二是儿童朗诵诗题材、类型和教育。实际上，这是两个互为映照、互为补充的命题：他对儿童诗歌远离本体的创作倾向的警惕，以及对诸如"灰色儿歌"——一种"在小学生和中学生中流传的内容灰色、形式简短、语言俚俗的歌谣，大多出自经过改写后的流行歌曲、老童谣和古诗词"①——大流行现象的辩证思考，衍生出对于后者的努力实践。一方面，他调整创作方向，适当减少少年朗诵诗的创作量，而加强对童诗、幼诗、低幼儿诗等短诗创作理论或规律的探索与实践，并努力开拓新题材、新领域（比如他的"四季之诗""百花谣""新农村诗"），以弥补朗诵诗创作领域存在的诸多短板或空白；另一方面，他又通过主编各种中国经典儿歌、童谣、童诗等文丛方式，以配合当前创作或弥补儿童诗歌精品的不足。比如，他编选的"哆来咪童诗九家"、"大苹果"丛书、《传统童谣新编》，以及出版的个人诗集《金色童谣——尹世霖儿歌童诗精选》，都是他为改变这种境况做出的努力。这是编选者与出版商共同推动的结果。对尹世霖而言，这也是争夺话语权、培育理想读者、引领儿童文学出版新风尚的举措。

正如鲁迅、茅盾、巴金等众多新文学作家在创作之外也是著名的文学活动家、出版家一样，尹世霖也兼有多重身份。建构和推介"北京二中作家群"，创办并运作《中国校园文学》，举办北京儿童文学作家培训班，以及为扶正儿童文学生态（把"灰色儿歌"染绿）的出版行动，是尹世霖在文学活动方面取得突出成就的四大"业绩"。他在文学活动上的天

---

① 黄喆生：《尹世霖评传》，未来出版社，2016，第226~227页。

赋、能力及成就，可以成为解读新时期文学社团、文学思潮和出版生态的样本。

四 文学理论：中国当代儿童朗诵诗理论的奠基者

尹世霖高中毕业那一年公开发表的长达96行的《夜空飞游记》虽然被标注为"儿童朗诵诗"，但尹世霖对这种文类的认知与理解在此后很长一段时间内并未自觉上升到文体意识层面。即使在20世纪70年代，《红旗一角的故事》在国内"爆红"，他对"儿童朗诵诗"的文体认知也依然停留于感性领域或非系统性的经验层面。然而，他在从"十七年"到"文革"20多年的儿童朗诵诗创作历程中，也积累了丰富的创作经验。这也就是为什么一进入20世纪80年代，其朗诵诗创作与理论出现相向而生、"比翼齐飞"的局面。几乎与"归来"诗人群、"朦胧诗"、"第三代诗歌"等新诗主潮同步，尹世霖也在20世纪80年代前半期完成了关于"儿童朗诵诗"文体理论及其形式特征的系统阐述。创作与理论（文体）彼此映照，相互支持，标志着"儿童朗诵诗"这种新诗门类已在新时期文学史上"落地生根"。在此过程中，尤须强调的是，这是尹世霖以一己之力引入中国新诗现场的新文类。何谓"少年儿童朗诵诗"？尹世霖曾有个界定："第一是诗，而且是美好的诗；第二是为少年儿童写的诗；第三是适合朗诵的诗；三条加在一起，正是'少年儿童朗诵诗'。"[①] 这个定义可简洁概括为一句话：为少年儿童写的、适合朗诵的、美好的且具备诗歌本体特征的诗即"儿童朗诵诗"。实际上，早在1983年，他就撰文从内涵、特征、功能等方面界定和阐释这一概念[②]。

这是一篇阐述"儿童朗诵诗"本体内涵、文体特质及功能的重要文章，它不仅是对其此前20多年创作经验的理论总结，也基本奠定了此后其对这种文学样式的文体认知。3年后（1986年），在此基础上，他又在

---

① 尹世霖：《我写儿童朗诵诗的体会》，《儿童文学研究》1992年第4期。
② 尹世霖：《收获诗的明天（代跋）》，载尹世霖《尹世霖儿童朗诵诗选》，人民文学出版社，1983，第173~174页。

一篇论文中做了系统论述：

一、要有"诗歌的特点"，有诗歌的共同特性，不要以为朗诵诗可以依靠豪迈的语言、慷慨的句子来打动人。相反，它首先要靠诗的意境、诗的激情来感染听众。儿童朗诵诗首先是诗，应该是一首有诗意、有诗情的好诗；它同样忌讳那种标语口号、政治术语式的浅薄说教。

二、要有"朗诵诗"的特点，这点不同于一些只能供人案头阅读的诗。案头诗有些可以写得晦涩一些，更朦胧一些，读者可以在消解时停下来，掩卷沉思。而朗诵诗则不可以，因为它要由朗诵者在台上一诵而过，立即接入下一句或下一节。因此，朗诵诗要求写得相对明快、通畅、易懂，同时更注意音韵、节奏，读起来应该是朗朗上口、娓娓动听，富有音乐美。

三、要有"儿童诗"的特点，这点不同于一些供成人阅读和朗诵的诗。因为儿童朗诵诗的对象主要是少年儿童：听众是少年儿童，大多数朗诵者也是少年儿童（个别第三人称的诗可以由成人朗诵，如《明天，红领巾飘扬在胸前》）。儿童朗诵诗不宜太长，一般供个人朗诵的诗以四五十行为宜；集体朗诵的诗可以稍长些。诗中最好有鲜明的"形象"，以便吸引活泼好动的孩子。能不能吸引住孩子，这是对诗本身和对朗诵者的双重考验。[1]

由上可以看出，他在 20 世纪 80 年代就已基本奠定其一生关于"儿童朗诵诗"内涵、外延及艺术特质的整体认知。不同在于，他在此基础上又进一步细化，即从"儿童朗诵诗"概念范畴中又细分出幼儿（包括低幼儿）朗诵诗、儿童朗诵诗（写给小学中高年级孩子）、少年朗诵诗。

适合朗诵并通过视听系统最终生成"诗意"，从而完成对于一首诗的接受过程，是儿童朗诵诗的另一主要特征。如何确保适合朗诵，他说：

---

[1] 尹世霖：《朗诵诗和诗朗诵》，载尹世霖《让诗长上翅膀》，接力出版社，1996，第 749 页。

"一是明快，句子简明、通畅，易于理解；二是尽量合辙押韵，诵来上口（但不能因韵害词）；三是把握诗的节奏，使其富有音乐美。"① 在这段话中，前两条是对作者及其文本而言，第三条是对朗读者而言。因此，任何一首儿童朗诵诗都须经过作者和朗诵者的双重创造，方能完成接受过程。在此，作为儿童朗诵诗"四要素"的作者、朗诵者、听众、环境（三者共存的时空）既彼此影响、相互制约，又须形成合力、止于一点。不仅如此，他对作为不可或缺的环节"朗诵"也有理论论述。他从"理解作品""熟练""字音""重音""语调""节奏""神眼""姿势""手势"九方面，对"怎样才能朗诵得好"做了全面、系统论述。②

尹世霖可能是国内目前唯一对儿童朗诵诗朗诵者诸要素做系统理论建构的诗人。在上述论述中，合体说与视像理论都是尹世霖的独创："合体说"即"复数作者"（或者"书面原创者+N位朗诵者"，N≥1）模式，由于朗诵者是"复数作者"中的最大"变量"，因此，任何一首儿童朗诵诗最终生成的效果都各个不一；以朗诵者为视点所生成的"视像"，与书面文本所生成的"意象"，彼此间的叠合及共生图像也呈现出无可计数的可能性。这种带有经验与实战性的理论探索，也颇能彰显其为儿童文学做出的重要而独特的文学贡献。

综上，尹世霖的诗歌理论贡献主要有两方面。一是创生新诗体。他充分继承汉语文学中的韵文传统，借鉴、吸纳古今儿歌、童谣、童诗中可视可听的艺术经验，经过长时期的理论探索和文学实践，创生了一种适合各种场合的既可"写"又可"说"的儿童诗歌，从而为中国当代儿童文学发展提供了新样式。不同于一般的儿童诗歌——专于"写"（书面写作）而弱化或完全忽略"声音"的童诗，儿童朗诵诗是将"写"与"说"合为一体而生成的一种新诗样式；不同于古代儿歌、歌谣、童诗，它是由当代诗人创作的符合当代儿童成长规律、阅读趣味和接受习惯的朗诵诗；或者说，它是指根据各年龄段儿童接受规律而创造的一种

---

① 尹世霖：《我写儿童朗诵诗的体会》，《儿童文学研究》1992年第4期。
② 详见尹世霖《朗诵诗和诗朗诵》，载尹世霖《让诗长上翅膀》，接力出版社，1996，第746~748页。

努力在声音系统和语言符号之间互相消解理解障碍、声音与语义合一的现代新诗样式。二是建构儿童朗诵诗的本体理论。重视并探寻声音与汉语符号的即时表现功能、效果，将过去单纯追求"语言本位"的童诗转为"声音"与语言并重的"双本位"朗诵诗，是尹世霖在理论与形态上的一大创造。所谓"奠基者"，即他是从理论到实践（创作）都形成自己独有体系的建构者。

五　文学成就：中国当代儿童朗诵诗创作的主将

尹世霖在中学时期长期写作各类演讲和朗诵性质的短小韵文，这为他此后从事儿童朗诵诗写作奠定了良好基础。他在大学毕业后又回母校担任历史教员，虽也遭受历次运动的冲击，但因在写、编、演、导等方面的天赋和才华，他一直未曾远离文艺活动。始于本能的文学执念、长期业余写作的磨炼以及切近时代的省思，最终在文学上有所回报，这就是他在1957年发表的长达96行的诗歌《夜空飞游记》和1973年出版的诗集《红旗一角的故事》。《红旗一角的故事》收录《迎着太阳上学校》《书包的秘密》《雷锋叔叔的画像》《两个"战士"》《运动会上》等11首诗。其中，《书包的秘密》《红旗一角的故事》广为传播。在"文革"时期，尹世霖也是少数能在官办正刊上发表诗歌的诗人。紧贴主流意识，以政治话语推动诗意流动，是该时期其朗诵诗中占据主流和主调的主题向度。这种倾向在"文革"结束的几年后依然如故。他的一些作品因过于接近主流政治，有着浓重的概念化弊端。不管如何，《夜空飞游记》和《红旗一角的故事》都是他以"教师作家"身份创作和发表的早期儿童朗诵诗的代表作，他也因此被广大师生和读者广为熟知。《夜空飞游记》讴歌祖国社会经济建设新成就，《红旗一角的故事》缅怀和歌颂为新中国献身的革命烈士，《"中华"——一个真实的故事》（1981年）呼唤科学并为知识分子发声，《这样爱我们的祖国》（1985年）言说如何爱国。从这些诗作可以看出，及时感知、记录或表达时代主潮，以及践行"介入"或"文以载道"的诗教传统，是尹世霖及其儿童朗诵诗一以贯之的表达向度。

这类诗歌被屡屡搬上舞台，改编成情景剧，或在校园、班级活动中被广为朗诵，儿童朗诵诗所承载的爱国教育功能得到充分发挥。

尹世霖的儿童朗诵诗在新时期走向成熟并在创作上呈现"井喷"态势。进入20世纪80年代，尹世霖连续推出《少年儿童朗诵诗选》（1982年3月）、《幼儿朗诵诗选》（1984年8月）、《尹世霖儿童朗诵诗选》（1985年1月）、《夏令营朗诵诗集》（1985年4月）、《金色的童年》（童诗艺术片，1985年5月）、《节日集会朗诵诗选》（1987年8月）、《校园朗诵诗选》（1989年9月），标志着一种首先专注于创造和谐优美音韵体系和自由明朗节奏，同时依靠朗读者发声、加工和传递诗意的较为成熟的童诗样式的生成。其中，《尹世霖儿童朗诵诗选》作为尹世霖的代表作，收入自1957年他创作的40首在内容、思想和艺术上俱佳的儿童朗诵诗。初版卷首有艾青题字"让诗长上翅膀飞向四面八方"，卷末有《收获诗的明天（代跋）》，内分"热爱祖国"（7首）、"校园新歌"（8首）、"体育健儿"（5首）、"雷锋精神"（6首）、"科学少年"（6首）、"星星火炬"（8首）。总体来看，其艺术特色主要有题材广泛，笔调活泼，形象鲜明，讲求音韵、节奏，具有鲜明、浓厚的教育色彩。这40首诗歌为研究其自1957年创作的儿童朗诵诗的思想内容及艺术特色提供了典型文本。

进入20世纪90年代，他又有《童话寓言朗诵诗选》（1990年6月）、《小朋友朗诵诗》（1991年6月）、《金翅膀——尹世霖儿童诗歌专辑》（录音带，1992年）、《船长》（长诗，2000行，1992年3月）、《童话朗诵诗》（1995年11月）、《智慧儿歌》（1995年12月）等朗诵诗、诗集以及录音带面世。如果说1985年（共有3部诗集出版）标志着尹世霖儿童朗诵诗创作的第一个高峰，那么1996年大型诗歌总集《让诗长上翅膀》（收诗376首）的出版则标志着其第二次创作高峰[①]。21世纪头10年以2005年为界，在此后5年内有10部诗集面世，可看作他的第三次创作高峰；21世纪第二个10年，除陆续推出几部新诗集外，他依靠大型丛书的

---

① 1999年，《当代儿童少年朗诵诗》（三卷）的出版对"第三次高峰"做了注脚。

编选，依然保持着相当可观的出版量。这种态势一直到其离世的 2021 年才戛然而止。在其人生的最后十多年间，他的创作有几个转向：诗句变短，诗歌变小；侧重为幼儿、低幼儿写作朗诵诗；创作与编选同步推进；在内容、风格、句式等方面切近儿童本体。尹世霖持续创作，不断推新，且出现三次创作高峰，显示了其在当代儿童文学领域取得的非凡成就。其创作时间之长、诗集数量之多、所涉题材之广均创造了新历史。

尹世霖的儿童朗诵诗写作有着清晰的读者定位，针对不同年龄层次，其诗歌在内容、句式、韵律、节奏等方面都会呈现不同风景。其中，针对幼儿、儿童的诗歌多为短诗，有鲜明形象，韵律和节奏感强，读来朗朗上口，易记易诵。《花儿的诗》（8 首）、《童话诗豆豆》（25 首）、《植物的诗》（15 首）、《谜语歌》（25 首）等组诗可为代表作。这类诗歌也是尹世霖诗歌探索与实践的艺术结晶，即不满于标语化、政治术语式等浅薄说教风，追求切合儿童本位的以优美形象和丰富诗意感染人的创作风尚。这类短诗从内容到形式都是归向"诗本体"的艺术建构，一改此前那种单靠强大外力或强势修辞推动的非本体模式。形式即内容，内容即形式，这种艺术辩证法在尹世霖 1980 年短诗创作中即已得到充分体现，真正实现了他所谓"首先是诗，是好诗"的文体愿景。比如：

云

蓝湛湛的天上飞着白云，/白云呀揪住了孩子的心。/它变成了一盘莲花，/孩子想把花儿献给母亲；/它又变成了一匹大马，/孩子想骑上马儿征服星辰。

呵，蓝湛湛的天上飞着白云，/白云揪住了一颗颗天真的心……

1980 年 1 月 19 日

雨

春天的雨

沙沙沙

种子发芽了，

夏天的雨

哗哗哗

喂饱了大庄稼，

秋天的雨

刷刷刷

浇出一幅画：

丰收的田野金灿灿，

粮囤像那胖娃娃。

春雨、夏雨和秋雨呦，

冬天变成了小雪花。

1980 年 6 月 2 日

云和雨本是司空见惯的自然现象。但在作者的艺术想象和营构下，由"云"联想到"一盘莲花""一匹大马"，进而分别引出"孩子"与"母亲"（母爱）、孩子与"时空体"（绮丽想象）之间的意蕴指涉关系。在此，纯真的童心、自由的联想共同指向美或美好，非常感染人。对于雨，借助文学想象，营构出一幅虚实交融、柔美纯粹的田野风景画。自然界的雨声、田野里的丰收、一年中的四季更替，以及蕴含于其中的大地之妙，都在作者修辞"装饰"——拟人化笔法、纯化策略和"楼梯式"诗歌形式——下呈现出美的画面和境界。这类诗歌虽短，但诗意与诗情深入人心。其原因之一就在于，他特别善于在短短的几句诗中，以三言两语烘托一种意境，或者建构一个有意味的"形象"（意象），并以此为中心，表达一种情感或指涉一种意蕴。比如，《吊兰》[①]："花草向天长，/吊兰往下吊。/他说大地是母亲，/一心向着娘怀抱。"前两句平淡无奇，只是在言说一种植物生长习性；但后两句非同寻常，将吊兰生长习性指向对母亲与母爱的表达。吊兰的生长方向朝向大地，而大地与母亲存在天然的互相指涉的象征关系，所以，吊兰向下生长，也就被转化为另一种动机："一心

[①] 创作于 1990 年 8 月 13 日。

向着娘怀抱"。在此,由实入虚,并由"虚"传递转喻义,进而迸发出诗意。吊兰向下生长的姿态指涉一种母爱。书写母亲,表达母爱,方式方法无可计数,所达成的文学效果也异彩纷呈。这种想象与表达是诗人尹世霖的独特创造。从物象到意象,从事理到情理,隐喻、象征及转换都无懈可击。

他的诗歌从不避诸如家国、母爱、美善、理想、科学、大自然之类的常见教育主题,也注意对于说理、明理的表达;为特定节日、班级活动或校外夏令营创作的各类朗诵诗,也大都注重渲染氛围,凸显主题,升华意识,且极具鼓舞性。也就是说,尹世霖的儿童朗诵诗写作将教育功能置于首要位置。但不管表达何种理念,大都不是那种直接图解或生硬灌输,而总是借助优美形象或和谐意境的营构,让读者在潜移默化中受到感染。比如:

天黑走小道,/头上月亮照。/我爱月亮值夜班,/不和太阳争荣耀。

月亮小船云海游,/月亮宝宝晴空笑。/我爱月亮变化多,/不像太阳太单调。

——《月亮》[1]

银杏树呵,/您多像中华民族;/我们,像一粒粒白果,/降生在地球。

——《银杏古树》[2]

山爷爷,/您真美,/绿树、红花把您环绕。

不,孩子,/你的双手和智慧,/能把最美的世界创造。

——《山和孩子们的对话》[3]

---

[1] 创作于1990年8月22日。
[2] 尹世霖:《尹世霖儿童朗诵诗选》,人民文学出版社,1985,第13页。
[3] 创作于1983年4月25日。

《月亮》上下两节都有"理"的渗入，但"讲道理"——什么样的人或物值得爱——都是寄寓于形象中；《银杏古树》中的这一节将"银杏古树"与"中华民族"、"我们"与"白果"的关系做了转喻，意在表达一种稍显抽象的时空认知观；《山和孩子们的对话》通过一老一小的对话关系，由实入虚，阐释和宣扬某种"美的本质"。这三首诗都是通过优美形象及相关关系的生动建构，继而表达某种"理"，但"理"的生成与传达都非直说，而是潜移默化地潜入、显意。无论书面文本还是视听系统，都是优美形象及内生关系占据"主体"，而非抽象的理念"喧宾夺主"。

尹世霖也时常针砭时弊或介入对不良社会现象的思考或批判。这充分表现出一位诗人在处理自我与生活、自我与时代时所秉持的审慎观察、独立思考和勇于介入的文人知识分子精神。这也是尹世霖自以《夜空飞游记》和《红旗一角的故事》感知、介入和言说宏大时代主潮并产生广泛影响以来，介入时代、观照众生、高扬"大我"的诗人精神传统在新时期的一种自然延续和表现。比如：

邻居有条狗，/见人汪汪吼；/扔去一块肉骨头，/它摇头摇尾跟你走。/哎呦呦，/到底是条狗。

邻居有条狗，/见人汪汪吼；/弯腰捡块小石头，/它夹着尾巴退着走。/哎呦呦，/到底是条狗。

——《一条狗》[①]

为什么爸爸妈妈使劲惯我，/我却越长越小？/为什么姥姥不娇我、惯我，/我却觉得她比谁都好？

——《独苗苗》[②]

小庞有三"绝"，/别人没法学：

[①] 尹世霖：《小朋友朗诵诗》，中国和平出版社，1991，第14页。
[②] 尹世霖：《小朋友朗诵诗》，中国和平出版社，1991，第43页。

  第一遇事先瞪眼，/样子活像马王爷；/第二开口嗓门儿大，/脏话像污水往外泻；/第三最爱晃着走，/横着肩膀、下巴噘。

  小庞自认是英雄，/别人叫他小螃蟹。

——《小庞》①

  这三首诗都有其特定的时代背景和指涉意义。因对毫无立场与人格，或者趋炎附势之人的厌恶而写《一条狗》——"狗"的两次本能反应，多么讽刺啊！因对"独生子"教育问题有所担忧而作《独苗苗》——"我"对成长经历的言说，难道不让人警醒吗？因关注校园中"问题少年"而作《小庞》——这个叫"小庞"少年难道不是你我眼前的某个吗？

  儿童朗诵诗最终要借助视听系统实现诗意、诗情的传达和接受，因而其在理念、结构、诗形、音韵、用词、用语等诸多方面都有别于传统的诗歌写作。诗人的书写系统与朗读者的发音系统必须在高度融合、彼此依持、互为生发的基础上，才能成就一首好诗的最终生成。这种瞬间传达、即时理解、同场共情的运作逻辑、规律，必然事先深刻影响着诗人的构思与创作。语言上过于晦涩，主题上过于繁难，结构上过于复杂，思想表达过于抽象，都是不适合的。一切都须简单、平易、生动，语言自然、流畅，尤其注重节奏感和韵律体系的造设。诗歌语言以及朗诵者以此为本所发出的话语，也都须瞬间转化为某种形象或画面，以利于听众瞬时接受和理解。为了遵循这种规律和生成这种效果，尹世霖在结构、节奏、音韵或修辞上做了诸多有益探索与实践。以《一条狗》为例略做说明。这首诗分上下两节，每节开头两句都是"邻居有条狗，/见人汪汪吼"，最后两句都是"哎呦呦，/到底是条狗"，这就在结构上形成了一种有规律的循环复沓模式。"狗"作为核心形象，有声音（"吼"），有神态（"摇头摇尾""夹着尾巴"），有行动（"跟你走""退着走"），听众非常容易理解。此诗节奏感强：句内2字、1字、3字或4字一单位，即"2111/221/2113/143/3/23"，非常适合朗诵。第二节的节奏与第一节一样，也是

---

① 尹世霖：《小朋友朗诵诗》，中国和平出版社，1991，第83页。

"2111/221/2113/143/3/23"。每句最末一字分别是"狗""吼""头""走""呦",都押"ou"音,并且每一个都是重音字,读来朗朗上口。因此,这是一首寓意深、易理解且适合朗诵的儿童朗诵诗佳作。

努力探索和建立符合当代儿童朗诵诗的韵律体系,在尹世霖各时期的实践中都是一以贯之的诗学命题。每一首诗从整体到局部,都须严格遵循韵律规约。以"外在律"规约句式、节奏,专注营造某种旋律、气氛,又从外到内,形成诗意、诗情流动的"内在律"。比如,《我爱祖国》①共5个句组,每个句组4句话,每个句组前两句都是"我爱×,我爱×,/我爱祖国×××"。然后再由每一组后两句描述言说对象(海与山、花与草、月与星、河与林、日与云),并表达对祖国新容新貌的热爱之情。其长篇叙事诗创作也是如此。比如,长达2000行的长诗《船长》(共6章30节)在诗形上齐整、匀称,内部注重语调、节奏和轻重音的有规律布局。以第一章第一节为例,本节共9个句组,每个句组4行,整体上具有形式上的美感;每个句组第二句话的最后一个字(花、霞、大、瓜、瓜、家、芽、把、花)以及最后一句话的最后一个字(芽、画、家、下、花、涯、瑕、芽、华)都押"a"音;9个句组整体上顺时展开,前两句各自拆分一个大长句,但都凸显"儿童心呀"一句的主体性,第3、4组都以"比方说……"开启,从而形成句式与句意的并列展开,第5组虽然开头一句省去"比方说",但依然与前两组保持并列关系,从第6组开始出现转折("可我要讲的江洋呵"),此后第7、8、9组都是顺次关于"江洋"的介绍。由此可看出,即使内部结构和诗意流动,也都呈现某种有意味的可被充分感知的律动。这种探索与实践都独具个体性、创造性,而主旨在于确保作为核心要素之一的"朗诵"(视听系统)的独立生义功能的实现。

综上,新时期以后,尹世霖接连出版适合各年龄段、各种场合的儿童朗诵诗、诗集等,在当代中国儿童诗歌领域成为一座高峰。他作为"国内儿童朗诵诗第一人"的美誉或身份定位,也就愈加深入而远播。早在20世纪90年代初,儿童文学研究领域的学者樊发稼就评价道:"我国写

---

① 尹世霖:《小朋友朗诵诗》,中国和平出版社,1991,第51页。

儿童诗的诗人不少,但以写朗诵诗著称并产生深广影响如世霖者,国中尚无第二人。"① 钱光培说:"世霖是坚守儿童朗诵诗写作的唯一一人,坚持几十年,不断开拓。"② 孙云晓说:"早在 70 年代初,尹世霖出版了我国第一本个人儿童朗诵诗集,后来又编出我国第一本少年儿童朗诵诗选,第一本幼儿朗诵诗选和第一本童话寓言朗诵诗选。他在儿童文学界有特殊贡献。"③ 他的儿童朗诵诗也广泛影响了几代儿童的阅读与成长。"这位儿童文学作家曾经以撰写朗诵诗而名扬中国,笔者在学生时代,就曾经在人民大会堂听过少先队员们朗诵尹世霖撰写的诗歌。"④ "我年轻时当小学老师,曾将他的一些诗歌念给孩子们听。二十五年前我来到日照工作后认识了他,每每读到他的赠书,书架上渐渐地竖起一排。前几年,我将尹老师写的童谣读给外孙女听,竟让两三岁的她会心而笑。她上幼儿园时,曾在才艺比赛中朗诵尹老师的诗作,获得奖励。不只我外孙女,在全国,尹世霖作品的读者有千千万万,遍布于两三代人之中。"⑤ 尹世霖对儿童朗诵诗理论的探索、建构及实践,使其在中国当代儿童文学发展史上占有一席之地。

余论:一个文学史定位及相关话题

尹世霖的文学活动和文学创作前后跨越 64 年(1957~2021 年),历经"十七年""文革""新时期""新时代"四大文学时代。笔者从作家之路、文学之路、文学活动、文学理论、文学成就五方面对作为作家的尹世霖做了全面、系统的梳理与阐释。那么,该如何认定其在中国当代文学史上的成就和地位?

---

① 樊发稼:《序》,尹世霖《小朋友朗诵诗》,中国和平出版社,1991,第 1 页。
② 《儿童朗诵诗"别是一家"——尹世霖童诗研讨会发言摘记》,《少年儿童文学研究》1993 年第 2 期。
③ 《儿童朗诵诗"别是一家"——尹世霖童诗研讨会发言摘记》,《少年儿童文学研究》1993 年第 2 期。
④ 陈建功:《童心伴我大洋东》,载陈建功《建功散文精选》,华夏出版社,1997,第 432 页。
⑤ 赵德发:《金色童谣精彩人生——〈尹世霖评传〉序言》,载黄喆生《尹世霖评传》,未来出版社,2016。

首先，关于其作家身份的界定。因为他是一个可以被分别置于新诗与儿童文学范畴内予以观照和研究的当代作家，所以从他自定的"教师作家"到被普遍认可为诗人、儿童文学作家，都可以视作其作家身份的狭义界定；又因为广义的文学文类包括但不限于小说、诗歌、散文、剧本、传记（自传和他传）、报告文学、回忆录等，所以凭借儿童朗诵诗和历史文学而奠定其文学成就的尹世霖，也可以列入中国当代优秀作家。但广义上的界定会遮蔽其作为诗人或儿童文学作家的身份特长，因此，若从推进其经典化角度考量，将其作为"诗人"或"儿童文学作家"来认定或评介为佳。将他认定为"儿童文学作家"更为科学一些，这样可以将他的历史文学写作包括在内，共同指向并有利于综合研究其在中国当代儿童文学史上的地位、贡献。

其次，关于其文学成就和文学史地位。他终身致力于儿童朗诵诗创作，历经四个时代，创作出代表彼时艺术最高水平的作品，并且被小读者广泛阅读，其代表各个年龄段的诗集也一直常印常销，所以，在当代中国，尹世霖及其儿童朗诵诗已展现出某种可能被"经典化"的兆头。他以"教师作家"身份进行长达60多年的儿童朗诵诗创作，已为中国当代诗歌（史）或中国当代儿童文学（史）创造了新诗样式。他创造了适合中国当代各年龄段儿童阅读、教育的文学新样式，并从理论（经验）到实践（创作）形成了一整套独立体系。因此，在中国当代诗歌史、中国当代儿童文学史上，尹世霖及其儿童朗诵诗应占有一席之地。

再次，关于文体归属及入史问题。因为文体存在"四分法"（小说、散文、诗歌、话剧），这种借鉴现代欧美的传统分类法主导着文学史写作，所以目前尹世霖及其儿童朗诵诗很难入主流文学史家的法眼；又因为"重写文学史"是一个持续展开的过程，所以，以"四分法"为基础建构起来的中国现当代文学史会越来越不适应新时代需要。随着文学史书写理论不断更新，特别是"大文学史"观念与实践的深入展开，包括儿童朗诵诗、传记、报告文学在内的诸多"边缘文体"一定会被纳入文学史范畴。

最后，关于儿童朗诵诗与跨媒体写作。因为尹世霖儿童朗诵诗的发表以期刊、图书、影视为主,而且一首诗须借助朗诵者才能最终生成,所以他是跨媒体写作的典范代表;又因为拥有庞大的小读者群的强大支撑以及绵延不绝的阅读需求,所以尹世霖及其儿童朗诵诗无论在今天还是在未来都可期待,从而为其"经典化"预设了种种可能。

在笔者看来,儿童朗诵诗是中国诗歌不可或缺的重要门类,也是在传统"四分法"之外须纳入中国新文学范畴的新文体,因此,以此为文学史研究和写作对象是题中应有之义。然而,他在当前文学史和文学现场中的位置是相当尴尬而有意味的。一方面,尹世霖及其儿童朗诵诗一直处于文学史边缘,是不被正统文学史所关注和书写的对象;另一方面,尹世霖及其儿童朗诵诗又处于文学阅读现场的中心地带,被各年龄段孩童所广为阅读和接受。从边缘到中心,一边偏冷,一边趋热,那么"中心之热"会不会冲淡或焐暖"边缘之冷"?这种寄托美好愿景的发问,既表达出一种对当前文学史理念、格局的不满,又显示出对未来的美好期待或呼吁——在不久的将来,文学或文学史"革命"以及相伴而来的"大文学史"写作,能给予类似尹世霖这种在"大文学"某领域或新文体上取得开创性成就的"奠基者"或"主将"应有的地位。

欧阳黔森报告文学集《江山如此多娇》叙事研究[*]

刘 慧 秦 钰[**]

摘 要： 欧阳黔森的脱贫攻坚报告文学集《江山如此多娇》充分体现了他在报告文学叙事艺术上的探究。本文以叙事学为研究视角，阐释了欧阳黔森如何从叙事视角的转换、线性时间型结构与横向空间型全景式结构来构造全篇，以及在叙事话语中运用直接引语，在非叙事话语中引入文学性介绍、散文式抒情等叙事艺术手法来展现贵州精准扶贫面貌。在叙事技巧上，欧阳黔森融合了小说、诗歌、散文等文体的优势，充分体现了报告文学的跨文体书写，也证明了主旋律创作与文学审美二者是能够并存的。

关键词： 欧阳黔森 《江山如此多娇》 报告文学 叙事艺术

1984年，国家有计划、有组织地开展全国性的扶贫工作，大力开展农村扶贫，同时一大批报告文学作家进入了基层，着手书写中国扶贫故事，也因此，扶贫报告文学应运而生。贵州曾经是全国贫困人口最多、贫困面积最大、贫困程度最深的省份，被称为全国脱贫攻坚的主战场、决胜区。进入新时代，国家建设发展日新月异，在党和国家精准扶贫的思想指导和切实帮扶下，贵州通过大胆实践，创造了中国脱贫攻坚战的"贵州样本"，书写了中国减贫奇迹的贵州篇章。欧阳黔森积极践行精准扶贫思想指引下的文艺创作方针，多次深入扶贫前线，通过实地考察、研究和访问，致力于讲述贵州脱贫攻坚感人故事，传播贵州精准扶贫真实声音，创

---

[*] 本文曾发表于《写作》2023年第5期。
[**] 刘慧，贵州财经大学文学院副教授；秦钰，贵州财经大学文学院本科生。

作了十分具有针对性的优秀精准扶贫报告文学作品《江山如此多娇》。

报告文学概括地说就是运用文学艺术形式真实、及时地反映社会生活事件和人物活动的一种文学体裁，基本特点是新闻性、文学性、政论性，具有"文学轻骑兵"的作用。丁晓原曾分析当下报告文学面临的问题以及欣喜地看到突破的可能："在全媒体时代，在新闻性已大为弱化的写作情势中，报告文学作家正视不满背后的缺失存在，从挑战中寻得报告文学文体转型的多种可能，在非虚构性恪守和非虚构审美建构的有机融合中，激扬这一文体的活力，其中的优秀作品，达成了报告文学独特的比较优势，即既具有小说类创作的艺术品相和审美要素，更有小说类创作所没有的非虚构特性及其伴生的独特价值，由此在当代新的文学大图中鲜明地凸显出它的重要位置和绚丽光彩。"[①] 欧阳黔森的精准扶贫书写试图打破报告文学文体的边界，探索该文体与其他文体的交融，使报告文学拥有更为自由的表达方式。从叙事的形式来看，他善于利用转换视角，让读者从不同的角度去看作品内容，使读者的好奇心得到满足。他也善于根据内容和材料的需要，合理编排扶贫故事，或借助逆时序叙事设置悬念，让人们对贫困地区的精准扶贫之路进行回顾，或以新的全景结构书写贵州大力扶贫故事。欧阳黔森在创作中注重运用大量的叙述性词语和非叙述性词语，以充实报告文学的内涵。为了更好地再现访谈中的真实情景，他更多地采用直接引语的方式，在还原情节的前提下，帮助读者更好地领会人物话语的深意；通过科学客观的扶贫地区背景和扶贫人物介绍，分析了贫困原因。同时，他对贫困家庭以及扶贫人物表达了真诚而又自然的情感，丰富了文本的内容，充分发挥了报告文学作家的干预性。他以独特的构思和娴熟的叙事技巧，将报告文学的真实性与文学性较为完美地结合，规避了主旋律创作的模式化套路，证明了主旋律创作与文学审美之间并无鸿沟。欧阳黔森以贵州本土作家的姿态，书写新时代贵州的"山乡巨变"，讲好了"贵州扶贫故事"。同时《江山如此多娇》也是一部为人民书写、为时代存照的优秀之作，以诗情理想融入贵州脱贫攻坚的伟大进程，书写了新时代多彩的贵州。

[①] 丁晓原：《报告文学叙事三题》，《中国作家》（纪实版）2020 年第 3 期。

一　视角转换与叙事话语的妙用

叙事视角指作者观察与描写文本中的人和事件的视角，而叙事话语指作者在讲述这些故事时采用的表达方式，这影响着文本中人物的表达形式。在脱贫攻坚报告文学作品《江山如此多娇》中，欧阳黔森通过灵活的视角转换，以及带给人强烈的真实感、现场感的直接引语话语模式，将贵州脱贫故事展现给读者，使读者可以更深入地了解贵州脱贫攻坚工作，从而更加深刻地体会到脱贫攻坚工作的艰辛和不易。在视角转换的过程中，"我"的视角始终贯穿全文，这也使欧阳黔森的报告文学体现出一种自叙传小说般的文体特征。而更多使用直接引语的方式也源自他丰富的基层走访经历，因为亲身经历，才能够听见最真实的声音。这也正是他能够讲好贵州故事的首要原因。

（一）转换视角呈现扶贫全貌

在《江山如此多娇》中，欧阳黔森主要运用的视角有全知视角与限知视角两种，由全知叙述者与故事的主人公交替来充当故事的观察者。在作者以第一人称限知视角叙事时，存在两种身份，一个是作者本人，另一个是非作者的叙述者，也就是故事中的主人公。在文本中，"我"有时充当客观介绍人，也就是全知全能的全知叙述者，介绍贫困地区的历史背景、扶贫过程、扶贫结果等；有时又作为扶贫对象，以他们的限知视角来讲述扶贫故事的经过，给人一种亲身经历的感觉。第三人称视角通常作为一种全知的视角出现在文中，能够让读者对扶贫的整体故事发展有清晰的认识，了解到扶贫人物的心理活动等。欧阳黔森就是在这样的视角转换中，为读者呈现了故事的发展历程和扶贫过程中人物所体现出来的性格特征。

在叙事视角的选择上，欧阳黔森以第一人称限知视角为主，即作者等同于叙述者"我"，叙述者的存在感在文本中表现得非常强烈。这也决定了在叙事过程中我们会看到什么。在他的叙述过程中，本来应该作为全知叙述者的作者本人常常会换用"我"的限知视角，让读者通过"我"的意识来走入故事，从而形成两种视角的交替。整部作品开篇，一句"美丽，但极度贫困"拉开了故事的序幕。全知的叙述者将这句话放在了开篇的位置，在全文结构中的位置十分突出，因此这句话在读者的阅读期待之中也占据了十分重要的位置。在后面的叙述进程中，作者着重强化了"极度贫困"一词，列举自己取材于乌蒙山区的小说《八棵苞谷》《绝地逢生》中对乌蒙山区的描写，突出展示了乌蒙山区曾经穷困的境况，这种限知视角的描写在读者心中也留下了深刻的印象。而后的故事情节发展让读者一步步看到这个地方的变化与发展，从而形成非常强烈的反差感，加强了对比。紧接着跟随作者的采访进程，我们了解了90多岁高龄的安大娘仍不忘习仲勋书记的恩情，在挂像前表达对其的深切感恩；看到了花茂村"一幢幢富有黔北特色的民居散落于青山绿水之间，一条条水泥路呈网状连通着每家每户及每一块农田"[①]；看到了万山这座资源枯竭城市的涅槃重生，了解了九丰农业博览园的先进技术及朱砂古镇的旅游项目对当地经济发展的推动作用；看到了吉他兄弟将吉他厂搬回正安县的勇气和决心，看到了"神曲"绿遍山乡。这样的限知叙事视角能够让叙述者对于叙述的事件进行有目的的划分及限定，也能够让读者更加真实地体会扶贫给山乡地区人民带来的变化。

这部报告文学作品也运用了第三人称的视角，作者通过视角的转换，使这场艰难的脱贫攻坚战的全貌能够更加清晰地展现在读者面前。在观照全书的基础之上，本文将欧阳黔森扶贫故事的描写模式大致总结为：作者将自己的所见所感所闻作为切入点，最后通过"我"对当地扶贫成果的总结以及对未来的展望结尾。从整体看来这是一个以限知视角贯穿全书的模式，事实上，作者为了更全面地讲述扶贫故事而穿插了一些第三人称视角的描写。例如，在第一章"报得三春晖"中，就穿插了新华社记者刘子富走访海雀村并将海雀村的真实情况向上级汇报的故事，这解释了安大娘家中堂屋悬挂习仲勋同志画像的原因，也补充了33年前习仲勋同志的重要批示对于海雀村人民的重大影响。在第三章"看万山红遍"中，穿

---

① 欧阳黔森：《江山如此多娇》，百花文艺出版社，2021，第25页。

插了 2006 年原汞矿职工偷农民红薯充饥的故事,真实地再现了当时的万山、汞矿枯竭、矿场破产关闭后汞矿职工面临严峻生存挑战的状况。后面又详细描写了 2008 年万山的一场百年不遇的雪凝灾害,党中央领导人亲自来到万山,为受灾群众送去亲切关怀的故事。在第五章"江山如此多娇"中,在描写吉他兄弟郑传祥、郑传玖的经历时,作者先站在自己的角度简单地介绍了吉他兄弟的故事,接着便以郑传玖的角度来详细介绍他们在创业过程中遇到的一系列问题,如第一次大规模生产时产品质量无法达标、美国金融危机导致大量吉他积压等,而后讲述了他们响应"春晖行动"回乡创业,"壮士断腕"般地将发展成熟的吉他厂从沿海大城市搬到深山里的正安县。使"神曲"成为大娄山山脉深处一张亮丽的名片。这个故事充分展现了吉他兄弟敢梦想敢做、不忘初心的品质,也体现了贵州在产业扶贫过程中的艰辛与付出的努力。

在文本中,欧阳黔森巧妙地运用了人物视角与全知视角交替的方式,自然而然地让读者的意识与人物的意识融合在一起,一同走进在贵州这片大地上真实演绎的一场又一场脱贫攻坚战。在视角转换交替的过程中,欧阳黔森也深入地讲述了贵州的扶贫故事,刻画了贵州扶贫人物。他的这部报告文学作品始终以一种有"我"式的形式来书写,作者"我"始终参与全程的故事,这也使他的报告文学作品具有了"自叙传"小说的文体特点。正是通过这样的方式,文章才能够从多角度、多方位地刻画扶贫人物的性格特征,展示扶贫工作的整体面貌。

(二)运用直接引语展现人物性格

在新闻中,直接引语的使用通常是比较生硬的,一般使用方式为某某表示、某某强调,但是在欧阳黔森的报告文学作品中,直接引语的使用就相对活泼了许多。他通常会在最大限度地保留人物话语原意的基础上展现人物真实的性格,使他笔下的扶贫故事更加真实可信。他在脱贫攻坚报告文学作品中主要通过对人物语言片段的截取以及细节的捕捉来展现人物性格。在描写中,很少涉及对人物心理的描写,而是选择直接引用人物的语言。通过直接引语,将不同扶贫人物的性格、特点、经历等更加生动地展现出来，使扶贫工作更加具体、更有说服力。同时，也为人物形象的塑造打下了良好的基础。

在第一章"报得三春晖"中，负责海雀村扶贫工作的朱大庚陪同作者走访安大娘家，在作者问96岁高龄的安大娘是否知道他是谁时，朱大庚回答了一句："她知不知道我是谁不要紧，要紧的是我知道她是谁。"①这句话像极了那首献给解放军战士之歌的歌词："我不知道你是谁，我却知道你为了谁。"朱大庚的这句话充分体现出他对于扶贫工作的无私付出，不求回报。被帮扶的人记不记得他没有关系，重要的是贫困户能否摆脱贫困，过上好日子。这短短的一句话就让朱大庚的形象跃然纸上，也深情地诠释了党和人民的鱼水之情。

在第二章"花繁叶茂"中，经营着花茂村"红色之家"的村民王治强因为习近平总书记当年去了"红色之家"而走上了致富的康庄大道。他自豪地说："别看我们这里山区偏僻，来过两位主席，一位是毛主席，一位是习主席。"②他这简单的一句话，便道出了花茂村人的自豪与信心。花茂村在党中央精准扶贫政策的实施下换了新颜，在短短几年间，从"不仅没有花，树也没有几棵，道路泥泞不堪，民房陈旧杂乱"③，变成了花繁叶茂，一派生机勃勃，远近闻名的美丽乡村。大家也坚信，在党中央的持续引领下，在这个花繁叶茂的伟大时代，未来的花茂村会越来越好。

在第三章"看万山红遍"中，2008年习近平总书记曾经慰问过的贫困户李来娣过上了幸福的生活，住进了宽敞明亮的新房子，她对习近平总书记的感谢无以言表。于是，她在党的十九大期间特意前往北京，在北京的电视上看习近平总书记。她真诚地说："在北京看的，就是不一样！看习近平总书记更近一些！"④她怀着对于人民领袖无尽的热爱与敬重，不远万里前往北京，只为离总书记更近一些，这句话充分体现出她质朴而又真挚的感情，也从侧面反映出，因为党中央的扶贫政策，贫困地区老百姓的

---

① 欧阳黔森：《江山如此多娇》，百花文艺出版社，2021，第10页。
② 欧阳黔森：《江山如此多娇》，百花文艺出版社，2021，第28页。
③ 欧阳黔森：《江山如此多娇》，百花文艺出版社，2021，第21页。
④ 欧阳黔森：《江山如此多娇》，百花文艺出版社，2021，第60页。

生活发生了翻天覆地的变化，人们由此产生的感激和崇敬之情。

综上，欧阳黔森借助直接引语，尽可能地保留了人物的话语原意，还原了人物的真实性格，再现了扶贫的真实经历，将贫困人民勤劳、自强、真诚、质朴的优秀品质展现出来。同时也展现出扶贫干部无私奉献、认真负责的态度。正由于他对人物话语及性格的捕捉十分到位，他选择的简短话语就能将人物的性格凸显出来。因此，他笔下的贵州扶贫故事更有说服力且富有艺术魅力。

欧阳黔森以不断转换的视角展开贵州扶贫的全过程，站在不同的视角来观照这场艰难的脱贫攻坚战；又较多地运用直接引语的方式，既保留人物话语原意，又将各个人物的不同性格展现出来。他在写这部报告文学作品时更多地使用自己收集的一手资料，也就是他亲眼所见、亲身所感。而这些都源于他深入基层，倾听扶贫对象最真实的声音。欧阳黔森曾经说过："真正的作家，就是要深入生活，扎根人民，才能写出'沾泥土、冒热气、带露珠'的文章。"[①] 显而易见，他的这部作品便直观地体现出他的这种理念。他始终坚持亲自到贫困地区调研走访，与当地村民同吃同住，在真实的体验中书写文章。在书写的过程中，欧阳黔森最看重的就是观察和发现真实的社会生活变化，他通过真实记录深刻的社会现象，将这些变化融入自己的作品，让读者更好地了解当代社会生活，而这也是他能够讲好贵州扶贫故事最为关键的一点。给读者带来的真实感与沉浸感也使欧阳黔森的这部作品充满了叙事的魅力。

二 叙事结构的多元化

"叙事结构作为叙事文本中各个叙事板块之间相互联系的方式和故事的宏观上的艺术构架"[②]，对叙事结构的安排是作者叙事水平的重要表现，各个板块之间如果没有结构相连，就无法成为叙事的部分。所以在叙事文

---

① 欧阳黔森：《江山如此多娇》，百花文艺出版社，2021，第24页。
② 金健人：《小说结构美学》，浙江文艺出版社，1987，第8页。

本中，叙事结构的重要性也就不言而喻了。欧阳黔森的报告文学是非常具有可读性的，也拥有良好的读者市场。这来源于他善于安排作品的叙事结构，他的语言中蕴藏着浓郁的地域特色，在新时代的"山乡巨变"中，写出了贵州山区的美丽与坚韧。选择性记录的叙事策略让他的脱贫攻坚报告文学作品在当前诸多主题创作中脱颖而出。单看这部作品的篇目会发现其主要运用了纵向的时间型结构；从整部作品来看，每篇之间又以横向空间来安排结构。这也就充分体现了他多元化的叙事结构安排。欧阳黔森报告文学作品中既运用了传统的顺时序方法，也有许多逆时序的运用，突破了传统报告文学的时序思维，避免了叙事情节上的老套，丰富了其作品的叙事魅力。如果对整部作品进行观照，就会发现他运用了新式的全景式书写，展现了贵州各地通过扶贫产生的变化，并将这些变化与国家的相关扶贫政策结合起来，从多个层面描绘贵州脱贫攻坚战的全景图，这也使他的这部作品在叙事的同时拥有了一种"史诗"般的气度。

（一）顺时序展现扶贫变化

顺时序作为一种较为简单基础的叙事时间安排，是欧阳黔森报告文学作品中最为基本的叙事时序。顺时序于报告文学来说，优势是十分明显的，它能够非常清晰地交代故事发展的来龙去脉，便于读者厘清时间线索和人物命运的发展变化。然而，欧阳黔森报告文学作品中的顺时序故事并不是简单按照时间顺序来发展的，而是随着时间推移不断地强化故事情节，从而使其更加紧凑、更有吸引力。他采用顺时序的叙事时序也正顺应了时间的推移以及读者的阅读期待，给读者带来非常强烈的沉浸感。

在第二章"花繁叶茂"中，作者按照顺时序的安排，讲述了自己先后几次来到花茂村、苟坝村所见的变化。从最初看见的"不堪入目"的景象到五年后第二次来到苟坝村，中途经过花茂村却未留下印象，再到花茂村在精准扶贫政策下成为一个花繁叶茂、生机勃勃的美丽乡村。根据顺时序的时间安排，能够看到作者对于叙事结构的把握。作者在最先描写花茂村曾经的面貌时所用的篇幅并不大，而是使用大量笔墨描写了花茂村是如何在国家政策的帮扶之下走出贫困的。作者并未平铺直叙，而是随着时间的顺序逐步增强文本的叙事强度。叙事的重点不在于曾经的花茂村，而在于花茂村发生变化的整个过程。在逐步增强的顺时序安排下，作者几次到访的亲眼所见真实地呈现在文本中。第三章"看万山红遍"中，作者从1958年父亲在万山遇虎的故事讲到2008年传言万山地表坍塌，按照时间顺序回溯了万山作为一个汞矿产地曾经的辉煌到汞矿场因资源枯竭而破产关闭后的萧条现状，令人唏嘘。而后作者再次按照顺时序的方式先后讲述了万山这个资源枯竭城市在国家扶贫政策的帮扶之下成功转型的故事，顺应了读者的阅读期待，一步一步讲清了万山这个地方不断变化的过程。

欧阳黔森的这种按照时间顺序逐步增强的顺时序叙事安排给读者的阅读心理带来了极大的满足感，让读者能够在阅读过程中目睹变化的发生；逐渐强化的顺时序安排也使前后对比更为明显，更能展现出这片大地上发生的巨变。但是，大多数故事的发展脉络与叙事线索不会只有一条，对于具有更多叙事线索的故事，如果只采用顺时序的叙述方式，则无法达到叙述目的。在这种情况之下，欧阳黔森采用逆时序或逻辑时序来对某些非线性的事件进行叙述安排。

（二）逆时序回溯扶贫艰难历程

欧阳黔森的脱贫攻坚报告文学《江山如此多娇》中的叙事时序安排以逆时序中的倒叙为主，即从扶贫取得的成果出发，回溯扶贫的艰辛经过，并以此为主线展开叙述。此外，作品还强调了时间顺序和空间顺序的结合，从而使读者能够更加深入地了解脱贫攻坚政策的实施过程。倒叙表现了作者对故事的处理手法，欧阳黔森往往选择将扶贫地的发展现状和扶贫人物的结局放在开头，设置悬念，引起大家关注贫困地区脱贫的坎坷经历。由于逆时序本身就是对自然时序的变形，所以在倒叙的叙事时序安排下，作家可以根据自己的需要来进行编排，重构较为完整的故事时间，这样不仅可以使多线索的叙事变得更为流畅、更加丰富，还能使故事情节变得更加曲折、更具有可读性。在欧阳黔森精心的时序安排之下，书中呈现了一场又一场耗时许久、参与人数众多、艰难险阻不断、谱写了人类反贫困历史新篇章的脱贫攻坚战。

在第一章"报得三春晖"详细描写海雀村扶贫现状之前，作者首先写道："采访时，简直可以用'震撼'两个字来形容我的心情。说实话，我写作已经很少用'震撼'这个词了，我已年过半百，不是很容易被什么所震撼了，今天我又用到'震撼'这个词，我的激动程度显而易见。"①用"震撼"一词来形容海雀村的扶贫成果，更加能够激起读者的好奇心，让人忍不住想去探索究竟是怎样的改变值得作者用上这个他一般不再使用的形容词来概括。接下来开始倒叙海雀村曾经令人震惊的真实贫困状况，其中还穿插了一段新华社记者刘子富来到海雀村走访的故事，而后交代了毕节赫章县贫困的原因，之后又回顾了"八七"脱贫攻坚战到毕节试验区的建设，直到如今脱贫攻坚战取得的成果。通过这样倒叙的结构，作者将毕节海雀村摆脱贫困的经过一一呈现在读者面前。

在第三章"看万山红遍"开篇，友人为作者提供了一个发生在作者家乡的感人故事，"我想跟你讲述一个资源枯竭型城市浴火重生、凤凰涅槃的故事"。这个城市便是万山。在大家已经知道万山完成了重生之后，作者带领着我们一步步走进万山，了解万山是如何走出艰难的境遇的。讲述了万山从曾经的矿产重地变成了资源枯竭型城市的绝望，再到随着国家精准扶贫政策的春风吹遍大地，万山一步步重生、转型，通过引入高科技农业项目、电商人才，发展旅游业等方式，发生了翻天覆地的变化。在第五章"江山如此多娇"中也是如此。作者开篇写道："十八年前，我来过并给我留下深刻记忆的正安县县城已焕然一新，几乎找不到任何旧时的痕迹。……我扬起了笑脸，愉悦地说：'旧貌换新颜'。"②将正安县的今天放在最前面，然后一步步回溯展开正安县如何换得新颜，介绍了其通过易地扶贫搬迁、产业扶贫等方式实施扶贫的过程与取得的成效，吸引读者一步步去探索产生这些变化的原因。

倒叙是在叙事文本中增强读者阅读期待非常重要的一种手法，欧阳黔森的报告文学作品正是利用这种逆时序的结构安排，使故事情节更加曲折

---

① 欧阳黔森：《江山如此多娇》，百花文艺出版社，2021，第3页。
② 欧阳黔森：《江山如此多娇》，百花文艺出版社，2021，第126页。

有趣，更能激发读者对故事的好奇心。读者在倒叙的时间安排中会有更多思考的空间，更容易满足他们对答案的追求。因此，倒叙在叙事文本中能够提高读者的阅读期待，达到引人入胜的艺术效果。而后又运用设置悬念的方式使读者的注意力集中于贫困地区的精准脱贫过程，让读者能够真正关注到这一过程中的艰难和不易。因此也更好地传播了贵州精准扶贫的经验，让更多人了解到贵州的"山乡巨变"。

（三）全景式书写贵州扶贫故事

在脱贫攻坚报告文学作品中，许多作家常用传统的线性时间结构来叙事，欧阳黔森则选择紧跟时代潮流，勇于创新，用一种新型的"全景式"叙述结构，描绘贵州这片大地上全面、立体、宏大的扶贫故事。《江山如此多娇》报告文学集包括了他关于同一题材、同一主题、不同时间段的五篇作品，这几部作品既是各自独立的个体，也是彼此之间存在关联性的系列——一个贵州脱贫攻坚主题报告文学框架下的完整系列。这种宏大框架下的系统叙事，也使这部作品拥有一种"史诗"般的气度与格局。

《江山如此多娇》这部脱贫攻坚报告文学作品采用了全景式结构，即一种以线性中的复线为主的叙事形式，它不会被束缚在一个单独的故事里，而是将一个重大的故事作为故事的主线，从"台前幕后"的发生、发展，一直延伸到高潮、结束。① 由于背景宏伟，人物众多，时空跨度大，传统的单线叙述很难表现出它的丰富内涵，也很难展现出它的磅礴气势。所以重大题材的报告文学采用这种全方位的立体叙述会更为合适。

《江山如此多娇》是一部跨时空的全景式描述贵州毕节海雀村、铜仁万山区、遵义正安县、遵义花茂村、安顺紫云自治县等全国深度贫困地区贫困村的精准扶贫报告文学集。作者选取的故事发生地都是贵州十分具有代表性的地方，能够从局部辐射到整体，由点及面，反映出贵州脱贫攻坚的全貌。在作者笔下，我们了解到毕节赫章海雀村在精准扶贫政策帮扶下

---

① 王晖：《二十世纪中国报告文学的叙述模式》，《中国社会科学》2003 年第 2 期。

探索人与自然和谐之路的故事，花茂村通过"三改"及发展乡村旅游成为远近闻名的美丽乡村的故事，万山通过引进高科技农业、发展旅游业等方式成功转型的故事，再到遵义正安县吉他兄弟郑传玖、郑传祥两人将"神曲"吉他厂搬回家乡、促进乡村产业发展的故事，以及遵义市完成易地扶贫搬迁、建设完成规模最大的瑞濠移民搬迁点的故事。欧阳黔森突破了一般报告文学作家对一人一地一事件的常规叙述视角，以广阔的视野，多层面、多角度、多方位地展示了贵州贫困人口的脱贫过程。他的书写范围大致覆盖了整个贵州，内容涉及产业扶贫、旅游扶贫、易地扶贫、教育扶贫、电商扶贫、技能扶贫、扶贫先扶志等各种新型和传统的扶贫方法，刻画了默默付出不求回报的朱大庚等扶贫干部，勇敢自信将吉他厂搬回家乡带动经济发展的吉他兄弟等脱贫榜样，呈现了磅礴大气的贵州扶贫故事，展示了贵州的脱贫全景。

在叙事结构的安排上，欧阳黔森展示了他高超的叙事技巧。无论是传统的顺时序还是精心设置的逆时序，在他的笔下都能够展现极大的叙事魅力，让人忍不住读下去。欧阳黔森曾说过："短篇小说不仅是一口气写完的，它还必须能够让读者一口气读完。"① 因此在报告文学的书写上，他也十分注重这一点，充分运用各种叙事手段，趁着读者的兴奋点还未消失就完成了故事的讲述，给人一气呵成的感觉。欧阳黔森对这部作品的整体构思又充分体现了他宏大的格局。虽然书中只具体描写了贵州五个贫困地区脱贫的故事，但这五个地方就基本涵盖了贵州扶贫的方方面面，读完这本书就能够窥一斑而知全豹，了解贵州这片大地上的脱贫攻坚全貌。这也是他的这部作品拥有"史诗"气度的原因，他由点及面绘成一幅完整的贵州扶贫全景图，对那个艰辛脱贫攻坚时代进行记录与总结。在文字的背后，更让我们深思相较传统"输血式"扶贫，精准扶贫能够取得成功的原因。这一部长达12万字的报告文学作品能让读者在读完后感到意犹未尽，足以说明欧阳黔森在叙事艺术上的造诣之高。

---

① 欧阳黔森：《味道》，中国文联出版社，2003，第179页。

三 非叙事话语运用实现跨文体书写

"从本质上说：'非虚构写作'打破了某种文学的固有规则，表现出一种不同风格相互交织的更加开放的创作趋势。"① 报告文学作为一种比较年轻的文体，还具有极大的可能性，这也正给予了作家施展才能的空间。《江山如此多娇》主要以科学介绍、散文式抒情等非叙事话语来更好地呈现贵州扶贫故事。由于报告文学是介于新闻报道与小说之间的一种文体，能够融合各种文学体裁的优点，包括小说的叙事技巧、散文的抒情、新闻的简洁、调查文本的数据罗列等，作者可以根据自己的创作意图进行融合。所以一部优秀的报告文学作品，除了叙事话语和叙事结构，还需要添加必要的非叙事话语润色，以确保文章结构完整、内容充实、脉络清晰，以及细节真实可信。分析欧阳黔森对非叙事话语的运用，可以窥见他对于叙事节奏的把握。非叙事话语的运用也使欧阳黔森的报告文学作品具有其他文体的特点，能够看出他正试图打破报告文学文体这一边界，探索报告文学与其他文体的交融，使其拥有更为自由的表达方式。

（一）文学性介绍呈现扶贫成果

报告文学作为一种非虚构的文体，它的叙事对象本就与小说等虚构文体不同，报告文学的叙事对象必须是现实生活中已发生的事件，所以介绍性语言是其中不可或缺的部分，而如何将枯燥无味的介绍性语言呈现出来，尤其考验作者的写作功底。在欧阳黔森的这部报告文学作品中，他的介绍性语言就不会让人感到突兀，他引入史传资料等来介绍贫困地区的历史背景，运用兼具科学性和文学性的介绍性语言向读者说明各种扶贫过程中使用的专有名词、精准扶贫工作取得的成效，让人在接受知识的过程中不觉乏味。

在第一章"报得三春晖"中，为了向读者展示精准扶贫取得的可喜

---

① 洪治纲：《论非虚构写作》，《文学评论》2016年第3期。

成果，作者引用了严谨的数据材料和政策文件。其中引用了《国家八七扶贫攻坚计划》文件讲述毕节地区的扶贫历史，又引用了习近平总书记2014年5月15日对于毕节试验区的重要批示，肯定了贵州省的扶贫工作，也是对其的鞭策。而后他还用大量的数据进行今昔对比，让读者可以更加直观地了解精准扶贫工作带来的巨大变化。通过这些数据，读者可以更加清晰地了解精准扶贫工作取得的显著成果，从而加深对精准扶贫工作的理解。例如，"目前海雀村有二百二十二户居民……农民人均年纯收入从以往的三十三元上升到八千四百九十三元……当年全村有小学文化的村民只有五人，目前具有小学文化以上的村民五百六十人，其中大学生八人"。①

在呈现万山地区涅槃重生的"看万山红遍"一章中，欧阳黔森引用了严谨的文学资料，向大家展示贫困地区的历史背景。在追溯万山丹砂开采历史方面，以《万山志》与《本草纲目》为参考文本，直接引用了对西周时期武王求取丹砂的描写以及有关丹砂功用的陈述。在回忆铜仁地区饮食历史时，引用了《贵州府志》中的记载："黔中各郡邑，独美于铜仁，乃'鱼米之乡'也。"② 但由于人口倍增、经济发展滞后，铜仁逐渐变得贫困。在回溯2008年万山遭遇雪凝灾害时，引用了时任中共中央政治局常委、中央书记处书记的习近平同志慰问万山的新闻报道，展现了党中央对人民的关怀备至。欧阳黔森还从解读专业名词和专业术语入手，普及了精准扶贫政策的内涵，以及精准扶贫工作中的各类"金点子"。比如，对帮助中华山村脱贫致富的"六二二"模式的介绍："毛照新创造的一种利润分红新模式，叫'六二二'模式，即年底纯利润的百分之六十用于贫困对象，百分之二十用于村集体积累，百分之二十用于管理人员的奖励。"③

欧阳黔森正是通过对贫困地区的背景介绍、对扶贫成果的科学数据引用以及对专业名词的解释来搭建全书结构的。他的介绍性话语并不会显得

---

① 欧阳黔森：《江山如此多娇》，百花文艺出版社，2021，第16页。
② 欧阳黔森：《江山如此多娇》，百花文艺出版社，2021，第45页。
③ 欧阳黔森：《江山如此多娇》，百花文艺出版社，2021，第75页。

生搬硬套，也不会给人枯燥乏味之感，他在介绍贫困地区背景时会结合自己曾经作为一名地质队员的独特经历，也会融入自己作为一名文学创作者的文学性语言，使他的介绍性语言变得独特。在他的介绍之下，读者不像在看科普书籍，强硬获取信息，更像在听一位对扶贫政策十分了解、博学多才又经验十足的地质队员娓娓道来，拉近了读者与故事之间的距离。大量文献资料的引入也使这部作品更加具有可读性、可信性，读者可以在较为轻松的阅读环境中领略精准扶贫这场攻坚战的艰巨性和扶贫成果的来之不易。

（二）散文式抒情引起共鸣

在欧阳黔森的这部报告文学作品中，非常明显地体现出他的思想情感带来的叙事干预，散文式抒情在书中随处可见。他笔下的报告文学在保证真实性的前提之下，突出了反映对象的典型意义，又加入了真挚的情感表达。这些情感的注入使他笔下的报告文学不再是冰冷文字的叙事，而是带有温度、含情脉脉的诉说。在书中，他运用了大量的修辞手法对扶贫对象、扶贫干部、贫困地区等抒发真心实意的评论，也引起读者情感上的共鸣。

在描写乌蒙山脉地区喀斯特地貌时，作为贵州本土作家的欧阳黔森，在这部作品的首段中就表达了他对家乡贫苦状况的痛心与无力之感："这风这雨，千万年的溶蚀和侵染，剥落出你的瘦骨嶙峋；这天这地，亿万年的隆起与沉陷，构筑了你的万峰成林。"[1] "美丽，但极度贫困。"[2] 在讲述正安县吉他兄弟去广州打工与吉他结缘，开办吉他厂做大做强，又将吉他厂搬回家乡、带动家乡经济发展的经历时，作者对他们的传奇经历给出了极高的评价，也对他们壮士断腕般的勇气表达了钦佩之情："这样的名气，来自吉他兄弟的传奇。这个传奇不是一般的传奇，这个传奇除了有传奇所蕴含的情节离奇、人物不寻常的内容，还拥有壮士断腕的勇气和猛士

---

[1] 欧阳黔森：《江山如此多娇》，百花文艺出版社，2021，第1页。
[2] 欧阳黔森：《江山如此多娇》，百花文艺出版社，2021，第1页。

断喝的霸气。"① 对于当代"愚公"文朝荣书记为脱贫攻坚做出巨大贡献的一生,作者对其表达了崇高的敬意:"文朝荣的一生是平凡而伟大的,他的奋斗历程,浓缩了国家脱贫攻坚战的奋斗历程,也是中国人民坚韧不拔、生生不息向贫困宣战的一部史诗。"② 对那些奋战在扶贫一线,默默付出、无怨无悔的英雄,作者更是高度赞颂:"这是一个英雄辈出的时代,那些在脱贫攻坚一线默默无闻、无怨无悔的英雄,构筑了这个伟大时代、伟大工程的精神丰碑。这样的丰碑,在老百姓扬起的笑脸中熠熠生辉,让共产党人的形象光彩夺目。"③

通过作者的这些感人且真诚的语言,我们可以感受到他对于贫困地区的贫困人口的深切人文关怀和对扶贫工作者的钦佩。通常的报告文学作品更多地偏向新闻般的直接与客观,但是在欧阳黔森这里,散文式抒情也成为非常重要的角色。在作者的笔下,我们深深感受到他对于家乡的热爱,这是他真情的流露,也是他对家乡贵州的真情告白。正是这些抒情语言和自然流露的情感,揭示了他对扶贫现象和扶贫人员的情感投入,从而唤起了读者对贫困户的同情和关注以及对长期在基层工作的扶贫前线人员的尊重和敬佩。

总体而言,欧阳黔森通过非叙事话语来表达对优秀扶贫经验的肯定以及引导读者更加深入地了解脱贫攻坚工作。他的这部报告文学作品融合了小说的叙事结构,使可读性变强,同时引用大量历史记载让文章拥有了"史传"文学的气度,又融入了丰富的散文式抒情,使得文字更富艺术感染力。这些充分体现出他在报告文学叙事艺术上的探究与创新。他的尝试无疑是非常成功的,既打破了报告文学与其他文体之间的界限,也证明了主旋律创作与文学审美二者是能够并存的。主旋律文学创作并不意味着要抛弃艺术审美的原则,而是要在其中找到契合的点,以产生新的化学反应,达到完美的融合。这种跨文体的书写使他笔下的贵州扶贫故事变得更加真实可信、丰富可读,这也是他能讲好贵州故事的一大原因。欧阳黔森

---

① 欧阳黔森:《江山如此多娇》,百花文艺出版社,2021,第 140 页。
② 欧阳黔森:《江山如此多娇》,百花文艺出版社,2021,第 17 页。
③ 欧阳黔森:《江山如此多娇》,百花文艺出版社,2021,第 181 页。

的这部作品将贵州脱贫攻坚报告文学创作推向了高峰，使越来越多的人开始关注自己脚下的土地，也吸引了越来越多的文艺创作者主动投身书写贵州故事，传播贵州形象，这更体现了他作为一名文艺工作者所肩负的书写伟大时代的光荣使命。

结　语

《江山如此多娇》这部作品在2022年获得了第八届鲁迅文学奖，这份荣誉是对这部作品的充分肯定。它充分展现了新时代贵州的"山乡巨变"，讲好了"贵州扶贫故事"，同时更是一部为人民书写、为时代存照的现实题材的优秀之作。在这部作品中能够深深感受到作者对于党、祖国、人民、家乡的深厚感情，书中描写的一场又一场波澜壮阔的脱贫攻坚战，让人深刻地体会到党中央率领全国各族人民打赢脱贫攻坚战的伟大，体会到贵州故事里的脱贫攻坚以及新时代乡村振兴带给中国大地和人民的崭新面貌。但欧阳黔森的报告文学作品仍然存在一些不足。"真正有价值的报告文学，不仅要记叙现实中有意有情有滋有味的各种故事，更要深入思考现实，对具体个案和问题的存在进行由此及彼由表及里的探析研究，从而让读者从中体会到作品的理性精神和意义。"[1] 这部作品存在对某些人物形象的塑造有些片面化、平面化，对于主要矛盾的解决过程描写较为简单化的问题。如果适当佐以心理描写，相信能够将人物形象塑造得更加立体、更加真实。在描写精准扶贫的作品中，矛盾的展现也是非常重要的一部分，由于作者在描写中更关注扶贫的成果，而对过程的艰辛复杂有所忽略。

---

[1] 丁晓原：《新时代的中华民族史志——论脱贫攻坚题材报告文学》，《中国当代文学研究》2020年第5期。

中国写作现象透视

向世界讲述中国故事[*]

——简论何建明报告文学创作

佘　飞[**]

摘　要：何建明是当今文坛最活跃、最有影响力的报告文学作家之一，其创作始终紧贴中国社会现实讲述中国故事，在国内外都具有广泛的影响力。其报告文学创作有三个显著的特点：第一，紧扣时代脉搏、深入中国社会现实，书写对国计民生有重大影响的大事件和大命题，具有典型性和代表性；第二，寻求符合中国特色的中国表达讲述中国故事，"国家叙述"与"个人叙述"相结合的叙述方式已经成为中国报告文学写作中具有典型意义的写作风格；第三，对一个世界上最大的发展中国家的书写，其实也是对世界的书写，作品中所讲述的中国故事、中国智慧、中国经验和中国模式，对于世界来说，都具有深远意义。

关键词：何建明　报告文学　中国故事　国家叙述

如何向世界介绍中国？如何让世界认识当代中国？如何让外国了解中国、理解中国？这就需要我们向世界讲好中国故事。其实，即使从单一的文学角度讨论如何讲好中国故事，也有很多问题需要深入探讨。

随着中国从繁荣走向富强，中国与世界的联系日益紧密，中国正在以更自信、更积极、更开放的姿态走向世界舞台中央。而国家的强盛不仅仅

---

[*] 本文曾发表于《写作》2023年第6期。本文为2021年重庆市高等教育教学改革研究重点项目"新文科背景下作为通识教育的创意写作教育教学实践与探索"（项目编号：212160）、2022年度重庆移通学院高等教育教学改革研究项目"创意写作实践研究"（项目编号：22JG358）的阶段性成果。

[**] 佘飞，东北师范大学文艺学（创意写作方向）博士研究生，重庆移通学院创意写作学院讲师。

体现在政治、经济、军事等领域，文学作为国与国之间、不同文明文化之间沟通交流的桥梁和纽带，自古以来都是一个国家、一个时代强盛的名片。一方面，中国文学作为中国文化中极其重要的部分，承担着向世界讲述中国故事、传播中国文化的使命和责任；另一方面，中国文学与世界文学息息相通，越来越多的外国读者对中国故事充满好奇，中国文学走出去、彰显其世界意义正当其时。

在中国文学家族中，报告文学是记录时代、书写时代，最贴近现实生活的文学体裁。这一文体萌芽于晚清，成长于五四新文化运动以后，中华人民共和国成立以来，尤其是改革开放至今，中国报告文学迎来了前所未有的繁荣期。报告文学在讲述中国故事、传播中国声音方面有着独特的优势。何建明是当今中国文坛最活跃、最有影响力的报告文学作家之一，四十多年以来，其创作一直扎根在中国大地，书写时代最具有重大影响的事件和命题，讲述中国故事和中国经验；其作品不仅数量众多、题材广泛，而且艺术精湛、思想精深，蕴含着丰富的世界品性。有学者早在十多年前就提出过"何建明现象"，今天我们从讲好中国故事这个角度来研究何建明的报告文学作品也是极富意义的。

一　讲述中国故事的时代歌者

2014年习近平总书记在文艺工作座谈会上强调："文艺工作者要讲好中国故事、传播好中国声音、阐发中国精神、展现中国风貌，让外国民众通过欣赏中国作家艺术家的作品来深化对中国的认识、增进对中国的了解。"[1] 一方面，当今中国日新月异，具有许多丰富鲜活的故事，这些故事生动地反映出真实、立体的中国形象，需要作家去发现精彩的中国故事，并用笔和文字来记录、传播我们时代的故事。另一方面，世界关注中国的飞速发展，中国优秀的报告文学作品是认识中国、了解中国的极佳途径。

---

[1] 习近平：《在文艺工作座谈会上的讲话》，人民出版社，2015，第15页。

首先，何建明的报告文学作品紧扣时代脉搏、深入中国社会现实，书写对国计民生有重大影响的大事件和大命题，真实地记录了中国的历史巨变，反映了当代中国社会的真实面貌，具有典型性和代表性，为世界人民认识中国、了解中国提供了窗口。例如，2018 年 10 月出版的《浦东史诗》，作者把浦东放在上海这座国际化大都市的发展历史、中国改革开放的历史和世界发展的历史中书写，以史诗般的笔触全景式地展现了浦东开发开放的艰难历程和重大意义。2019 年 4 月出版的《大桥》书写的是港珠澳大桥的建设。习近平总书记在出席大桥开通仪式上指出："港珠澳大桥是国家工程、国之重器"，"港珠澳大桥的建设创下多项世界之最，非常了不起，体现了一个国家逢山开路、遇水架桥的奋斗精神，体现了我国综合国力、自主创新能力，体现了勇创世界一流的民族志气。这是一座圆梦桥、同心桥、自信桥、复兴桥"。[1] 港珠澳大桥是中国的名片，建设港珠澳大桥是当今最精彩的故事之一，何建明用文学的笔触细腻地书写了大桥建设中的困难、矛盾、挫折、艰辛、泪水和喜乐，为时代、为国家、为人民留下了宝贵的史料，更为国家、为人民、为世界讲述了当今中国最真实、最生动、最精彩的故事。再如他在 2017 年创作的《时代大决战》，书写的是贵州省毕节市精准扶贫的故事，这也是中国脱贫攻坚战的翔实记录。这种具有世界意义的话题，用文学的形式来讲述更有温度，也更容易让外界真切地感受到中国社会在摆脱人类贫困问题上的真诚和经验。

其次，重视对时代的书写是何建明的创作观。他在书写时代故事时，并非只是单纯地呈现事情的发展经过，停留在故事的表面，而是追根溯源，将丰富的感觉材料加以去粗存精、去伪存真、由此及彼、由表及里地处理，挖掘现象背后更深层次、更本质的东西，从而深入思考和反思时代。他的创作不仅写出了每个题材所具有的独特性，还挖掘出每个题材所蕴含的普遍性价值。他说："无论文学艺术如何具有独立性，一个时代的

---

[1] 《习近平出席开通仪式并宣布港珠澳大桥正式开通》，新华网，2018 年 10 月 23 日，http://www.xinhuanet.com/politics/2018-10/23/c_1123600843.htm。

作家，就有历史赋予的社会责任，客观真实地反映所处时代的进步，这是这个时代的作家们义不容辞的责任。"① 同时，他指出："能够站在民族发展和时代进步的高度去认识问题、分析事物、看待现实，这样我们的作品就会更贴近真实的生活本质，更容易被时代所接受，也就更有了文学的价值。"② 正是因为他有这种书写时代、记录时代、为时代立传的精神和追求，才使其每一部报告文学作品都具有高位的视角、高深的思想。

例如，他的《落泪是金》聚焦贫困大学生问题，出版后直接影响了国家在这方面的政策制定和制度改革；《中国高考报告》详细、真实、全面地展示了中国高考问题，对中国的教育模式进行了反思；《共和国告急》揭露了资源开采乱象和破坏生态环境问题，反映了中国社会在特定历史时期的真实问题；《我的天堂》书写苏州改革开放30年的历程，展示的是中国改革开放中一个城市的发展样本；《生命第一》写的是"汶川大地震"，讲述了中国在巨大自然灾难面前的真实故事；《国家行动》写的是为修建三峡大坝而进行百万移民这一事件，体现了中国制度和中国模式的优越性……何建明的每一部报告文学作品都在书写时代，书写中国故事或中国经验，串联起来就是一部鲜活的中国社会发展史。

最后，何建明从多个角度切入生活，全面、立体、真实地书写当今中国的发展，呈现当今中国的真实样貌，他的报告文学作品是记录中国、介绍真实中国的重要文本。真实性是报告文学作品最鲜明的特点，何建明在创作每一部报告文学作品前，都会深入现场、深入一线采访，然后用文学的方式生动地讲述这些真实发生的精彩故事，阅读其报告文学作品是了解真实中国的极佳途径。他的《国家》被改编成影视作品后获得巨大社会反响，他的《部长与国家》和《山神》分别被改编成电视剧《奠基者》和《高山清渠》在中央电视台黄金时段播出，他的《根本利益》《共和国告急》《忠诚与背叛》《永远的红树林》《那山，那水》《浦东史诗》《大桥》《诗在远方——"闽宁经验"纪事》《流的金流的情——双流纪事》

---

① 何建明编著《何建明报告文学论》，天地出版社，2018，第28页。
② 何建明编著《何建明报告文学论》，天地出版社，2018，第29页。

《我心飞扬》《石榴花开——新疆民族团结纪事》等作品都在中国广大读者中产生了广泛影响。

在其四十余年的创作生涯中，他始终站在时代前沿书写时代、记录时代、歌颂时代，他是共和国的时代歌者。同时，他的作品数量如此之多、影响力如此之大，在中国报告文学作家中是不多见的，因此，在笔者看来，他又是"文学讲述中国故事第一人"。

二 寻求中国表达的艺术追求

讲述中国故事需要有符合中国特色的表达方式。真实的中国是立体的、多面的、多维的，作家在讲述中国故事的时候也要从多个视角来真实呈现。每一个故事都有多种讲法，同一个故事，不同的作家讲述的视角和方法也是千差万别，作家的职责和使命便是努力用最适宜的讲述方式讲述好中国故事。在何建明看来，"一个精彩的中国故事，一段精彩的人生经历，我们可以用多种艺术形式来表现，但如果是真人真事，唯报告文学最优先，因为它的现场性、及时性、真实性等要素，决定了报告文学文体的独特魅力与优长"。[①] 何建明四十多年来创作了大量的优秀报告文学作品，其作品在艺术层面有许多创新和突破。在其作品中，我们既能看到作者对鲜活个体的聚焦刻画，也能看到作者对国家为人民谋幸福、为民族谋复兴的不懈奋斗的书写。他的作品不局限于单纯地讲述中国故事，而是特别注重对报告文学这门文学艺术技艺的探索，寻求符合中国特色的中国表达。阅读何建明的报告文学作品，笔者认为"国家叙述"与"个人叙述"相结合的叙述手法是何建明寻求中国表达的艺术追求，也是何建明对报告文学这一国际性文体的一大贡献。

（一）国家叙述

国家叙述又称为"国家叙事"，"叙事即为叙述者站在国家的高度、

---

① 何建明编著《何建明报告文学论》，天地出版社，2018，第70页。

立场和全局把握书写题材,采用宏大叙事进行书写"。① 中国故事有大有小,对于体量较小的故事,我们可以选择个人叙事的立场,但若要呈现中国波澜壮阔的发展历程,或讲述某一重大项目、重大事件,以"小我"来呈现会有局限,因此,宏大的"国家叙述"更适合对重大题材、重大事件的表现和讲述,这也是报告文学独特的优势之一。

《国家》和《死亡征战》是何建明的外交题材作品,这种题材在当今中国文学中具有独一无二的意义。在这两部作品中,何建明的"国家叙述"艺术得到了淋漓尽致的发挥。用何建明的话说,《国家》书写的是利比亚撤侨事件,向世界展示了中国的"肌肉";《死亡征战》书写的是中国医疗队在援助非洲抗击埃博拉过程中"温暖世界"的故事。两部作品都是故事生动、情节精彩的外交题材作品,虽然切入点不同,但都站在国家和世界的高度讲述中国在处理对外关系和国际紧急事务时的大国风范。这两部作品是何建明"国家叙述"的典型作品,在艺术上达到了高峰。此外,在《南京大屠杀全纪实》《浦东史诗》等作品中都能见到"国家叙述"的影子。

首先,这些作品书写的内容都具有宏大性,因此作者在叙述时必须站在国家的高度来把握全局。其次,这些作品要表现的不是某一个人的小情小事,而是关乎国家、关乎民族的大情大事,所以作品的思想也应该是对日常生活的凝练升华,是高于日常生活、能引领时代潮流的先进思想。比如,《南京大屠杀全纪实》中"十问国人"对历史、民族和现实的反思;《浦东史诗》中对中国改革开放和现代化城市建设的导向性意义的思考。最后,这些作品在艺术性方面有突出特点甚至有突破。"从创作角度讲,'国家叙述'需要驾驭能力、思想高度、情节细腻、叙述生动、人物丰满、结构紧凑、景情如舞台剧或影视剧那样精彩等内在的艺术要求,绝非生硬、简单、死板的高、大、全。"②

在笔者看来,《国家》和《浦东史诗》是两部在文学艺术方面都有突

---

① 何建明:《国家》,作家出版社,2012,第359页。
② 何建明:《国家》,作家出版社,2012,第359页。

破的作品,如果说何建明的《国家》开创了"国家叙述",那么《浦东史诗》则是这一叙述风格走向成熟的标志。

(二)个人叙述

以作者个人身份切入生活书写作品的手法在报告文学创作中早已有之,而且这一创作传统至今仍然生机勃勃。比如,1900年,美国作家杰克·伦敦曾以美国水手的身份深入伦敦贫民窟,在那里居住生活了三个多月,做了大量的详细调查,获取了第一手资料,最后写成了一部具有重大影响的报告文学作品《深渊里的人们》;美国作者埃德加·斯诺于1936年6月至10月实际考察中国西北革命根据地,根据考察所掌握的第一手材料完成了报告文学作品《西行漫记》(也作《红星照耀中国》),作品影响至今;中国作家夏衍曾深入东洋纱厂采访调查,获取第一手材料,于1935年创作了脍炙人口的报告文学作品《包身工》;朝鲜战争期间魏巍在前沿阵地上采访了三个月,写出了报告文学作品《谁是最可爱的人》。最近几年兴起了一股"非虚构"写作潮流,强调写作者从自身体验和感受出发讲述生活故事。其实,这在报告文学创作实践中并不新奇。

何建明作品中的个人叙述继承了报告文学创作中的优良传统,同时也融入了其个人特色,创造了中国当代报告文学的新风格。第一,作者的主体意识在作品中非常鲜明,作者深入现场采访后把自己的所见、所闻、所思、所感直接写进作品里,并且随时抒发情感、表达议论。第二,作者直接出现在场景里,或者直接参与到故事中,作者的行动成为作品内容的一部分,作者不仅是故事的讲述人,还是作品中的向导。第三,作者贴着人物写,贴着故事写,情感充沛,叙述饱含激情和深情,细腻的叙述常常催人泪下,不仅增加了作品的文学性、艺术性,还增强了作品的表现力和感染力。第四,何建明作品中的个人叙述虽然是以个人的视角切入故事讲述,但由于作者本身的见识和立场,他的作品呈现的并非个人"小我"的喜怒哀乐,而是以更宽广的情怀和胸襟思考叙述对象对于时代、对于人民的意义。

例如,何建明在创作《山神》时,在作品开篇序章"上天的路"中详细地叙述了其跟着作品中的主人公黄大发走水渠时惊心动魄的经历，情景交融的叙述使文章读起来更像一篇散文。作者以个人的视角写这段亲身经历，不仅写其所见所闻，而且用大篇幅的文字写其内心的所感所思，把外部世界与内部世界打通并融合在一起叙述，增强了作品的亲切性、抒情性和感染力。这一点在何建明的创作谈中得到了证实："报告文学的艺术美感，就在于通过真实之美，摄读者之魂，撼他人之魄！科尼利厄斯·瑞恩的《最长的一天》，埃德加·斯诺的《西行漫记》都有类似的写法，他看到了什么，他体会到什么，直接写进去。这一次我就采用了这种手法。黄大发跟我们所有人都无关，那么，如何让他跟我们所有人都有关？我的体验就是一个切入口。走水渠走得太惊心动魄了，我走过三次，几乎掉入万丈深渊，这种体验非一般人所经历，所以格外珍贵与难得，它因此也成了我的作品开头——好处是：引人入胜。"[1] 此外，在何建明近年创作的《爆炸现场》《石榴花开》等作品中，个人叙述的风格也非常突出。

（三）典型风格

在何建明的报告文学作品中，国家叙述和个人叙述很少单独存在，在其大多数作品中，这两种叙事风格是同时存在、相辅相成的。因为即使书写一个宏大的题材，故事也是由一个个独特的生命个体、一个个小而具体的故事组成的，所以在作品的整体设计、整体把握方面，可能运用了国家叙事风格，但在对具体的人物、故事进行叙述时，个人叙述往往更容易切入，也更灵活、灵动。"一般来说，国家叙事容易忽略个人情感，但是何建明的创作恰恰相反，他在国家叙事中突出了个人情感，增加了叙述的温度。阅读何建明的作品，我们不会觉得它是一个沉甸甸的作品，或者说它不是一个沉甸甸的国家大事，而是从个人的情感出发，逐渐扩展到一个国家的民族的情感。他写的情感，是由一个小情感写出大情感，由个体情感

---

[1] 余飞：《走进"山神"的世界去认识"山神"》，《中国作家》（纪实版）2018年第1期。

提升到国家情感、民族情感。给人一种以点带面、举重若轻之感。"①

例如，在《浦东史诗》这部作品中，作者写浦东开发开放这一历史事件的历史进程，作品在总体设计上运用的是"国家叙述"风格。例如，作品序章"太阳升起的地方，'公主'盛装而归"，第一章"历史这样拉开序幕"，第二章"跨过浦江去吹响号角"，第三章"巅峰上的激情与浪漫"，第四章"地标之美"，第五章"不沉的'航母'，远方的诗……"，从每一章的标题就能看出，作者的叙述是以上帝视角俯视浦东开发开放的全局、透视浦东开发开放的历程。在每一章中具体叙述某一件事，或者具体叙述某一个人的故事或某一个方面的故事时，作者又采用了"个人叙述"。例如，在开篇序章"太阳升起的地方，'公主'盛装而归"中，作者把家族和个人的记忆与上海这座城市的发展结合在一起叙述，其实就是典型的何建明风格的"个人叙述"。

总之，从何建明的报告文学作品来看，"国家叙述"与"个人叙述"相结合的叙述方式已经成为中国报告文学写作中具有典型意义的写作风格。

三　书写中国的世界意义

以往外国读者所熟知的中国作家大多是诗人和小说家，他们所了解的中国文学作品也主要是诗歌和小说作品，作为中国文学重要力量的报告文学作家及其作品在国外却鲜为人知。报告文学鲜明的时代性、真实性等特点，使其可以迅速而真实地向世界人民讲述当今中国的国情和中国故事。因此，当何建明的作品译介到国外以后，中国的报告文学立即成为国外出版商和读者关注的热点。何建明的报告文学作品在国外的传播，也表明了其作品书写中国的世界意义，其作品不仅使中国报告文学开始走向国际舞台，而且为中国故事走向世界起到了重要推动作用。

首先，对世界上最大的发展中国家的书写，其实也是对世界的书写，

---

① 佘飞：《何建明十年（2011—2020）报告文学作品的历时分析及启示》，《中国当代文学研究》2021 年第 5 期。

这既是何建明的报告文学作品的当代意义所在,也是其作品的世界品性的体现。何建明的报告文学作品记录了中国当代现实生活,不仅在国内有广泛的读者,在国际上也吸引了众多读者和媒体的关注。

2013年,何建明《红墙警卫》《生命第一》的英文版和《国家》的土耳其文版三部报告文学作品由英国新经典出版社在伊斯坦布尔书展上推出展示,这是中国作家的报告文学作品首度在国际书展上亮相,吸引了众多读者驻足翻阅。① 2014年何建明的《落泪是金》俄文版作为"中俄经典与现当代文学作品互译出版项目"的首批成果之一在莫斯科国际书展上亮相。② 在2015年纽约国际书展上,何建明的《南京大屠杀全纪实》《江边中国》《根本利益》《生命第一》《红墙警卫》五部作品被翻译成外文展出,除《根本利益》由中国外文出版社出版外,其余均由国外的出版机构出版。③ 在纽约国际书展上,全球可持续发展基金会的文化总管罗奇女士这样说道:"中国的发展越来越引起全球关注,中国今天所发生的每一件大事都可能对世界各国产生影响,因此我们十分期待了解中国所发生的每一件有意义的事。作家何建明直接用报告文学这种纪实体文学来记录和叙述中国今天和昨天所发生的重大事件及凡人小事,生动精彩,读来很解渴,我们十分欢迎这样的中国作家作品。"④ 此外,何建明的《落泪是金》曾"被《纽约时报》誉为20世纪90年代最有影响的校园文学作品";⑤ 他的《南京大屠杀全纪实》被翻译成6种外文输出到国外;他的《国家行动》《死亡征战》《中国高考报告》《上海表情》《那山,那水》等多部作品被翻译成外文输出,受到国外读者及媒体关注。

---

① 参见晋雅芬《"中国故事"系列外文图书出版》,《中国新闻出版报》2013年11月13日,第2版。
② 参见方文国《"中俄经典和现代作品互译出版项目"推出首批成果》,《中华读书报》2014年9月17日,第2版。
③ 参见张溯源《何建明五本英译新作亮相纽约书展》,中国作家网,2015年5月29日,https://www.chinawriter.com.cn/news/2015/2015-05-29/244095.html。
④ 参见张溯源《何建明五本英译新作亮相纽约书展》,中国作家网,2015年5月29日,https://www.chinawriter.com.cn/news/2015/2015-05-29/244095.html。
⑤ 参见《何建明〈落泪是金〉:15年后仍有力量》,《人民日报》(海外版)2013年11月5日,第7版。

其次，何建明的报告文学作品所讲述的中国故事是世界认识中国、了解中国的桥梁和纽带。中国面临的问题以及解决问题的方式，不仅对中国有意义，对世界其他国家同样具有意义和价值，而何建明用报告文学的形式，将中国故事、中国智慧、中国经验和中国模式讲述出来，作为文学作品，它是感性的，是温情的，它的影响是润物细无声式的，传播起来更有温度，更容易被外国读者所接受。

2021年上半年，俄罗斯尚斯国际出版传媒集团正式推出《革命者》俄文版，作品一经亮相就引起热烈反响，并获得俄罗斯出版界的最高奖"2021年度最佳图书"奖，这也是该奖项第一次颁发给中国作家。2021年6月底至7月初，俄罗斯圣彼得堡电台为庆祝中国共产党成立100周年，连续播出《革命者》俄文版10集有声书，广播覆盖俄语区2亿多人，成为当地了解中国共产党早期党史的文学载体。① 2022年，何建明的《浦东史诗》被翻译成俄文出版。2023年何建明的《山神》阿文版在突尼斯正式出版，在《山神》阿文版译者穆娜看来，"这本书对于阿拉伯年轻人有重要意义，将教会他们如何面对困难，迎接挑战"。突尼斯作家、评论家安瓦尔·巴西利（Anwar Bassili）表示，这部作品是中国人民不断奋斗进取的当代壮丽史诗，兼具启发性和趣味性，其中的人情味让它跟欧洲文化、阿拉伯文化产生互动。② 还有一个例子值得一说，《根本利益》是一部反映中国底层社会问题的作品，该作品被印度 Prakashan Sansthan 出版社翻译成印地语出版后，在当地取得了不错的发行量成绩，中文图书翻译成外文出版能够达到这么高的发行数量，其实是相当了不起的。③ 这也说明，虽然何建明的许多作品讲述的是"中国问题"，但其作品同样具有世界意义。

最后，中国文学与世界文学息息相关。中国文学是世界文学中非常重

---

① 《回望峥嵘岁月百年初心，长篇纪实〈革命者〉俄文版摘奖》，《文汇报》2022年6月5日。
② 《何建明〈山神〉阿文版阅读分享会举行》，中国作家网，2023年12月14日，https://www.chinawriter.com.cn/n1/2023/1214/c404090-40138553.html。
③ 《中译译中国：当代中国走进新德里——2016年新德里国际书展侧记》，中国出版集团公司网站，2016年1月26日，http://www.cnpubg.com/news/2016/0126/27631.shtml。

要的部分,中国上千年的文学财富是人类文明的瑰宝,中国文学是世界文学史上熠熠生辉的篇章。由于时代的原因,过去几千年东西方文学的交流十分有限,晚清和近代以来东西方文学交流日渐频繁。报告文学最早兴起于法国资产阶级大革命时期,然后在西方国家广泛传播,大约在 20 世纪初传入中国。中国虽然不是报告文学这一文体的发源地,但现如今报告文学的兴盛不在别处,而在中国。在西方国家,非虚构写作的兴起让报告文学发生了改变,真正使报告文学发扬光大的是中国。中国报告文学在世界范围内都是独具特色的文学写作,中国报告文学的发展,也是世界报告文学的发展;中国报告文学的进步,亦是世界报告文学的进步;中国报告文学的繁荣,亦是世界报告文学的繁荣。同时,报告文学也是中国文学和中国社会繁荣强盛的体现。何建明作为中国报告文学的领军人物,其报告文学创作书写的是世界上最大的发展中国家,作品影响巨大,所面对的读者也是最广泛的,其对报告文学这一文体的探索和贡献也是具有世界意义的,这些都彰显了其报告文学作品丰富的世界品性。

非虚构写作视野下的"新山乡巨变"*
——以罗伟章《凉山叙事》《下庄村的道路》为例

王良博**

摘　要："新山乡巨变"是罗伟章《凉山叙事》《下庄村的道路》两部非虚构作品的主要内容。他坚持以事实抵达真实的写作伦理，有效介入当下的乡村现场。同时，其在社会学、文化人类学、历史学的跨领域叙述，从多维度展现了乡村现实的复杂，也让文学承载起更为真实的社会历史现象。他对小说、散文等文体写作手法的借用，熔铸文学性的审美品格于中国"新山乡巨变"的民族史诗之中，弥补了非虚构国家叙事中审美的缺失。罗伟章的非虚构写作有效避免了宏大叙事"主题先行"的弊病，其真实性与文学性兼具的写作方式或可为当代中华民族史诗叙事提供经验。

关键词：非虚构写作　罗伟章　《下庄村的道路》　《凉山叙事》

罗伟章 2022 年连续出版的《下庄村的道路》《凉山叙事》是两部以记录中国人民脱贫攻坚为主要内容的非虚构作品。前者记录了村干部毛相林带领村民修路致富的事迹，后者则集中记叙了凉山地区移风易俗的故事，整体都展现了新时代乡村在物质与精神层面发生的翻天覆地变化。罗伟章选择"用一种真正创作文学的方式来写脱贫工作"[①]，即坚持以事实搭建现实真实、在主题写作下增加多维度的跨领域思考以及借助多样的叙

---

*　本文曾发表于《写作》2023 年第 4 期。
**　王良博，武汉大学文学院博士研究生。
①　黄茜：《在中国书店，罗伟章、贺绍俊、岳雯共话"人与时代"》，南方都市报，2023年 2 月 28 日，http://m.mp.oeee.com/a/BAAFRD0000202302277768398.html。

事策略描绘艺术真实。

目前的乡村叙事存在两种不足：一方面，由于缺乏实地置身乡村的经验，作家在小说中传达乡村想象的一大倾向是以思辨之长补经验之短，即悬置乡村故事，不屑讲述乡村知识，以高密度的文化知识来代替真实的乡村讲述；另一方面，题材主题的优先与审美的缺失是非虚构国家叙事不少作品中存在的突出问题。① 在此基础上，罗伟章的非虚构写作显现出珍贵性：其讲求"现实真实"与"艺术真实"双重真实的非虚构写作，能够有效介入真正的乡村现场，从而缓解以虚构为主要特征的小说无力和现实建立有效连接的焦虑。同时，这种写法也重建了非虚构写作应具有的审美特性，使其兼具现实性、文学性、可读性，让新时代背景下的新乡村现状、新农民形象得以建构还原。

一　以事实抵达真实的写作伦理

"真实"或"真实性"是非虚构写作根本、核心的要素，也是其区别于虚构写作最鲜明的特征。② 就目前的非虚构写作而论，梁鸿的"梁庄"系列是其中的代表性一类。这一类作品的特点在于，作家本人亲自置身于复杂的现实生活内部，即其在场身份是实时明确的，因此作为事件的亲历者，其非虚构写作具有天然的合法性。但对于另一类非虚构作品来说，事件已发生，作者无法亲历事件发生的"当下"，这种针对过去事件的写作如何再现真实？其写作的合法性又如何保证？对此，目前学界达成的共识为：无论是回望历史，还是直面现实，作家所表现出的鲜明的介入性写作姿态，对创作主体在场性和亲历性的强调以及验证式的叙述，可让叙事形成不可辩驳的事实性，由此实现其"非虚构"的内在目标。③ 虽然罗伟章本人并未参与具体的脱贫攻坚工程，但他以人民脱贫攻坚事迹为主要内

---

① 丁晓原：《新时代非虚构国家叙事的审美之维——以何建明的创作为视点》，《当代文坛》2022年第6期。
② 宫富：《论非虚构写作中的虚构问题》，《写作》2022年第6期。
③ 洪治纲：《论非虚构写作》，《文学评论》2016年第3期。

容的两部非虚构作品具有令人信服的真实性，究其原因，即其以积极介入现实的写作姿态，具体体现在其创作姿态的转变与原始资料的利用两方面。

《凉山叙事》与《下庄村的道路》是罗伟章由小说创作转向非虚构写作的转型之作。在谈到如何进行文体间的转换时，他认为相对于小说以虚构走向真实，非虚构写作更倾向于从事实抵达真实。① 因此，如何捕捉事实则是作家要面对的首要问题。罗伟章曾多次谈到自己是如何介入现场进行非虚构写作的："我首先要做的事，是转换角色：把要我去写变成我主动想写。通过深入采访，这种转换完成了。"② "先是看，再是访。看是指提前准备，看些相关资料，而这个工作是没有气味的，但是写作需要气味，所以访才是重点。访的层面很多，不只是下庄村，还有巫山县，还有重庆市，以及与之毗邻的若干地区；也不只是下庄村人，更不只是毛相林一个人，还要拓展到当下人、时代里的人。"③ "我的采访笔记有30万字，最后成文是20万字，但采访本身并不能获得事实，只能帮助你去发现。所以我先后去了两次，和村民住在一起。只要你真正走进现场，就能解决问题。"④ 可以看出，罗伟章角色转换的步骤是渐进的：首先通过大量的实地采访与调研转换心态，接着开掘实际经验，兼顾个体性与群体性的命运。而采访只能尽量地与事实靠近，只有真正地与村民相处，真正走进现场，才能跨越隔阂，深入乡村生活。接触现场的能量是巨大的，正是因为事实所携带的震动与无尽的感动，罗伟章放弃了自己最擅长的小说体裁，选择以非虚构写作这一文体进行创作。

除此之外，笔者在收集下庄村修路、凉山脱贫攻坚事迹的原始资料后，通过文本对读，发现作者还有效地利用了老照片、新闻报道等原始资

---

① 赵命可：《罗伟章：真正的创作是对某种启示的忠实记录》，《文化艺术报》2023年2月22日，A6~7版。

② 赵命可：《罗伟章：真正的创作是对某种启示的忠实记录》，《文化艺术报》2023年2月22日，A6~7版。

③ 赵命可：《罗伟章：真正的创作是对某种启示的忠实记录》，《文化艺术报》2023年2月22日，A6~7版。

④ 肖姗姗：《走进昭觉最深处，罗伟章叙说凉山最真实的脱贫攻坚》，四川在线-凉山频道，2020年10月29日，https://liangshan.scol.com.cn/zj/202010/57939759.html。

料对现场进行复刻还原。保罗·利科在《记忆·历史·遗忘》一书中区分了"想象"和"回忆"：二者虽都要面对"不在"的过去，但想象或虚构的"不在"是不存在的，而记忆或回忆的"不在"则是存在的。对于"不在"的过去，人们可以通过音声、影像和文字来了解，结果不在于多大程度上接近事实，而在于表征的内容是否具有实在性。① 利科的观点有助于理解罗伟章叙述的真实性。以《下庄村的道路》为例，《三峡都市报》《万州日报》等当地报纸曾先后于 1999 年 8 月 12 日、1999 年 9 月 2 日、1999 年 10 月 14 日、1999 年 10 月 20 日、1999 年 10 月 23 日刊载关于下庄村修路的特别报道，这些报道的内容在书中都有迹可循。例如，在写下庄人修路条件的艰苦时，最先报道下庄村的《凿天坑》一文专用"人与兽，争夺岩洞洞"一节叙述下庄人晚上只能抢占动物洞穴睡觉的艰苦条件："于是大家分头找岩缝缝岩洞洞，只要勉强能蜷进一个人，就硬塞进去，几乎把山羊猴子的窝强行占领了……所以只好在腰间拴根绳子，绳子又拴在岩缝杂树上，竟也睡得香甜。"② 在书中，罗伟章则用"工地上的夜晚"一节还原这一场景："路修到哪里，就在哪里找地方睡。没平展地方，就分头找岩洞。'只要勉强能蜷一个人，就硬塞进去。'而那些洞子，本身是黄猴和野山羊的家，被人强占，无处安身……见这景象，猴们集体摇动树枝，欢呼雀跃。"③ 可以看到，除去表达更具文学性、更书面化，罗伟章通过对当年新闻报道的有效引用，增强了叙事的真实性。

除去新闻报道外，还有对原始图片的利用。在写到下庄人如何在绝壁上打炮眼时，罗伟章叙述道："让山下送来孩子玩的铁环。依然系了绳子，吊于绝壁，人跨在铁环上，一条腿里，一条腿外，勒住胯部。坠下两个铁环，也就坠下两个人，这两个人合作，一人执钢钎，一人挥大锤，不把炮眼打好，就不上来。"④ 如果没有实际参与或者亲眼见到，光凭想象

---

① 孙江：《对抗"虚吾主义"——虚构·非虚构之辨》，《探索与争鸣》2022 年第 3 期。
② 覃昌年：《凿天坑》，《三峡都市报》1999 年 8 月 12 日，第 4 版。
③ 罗伟章：《下庄村的道路》，作家出版社，2022，第 134 页。
④ 罗伟章：《下庄村的道路》，作家出版社，2022，第 127 页。

很难描绘出如此具体的修路方式。笔者在收集下庄村修路的原始资料后，发现作家所描述的正是当年实地拍摄的照片所显示的画面。也就是说，作家在写作时充分运用了实证性质的科学方法，由此获得了读者的阅读信任。

当前的乡村叙述存在的一个很大问题即作家想象乡村的方式与真正的乡村存在隔阂。由于缺乏乡村生活经验，他们往往以城市生活的观念、思想感受预设乡村，在文本中填充大量的文化知识，以展示自己的专业优势与文化教养；用包含现代主义哲学的寓言化小说作为叙述乡村的惯常文体，夸示其追求智性思考的美学趣味。而在这样的写作中，乡村现实往往被都市想象或都市视野所置换。[1] 罗伟章以小说为主的乡土写作也存在类似问题，后期的他越来越偏向一种知识分子式的浪漫叙事，开始重视内在真实，精致程度增加。[2] 因此，他以积极主动的姿态介入"新山乡巨变"的非虚构写作则显现出珍贵性：他不仅仅满足于作为一个观看者、思考者，更是以实践的、行动的主体，以科学的、实证的方式尽量还原事实，提高了叙述的可信度，重建了以事实抵达真实的写作伦理，新时代努力脱贫的真实乡村因此得以还原。总的来说，这两部非虚构作品不仅是作者与现实肌理的相遇，也是新时代背景下乡村的新风采得到展现的绝佳载体。

二 主题写作下多维度的跨领域认知

无论是以展现"当代愚公"精神为要的《下庄村的道路》，还是重在阐发移风易俗的《凉山叙事》，这两部作品的主题都是明确的，即书写新时代巨变下的新故事、新农村、新农民。但这并不意味着罗伟章在创作时就完全地以观念先行，相反，他在书写政策落实的过程中还进行了跨领域书写，这些跨界性写作一方面体现了作者在社会、文化、历史等领域的思考，昭示了此种文体的开放性；另一方面又使得文本的作者意图与文本意

---

[1] 雷鸣：《作家的中产阶级化与 21 世纪长篇小说乡村想象的几种方法》，《文艺研究》2018 年第 8 期。
[2] 陈琛：《罗伟章乡土小说创作论》，《小说评论》2020 年第 2 期。

图时而一致、时而相悖,由此形成一种艺术张力。

可以肯定的是,罗伟章侧重于表现"新山乡巨变"的写作倾向,在某种程度上受到了主流话语的启发和制约。例如,作者在谈到《凉山叙事》的写作缘起时,曾提到"扶贫路上的文学力量"这一文学行动。[①] 该活动由国务院扶贫开发领导小组办公室和中国作家协会共同发起,组织作家深入扶贫一线,通过书写乡土中国在今日的巨变来向世界讲述中国故事。因此,集中展现凉山地区脱贫攻坚的过程与成就应是罗伟章的写作重点。但正如有的论者所认为的那样,生活与形象的内涵永远要大于作家意识到的范围,如果作者尽其所能地按照自己的意识对生活素材和文学形象限制、修正,使其内涵限制在自己意识到的范围之内(姑且不论其能否做到),那就必然造成马克思所批评的现象——将文学作品变成时代精神的单纯传声筒[②],这必然会影响文学作品的生命。因为文学作品的生命就在于其鲜活的形象与取之不尽、挖之不竭的内涵。将其形象固化、内涵简化,文学作品的生命也就萎缩甚至消失了。[③] 报告文学,尤其是非虚构国家叙事,如果只是为了"报告"而"报告",更有可能沦为意识形态的传声筒。为了避免此种情况的发生,罗伟章并没有将自己的写作意图与写作边界限制在单一维度之内,而是试图从不同的学科领域多维度地思考还原事实的真相。

首先,《凉山叙事》叙述内容的跨界性延展了文本内部的意义空间,丰富了其社会学价值。罗伟章通过大量的社会学调查、田野调查获得了关于彝族人民和彝族社会的第一手材料。充分的调查使文本充满了作者深入现实生活肌理而得来的观察,由此,罗伟章从普通的个体命运出发,聚焦公共性议题与人类普遍命运,最终形成了有关社会学的田野调查式的生动文本,作品读来更像一部饱含痛感的彝族社会生活史。当然,其体现的社

[①] 赵命可:《罗伟章:真正的创作是对某种启示的忠实记录》,《文化艺术报》2023 年 2 月 22 日,A6~7 版。

[②] 马克思在写给斐迪南·拉萨尔的信中说道:"你的最大缺点就是席勒式地把个人变成时代精神的单纯的传声筒。"参见《马克思恩格斯文集》第 10 卷,人民出版社,2009,第 171 页。

[③] 赵炎秋:《作者意图和文学作品》,《社会科学战线》2017 年第 4 期。

会学色彩的意义还在于深入乡村社会底层，打捞被遗忘、被忽视的种种人群，显示出一种人道主义关怀。

其次，《凉山叙事》还可被视为文化人类学文本。罗伟章在叙写凉山地区人民如何脱贫攻坚时，主要是以其观念的改变为中心，因此从各种文化观念、文化行为的缘起分析彝族社会生活模式的形成是极有必要的"前情提要"。在写作方式上，他并不是直奔主题，而是引经据典、层层推演，将似是闲笔的内容信手铺开，主题最终才图穷匕见。

最后，《凉山叙事》也可视为作者对彝族文明追寻与指认的历史学文本。在开篇，罗伟章即表明自己对于凉山"除八年前到过西昌，别的我从未涉足，也几乎一无所知"。[1] 面对这片土地，他从大量的历史典籍和史料切入，包括古彝文字、彝经《物始纪略》《创世志》、利利土司遗址、《彝经源流》、彝族古代百科全书《西南彝志》等，回顾了彝族辉煌的古代文明史。除此之外，罗伟章还注意到史实只能代表部分真实的问题。例如，在当前的凉山，悬崖村仍然是一个难以解决的问题：人们大多居住在大山深处，平坝反而无人居住。对此，他整理了从先秦到民国时期彝族的整体衰落史，探查彝人居于深山的缘由大多是对战争的恐惧。但从实际出发，彝族人喜欢住在山里还另有原因：一是能养牛羊，积财富；二是能避瘟疫；三是能御敌。因此，与从不同的历史视角总结出的事实截然不同，罗伟章从历史观点、经史典故、实际需求出发，对彝族文化展开的现代反思，呈现出历史的丰富性与复杂性。

需要注意的是，以上从不同领域出发的叙述常常是相糅杂的，它们互相补充、互为印证，使作者可以从历史积淀、意识形态和文化观念等角度全方位地对彝族文化进行观照。这些跨领域、多层面的认知表达不仅增加了文本内涵，还有效表征了乡村现实的多面性。与此同时，这些叙述有时游离于主题之外，有时还会发散到更大的维度，它们脱离作者意图，表露出一种更为广阔、更为深刻的价值，使文本的意义空间更为丰富。总体来讲，罗伟章带着鲜明的问题意识，借助社会学、文化人类学、历史学的学

---

[1] 罗伟章：《凉山叙事》，四川文艺出版社，2022，第2页。

科视角进行的叙述并不在于总结和归纳，其更重要的作用在于对目前乡村所存在的问题进行发散和深入，以此多方面地满足读者对报告文学的期待，而在此过程中，文学则通过传达创作主体对社会历史的各种内在认知承担起更为复杂的功能。

三　凸显艺术真实的写作策略

文学的本质即为审美，作为目前最热的一种文学创作，非虚构写作兼具新闻与文学的双重特性。新闻性的特质无须多言，文学性则可以援引俄罗斯形式主义学派的观点来理解。雅各布森等学者主张将文学研究视野从文学场外围的历史的、社会的、个人生平的、伦理道德的话语收束到文学本体上，即"文学研究的主题不是笼统的文学，而是'文学性'，即使一部作品成为文学作品的东西"。[1] 有的论者认为，"如果动辄将文学弄成一种地方史或山川志之类的东西，看似'现实主义'了。但它却丧失了文学应有的灵性和诗意，不太可能成为真正优秀的作品"。[2] 无可否认，文学性理应也是非虚构写作的关键。

从创作层面来看，非虚构写作既要忠实于事件、人物自身的发展变化，同时写作者也需要介入进去，成为一个充满知、情、意的参与性主体。因此最好的叙事方式可能是拒绝单一的事实或虚构方式：既保持对艺术作品内部的美学控制，同时又经得起外部现实的验证。[3] 由此，非虚构写作的文学性就来源于写作主体通过对现实裁剪加工从而在艺术上形成的特有的超越，具体则体现在现场感、人物表现、结构方式、语言表达等诸多方面。例如，报告文学作家徐剑就认为，在遵从真实的前提下，报告文学的文本、叙述姿势和经典细节的挖掘都是文学性创意标高所在。[4]

---

[1]　张首映：《西方二十世纪文论史》，北京大学出版社，1999，第131页。
[2]　洪治纲：《从"现实"到"主义"》，《长篇小说选刊》2018年第6期。
[3]　刘大先：《贞下起元：当代、文学及其话语》，中国言实出版社，2022，第323页。
[4]　徐剑：《关于报告文学和非虚构几个关键词的断想——我写报告文学的心路旅程之二》，《广播电视大学学报》（哲学社会科学版）2018年第1期。

但就目前的非虚构写作尤其是非虚构国家叙事而言，一些作者只用力于重大题材的选择、时代主题的挖掘，对于作品非虚构叙事审美性建构有所轻视或忽视，并且能力不足，导致作品不同程度地出现工具化和同质化、肤浅化等问题。[1] 很明显，罗伟章也意识到这一点。在谈到报告文学写真人真事时，他认为"被要求"就意味着写作者在证明真，而不是探究真。"证明"暗含着任务性、强制性，而报告文学作家同样需要"探究"的热情，要写自己眼里的真，而不是别人给的真。[2] 这种真实不能只是停留于表面与局部，还需深入内部，即一种文学真实、艺术真实。落实到具体题材上，无论是下庄人历时七年艰苦卓绝的修路历程，还是凉山地区上下齐力与封建习俗做斗争的种种事迹，从中透露出的新时代人民竭力克服困难、追求美好生活的精神都自带一种悲壮性与传奇性。为了充分表现这种故事性与浪漫性，罗伟章在由小说转向非虚构写作时，在叙事策略上积极汲取小说、散文等文体的写作手法，从叙事结构、叙述视角、人物塑造、散文笔法等方面积极还原。因此有评论者会认为《凉山叙事》是一个审美的文本，罗伟章就像一个小说家在写凉山的故事。[3]

对于目前以扶贫为主题的非虚构写作，大多以作者到实地调研采访为主线并串联起所见所闻，罗伟章则根据不同的主题，选择了不同的叙事结构。《下庄村的道路》以挖掘下庄村村民敢为人先、自强自立等宝贵精神的传承性与当代性为要，罗伟章则借鉴小说的线性叙事结构，从叙事时间与叙事空间对材料进行再建构。下庄村修路始于1997年，修成于2004年，整体历时七年。对于这段修路历程，罗伟章将其分为上、中、下三部分，分别是"秘境""七年""见证"。"秘境"部分在于渲染说明下庄村地理环境之险及决心修路前所做的种种准备，"七年"部分是重点叙述对

---

[1] 丁晓原：《新时代非虚构国家叙事的审美之维——以何建明的创作为视点》，《当代文坛》2022年第6期。
[2] 肖姗姗：《从〈下庄村的道路〉谈起罗伟章：四川到重庆，是我深入现实肌理的机遇》，川观新闻，2022年6月11日，https：//cbgc3.scol.com.cn/news/3535024?from=ios app&app_id=cbgc。
[3] 高丹：《罗伟章〈谁在敲门〉〈凉山叙事〉：小说家视野中的时代与人》，澎湃新闻，2023年3月4日，https：//m.thepaper.cn/newsDetail_forward_22160105。

象,"见证"部分主写修路结束后下庄村村民继续努力发展的种种事迹。修路时间跨度很长,作者在记录时不可能面面俱到,因此罗伟章有意识地选择了极具典型性的事件进行铺设,如修路前全体村民立军令状、正式修路时炸下的第一炮、恶劣的自然环境下下庄男女顽强地战斗、村民接二连三牺牲后的不止不休……整个叙事结构按照故事的发生、发展、高潮、解决起承转合,叙事节奏有起有伏,有效地把握了典型情节与冲突,在高潮迭起的脉络中充分调动了读者情绪,下庄精神的传奇性也在层层铺垫中逐渐显现。叙事空间上则主要聚焦于下庄村,下庄外的世界一方面作为显现下庄落后的对应空间存在,另一方面又是下庄精神的辐射地,下庄村从落后到先进的发展过程便得以从不同视角呈现。整个文本读来并不是材料的一味堆砌,而是有轻有重,可读性十足。

《凉山叙事》重在展现彝族人民为移风易俗所做的努力,因此作者便纵论古今,从各个角度找出落后文化观念的根源。为了拉近与读者之间的距离,让他们更好地贴近叙述对象,罗伟章采用了"书信体"这一结构。整本书的内容都在"我"写给"你"的书信中呈现,作者开篇即表示:"你放心,在昭觉期间的所见所闻,我会写信告诉你。"[1] "我"即作者,书信写给的对象"你"则为每一位读者。作者在行文中不断与读者互动。例如,在写昭觉自然资源丰富但收入很低的问题时,他直接以"你说这个,我也一直在想"[2] 开头。"这个"具体指哪个问题?前文并没有提到,接下来的叙述才缓缓阐明,中间产生的叙述空白起到了很好的互动作用,充分调动了读者的阅读兴趣。同样的,在写到凉山准备饮食革命时,也是直接以同读者的对话开头:"说不清为什么,前天刚把信发出去,我就知道你要问这句话——'他们真的准备好了吗?'我该怎样回答你呢?我讲些例子给你听吧。"[3] 可以看到,此形式还起到了叙述衔接、承上启下的作用。作者就在这样的互动中不断强化叙事与读者之间的信任关系,从而让读者感受到作品的真实性。

---

[1] 罗伟章:《凉山叙事》,四川文艺出版社,2022,第 2 页。
[2] 罗伟章:《凉山叙事》,四川文艺出版社,2022,第 126 页。
[3] 罗伟章:《凉山叙事》,四川文艺出版社,2022,第 133 页。

从叙述视角来看，两部作品都围绕第一人称"我"的叙述展开，"我"的声音无处不在。罗伟章以"我"的视角走访、调查，不断地在与读者的互动中昭示自己的主体性，不仅显示了写作主体的在场，营造了现场感，表明了写作者强烈的介入姿态，还通过叙述者、亲历者、作者的三者合一构筑了文本的语境真实。但"我"发出的声音的意义不仅在于此，还涉及写作主体的姿态问题。梁鸿在对自己的非虚构写作进行反思时，曾提到自己带着悲悯的心态竭力"塑造"一种梁庄，因此忽略了梁庄人勇敢、坚韧、骄傲的一面。① 这背后涉及的问题即在近年来非虚构写作所呈现的乡村叙述中，作者始终带着启蒙的视角，乡村不可避免地被客体化和他者化。罗伟章对于"悲悯"的看法则不尽如此。他认为悲悯并非居高临下的俯视，而是生命与生命之间的对话，作者怀有的悲悯情怀可以使写作由个体通向人人。② 也就是说，罗伟章放下了知识分子的自我意识，选择以一种同情之理解的态度看待乡村。

因此罗伟章的叙述巧妙地规避了梁鸿显露出来的问题。在《凉山叙事》中，他从社会学、文化人类学、历史学等角度所做的文化慨叹与分析有着极强的实证力和说服力，同时也代表着自己的文化立场。这些判断往往重在分析文化现象背后的成因及现实影响，态度尽量中性，不偏颇。家支是彝族地区特有的社会伦理组织，它以血缘为纽带，在庇护家支内部人员的同时又因利益的捆绑显现出强大的排他性，使凉山很难实现政治管理现代化。对此，罗伟章并没有一味地批判，而是看到了其历史合理性："但我们要充分理解的是，家支头人的利益权衡，不是心血来潮，而是千百年来多种因素纠结形成的准则和观念。"③ 但他又极其敏锐，可以迅速地感受到潜藏的不合理。例如，对于基层工作人员以同属家支的身份争取群众的信任与支持，他表示："我不知道你听出了怎样的意味，反正我是

---

① 梁鸿：《历史与我的瞬间》，花城出版社，2020，第120页。
② 赵命可：《罗伟章：真正的创作是对某种启示的忠实记录》，《文化艺术报》2023年2月22日，A6~7版。
③ 罗伟章：《凉山叙事》，四川文艺出版社，2022，第164页。

觉得，这当中潜伏着一种危机。"[1] 正如封面上"以审视之眼，迎进光明"的题词一样，罗伟章一直是以审视而非俯视的目光看待眼前的村庄，客观公正地看到了一切的情有可原。因此"我"的姿态自始至终都不是高人一等的说教，也就并没有如梁鸿一般被无力感湮没，显示出中产阶级的浅薄和软弱。"我"的自述就此显现出极大的意义：尽管现实中的边远乡村如凉山等地依旧残存着封建习俗与传统，但在罗伟章客观审视的笔触之下，乡村获得了读者的理解，并没有被奇观化。

罗伟章非虚构写作对小说技法的借用还体现在对典型人物与群像的塑造上。对于非虚构文学，对人的关注是根本。但曾经很长一段时间内，小人物都被作家的精英写作所遮蔽，作家不深入现场，不深入底层平民中间，只会不着边际地展示这些小人物的苦难和重复对苦难的书写。[2] 因此，以展现新农村新风采为目的的非虚构写作更要以"小"见"大"，挖掘出小人物身上的时代精神。《下庄村的道路》虽以整个修路事件为主线，但整体叙事的推进则主要依靠主人公毛相林的行动。从修路前的犹豫不决，到修路时与天斗的一腔勇气，再到路修完后不忘初心、砥砺前行，罗伟章通过各种动作、心理、环境、细节描写形象地刻画出村干部毛相林坚毅勇敢、勇担责任、甘于奉献的品质。除此之外，他还充分调动事件来塑造人物性格的丰富性与多面性。例如，在写村里人失窃时，毛相林"二话没有，离开火塘，抓件棉衣披上，跨出门，迎着飞雪走下梯坎"[3]，到了村民家则一巴掌直接打在男主人脸上，质问他为何要偷养女的钱。事实证明就是男人偷了养女的钱来填补亏空，毛相林的机智果断便跃然纸上。罗伟章并没有停留于此，他又续写了毛相林对于自身家长制工作作风的反思，由此人物更添坦诚真挚，主人公的成长线也被勾勒得更为清晰。到了最后，罗伟章却转笔写到毛相林无奈挪用妹妹的钱充当公费来修路的事。"在他看来，没经同意就拿走人家的钱，不管拿去做什么

---

[1] 罗伟章：《凉山叙事》，四川文艺出版社，2022，第187页。
[2] 徐剑：《写好小人物的欢乐与忧伤——我写报告文学的心路旅程（之一）》，《广播电视大学学报》（哲学社会科学版）2017年第3期。
[3] 罗伟章：《下庄村的道路》，作家出版社，2022，第104页。

用，都是不可原谅的。他万万没想到自己也会做出这种事！"① 通过事件层层的铺垫、反转与对比，一个基层干部为了实现村庄致富所经历的痛苦、挣扎与无奈更深刻地呈现在读者面前，不仅人物形象更为立体，也从侧面表现了其甘于奉献的宝贵品质。

但如果只是停留于个人形象的塑造，就很容易写成个人英雄史。除去毛相林，罗伟章还描画了下庄村村民齐力修路的众生相，其中包括为修路牺牲的沈庆富、黄会元等人。更为可贵的是，罗伟章还注意到下庄村的女性。正如他所言，"对于下庄村的留守者而言，却并没有任何抒情的空间"。② 工地上的女人活得没有了男女之分，留守后方的女人则要独自撑起整个家庭。与其说她们在修路，毋宁说她们正在走一条更艰苦的生活的道路。因此，罗伟章发出的"一个下庄村的女人。一段下庄女人的成长史"③ 的慨叹也是对下庄女人不怕苦、不怕累精神的致敬与赞扬，女性创造的历史并没有被忽略。通过全方面呈现村民艰苦卓绝的努力，罗伟章完成了从个人英雄主义到敢于向大自然挑战的集体主义的全面赞颂。整体来讲，罗伟章诚实地挖掘人物的生活细节与感受，重构了人物的叙事地位和价值，塑造了一众新的乡村英雄形象。

除此之外，罗伟章还在文中多次采用文化散文的笔法，借景抒情或直接抒发文化感怀，多层次地展现自己对写作对象的艺术体察。例如，在写下庄村村民因交通不便而付出的种种悲惨代价时，他突然转笔写到巫山红叶："巫山波澜壮阔的绝美风光，红叶是其中一种，比如神女峰的红叶，就独树一帜，远近闻名……红叶予人喜庆、浪漫和遐想，却不知红叶之所以红，是因为土薄……人们在欣赏红叶、赞美秋色的时候，何曾想到过这其中的悲情。"④ 之所以将红叶与下庄人做对比，是因为在作者看来，下庄人对于生活的忍耐就像巫山红叶对于贫瘠土地的忍耐一样。由下庄人的苦难联想到巫山红叶，罗伟章以典型的文人笔法拓宽了文本的文学审美空

---

① 罗伟章：《下庄村的道路》，作家出版社，2022，第107页。
② 罗伟章：《下庄村的道路》，作家出版社，2022，第150页。
③ 罗伟章：《下庄村的道路》，作家出版社，2022，第152页。
④ 罗伟章：《下庄村的道路》，作家出版社，2022，第58~59页。

间,也使下庄人的忍耐坚韧更显悲壮。此种笔法客观上使文本摆脱了非虚构写作中执着于追求客体真实而使语感更偏重新闻报道的倾向,以一种更动人的艺术感染力打动读者。可以看到,罗伟章在这里更多的是以自己的情感真实来感染读者,以此构筑作品的叙事真实。

非虚构写作的第一要义在于传达真实,这种真实除去现实真实外,也包括来源于生活又高于生活的艺术真实。罗伟章通过叙事的强化、以人物为中心的设置及散文笔法,打破了非虚构文体对创作主体创造力的桎梏,在文体兼容中描绘出现实的更多生活的可能性。双重真实的叠加使罗伟章对乡村进行了有效叙述:"我"的声音并没有挤压文本中的其他人,其借助多样叙事手法的叙述建立起了与农民和乡村之间的有效关系。而就文体本身而言,作为文学的一种,非虚构写作虽重在传达信息以及展示自己介入社会现实的力量,但也同样需要叙事艺术。因此罗伟章对其他文体叙述方式的借用,弥合了目前非虚构写作重信息量而少文学品相的不足,复位了叙事文学的内在规律。

结　语

任何写作都是个人表达与实现公共性的矛盾统一体。在个人表达太突出时,人们会担心这种表达因个人属性而难以引起受众的共鸣,从而缺失其公共性;但片面强化公共性,又会导致个人表达的缺位,而使这样的公共性无所依傍。[1] 罗伟章置身于山乡巨变的第一现场,多角度地展现新时代乡村的变迁,塑造有精神、有力量的人民典型,其以现实真实为桥梁的写作实现了公共性。在此过程中,他并没有先入为主地介入乡村,而是客观有礼地审视,因此其个人表达不仅没有将对象他者化,还获得了读者的共鸣。同时,罗伟章通过借助其他文体叙述策略的个人表达,增强了文本的可读性,也拓展了非虚构写作的文学性空间,使其既具有现实社会功

---

[1] 杨联芬、李双:《当代非虚构写作的内涵及问题》,《中国当代文学研究》2023 年第 2 期。

效,又有文学审美功能,实现了宏大的题材主题与审美品格的有机结合。

在谈到自己对于非虚构写作的创作期待时,罗伟章表示:"虽然这个写作,是主题创作,但是我不把这次写作仅仅当成任务去完成。其实,仅仅完成写作任务,并不算难,难的是写好。我想这本书人家看到的不光是脱贫攻坚,还能对凉山那片土地的历史和现状,有更深的认识,能跟我一起思考,走近那片土地。当脱贫攻坚任务完成的时候,我希望读者依然愿意看这本书。"[1] 事实证明,他的新乡村叙述以追求"现实真实"与"艺术真实"并置的态度有效介入了中国的当下和中国的现场,使其能与"正史"参行[2],也为非虚构文体的写作提供了更多借鉴。

---

[1] 张杰:《小说家罗伟章长篇非虚构〈凉山叙事〉深度观照大凉山脱贫攻坚》,封面新闻,2020年10月30日,https://thecover.cn/news/SRluTFmKIFW。
[2] 刘知几:《史通·杂述》,白云译注,中华书局,2014,第455页。

"后乡土"、焦点透视与文学性的力量[*]

——论冉正万的中短篇乡土小说

张智谦[**]

摘　要：将乡土视为乡愁寄托之所或寓言启蒙之器的文学现代性叙事，不仅难以把握中国式现代化背景下乡村的"后乡土性"，而且造成了文学对现实的遮蔽。因此，赓续现实主义传统，直面当下乡村，进而文学性地勾勒叙写"后乡土"的人与地，便成了当代乡土小说创作的关键。冉正万不仅在视野观念上跳脱了文学现代性的藩篱，"发现"了21世纪贵州的各类乡村与乡风民俗的变化，而且在艺术方法上赓续了现实主义焦点叙事，强有力地透视了"后乡土"的大地、生命与自我的存在。更可观瞻的是，其乡土叙事蕴含的文学性力量，在带来由此及彼的灵魂触动的同时，再次使乡土叙事成为心灵栖居的生存艺术。

关键词：后乡土　乡土小说　文学性　冉正万

五四以降，中国小说家致力于捕捉中国乡土现实的历史脉动，展示百年间的土地之变与人性幽微。乡土小说的百年传统虽然提供了深厚基础，但其艺术成规也限制着当代作家的视野观念与创作方法。在当代乡土的现实面前，既往的文学现代性叙事已有失能之态。脱贫攻坚的胜利、乡村振兴的实施与"中国式现代化"的提出，意味着中国已走上了一条有别于西方的现代化道路。而在已消失与城镇化的乡村之外，当代中国还更广泛地存在着另一种"后乡土"[①] 乡村：乡土社会未完全崩塌，城镇化尚未实

---

[*] 本文曾发表于《写作》2023 年第 4 期。
[**] 张智谦，武汉大学文学院博士研究生。
[①] 陆益龙：《后乡土中国》，商务印书馆，2017，第 22 页。

现,"乡土性"不再以"超稳固文化结构"①呈现,人情、风俗、信仰等"地方性"知识,在现代化的冲蚀、国家力量的重建、人的生活选择中,默默无言地发生着变化。那种将乡土视为乡愁寄托之所或寓言启蒙之器的文学现代性叙事,不仅难以把握广袤乡村的"后乡土性",而且造成了文学对现实的遮蔽。因此,赓续现实主义传统,直面当下乡村,进而文学性地勾勒叙写"后乡土"的人与地,便成了当代乡土小说创作的关键。作为当代实力派作家,冉正万一直以来致力于21世纪贵州的乡村书写。他的中短篇小说以对"后乡土"的深度关切、焦点透视,显示出当代乡土叙事的新变,而其小说蕴含的文学性力量,则使乡土叙事再次成为心灵栖居的生存艺术。

一 "后乡土"叙事

21世纪以来,当代作家创作乡土小说采取的基本姿态主要有两种。第一种姿态是将乡土作为精神原乡,那里的土地风貌与乡风民俗寄托着生命记忆。作家对乡土的每次叙述,都是一次记忆的重塑,都是一次精神上的"回家"。第二种姿态是将乡土作为民族国家的寓言。作家往往会以一段波诡云谲或狂飙突进的乡村史,以及其间物欲泛滥的情景、幽暗深邃的人性,来介入现实,警醒世人。这两种叙事姿态并非泾渭分明,而是常常扭结缠夹,使乡土中国呈现出复杂怪异的样态。这种支持文学现代性的乡土叙事,究其根本是将乡土视作自我的客体与城市的客体。依据主体的不同历史需要,将乡土不断固化与标本化,而现实中的乡村反被层叠的文学叙事掩盖了。其实文坛早已注意到这一问题,近年主流文坛提倡的讲述"中国故事",表达"中国经验",与中国作家协会的"新时代山乡巨变创作计划",鼓励作家重新回到现实,停止"以旧生活写新时态"②的文学叙事,其实就是解决乡土小说的惯性叙事与艺术成规问题的尝试。

---

① 孟繁华:《百年中国的主流文学——乡土文学/农村题材/新乡土文学的历史演变》,《天津社会科学》2009年第2期。
② 韩少功、蒋祖烜:《写好新时代的"山乡巨变"》,《文艺论坛》2022年第2期。

理论方法虽然明晰，但具体到创作中没那么简单，这主要关涉如何建立"新乡土意识"的问题。作家固然可以回到现实去目睹中国新时代的乡土样貌，但根深蒂固的思维观念依然会限制其观察乡土的视野，导致书写乡土的方向出现偏移。许多作品在此问题上非常突出，"只紧盯着'山乡巨变'的时代轮廓，却没有能力和耐心去发现生活的细部"[1]。换言之，可能并不是作家不想重新认识乡土，而是在既定的意识视野中，新时代的乡土无法被"发现"，此即观念决定视野。即使主流文坛明确了创作主题，其结果也是"执着普遍的一个要求，努力去写出预定的概念"[2]，因而也就无法"跳到地面上来，把土气息泥滋味透过了他的脉搏，表现在文字上"[3]。故此，对于当下的乡土叙事而言，当务之急在于建立"新乡土意识"。

"新乡土意识"能否建立，很大程度上取决于对"乡土性"的认识。在这一点上，贾平凹的发言尤具代表性："原来我们那个村子，民风民俗特别醇厚，现在'气'散了，我记忆中的那个故乡的形状在现实中没有了。"[4] 但问题在于，这里的"乡土气"是基于他记忆中的故乡，而非现实的乡村。换言之，"乡土气"或"乡土性"并非一个经久不变、亘古不移的概念，而是会随着星移物换、时移世易而改变意蕴。当代作家只有承认了"乡土性"是一个历史范畴，将当下的乡土视作一个独立的历史阶段，而非过去的某种记忆残存或乌托邦想象，才可能审美性地观照中国式现代化进程中"后乡土"的历史境况。"后乡土"人民的生活状态、精神面貌，与乡风民俗、情感信仰的样态，无一不显示着乡村社会的中国特色与中国式现代化经验。一名小说家的乡土叙事是否具有时代价值，实际上就取决于他能否把握"后乡土性"。作为一名当代实力派小说家，冉正万一直将笔端倾注于贵州乡村，曾引起不少评论家的注意。近年来的中短篇

---

[1] 傅小平：《建立新乡土意识，重新认识广阔无边的新现实》，《文学报》2022 年 12 月 8 日，第 3 版。
[2] 张菊香编《周作人散文选集》，百花文艺出版社，1987，第 79 页。
[3] 张菊香编《周作人散文选集》，百花文艺出版社，1987，第 81 页。
[4] 贾平凹、郜元宝：《关于〈秦腔〉和乡土文学的对谈》，《上海文学》2005 年第 7 期。

小说集《苍老的指甲和宵遁的猫》《唤醒》《鲤鱼巷》更是跳脱文学现代性的叙事窠臼与艺术成规,叙写了新时代贵州的乡村故事,为如水之流的"乡土性"增添了一分新的历史意蕴。

冉正万小说对"后乡土性"的书写可以与社会学对乡村的分类形成对应。按照社会学家的归纳,"后乡土"村庄大致有以下几种。一是乡村扩大为乡镇,即以现代生活设施改善了生活,传统文化与乡风习俗很大程度上也得以留存。《纸摩托》故事中的贵州香溪便是这样的乡镇。香溪镇的客运车是宇通新车,街道由一条变为宽阔的两条,砖瓦房变成了瓷砖房,学校、医院、林业站等公共设施一应俱全,同时乡间风俗依然兴盛,有专门做丧葬纸扎的手艺人。二是随着城市扩张而不知不觉被囊括在内的"城市化乡村"。《鲤鱼巷》故事中的鲤鱼村,"村何时成巷,鲤鱼何时消失,老柳没法说清"。[①] 曾经的稻田、水渠,变成了市中心人来人往的商业街,标志性建筑鲤鱼井与古老的皂角树也得以保存。三是人口大量外流而形成的"空壳化"村庄。小说《路神》中,村庄老人病重打电话让儿子回家,儿子急忙返回后老人好转康复,儿子却因此丢了工作,父子间龃龉骤生。四是举村搬迁时一些人不愿迁走所形成的"古墓化"村庄。小说《大哥》中"我"的大哥对搬迁款耿耿于怀,拒不搬迁。其他人都搬走了,房子也拆了,大哥却在原地搭了一个窝棚,在杳无人烟的荒山野岭生活。别人劝他回家,大哥说:"回什么家,我这不是在家里吗?"[②] 不过,冉正万的小说中还有其他类型的村庄。《诗人与香菇》书写了一个旅游化失败的山村,名曰无岁天坑;《几斤几两》书写了矿区开采完毕而被景点化的张家岩;《树上的眼睛》书写了旅游山庄撤资后,开始建设水泥厂与中药制造厂的冉姓坝;《血灵芝》书写了黔北山区中因建设水坝需村民迁坟的黄荆湾……冉正万写了多少篇乡土小说,便有多少"类"现代化乡土,社会理论模型难以包容其间的丰富蕴含。

再来看作为乡土小说根本特性的"地方色彩"即地域特色、乡风民

[①] 冉正万:《鲤鱼巷》,贵州人民出版社,2022,第9页。
[②] 冉正万:《苍老的指甲和宵遁的猫》,广西师范大学出版社,2017,第82页。

俗在冉正万小说中的"后乡土性"。一般而言，小说家会以现代科学所培养的分类思维来观照乡土，最为典型的一类就是"不变/变"：哪些特产消失了，哪些民俗不在了，而现有残存的又怎样受到了现代化、消费主义的影响甚至宰治。这种非黑即白、非善即恶的分类，固然能够帮助创作者切除现实的粘连、强化故事的主旨，却会无可避免地导致对小说本体的遗忘。因为小说本就是要"不厌精细"，要"在看似无意义亦无价值的生活细节上见证小说自身的意义与价值"[①]。小说《纯生活》中，冉正万花费大半篇幅讲述了姑父家族遭到山魈报复，十代人都会被咬掉一条腿的"乡村秘史"，然而真相却是姑父家族有腿部遗传病，在发病前截除方可保住性命。姑父与大表哥为了让孩子在心理上接受家族遗传病，"杜撰"了这样一则乡村传说。"不能让他害怕，他要是从现在就开始害怕，那一辈子就完了。"[②]小说《路神》中，主人公文良久重新拾回家传的木雕刻技艺，开始如父亲一般，不求回报地为当地乡民"请神"。与父亲相比，"他多请了一尊财神。这不是他的意思，是前来请神的人的意愿。以前他们从没供过财神，从现在起，他们不能再怠慢它了"[③]。小说《纸摩托》中专门做丧葬扎纸的歪嘴胡与时俱进，他曾做了一尊天安门纸模型准备祭奠九泉之下的人，惊动了当地政府。警察、房、车、电器他样样会做，而不仅仅是老旧的门童、金元宝、衣物。小说《纳摩先生》中，主人公林万负责村里殡葬法事，但他并非只是单纯地继承当地民俗，将老人最后一口气装进"落气筒"，而是添加了远程照护、临终关怀的业务，他受老人城中子女的委托，骑着摩托车在村里探望老人，照顾他们的生活，给他们送止痛片……冉正万正是将其笔端倾注于这些繁复的、看似无意义的生活细节上，才真正展现了乡风民俗的时代性，找回了小说的本体。

"后乡土"实际上对当代小说家提出了警示与要求。小说家的任务既不是对抽象的观念进行故事演绎，也不是从具体生活中提炼最大公约数。这样做的后果，是现实的枝叶遭到裁剪，生活的血肉被削去，人的灵魂也

[①] 张大春：《小说稗类》，天地出版社，2019，第162~163页。
[②] 冉正万：《苍老的指甲和宵遁的猫》，广西师范大学出版社，2017，第48页。
[③] 冉正万：《苍老的指甲和宵遁的猫》，广西师范大学出版社，2017，第226页。

因此被漠视，最终导致乡土叙事成为工业品的复制。中国式现代化的乡土是独立的历史阶段，过去丰富的文化样态，随着时过境迁，在悄无声息地发生变化，任何一种人为建构的知识系统与概念术语都无法概括。吉尔兹指出"一般性理论"的实质早已空泛，其企望也是一种虚妄①，小说家更应该放弃苦苦执持的文学现代性，重新找回小说的本体，认识小说的价值。

二　现实主义的焦点透视

冉正万跃出了文学现代性的视野藩篱，依靠其对日常生活的细腻观察，"发现"了中国式现代化背景下不同类型的乡村状况，并以看似无意义的对生活细节的关注叙写，展现了乡风民俗的时代性。不过，冉正万的艺术追求并不止于对现实的描摹，而更希望以小说穿透现实的混沌，触摸乡土与自我的灵魂。那么，该采用怎样的叙事方法，便成了关键问题所在。

实际上，如何克服含混，更加接近或抵达"真实"，是所有现代小说家都会遭遇的问题。韩少功曾言："想得清楚的写散文，想不清楚的写小说。"② 这不是如何介入生活、怎样观察现实的问题，而是"怎么写"才能穿透"真假参半的、鱼目混珠"③ 的生活，抵达生活的真实的问题。进入21世纪以来，面对变动不居、缠夹复杂的无边乡土，当代小说家更难应对叙事的困难。因为过去的乡村早已翻天覆地，"解放以来所形成的农村题材的写法也不适合了"④。于是我们就能看到当代小说家笔下的乡村世界，时而如语言文字构筑的迷宫，时而"恍若一个大拼盘、一堆思想的碎片"⑤。对于冉正万而言，相较于激进的小说文体试验，他似乎更倾

---

① 〔美〕克利福德·吉尔兹：《地方性知识：阐释人类学论文集》，王海龙、张家瑄译，中央编译出版社，2000，第2页。
② 韩少功：《精神的白天与夜晚》，泰山出版社，1998，第112页。
③ 吴义勤主编《余华研究资料》，山东文艺出版社，2006，第3页。
④ 贾平凹、郜元宝：《关于〈秦腔〉和乡土文学的对谈》，《上海文学》2005年第7期。
⑤ 何英：《作家六十岁——以〈带灯〉〈日夜书〉〈牛鬼蛇神〉为例》，《南方文坛》2013年第5期。

向于返回乡土文学传统，选择以鲁迅为代表的现实主义焦点透视的叙事方法。

所谓焦点透视，是相较于散点透视而言。两者皆为绘画的专业术语，前者以画家为焦点中心，按人眼所视绘图，越远区域之物越小，直至极远处汇为一点；后者则取消画家主体，设立多个视线焦点，实现印象式的整体绘图。由于当代作家对"真实"的念兹在兹，辅之对民族国家史诗叙述的追求，"散点透视"便成为书写乡土中国的一种极具深度且便利的叙事方法。小说家隐去身形，叙事者也退居幕后，取而代之的是许许多多的人物讲述。既然是人物自行讲述他们的故事，既然不止于单一角度的视野，故事开始多维，声音开始"复调"，自然就更加靠近了"真实"。然而，其代价是故事丧失了生命，读者亦丧失了兴趣，原因无他，盖因读者若要追寻"真实"，何苦来读这生涩漫漶、真假难言的小说？

反观鲁迅，他对绍兴乡土的叙述则采用焦点透视。他的小说中常有一个"我"在，由"我"的所见所闻来叙述绍兴乡土中的人与事。《孔乙己》中的"我"是咸亨酒店的伙计，《故乡》中的"我"是阔别家乡20年的知识分子，《阿Q正传》中是"我"给阿Q立言作传。这种焦点透视把视野真正交给了人物，叙述放在日常之中看似无意义也无价值的事情上，但因此"心事浩茫连广宇，于无声处听惊雷"[1]，见证了小说的真正价值。那么，冉正万如何赓续以鲁迅为代表的现实主义焦点透视？

在冉正万的小说中，现实主义焦点透视主要体现在主体间性与叙事景深两个方面。先来看主体间性。以《纸摩托》为例，主人公"我"回到香溪镇，看到家乡的街道变宽阔，房屋变整洁，由衷地感到开心与熟悉的喜悦。然而，接下来"我"却目睹了一系列不堪入目之事：老同学女儿因学业压力太大而抄写的"遗书"；当地林业站为了补充财政而"钓鱼执法"，让树贩子把老树拔起卖到城里；在家庭中憋屈了一辈子，被堂嫂骂到喝农药自杀的堂哥；亲戚邻里因为日积月累的鸡毛蒜皮之事而产生怨恨；堂哥孩子中学便辍学，一怒之下竟要掐死他的母亲。以上种种，似乎

---

[1] 《鲁迅全集》第7卷，人民文学出版社，2005，第472页。

只有脱离了乡村生活的"我"才能站在局外人的角度观察他们的生存困境，进而将他们的故事编织为清晰的文本，以使读者将其作为艺术品来鉴赏。然而，冉正万拒绝如此叙事，他没有给"我"一个可以肆意观看他人而不被人看的隐形位置，而是将"我"暴露在光天化日之下。"我有多少次像外乡人一样讥笑他们，就有多少次顾影自怜。有多少次顾影自怜，就有多少次抑制不住的狂热遐想：为他们做点什么，取悦他们，让他们因为我的举动而露出微笑，让他们因为我的奉献而忘记所有烦恼。"① "我"的鄙夷、困惑、天真以及对家乡的无能为力，同样成为读者阅读的内容。换言之，在《纸摩托》中，"我"与香溪镇村民互为主体，正如《故乡》中"我"与闰土互为主体。"我"对村民哀其不幸，怒其不争，企图改变他们，村民却显示出"我"是何等的自大狂妄与卑微可怜。主体间的日常琐碎在人们心间所勾起的便是沈从文所说的"无言的哀戚"②。而现代化"后乡土"中的变与不变、人性的消失抑或顽存、离乡之人与留乡之人的精神与灵魂的联系，无一不深蕴在主体之间的日常琐碎中。

再来看叙事景深。景深是摄影词汇，指镜头聚焦于一点时，由此一点前后延伸可以看清事物的范围。以此词来形容冉正万的小说，意在说明其焦点透视带来两点叙事特性。一是强聚焦性，即人物内心的透视；二是广景深性，即中国式现代化乡土的样貌。以《树上的眼睛》为例，主人公"我"有一个舅舅，过去建设银鱼水坝时被碾断了双腿。自此之后，舅舅每天的活动范围仅限于家中的小院子，曾熟悉的山野、乡间的人际、远方的山水都离他远去，日复一日地编篾器补贴家用，他变得越来越抑郁、易怒。"我"为了让舅舅开心一些，给他带了一副望远镜，侄子又给了他大喇叭。舅舅从此一发不可收拾，每日探查乡村的一举一动。他不仅管一根黄瓜这样的小事，也管男女在山野上偷情这样的伦理之事，更对乡镇改建银鱼水坝为旅游山庄之事"开枪"。不过，舅舅依旧阻挡不住乡镇的产业发展，银鱼水坝被改成了墓地，四川的辣椒厂也在建设，水泥厂与中药制药

---

① 冉正万：《苍老的指甲和宵遁的猫》，广西师范大学出版社，2017，第263页。
② 《沈从文全集》第11卷，北岳文艺出版社，2009，第253页。

厂也在筹备之中。舅舅从此不再上树，向"我"落泪。"看树，树早就被砍了……看山，山早就变样了……看人，早就不是以前那些人了……"① 不难发现，《树上的眼睛》结构十分明了，又有丰富的社会现实意蕴，这得益于焦点透视的强聚焦性。曾为山村建设而残疾的可怜舅舅，他的"上树"与"喊话"，不过是想要重新找回当年因残疾而逝去的那些时光，然而光阴既逝又怎能找回。陶渊明告诉我们"羁鸟恋旧林，池鱼思故渊"，每一个人都明白"物是人非"带给人的巨大苦楚，而"物非人非"又会使人陷入怎样的惘然寂灭？"我"安慰舅舅说这对于村里人来说是好事，舅舅也只能说："我晓得是好事，可就是忍不住，心头怪怪的。"② 在此过程中最为关键的是，冉正万始终冷静地控制着叙事中心，聚焦于舅舅的内心，而未越俎代庖，将老人的愿望导向与乡村建设的对立，导向旅游业、工商业建设带来的环境破坏、利益纠葛与人性之恶。于是，读者得以回到真实的乡村生活，得以贴着人物的心阅读。

而冉正万焦点叙事的景深性在于，他通过叙事者与舅舅两个主体之间的位置关系，引导读者的视线进入中国式现代化乡村的景深空间。"我"的视线是叙事的起点，舅舅此刻的内心状态则为叙事焦点。从叙事起点到焦点之间的这段"近景"，读者层层打开的是"我"、舅舅、表哥、表嫂以及村民的内心门户，看到的是乡村现实的明暗褶皱，而从叙事焦点至视野末端，人与物渐次变小，读者看到的是"远景"——中国式现代化的乡镇发展产业的过程。故事中的舅舅是"树上的眼睛"，读者则成为"小说的眼睛"，虽位置方式不同，但我们的视线所看向的，都是乡土中国，是那片连接着所有中国人身躯与灵魂的大地。

文学现代性叙事的问题在于，作家越想抵达"真实"，他便会离"真实"越远。若继续以西方现代性来观照现代中国，我们的文学思维与视野便会继续遭到宰治，作家更加难以从"如何叙述现实"的深渊脱离。冉正万不再依从文学惯性狂飙突进，而是返身回到以鲁迅为代表的现实主

---

① 冉正万：《苍老的指甲和宵通的猫》，广西师范大学出版社，2017，第105页。
② 冉正万：《苍老的指甲和宵通的猫》，广西师范大学出版社，2017，第106页。

义传统中寻找叙事方法,足见其清醒的时代认知。他的叙述由此得以摆脱文学现代性窠臼,真正地回到了乡土的日常生活,在摆脱二元对立思维的同时,亦呈现了中国式现代化乡土的"真实"。这种"真实"生发自"地之子"的真切内心,生发自对日常生活的细腻观察与叙述,而非任何框架性的概念与立场,因此它毋庸辩驳。

"写作不是大彻大悟者所为,破除迷惘者不需要留文字。"① 冉正万不惮于坦诚自己"对故乡的眷恋与鄙视"②,不惮于暴露自己的自视甚高与心虚可怜,他的小说正如史铁生所说:"作家应该贡献自己的迷途。"③ 归根结底,冉正万的焦点透视叙事所代表的是作家的谦卑。他没有包罗万象的野心,也没有启蒙世人的狂妄,"它只发射出一束强烈的光,照亮事物的一部分"④。

三 文学性的力量

近年来学界频频谈起文学性,学者对文学性的讲述似乎都正中靶心,但每一种讲述又有不同的意义分岔,难以达成共识,最终令我们面临建造巴别塔的窘境。在此情况下,我们不妨回到人类认识世界最原始的方式来认识文学性。何为最原始的认识方式?以"火"为例,中国古代神话中燧人氏钻木取火,火"教民熟食,养人利性,避臭去毒"⑤。换言之,我们对文学性的认识,除了从语言叙事技术开始以外,或许还可以从它的力量开始,从什么"只能靠文学及其特殊手段提供给我们"⑥ 开始。不过,这并非一个新的角度。事实上,自古以来我们对文学性的认识都是从此出发,文学性很多时候就是"道"。中国古代的文学载着天下之道、人伦之

---

① 冉正万:《唤醒》,广西师范大学出版社,2022,第6页。
② 冉正万:《唤醒》,广西师范大学出版社,2022,第1页。
③ 史铁生:《病隙碎笔》,湖南文艺出版社,2018,第16页。
④ 〔美〕詹姆斯·克利福德、乔治·E. 马库斯编《写文化:民族志的诗学与政治学》,高丙中、吴晓黎、李霞等译,商务印书馆,2006,第51页。
⑤ 张振犁编著《中原神话通鉴》第2卷,河南大学出版社,2017,第447页。
⑥ 〔意〕卡尔维诺:《卡尔维诺文集》第5卷,译林出版社,2001,第317页。

道,现代文学载着启蒙之道、救亡之道,而当代文学承载着为工农兵服务、整合社会意识、反映现实生活等不同历史阶段所需之道。之所以再以老视角观照文学性,是因为进入 21 世纪以来,特别是在人文社科高度发展,各学科独立自洽的当下,文学所处的社会环境与其所担当的社会职责皆发生了根本性改变。譬如,过去因社会科学未完善,民族志不发达,新闻不通畅,"中国社会在运作中所需要的对事实的叙述是由文学和艺术及其混合体的广场文艺来代劳"[1]。当千年之"道"从文学肩上逐层卸下时,老视角未尝不是一个看清文学性的方式。上述所论,不过是想阐明,冉正万如何运用文学性的力量体察个体心灵、关怀留存生命,最终让乡土叙事再次成为心灵栖居的生存艺术。

  文学所能而其他学科所不能之处,首先在于对个体心灵的细腻体察。文学性对心灵的体察与心理学的手段不同,它诉诸人的情感,而非心理的构造;它意欲勾起人们被现实压抑至冷漠的稍纵即逝的情感,而非助人调整心态适应现实。换言之,文学性并不能告诉我们真理,也不能让我们变好或变坏,但借助它的力量,我们可以善用自己的孤独,体察他人的心灵,"接受自我及他人的内在变化"[2],包括最终的死亡。小说《烧舍利》讲述了牛心山下岗矿工李一"烧舍利"的故事。李一给老校长烧舍利遭遇失败,急火攻心吐血晕厥,设备也被砸烂。李一在人生低谷时,老阿姨贴心照顾他康复,还无私帮助他找工作、读书,他带着对老阿姨的感激与对老校长的愧疚考上了大学。毕业后,李一回到了牛心山,希望能与老阿姨结婚,照顾她下半辈子,可惜对方没答应。某天,老阿姨查出了脑部肿瘤,时日无多。李一便想在老阿姨死后,将其骨灰烧成舍利。于是他请教师弟,再次学习如何烧舍利,最后他发现当年失败的原因在于没有用水晶烧,"不用人的骨灰,用猫的狗的鸡的鸭的都可以烧出舍利"[3]。李一放弃了烧舍利,也没有告诉老阿姨,"他只告诉她,无论什么时候,他都会陪

---

[1] 高丙中:《总序》,〔美〕詹姆斯·克利福德、乔治·E. 马库斯编《写文化:民族志的诗学与政治学》,高丙中、吴晓黎、李霞等译,商务印书馆,2006,第 1 页。
[2] 〔美〕哈罗德·布鲁姆:《西方正典》,江康宁译,译林出版社,2015,第 25 页。
[3] 冉正万:《鲤鱼巷》,贵州人民出版社,2022,第 29 页。

着她，直到她哪里也不能去。夕阳西下，牛心山那些无人再走的小路上，他挽着她默默地走着，蜻蜓在他们头顶飞来飞去"。① 小说《泥巴枕头》讲述了一位在佛山发展餐饮业的贵州老板的故事。他某天忽然收到官仓村委主任的短信，信息中告知他的母亲已经去世。于是他回忆起刚到佛山打拼时，沦落成小偷强盗，后来中了彩票，买了饭店，资产越来越多，但给母亲买的家电她从来不用，给母亲打电话，她从来都因为怕浪费钱而挂断。当地有一种"泥巴枕头"的民俗，老人会往泥巴枕头里塞钱留给晚辈，老人死后晚辈要"摔枕"，如此一来其灵魂才能解脱。当他摔碎母亲的枕头，里面竟藏了十余万元，他这些年给母亲的七八万元纹丝未动，其他钱是她卖笋子、核桃积攒的。他越来越难过，不想再让母亲孤身一人，于是找到当地专做泥巴枕头的严得光，将母亲的骨灰制成枕头。但几日后来取枕头时，却发现严得光自作主张地将骨灰捏成了泥巴人像，另外给他烧了纯泥土的枕头。严得光说："我晓得，不管自己的老家好不好，老了都想回老家，死了更想埋在老家的山坡上。你妈连远门都没出过，你把它带到广东，先人一个都不在那边，她会难过的。"② 而他虽然被泥巴枕头硌得生疼，但已接纳了母亲的离开与自己的人生。"他想，我慢慢会习惯，时候一到，我睡过的枕头也要摔碎，也要重新变成泥土。"③

文学性的力量还在于对生命的关怀与留存。文学现代性叙事虽然在语言叙事技巧上有十足的"文学性"，但其内里常常空空如也，一个主要原因是没有对生命的关怀与留存。在外漂泊之人总需依恋故土，不然如何寄托日夜袭来而难以化解的乡愁？这是现代人的痛苦，也是乡土叙事的源头。但是，那些走不出也不愿走出乡土的人并非叙事者，他们又如何表达？换言之，如果乡土小说无法表达对他人生命的关怀，纵有千种机妙，文学性又怎能于焉而生？小说《纳摩先生》便以对乡土生命的深切关怀带来了触动人心的文学性力量。林万青年时在寻羊坝做法事道场，后来去浙江打工，被铁丝刺穿了腿落下残疾，回到老家当了一名纳摩先生。"纳

---

① 冉正万：《鲤鱼巷》，贵州人民出版社，2022，第 29 页。
② 冉正万：《鲤鱼巷》，贵州人民出版社，2022，第 136 页。
③ 冉正万：《鲤鱼巷》，贵州人民出版社，2022，第 138 页。

摩"本义是佛教的"南无",纳摩先生的工作既简单又不简单。说简单,就是受城里中青年人的委托,隔几天骑着摩托车去看望一下他们在乡下孤身居住的父母,陪他们聊聊天,帮他们搭把手;说不简单,他还要给濒死却又迟迟未死,承受巨大痛苦的老人送止痛片,缓解痛苦、临终关怀,最关键的是要用"落气筒"接住老人死前最后一口气,交给他们的子女,这样老人才能安息。林万去探望照顾被疯狗咬了发病的胡九敬、97岁的田婆婆,把胡九敬死前的一口气装进了"落气筒",最后带着在城市发廊染了性病的徒弟罗安去医院挂号治疗。冉正万既未将他们作为乡愁的寄托,也未将乡村子女无法陪伴老人,父母临死都回不来的现实,作为抨击城市化的叙事资源,而是把所有的笔墨都花费在对乡村生命的关怀上,其间散发的人道主义光芒与动人心魄的情感力量,无一不彰显文学性的力量。

文学性除了关怀在世之人,还能讲述逝去之人的故事,留存他们的生命。小说《宇宙琴弦》讲述了"我"去世后灵魂的所见所闻。"我"回忆起退休后,在梵净山遇见心爱的她的故事;"我"看见两个儿子、女儿女婿请了道士为"我"做法事;"我"想起了三个孩子小时候与"我"的点点滴滴;"我"看到道长给我准备的两只公鸡,它们帮助我走过地狱而不被鬼神威逼利诱;"我"听见子女们对两只公鸡诚心恳求,看见他们落泪;"我"看见她微笑着向我摇手,告诉"我"不要急;最后"一股风,把引魂幡和钱串子吹得哗啦响。不,这不是显灵,这是真情的牵动"[1],"我"等着女儿不再哭泣后,与两只公鸡携手走向黄泉。冉正万同样没有将他人的灵魂作为自己思想的扬声器,作为文学现代性叙事的工具,上演一出出当代中国时事新闻串烧。他的叙事是对生命的留存,所浸染的是血浓于水的亲情,是由此及彼的灵魂触动,因此也便具有了文学性的力量。

总体来看,冉正万的乡土小说不是执迷不悟地对某种"人性本质"的追逐,而是讲述已死之人、将死未死之人、活在过去之人、走向未来之

---

[1] 冉正万:《鲤鱼巷》,贵州人民出版社,2022,第60页。

人的"中国故事";他的小说不是社会国家大事的寓言与民族史诗,而是对乡土大地、乡土生命、自我存在这三者之间割舍不断的因缘进行叙述。卡尔维诺认为文学创作的内在合理性应该在"文学所反映的人类的各种需求中去寻找"[1],冉正万小说的文学性的力量正是从此处涌现,而非单纯地来自语言叙述技术。

归根结底,记录历史变迁、揭示社会机制、道破人类本质,只能是文学的附带品,而非文学的本体。作为一种语言艺术,文学没有旁观者而只有参与者,文学只有在被人阅读、引人触动、融会生命时,才能获得其价值与意义。在乡土叙事中,冉正万将自己化作了"一条从冉里的泉眼里流出来的、叫正万的河流"[2],而读者亦化作了一条条从乡土中国各处泉眼流出来的河流,我们得以彼此交叉融会,获得了接受时光流逝、沧海桑田与你我苍老的力量,携手共赴人生的终点。由此,乡土叙事才再一次成为我们栖居心灵的生存艺术。

---

[1] 〔意〕卡尔维诺:《卡尔维诺文集》第 5 卷,译林出版社,2001,第 344 页。
[2] 冉正万:《唤醒》,广西师范大学出版社,2022,第 2 页。

非虚构写作的视域：
从城乡中国到日常中国[*]

李保森[**]

摘 要：随着非虚构写作的日益繁盛，越来越多的题材成为写作者的处理对象，更多的非虚构作品进入了人们的视野。这些作品呈现了更丰富的文学景观和社会景观，有力地拓展了非虚构写作的视域。简而言之，这一视域可以概括为从"城乡中国"到"日常中国"。在早期的非虚构作品中，"城乡中国"不仅是主要的写作题材，也构成了这类写作的言说框架和逻辑支撑，并因此引起了较为广泛的社会关注。在近期的非虚构作品中，日常中国社会中的某一空间、某一人群相继成为被观照和写作的对象。这种转变既表明了非虚构写作的活力和在展示社会内容方面的广度，又因此让更多的人与社会景观借助文学通道进入公众视野。

关键词：非虚构写作 写作视域 城乡中国 日常中国

在文学类刊物中有着重要地位的《人民文学》于 2010 年开设了"非虚构"专栏。至今，出现在中国当代社会语境中的这一文学现象已经有十余年之久。不过，新作品的不断出现、文学界的广泛讨论、学术界的持续探讨、媒体机构的时常报道和层出不穷的征稿活动，以及微信公众号的精细化传播等，都让人觉得"非虚构"仿若还是刚刚出现的新事物。

---

[*] 本文曾发表于《写作》2023 年第 2 期。
[**] 李保森，河南大学文学院讲师。

生活是创作的源泉,非虚构写作的活力更突出地体现了这一点。维持非虚构写作之"新"的一个重要动力便是当下丰富复杂且正处于流动状态的社会生活,"我们正处在一个朝气蓬勃的历史阶段,正亲眼见证着宏大的历史转折,由此发生的中国故事,独特瑰丽,其精彩程度远超一切想象,这就是非虚构写作的厚实土壤"①。

当人们通过非虚构写作来呈现社会生活的纷繁景观时,越来越多的题材随之被发现、被开发、被挖掘。文学创作中的题材之别是创作者对冗杂的社会现实与日常生活做出的评判和取舍,表现出主流与支流、中心和边缘等差异。那些被多次书写的题材,客观上构成了醒目的文学现象和社会现象。从这个角度来观察近些年的非虚构写作,我们可以发现,这一活跃的文学现象呈现出由"城乡中国"向"日常中国"的视域转变。

所谓的"城乡中国"不仅指中国社会结构中的两个具体的生活空间,而且指写作者在写作时倚赖的一个框架、一套逻辑和着力建构的一重主题。比如我们所熟知的"城乡对立""城乡流动""城乡互补"等。与此相对,"日常中国"强调的是常态化的社会现实,即正在发生的、纷繁复杂的实时生活。两相比较,"城乡中国"突出问题和现象,"日常中国"着重于事实和视角。在"日常中国"的写作视域里,城乡空间对立的因素仍然存在,但相较在"城乡中国"视域里的表现已有所弱化。

文学现象是纷繁复杂的,所谓"线索清晰"常常是相对的,是人为的结果,可能会与事实有出入。因此,称非虚构写作从"城乡中国"到"日常中国"的视域转变,仅仅是一个粗略的描述,意在说明非虚构写作在题材上的拓展、在聚焦人群上的扩大、在呈现社会景观上的丰富与多样。而且,这种转变在写作对象的选取上仍然保持连续性,即关注不同的社会人群和个体成员、关注不同社会空间的变化,而这两者常常是一体的。

---

① 李燕燕:《"一叶知秋"见时代——非虚构〈老大姐传〉创作手记》,《山西文学》2019年第5期。

一 "城乡中国"与非虚构写作的兴起

时至今日,当人们论及"非虚构"这一概念和"非虚构写作"这一现象时,往往会不约而同地谈到梁鸿的"梁庄"系列。这一事实本身就是富有意味的:为什么"梁庄"系列能够成为"非虚构写作"的代表作品?"梁庄"系列为"非虚构"注入了怎样的内涵?

事实上,在 2010 年之前,不少文学刊物就已经打出了"非虚构"的旗号,如《大家》的"非虚构作品"专栏,《小说界》开设的"非虚构纪事""非虚构叙事",《中国作家》推出的"非虚构论坛",《厦门文学》的"非虚构空间",等等。但令人感到遗憾的是,这些率先打出"非虚构"名号的文学期刊,似乎仅仅为了在名称上显示出不同,而没有赋予这个名号相应的文学内涵和社会分量,也没能推出具有代表性的作品。

在《人民文学》设立"非虚构"专栏时,就出现了如王树增的《解放战争之四个时刻》[①](2009 年第 9 期)、韩石山的《既贱且辱此一生》(2010 年第 2 期)等作品,但这些作品同样未能引起广泛的关注。按照之前的文学分类方式,这两部作品可以分别被视作纪实文学和回忆录(或者说是自传)。尽管这两种文学样式也归属于"非虚构",但它们没能显示出"非虚构"带来的异质性和冲击力,这个概念也因此未能"热"起来。

直到梁鸿的《梁庄》[②](《人民文学》2010 年第 9 期)出现,才算真正激活了中国语境下的"非虚构"这一概念,赋予了其介入社会现实生活、进入当代中国文学格局中的效力与活力,为日后的非虚构写作提供了参考样板,也为当代文学提供了新的文学经验和文学品种。继之,《人民文学》刊出了慕容雪村的《中国,少了一味药》(2010 年第 10 期)、萧

---

① 这部作品刊出时被标为"叙事史",当时《人民文学》尚未提出"非虚构",但 2010 年第 2 期编辑部的《留言》中称《解放战争》其实就是"非虚构"。

② 在出版时,这部作品的标题改为《中国在梁庄》,这个名称为广大读者所熟知。

相风的《词典：南方工业生活》（2010年第10期）等①，并发起了"人民大地·行动者"非虚构写作计划。这一计划设定的宗旨是"以'吾土吾民'的情怀，以各种非虚构的体裁和方式，深度表现社会生活的各个领域和层面，表现中国人在此时代丰富多样的经验"②，反映了主事者对这一计划抱有的态度和期许。

尽管在《人民文学》刊发的这些作品被共同纳入"非虚构"名下，却在时间向度、地域特征、情感色彩、写作意图和艺术技巧等多个方面表现出明显的差异。由此可以看出，"非虚构"从兴起之初，就是一个混杂的文学品种。不容忽视的是，真正引发人们兴趣的是那些关注现实、取自现实、具有公共性的作品，而非所有的非虚构作品，这也就是为何"梁庄"系列能够成为这一写作样式的代表作。而鲜明的现实风格、鲜活的现实人群和生活已然成为人们评价"非虚构写作"时常常使用的修饰语。

---

① 《人民文学》刊发的非虚构作品还有董夏青青的《胆小人日记》（2010年第4期），祝勇的《宝座》（2010年第5期），刘亮程的《飞机配件门市部》（2010年第9期），李宴的《当戏已成往事》（2010年第9期），王族的《长眉驼》（2010年第11期），李娟的《羊道·春牧场》（2010年第11期）、《羊道·夏牧场》（2011年第2期）、《羊道·夏牧场之二》（2011年第4期）、《羊道·冬牧场》（2011年第11期），土摩托的《关于音乐的记忆碎片》（2010年第12期），马晓丽的《沉默将军》（2011年第2期），贾平凹的《定西笔记》（2011年第5期），叶舟的《写照片》（2011年第5期），南帆的《马江半小时》（2011年第6期），胡冬林的《狐狸的微笑》（2011年第9期）、《金角鹿》（2016年第3期），王手的《温州小店生意经》（2011年第12期），郑小琼的《女工记》（2012年第1期），李大田的《相亲记》（2012年第4期），于坚的《印度记》（2012年第5期），冯俊科的《从军记》（2012年第6期），孙惠芬的《生死十日谈》（2012年第11期），梁鸿的《梁庄在中国》（2012年第12期），丁燕的《到东莞》（2013年第2期），袁劲梅的《"鸭子"使命》（2013年第6期），阿来的《瞻对：两百年康巴传奇》（2013年第8期），林那北的《宣传队》（2013年第9期），徐皓峰和徐骏峰的《武人琴音》（韩瑜口述，2014年第4期），吴雨初的《藏北十二年》（2015年第2期），李彦的《尺素天涯——白求恩最后的情书》（2015年第3期）、《何处是青山》（2018年第5期），白描的《翡翠记》（2015年第6期）、《天下第一渠》（2019年第1期），黑明的《我们的抗日》（2015年第8期），高建国的《一颗子弹与一部红色经典》（2015年第12期），高宝军的《普兰笔记》（2016年第4期），艾平的《一个记者的九年长征》（2016年第10期），陈霁的《白马部落》（2016年第12期），苏沧桑的《纸上》（2017年第5期），黄灯的《我的二本学生》（2019年第9期），晋浩天和章正的《那些匆匆而过的英雄本来如此平常》（2020年第3期）等。此外，还出现了"非虚构小说"，如乔叶的《盖楼记》（2011年第6期）、《拆楼记》（2011年第9期），阿乙的《模范青年》（2011年第11期）等。

② 《"人民大地·行动者"非虚构写作计划启事》，《人民文学》2010年第11期。

这并非对混杂的"非虚构"写作进行有意的过滤和提纯，而是意在说明它的突出特征。对比其他作品的"遭遇"，我们对此或许会有更深的认识。

无论是作为文学事实，还是作为文学现象，抑或经由文学传播中口耳相传而形成的印象或认识，当人们普遍把梁鸿的"梁庄"系列视作非虚构写作的代表时，"梁庄"系列在题材选取、艺术处理、主题建构等多个方面流露出的文本特征，就并非仅仅为这一部作品所独有，还表明了此类写作的范式，即非虚构写作的一种主要样式。此外，人们对"梁庄"系列的认可，如果不是仅从外在标签而被动接受或承认的话，我们显然也得肯定"梁庄"所彰显的非虚构写作的特质与品格。

在这之后，黄灯的《大地上的亲人》、王磊光的《呼喊在风中：一个博士生的返乡笔记》、孙惠芬的《生死十日谈》、蔡家园的《松墅纪事》、杨遥的《八个人的村庄》、周瑄璞的《回大周村记：一个小说家的精神还乡》、梁鸿的"梁庄"系列续作《梁庄十年》等相继进入人们的视野，从不同角度、时期和地域挖掘与展示乡村的状况，以及居于其中的普通民众的悲欢浮沉。

在较早的一些作品中，作者的自述有助于我们理解他们的写作缘起和意图。他们在自述中坦率地写出了自我的不适，承认了自己与乡村、亲人之间的距离，谈论了对当代农村问题的看法。可以说，他们的写作一开始就兼具感性与理性混杂的特征：既是私人性的情感回顾，又是公共性的经验共享（这些作品被广泛讨论，表明了这些经验的共鸣程度）。在他们看来，"乡村"的危机触目可见，"乡村在加速衰落下去，它正朝着城市的范式飞奔而去，仿佛一个个巨大的赝品"①。而"乡村"的问题关联着中国社会，"对作为农业大国的中国而言，当下农村问题的尖锐性在于，在城乡二元结构体制下，整个社会承受不起农村衰败的代价，承受不起农村青年上升通道被堵塞后的代价"②。在情感调适、自我反思和关注中国问

---

① 梁鸿：《中国在梁庄》，台海出版社，2016，前言，第 3 页。
② 黄灯：《大地上的亲人：一个农村儿媳眼中的乡村图景》，台海出版社，2017，第 8 页。

题的视野中,他们的写作开始了。

《中国在梁庄》和《出梁庄记》分别在不同的空间内讲述了乡村民众的故事,前者侧重村庄的时代面貌,后者落脚于作者的乡亲们的在外打拼。两部作品分别以乡村和城市为书写对象,共同展示了城乡之间的复杂关联,描摹了城乡中国里一个庞大群体的情感状况。黄灯的《大地上的亲人》讲述的范围也是城乡之间。这些作品中出现的人物和他们富有悲喜色彩的故事,勾勒的正是城乡中国的现实图景。

城乡中国下的社会现实对非虚构写作的兴起具有重要的推动作用,既为非虚构写作提供了大量的写作素材,也显示了非虚构写作的社会效应。同时,我们也应看到,对于当代文学来说,此类写作对于"农村"的呈现具有积极的借鉴意义。

农村题材或乡土小说一直是中国现当代文学中的重要创作现象,出现了众多别具特点的作品。这些作品承担着呈现农村状况、展示乡土变迁的文化功能。但进入21世纪以来,研究者对相关题材创作的不满也愈来愈明显。

在这些小说中,道德化、模式化等倾向较为明显,或者单方面地对农民表示同情,或者想当然地赞美乡村,而把城市视作罪恶之地、异化之地。这其中流露出的主要是写作主体的价值观念和乡村想象,"农民"在其中常常处于被动、失声的地位。正如有论者所言,"这些作品多以思想意识代替审美创造、以伦理态度代替价值选择,人物脸谱化、叙事类型化、情节模式化;未能充分站在'个人'的立场,对'个人'复杂的生活处境和微妙的心理世界进行精准的把握和深刻的呈现"。[①]

作为对一方社会空间的追踪、记录与思考,乡土文学的创作具有极强的当下性。能否呈现或在多大程度上呈现这一特征,关键在于创作主体。从创作主体而言,一方面,以"50后""60后"等为主的作家曾是乡土题材写作的重要主体,但在新的时代下遭遇着经验固化、脱离实际等问

[①] 王鹏程:《从"城乡中国"到"城镇中国"——新世纪城乡书写的叙事伦理与美学经验》,《文学评论》2018年第5期。

题。例如，有论者在谈刘庆邦的小说《牛》(《当代》2017 年第 1 期)时，认为："小说中的这些细节或曰场景，与其说是作者对当下农村生活的'写实'，毋宁说它们暴露了作者对当下农村现实的疏离以及对自己记忆中农村生活情调的那种难以撼动的深刻印象。"[1] 另一方面，以"70后""80后"等为主的作家正在成为文坛的主力，但由于他们成长的阶段受到了中国发展方式的城市化、作家培养的学院化、写作风格的私人化等不同力量的参与和影响，他们在生活经验、情感态度和写作惯性等方面更倾向于选择和处理城市、自我等题材。这两个方面使得既往的文学创作与当下的农村产生了隔膜。

面对成千上万的民众在城乡之间流动中的感受、困惑和情感，现有的文学作品难以做出及时、有效的回应。人们当然会对这种写作状况流露出不满，因此，现有的文学格局需要寻求突破，创造新的表现载体和表达方式。可以说，城乡问题制造了客观需求，也正是经过对城乡题材的观照和处理，非虚构写作才暴得大名，成为 21 世纪第二个十年重要的文学现象。这并不是说"城乡中国"构成了非虚构写作的兴起，但正是在对这一题材的处理上，非虚构写作的特质获得了有益的彰显。由此开始，我们在"非虚构写作"的标签下看到了更多的作品。这里的"开始"，既可以指时间上的先与后，也可以说视线的调整与转向。

二 "日常中国"与非虚构写作的视域

城乡题材类的非虚构作品，以近乎实录的方式，对乡村的实际状况和时代变迁进行了扫描、记录和呈现，也对农民的生存方式和状态进行了聚焦、访谈和展示。通过这些作品，我们看到了不同于"启蒙乡村"或"审美乡村"的乡村景观，这一景观主要表现为破落、寂静、危机重重、不知所终等消极状况。这些作品把真实的乡村场景置于读者的眼前，也对

---

[1] 徐洪军：《"消逝"的乡村与"模糊"的城市——2017 年河南中短篇小说的一个侧面》，《百家评论》2018 年第 4 期。

众多普通民众的生活状态、生命史和情感史予以呈现。在这些作品中，非虚构写作勾勒和描述社会的痛点，为我们认识与理解当代中国提供了新的框架和路径。

不过，从另一个角度来看，以城乡中国为框架，隐含着简约和对立的意味，容易滑向模式化，不利于非虚构写作的进一步发展。而且，坚固的城乡二元结构，对人们的生活、情感和思想观念造成了不小的冲击，并在事实上影响着人们的选择，但这种结构已经日常化，融入了人们生活之中。因此，非虚构写作的视域转变，既有可能避免前述习作中流露的那种倾向，又得以更加多样地展示自身的活力。在具体的写作实践中，我们的确可以看到这种转向。即使在梁鸿的新作《梁庄十年》中，我们也可以感受到原来那种激烈的情绪已经被脉脉温情所取代，恰如"梁庄"的臭水沟已变成一泓清泉。非虚构写作常常以题材的公共性和独特性引人注目，又因题材的不断开发和扩展而展示着自身的写作姿态，并由此获得了社会口碑。

在"梁庄"获得广泛关注之后，哲贵的《金乡》[1]试图呈现中国村庄的另一面。这部作品并非主动而作，而是受邀而写。据作者自己交代，"他（作者按：指时任浙江省温州市苍南县委宣传部部长林森森）当时的想法是：梁鸿写出一个真实的梁庄和梁庄人的生存状况，可是，梁庄或许只是中国的一部分，是中国中西部地区的缩影。他觉得，应该有人来写一写中国的东部沿海经济发达地区，构成一个完整的中国图像"。[2]由此可以看出，这部作品明显含有与"梁庄"进行对话的意味，或者说有意对前者进行补充。

金乡镇位于浙江省温州市苍南县县城东部，是温州地区第一个生产总值超亿的乡镇，以商品经济发达著称。金乡取得的成就，是中国改革开放事业的缩影。在这部作品中，作者以具有代表性的人物为中心和线索，其

---

[1] 这部作品初刊于《十月》2018年第6期，2020年由上海文艺出版社出版。与初刊本相比，书中增添了"亦商亦儒杨介生""教授夏敏""郑恩仓和他的鱼豆腐""与时代赛跑的陈觉因""金乡闲人胡长润""小镇歌唱家史秀敏的现实与理想"等内容。

[2] 哲贵：《金乡》，《十月》2018年第6期。

中尤以创业者居多，集中书写了他们的成败故事，勾勒了他们的人生轨迹和心路历程。对所写的对象而言，这更像在为他们作传，如第一能人叶文贵、第一美女邓美玉、武者曹植富、"胆大包天"王均瑶、徽章大王陈加枢、活字典金钦治等。这些人物在事业或生活上几经浮沉，但一直闪烁着耀眼的特质，有着不同于常人的才干、品质，最终都取得了骄人的业绩，成为金乡镇改革事业的卓越代表。

无论是写作对象的选择，还是叙事的侧重点，《金乡》确实与"梁庄"瞩目于小人物的故事形成了鲜明对比。但是，当作者把笔墨聚焦于这些带着光环的人物身上时，一方面突出了金乡的改革成就，另一方面也缺少对金乡社会面貌和普通人的观照，恰是后者而非前者的境遇更能反映该地区的发展状况。同时，恰是后者而非前者凸显着非虚构写作的特质。作者对这些精英人物的描述也缺少细节上的支撑，反倒像一个个励志人物的传记。

在空间性[①]和地域性之外，更为引人注目的是特定的社会人群。在"日常中国"里，由于时代、地域、年龄、性别、职业等差异，而非仅仅是城乡差异，形成了各种各样的社会群体。他们既是社会群体中的一分子，又是独一无二的个体，有着长长短短的人生故事和感悟。群体意味着公共性，个体则展示着具体性。非虚构写作者根据自己的经历、兴趣、知识结构和社会立场等因素，对这些群体进行了聚焦和展示。其中，具有代表性的是老人、在校学生、儿童、女性、平凡的打工者等。在社会格局中，这些人物多占据着非主流的边缘位置。但这并不意味着他们可以被忽视。相反，这些边缘性群体从不同角度衡量和反映着社会的整体发展状况，也映照着社会的某种缺失。对这些人物的观照，能够鲜明地反映非虚构写作的平民化倾向。

老龄化是近年来被广泛讨论的社会话题。面对老年人正在遭遇和面对的现实困境，不少写作者通过非虚构写作对这一群体进行了观照，集中展

---

① 近年来，一些以城市为写作对象的非虚构作品相继出现，如叶兆言的《南京传》、叶曙明的《广州传》和邱华栋的《北京传》等。

示了他们的人生经历和晚年境遇。弋舟的《空巢：我在这世上太孤独》于 2020 年 5 月由上海文艺出版社出版。在此之前的 2015 年，弋舟曾以《我在这世上太孤独》为题在网络社区平台豆瓣上发表该作品，引发了人们的关注。谈到创作缘起，弋舟提及了一位 95 岁老人在家割腕自杀的新闻报道对自己造成的冲击。在这部作品中，他记录了 23 位老人的晚年境遇。这些老人中，既有贫困多病的乡村老者，也有富足的城市老人，但他们都忍受着孤独，精神上备受折磨。

在此之前，普玄团队的《五十四种孤单：中国孤宿人群口述实录》（江苏凤凰文艺出版社，2017），李燕燕的《当你老了——关于"50"父母生存状况的几段口述》（《山西文学》2018 年第 6~7 期）、《老大姐传》（《山西文学》2019 年第 5 期），深蓝的《有一种老人，叫城市空巢"存钱罐"》（发布于网易的"人间"平台），张小莲的《迷失的黄昏》，陈年喜的《一个乡村木匠的最后十年》等作品同样表现了对老人的关注。

2016 年第 1 期的《十月》杂志刊发了黄灯的《回馈乡村，何以可能？》，该文被改名为《一个农村儿媳眼中的乡村图景》，在网络上迅速传播，后又收入《大地上的亲人》出版发行。凭借这部作品，黄灯成为非虚构写作的代表作者之一。三四年后，黄灯又先后在《人民文学》2019 年第 9 期、《十月》2020 年第 1 期上发表了《我的二本学生》和《班主任》。这一次，她的写作对象主要是二本院校的学生。将这一群体作为观照重点，体现了作者对这一群体在中国社会结构中的独特位置与功能的认识："二本学生作为最普通的年轻人，他们是和脚下的大地黏附最紧的生命，是最能倾听到祖国大地呼吸的群体。他们的信念、理想、精神状态，他们的生存空间、命运前景，社会给他们提供的机遇和条件，以及他们实现人生愿望的可能性，是中国最基本的底色，也是决定一代人命运的关键。"[1]

《我的二本学生》与《班主任》延续了黄灯之前的写作风格，主要表现为被问题意识所驱使，既有强烈的情感喟叹，也有鲜明的社会反思。由

---

[1] 黄灯：《我的二本学生》，《人民文学》2019 年第 9 期。

于题材的敏感性，这部作品以《一位教授的亲历：那些被遮蔽的二本学生，决定中国下一代的命运》的名称，在微信公众号和朋友圈中广泛传播，再次显示出黄灯在题材选取上的敏感，能够恰切地回应社会热点。

在这两部作品中，作者既历时性地描写了不同历史时期学生间的差异，又共时性地展示了来自不同地域、出自不同家庭的学生的个人状况。在一般性地介绍和描述这些学生的时代背景后，作者以个案的方式，描摹了学生的家庭背景、个人性格、学习状况和毕业出路等方面。二本院校的学生在学历市场上并不占据优势，却人数众多，是劳动力市场的重要组成部分，更联系着千家万户的喜怒哀乐。黄灯试图通过自己的写作，让更多的人看到这些年轻人的努力、挣扎。

与前述这些作品相比，张秋子的《一门网课，我看到了大学生背后的残酷真相》[1] 虽是个案，但提出的问题和获得的认识更为尖锐，其间情感的向度也更为消极。受到新冠疫情的影响，2020年上半年，许多高校暂缓和延迟了春季入学。作为传统课堂教学的代替形式，网络课堂一时成为主要的教学空间。该文便是作者对网络课堂的记录和反思。

网络课堂是应急状况下的产物，因而既有利又有不少弊。"利"表现在灵活、实时、拟真等方面，而"弊"表现为学生的背景差异、网络的使用条件不同等，后者影响了教学的效果。也正是在后者中，作者遇到了若干"怪"象，如五花八门的请假理由（家里被盗、发生泥石流、转山、蹭网等）、完成不了的阅读任务、沉默的课堂表现等。这些情况显然与校园课堂呈现出明显的不同，但也因此更加触目地显示了学生的"本我"，而这个"本我"流露着更为真实的社会讯息，让人感慨，正如作者所言："网课的出现，终于把这个水晶宫打破，把这层面纱掀起。它赤裸裸地暴露了趣味差异之下残酷的真相。"[2]

上述作品关注的对象主要是校园里的学生，丁燕的《工厂男孩》《工厂女孩》、"澎湃·镜相"专栏编著的《此与彼之间》《恍然而立》等作

---

[1] 该文由微信公众号"谷雨实验室-腾讯新闻"于2020年7月7日发布。
[2] 张秋子：《一门网课，我看到了大学生背后的残酷真相》，微信公众号"谷雨实验室-腾讯新闻"，2020年7月7日，https://mp.weixin.qq.com/s/wYZfg44gIQumQSf7AUXgYg。

品则关注在社会上闯荡的年轻人。

年轻的写作者胡卉是"澎湃·镜相"栏目的一名专栏记者。她的作品集《木兰结婚》以婚姻中的女性为写作对象,集中讲述了不同女性经历的爱情、婚姻与人生,如患上癔症性瘫痪的陈雾、成为单身母亲的沈涓、消失的岑琴等。这些故事充分地展示了"人"的复杂性,进而更具象也更深刻地揭示了生活特有的坚硬与无奈。在这些人的情感遭遇中,我们得以感知到情感的多种形态,由此进一步窥视到人性的庞杂与幽深。

广东作家彤子(本名蔡玉燕)的《生活在高处——建筑工地上的女人们》把目光聚焦于一个特殊的群体——建筑工地上的女人。通常,建筑工地是由男性力量所主导的一处空间,环境嘈杂混乱、工作强度大、危险系数较高,于情于理都不适宜女性从事。因此,当女性出现在建筑工地时,其间的故事就自然而然地与生活、苦难、社会、性别、权力等复杂纠缠。与其他非虚构作品一样,这部作品也是取自作者的生活经历和观察,"我从事建筑行业已经十年了,十年来,我与一线的建筑工人接触得最多,对他们的生活和工作都是非常熟悉的"。[1] 在此之前,彤子就创作了题材取自建筑工地的长篇小说《南方建筑词条》。这一次,作者使用非虚构的方式讲述这些女性的故事,"为此,我用了近三年时间,对森城一个特大项目的建筑女工进行跟踪了解"。[2]

在这部作品中,作者以具有代表性的个案方式,呈现了建筑工地上的女性群像。这五个个案分别是佟四嫂、开升降机的冯珍珍、爬在架子上的程有银、轧钢筋的夏双甜、当杂工的刀小妹。正如前面所说的,这些女性选择来到工地,都有迫不得已的原因,也都有着非比寻常、令人震撼的遭遇。例如,佟四嫂有过被贩卖的不幸经历,又有被佟四欺骗和殴打的惨状;冯珍珍不仅要照顾自己,还要照顾精神出现状况的姐姐;夏双甜的励志背后有着一段令人唏嘘的遭际,也生动呈现了女性的成长。这些女性并非孤立的存在,同时还处于家庭、夫妻等特定关系中,因此,她们的故事

---

[1] 朱郁文、彤子:《彤子:我追求的不是深刻,是以文字温润日渐荒芜的人心》,《广东文坛》2017 年 11 月 3 日,第 3 版。
[2] 彤子:《生活在高处——建筑工地上的女人们》,《作品》2019 年第 9 期。

实际上也反映了她们周边人的生活状况。

如果从性别角度来看这部作品的话,我们还可以说,这部作品以具象化的方式呈现出女性群体的丰富性和复杂性。此时,作者本人也构成了这些女性的他者,映照着她们的不幸以及自强独立的人生价值追求。虽然她们和男性一样从事高强度的工作,但她们为男性默默付出,有时却还要承受男性的殴打,如死因不详的刀小妹。从这里可以看出底层女性的家庭地位和处境。不过,夏双甜的经历生动地说明了成长对于女性改善自身处境的重要性。

从艺术角度来看的话,彤子在这部作品中也做了有益的尝试。在作品的前四个部分,作者偏重自己的讲述;而在刀小妹的故事中,作者有意直接采用了他人的叙述,即一大堆相关人的所见所想所言,如门卫室的保安、杂工班组长黄老班、佟四嫂、冯珍珍等人。这种尝试一方面使语言恢复"说"的面貌,充满了原生态,增强了文本的表现强度;另一方面保证了真实性,有利于呈现事件的来龙去脉。

此外,袁凌的《寂静的孩子》关注孩子的情感、心灵和成长;阿慧的《大地的云朵——新疆棉田里的河南故事》(河南文艺出版社,2020)聚焦远赴新疆做棉花采摘工的河南人;还有关注外卖员的《外卖骑手,困在系统里》[1]等文章,以及网易"人间"作品系列《住在人间》《"打工人"纪事》等,也是以非虚构的方式,聚焦一个群体、一种社会现象,展现了这些群体的人生遭际。

通过上述观察,可以发现,相较"城乡中国"的框架与主题而言,"日常中国"的写作视野更为开阔。这是因为"日常中国"敞开了城乡问题的框架和限制,获得了更大的表现空间。如果说"城乡中国"的考察与书写偏重外部的社会结构,诉说着对社会制度的不满,那么,"日常中国"的聚焦与呈现更多地联结着普通民众的日常体验,这些题材和故事内嵌于人们的生命史与情感史,充分彰显着生命的苦难与韧性。

---

[1] 此文由微信公众号"人物"于 2020 年 9 月 8 日发布,https://mp.weixin.qq.com/s/Mes1RqIOdp48CMw4pXTwXw。

三　多元与开放：非虚构写作的活力

从"城乡中国"到"日常中国"的视域转变，非虚构写作既拓展了自身的表现范围，也更好地展示了自身的社会能量。不妨设想一下：如果没有这些非虚构作品，我们何以关注到这些边缘群体的存在状态？虽然这些作品无力改变这些边缘群体的生存境遇，却能够让作为读者的我们看到生活的复杂性，看到他人的生活，看到这个社会的进步和困境，而"看到"正是认识、理解、接受和产生共情的基础与前提。可以说，这正是非虚构写作的价值所在和活力所在。

前文已经提到，非虚构写作本身就是一个宽泛的概念，上述这些作品生动地体现了该写作样式的开放性和包容性。"在写作内容上，非虚构写作包括传记写作、商业写作、新闻写作、科学写作、环境写作、生活方式写作、烹饪写作、健康写作、宠物写作、工艺品写作、家庭装饰写作、旅游写作、宗教写作、艺术写作、历史写作等相互交叉又有所区别的社会生活领域。"[①] 因此，大量的非虚构作品将会陆陆续续地出现，为我们呈现更多的人间故事和社会景观，使我们在阅读中扩大自身的视域，对世界、人生与生命获得更多元的认识。

那么，一个问题随之而来：非虚构写作何以具有这样的活力？或者说，非虚构写作的活力是如何保证和维持的？

首先，在写作主体上，非虚构写作有着明显的去职业化特点。在传统的文学创作中，专业作家占据着主要位置，为读者和社会提供精神产品。但面对庞大、芜杂的社会生活，作家有着视野和经验的限制。这也是为何作家需要通过采风来拓展和强化自身的社会经验。在新的时代语境中，采风这一深入体验生活、提取创作素材的方式已经明显没落。在这种情况下，非虚构写作以较低的写作门槛，为有着不同经历的人提供了有效的表

[①] 刘蒙之、张焕敏：《非虚构何以可能：中国优秀非虚构作家访谈录》，中国社会科学出版社，2018，序言，第3页。

达载体。这些写作者未必需要高超的文学技巧，而能够凭借便利的观察位置和独特的题材资源获得关注。当然，我们也应该看到，在非虚构写作中，仍然有不少专业作家的身影，比如孙惠芬、丁燕等人。

其次，在内容的选择和传播上，非虚构写作更为灵活、开放、深入。如前所述，非虚构的写作主体构成是多层次的，而写作主体直接关联着特定题材的选取与处理。因而，这客观上就促成了非虚构写作在内容上的广泛性，扩充了非虚构写作的社会容量。此外，我们也要看到诸如网易的"人间"、腾讯的"谷雨实验室"、"真实故事计划"等新媒介在推动非虚构写作上的积极作用。这些新媒体平台并不直接生产内容，而是以提供载体的方式，召唤多元的写作者参与其中，写出他们的经历，同时也为读者提供内容资源，让读者从中看到丰富的社会景观。由于这些新媒介平台有着自身的优势、立场和商业需求，在内容的择取上，更能够及时地回应社会的热点和人们的痛点。

再次，在写作对象和阅读距离上，非虚构写作贴近人们的生活体验。这也是为何现象类题材的非虚构写作能够屡屡引发关注和传播热潮。这些作品取自生活本身，是我们每个普通人在其中都能够感受和体验到的事情。这些作品记录和表达了我们的焦虑、困惑和疼痛，使我们在自身之外看到他者的身影与故事，进而建立情感的关联和认同，也获得对这个社会的体认。同样，在非虚构的文本中，我们不仅可以看到鲜活的社会群体和具体内容，还可以看到作者闪动其间的影子，告诉我们写作的缘起、写作的过程、写作的对象选择等信息。这些信息事实上成为阅读作品的指导，能缩短读者进入文本的心理距离。

最后，在社会效果上，现象类题材的非虚构写作往往能够超越文学界而引起社会公众的注意，成为一个被讨论的话题。这种景象在近乎固化的文学传播中几乎很少见到了。非虚构写作融合了社会学的视野、新闻的聚焦点和写作的朴实面目，使自身具备了回应和关注社会现实的特质，并且落实在具体的人群上。一个特定的人群，往往对应着特定的生活方式和内容，是社会状况的一个真实侧面。在社会结构中，由于权力、经济、知识、技能、地理、年龄等多重因素的作用，一部分人居于中心地位，一部分人落入了边缘处境。前者身份光鲜,在社会竞争中处于有利位置;后者却无力赶上时代的车轮,大多数位于社会的底层,即平凡的小人物。非虚构写作更瞩目于后者,而凭借这一点,非虚构写作获得了意想不到的社会效果。

尽管如此,非虚构写作也面临着问题与挑战。一方面,目前的非虚构写作仍然主要以题材的新鲜来吸引读者的眼球,尤其着重于边缘类题材的开发,后者在商业性非虚构写作平台上表现得更为鲜明。这容易使非虚构写作走向猎奇、故弄玄虚等歧途;另一方面,非虚构写作以对客观事实的回应获得了自身的口碑,导致人们关注的只是表达了什么,而不太注意它是如何表达的。与之相应,非虚构写作在艺术上的粗糙也是明眼可见的。

因此,非虚构写作在艺术水平上还有较大的进步空间。否则,在题材开发的密度趋缓后,重复化、模式化就会不可避免地出现。重复,暴露出写作者在思维上的懒惰,自然也会影响非虚构写作的活力。

结　语

非虚构写作者以自身的情感与立场,积极关注大时代下的凌乱与琐碎,从"城乡中国"到"日常生活",不断拓展自身的关注视域与写作对象,讲述了更多普通人的故事,诉说着疼痛、悲哀、隐忍、坚韧等能够引发人们共鸣的情感,更宽广地显示了生活的复杂与"人"的多面性。

近年,有这样一句话广泛流传——"时代的一粒灰,落在每个人头上都是一座山",引发了人们的深切思考。这句话生动展示了个人与时代的关系,暴露了个人在时代面前的脆弱与渺小。在非虚构写作中,"个人"的分量获得了较多的彰显,这也正是非虚构写作能够取得今日成就的内在原因,"在诸多现实素材面前,非虚构写作者用文字组织出人类世界生命演变的链条,写出时间和空间的质感。文学是人学,各种以历史资料、以新闻事件为由头的写作,最终是要还原人的真实生活进程"[①]。

[①] 刘琼:《从非虚构写作勃发看文学的漫溢》,《文艺报》2016年3月14日,第3版。

历史、神话与史诗[*]

——《雪山大地》书写山乡巨变的三重维度

邓钟灵[**]

摘　要：《雪山大地》对青藏高原山乡巨变的书写具有历史、神话、史诗三重维度。历史维度在于小说以现实玛沁县为原型，在当地历史事件构成的时间框架中，凭借作者对牧区文化、生活及牧民心理的了解，补充完成了对青藏高原历史变迁的连贯、详细、生动的叙述。神话维度在于小说中对自然神力以及动物和人的神性的表现，这一方面是对特定文化语境下的神奇现实的呈现，另一方面也寄寓着作者的生态理想和人格理想。史诗维度在于小说继承了当地重要文化遗产《格萨尔》史诗的文本经验与史诗品格，创作出具有时代精神的史诗性作品，从而回应了"新时代山乡巨变创作计划"对史诗的呼唤。三重维度各有侧重又紧密相连，交织完成了对青藏高原山乡巨变的多方位书写，为此后乡土历史的书写提供了有益的借鉴。

关键词：《雪山大地》　青藏高原　神话　史诗

杨志军祖籍河南孟津，现居山东青岛，但他的生命与作品始终宿命般地与青藏高原紧密联系在一起。作为入藏工作者的后代，杨志军1955年出生于青海西宁，20世纪70年代成为《青海日报》的农牧记者，80年代开始发表"荒原系列"长篇小说，体现了其对藏区历史文化与发展现状的思索。1995年定居青岛以后，杨志军仍在不停地回望青藏高原，并

---

[*] 本文曾发表于《写作》2023年第4期。
[**] 邓钟灵，武汉大学文学院博士研究生。

创作出《藏獒》《大悲原》《伏藏》《西藏的战争》等作品。2022年的新作《雪山大地》是杨志军藏地书写的延续，这一长篇小说以入藏工作者后代的视角叙述了父辈扎根牧区与牧民融为一家共同推动草原变革的故事，也叙述了新一代人的成长以及继承父辈理想继续发展草原的努力。小说以家庭为切入点，但实际上全景式展现了藏区半个多世纪的历史变迁，因而入选中国作家协会"新时代山乡巨变创作计划"。

小说对藏区历史变迁的呈现是复杂的，因为这一书写行动所面对的不光有过去发生的历史事实，还有所书写地区与民族特有的文化传统，以及"新时代山乡巨变创作计划"所包含的时代诉求与史诗召唤。对于有着长期藏地生活经验的作者而言，其中还包括了个人与家庭的记忆，以及在个人经验中形成的理想与信念。这样的小说绝不仅仅也不可能是对历史的忠实回顾，也不是单纯驰骋想象力的虚构，而是将以上种种都糅进了故事和人物之中，它们彼此之间的纠缠牵扯、相弥与融合，在连贯的叙述中划出了三重相异亦相连的维度，即历史、神话、史诗。

一 历史：历史话语与个人经验的交织

历史维度是"新时代山乡巨变"的题中应有之义，入选这一计划的《雪山大地》无疑包含了这一维度，如作家出版社主办的小说研讨会的标题所示，"展现青藏高原波澜壮阔的历史变迁"已成为谈论这部小说的共识。问题在于，小说如何"展现""历史"，在何种意义和程度上具有历史真实性。

考察小说的历史真实性离不开对书写对象的定位。既有论述中"青藏高原"[1]或"青海藏族牧区"[2]等宽泛指认不利于参照具体地区的历史记载来考察小说的真实性。通过与现实对照可以发现，小说中具有代表性

---

[1] 《一部厚重、扎实、诗情洋溢的现实主义力作——杨志军〈雪山大地〉研讨会在京举行》，《文艺报》2023年4月3日，第5版。
[2] 孟秀丽：《回望高原时代巨变，书写牧人精神天路——杨志军长篇小说力作〈雪山大地〉面世》，《半岛都市报》2023年3月4日，A13版。

的"雪山大地"实际上有具体的原型。"雪山大地"在作品中主要指阿尼玛卿州沁多草原,这一虚构的地名本身即在暗示其原型所在。书中所称阿尼玛卿州以阿尼玛卿雪山为名,而现实中确有以这一雪山为名的行政区,即青海省果洛藏族自治州玛沁县。"玛沁,藏语意为'黄河源头最高大的山'。因境内有著名的阿尼玛卿雪山而得县名。"① 小说中的诸多细节印证着沁多和现实中玛沁的对应:其一,沁多境内有"玛沁冈日"②,现实中则有与其仅有音译用字之差的"玛卿岗日",其为阿尼玛卿山的主峰,位于玛沁县境内;其二,沁多与玛沁在地理上的共同点不止"雪山",还有"大地",二者的土地类型都以草场为主,且都有一个"野马滩";其三,沁多有"阿尼琼贡",这是当地宗教和信仰的中心,玛沁县则有阿尼琼贡山,其下有著名的拉加寺,即小说中以现实山名所指代的宗教寓所的原型;其四,小说中的"阿尼琼贡"与玛沁拉加寺的对应还在于"香萨",小说中"香萨"是阿尼琼贡的住持,现实中"香萨"正是拉加寺的寺主活佛系统;其五,小说中新时代的沁多发展迅速,甚至建起了机场,机场这一极具现代性的城市标志在草原并不多见,现实中果洛玛沁机场于2016年通航。综上,有理由认为青海省果洛藏族自治州玛沁县即小说中阿尼玛卿州沁多县的原型。

沁多和现实玛沁的对照既见"雪山大地"在空间上的真实性,我们也得以将小说对历史的叙述与具体的地方史志进行对读,考察其在时间上的真实性。故事从1959年讲起,彼时沁多刚从部落改革为人民公社不久,公社主任由原来的部落头人担任,牧民依然遵奉部落时代的老规矩。小说在人物对话中解释了沁多对秩序变革接受难、反应慢的原因:"牧区没有进行过土改,也没有过互助组和合作社,从部落一下子变成了人民公社,部落的规矩自然就是公社的规矩。"③ 以上情况描述和解释符合玛沁的历史:"由于玛沁县地处偏远,交通闭塞,长期处于部落各自为政的状态,

---

① 玛沁县志编纂委员会编《玛沁县志》,青海人民出版社,2005,第3页。
② 杨志军:《雪山大地》,作家出版社,2022,第31页。
③ 杨志军:《雪山大地》,作家出版社,2022,第23页。

头人主宰一切……直到 1952 年解放，这里仍处于封建部落的割据状态"①，而"1952 年果洛工作团进驻后，至 1958 年民主改革前，党对牧区实行'不分不斗不划分阶级，牧主牧民两利'的特殊政策，生产关系基本没有改变"②。对该地实行特殊政策有其历史原因，小说中叙述了原部落头人角巴德吉对新政权的拥护，这也正符合包括玛沁在内的果洛州历史，果洛的和平解放离不开部落头人对新政府的主动拥戴。1951 年冬，果洛各大部落头人"热诚要求党中央派干部和解放军进驻果洛草原，使果洛早日解放"③。小说中公社化初期由进步头人角巴德吉担任公社主任也是有史可循的，"（1958 年）11 月 20 日，玛沁县安排了然洛等 13 名头人的行政职务"④。

紧接着公社化，小说讲述了饥荒年月的故事。西宁城中的饥荒情景和后文明确的时间标记"1960 年"明确对应现实的历史阶段"三年困难时期"。同时，小说呈现了较少为人所知的彼时草原情貌，农作物干旱歉收对牧区的影响不大，"糌粑没了还有牛羊肉"⑤。这种描述符合草原牧区的饮食结构，也基本符合玛沁畜牧业历史。1959~1961 年，玛沁牲畜数量虽然较少，但还不至于造成饥荒（见表 1）。小说也叙述了这一时期草原特有的苦难，在向平原地区调运牛羊肉时暴发了"牛尸林"（瘟疫）。现实中玛沁牲畜数量的减少也与瘟疫有关，例如 1960 年席卷玛沁全县的牛口蹄疫⑥。经济体制改革以来的历史变迁或许更能突出"山乡巨变"，正如果洛州志中强调"十一届三中全会以后……建设步伐进一步加快"⑦。小说中牧区经济体制改革较迟，历史上玛沁县也直至 1984 年才"决定实行'草山承包，牲畜作价归户，私有私养，自主经营，长期不变'的生产责

---

① 玛沁县志编纂委员会编《玛沁县志》，青海人民出版社，2005，第 3 页。
② 玛沁县志编纂委员会编《玛沁县志》，青海人民出版社，2005，第 261~262 页。
③ 果洛藏族自治州志编纂委员会：《果洛藏族自治州志》，民族出版社，2001，第 8 页。
④ 玛沁县志编纂委员会编《玛沁县志》，青海人民出版社，2005，第 25 页。
⑤ 杨志军：《雪山大地》，作家出版社，2022，第 92 页。
⑥ 玛沁县志编纂委员会编《玛沁县志》，青海人民出版社，2005，第 43 页。
⑦ 果洛藏族自治州志编纂委员会：《果洛藏族自治州志》，民族出版社，2001，第 12 页。

任制"①。随后,沁多牲畜数量快速增长甚至翻番,对应玛沁"畜牧业生产……始终向着总增高、出栏高、商品率高的方向发展"②。

表1 玛沁县历年畜群结构

单位:只

年份	年末牲畜					其中:能繁殖的母畜				
	总计	其中				总计	其中			
		马	牛	绵羊	山羊		母马	母牛	母绵羊	母山羊
1958	227202	2945	54869	159838	9550	144741	1140	25192	84018	4391
1959	208520	1934	53251	145382	7953	106449	728	21847	79807	4067
1960	239973	2069	58044	170316	9544	97976	767	18554	74303	4352
1961	271042	2884	65698	192175	10885	104417	528	23636	75999	4254
1962	283796	1666	77109	196638	8383	111098	605	28114	79013	3363
1963	340369	2461	95588	230923	11497	124960	990	29564	90186	4220

资料来源:玛沁县志编纂委员会编《玛沁县志》,青海人民出版社,2005,第258页。

从公社化到经济体制改革,小说叙述与史志记载基本重合,但书中也不乏与历史记载不符的叙述。例如,将1974年"牧业学大寨"时期"片面追求牲畜存栏数,结果欲速则不达,导致草原过牧退化"的历史"后移"至"大包干"之后,而实际上玛沁的牲畜总数"从1979年开始急剧下降"③。这种错置有利于后续情节的展开,故事中草场退化后,强巴和老才让开始种草,结果翻耕土地造成了土壤流失。紧接着是草原沙漠化、牲畜大规模死亡以及毁天灭地的雪崩,这些灾难迫使已经成为州领导的强巴做出"十年搬迁计划","用牧人城市化的办法挽救阿尼玛卿草原"④。此后,草原逐渐恢复,牧民也在城市中过上了幸福的生活,小说至此完成了对青藏高原"山乡巨变"的历史回顾。其中,小说也改写了种草和城市化之间的关系,历史上这二者同属于青海省"八五"计划,并不存在

---

① 玛沁县志编纂委员会编《玛沁县志》,青海人民出版社,2005,第53页。
② 玛沁县志编纂委员会编《玛沁县志》,青海人民出版社,2005,第263页。
③ 玛沁县志编纂委员会编《玛沁县志》,青海人民出版社,2005,第263页。
④ 杨志军:《雪山大地》,作家出版社,2022,第615页。

故事中的因果关系。可见，小说在具有可与史志互证的历史真实性的同时，也对历史进行了艺术性重构，以完成对历史变迁的连贯叙述。

前文对小说历史真实性的考察在于将书中涉及的历史事件与史志记载进行对照，这些历史事件虽有地域上的具体性，但相较日常生活中的个体经验而言仍是宏观的。同时，如果我们承认过去发生过的一切事情都可以纳入"历史"的概念，那么仅记载重要事件的史志无疑是简略而粗疏的，也是不够连贯的。小说则在由历史事件构成的粗线条时间框架中加以细致的叙述，以丰满可信的人物及其心理和行为的变迁，以及符合风俗人情的生活细节等填补、黏合事件之间的空白，形成生动、连贯的故事，同时也是对这一段历史更连贯、更全面、更生动的呈现。其间的故事和人物虽为虚构，但作者的个人经验为其虚构提供了真实的基础。杨志军小时候便常跟随父亲进出草原，长大后在青海工作，作为农牧记者常像父亲一样深入牧区，和牧民建立了深厚的情谊。[①] 两代人的牧区经验以及与牧民的交往联系，为作者书写藏地历史变迁提供了丰富的现实资源。

首先，与《雪山大地》的第一人称叙述者"我"年龄相仿、经历相似的作者，耳闻目睹了小说所涉及的重要历史事件，且熟知在史志记载的留白中时刻发生的生活变迁，并将其自然地呈现在小说对日常生活的细致描摹中。于是，在叙述人物故事的同时，小说悄然完成了对牧区生活变迁的展示，涉及生产、衣着、饮食、居住、交通、通信、医疗、教育等方方面面。这一变化过程亦即牧区现代化的过程。这些生活层面的变化取材自作者真实的生活经验，有着不依附于小说情节和人物的独立的真实性，并且寄寓着作者对牧民生活的现实关怀。例如，在对饮食的详细描写中包含着作者对牧民传统饮食结构的担忧、对其逐渐多元化的欣慰；在对沁多医院建立过程的浓墨叙述背后则可见作者往昔对牧民看病难的牵挂，以及对牧区现代医疗建设的赞许与感恩。[②] 同时，小说将生活变迁落实到具体人物的生命历程中，以"亲历者"的主观视角直观生动地呈现这些改变对

[①] 仲伟志：《杨志军：汉人皮囊，藏地灵魂》，《齐鲁周刊》2018 年第 13 期。
[②] 杨志军：《书写青藏高原牧民的变迁史》，微信公众号"中国作家网"，2023 年 3 月 15 日，https://mp.weixin.qq.com/s/Ptb2dBk-6nSrlH9bzAvHmw。

于当地牧民的意义。例如，现代教育对牧民生活的强势介入使一些人的命运发生了深刻的改变，故事中的年青一代本应像祖辈、父辈一样以放牧为生，而草原上破天荒建起的学校既使他们的童年生活从放牧变为上学，也从根本上改变了他们的人生，他们得以走出世代重复的劳作，成为政府工作人员、教师、医生、歌手……

其次，作者在塑造人物时注入了自己对牧民的认识。作者熟悉牧民的行为和思维方式，也熟知其背后的文化传统和风俗习惯，并对这一切有着高度的理解和认同，将其内化为自己的"藏式人格"[1]。小说中对人物心理和行动的描写离不开在此基础上的推演：作者"把自己当作一个变化中的游牧民，去完成一种从传统到现代的蜕变过程"[2]。牧民对现代文明从排斥到逐渐接受与适应，这一概括性的变化是作者所了解的，也是各地现代化进程中的共同经历。小说所做的则是通过具体的人物和情节将这一过程中的曲折细细展开。例如，在教育问题上，小说首先通过一系列生活细节的描写使读者理解了牧民排斥现代教育的原因，继而叙述了"父亲"强巴和角巴的游说（其中不乏善意的欺骗和利益的许诺），而真正使牧民从心理上接受现代教育的则是原本的文化垄断者寺庙对学校的认可。无论是力排万难创办教育的"父亲"，还是有足以说服牧人的威望的角巴，以及走出寺庙亲自参与现代教育的香萨，他们在"历史"上的存在和行动都是作者的虚构，但他们自身的性格、行动及其带给牧民的影响，都符合作者所了解的牧民的民族性格和心理。作者实际上是在真实历史变迁框架中，以具有文化真实、生活真实、心理真实的虚构推演留白处可能的细节，将历史重构为完整而连贯的故事。

总而言之，《雪山大地》以现实玛沁县为原型，在其真实的地理环境和历史事件形成的时空框架中，以作者熟知的草原生活细节及其变迁为基础，推演符合民族性格的人物在其中的具体行动和心理变迁，宏观与微观相结合，全方位、细致地完成了对以沁多为代表的青藏高原变迁史的书写。

---

[1] 仲伟志：《杨志军：汉人皮囊，藏地灵魂》，《齐鲁周刊》2018年第13期。
[2] 李魏：《青岛作家杨志军新作〈雪山大地〉回望父辈之路，书写高海拔"故乡"的时代巨变——雪山大地的呼唤，绵延流传》，《青岛日报》2023年2月20日，第7版。

二 神话：神奇现实与主观理想的呈现

肯定小说的历史维度并不意味着肯定小说客观叙述了真实发生过的"史实"，而只是肯定其中存在的"历史话语"。正如罗兰·巴尔特早已指出的那样，即使是历史学家也不可能做到客观、真实，其历史话语"本质上是意识形态的产物，或更准确地说，是幻想的产物"。[1] 在此基础上，新历史主义者进一步指出历史话语的主观性、虚构性，以及我们与"历史"之间永恒的距离[2]。因此我们无从考察小说与所谓客观历史的关系，如前文所示，其"历史真实性"只能体现在与其他历史话语的照应和对个人经验的依循，而后者其实正暗示了其历史书写的主观性。强调作者的个人经验赋予小说文化真实、生活真实、心理真实的同时，还必须承认的是，这些"真实"是主观的真实，不一定具有客观真实性。这些主观经验形成于特定的文化语境，难免存在与不同语境中的一般经验的相悖之处，很容易被指认为失真的虚构。其中最明显的便是小说中所表现的大自然及其与人类的关系，其超出当代中国普遍的"无神论"认识，而表现出超自然的神话色彩。

小说的标题"雪山大地"既指向故事的地理空间，也"是对当地牧民自然崇拜的一种高度概括"[3]。小说不仅以观察者的视角表现了牧民对大自然的崇拜，而且以亲历者的视角"见证"了自然的神力。首先，小说通过描写各种禁忌和敬神、祈祷的仪式，表现了牧民对自然神性的相信与敬畏。在此基础上，小说通过"现实"与信念的印证肯定了自然神性的存在，同时也肯定了雪山大地信仰的合理性。例如，牧民相信祈祷和行

---

[1] 〔法〕罗兰·巴尔特：《符号学原理：结构主义文学理论文选》，李幼蒸译，生活·读书·新知三联书店，1988，第62页。

[2] 例如，德罗伊森认为，"我们不能'客观地'重构过去的事件，而只能通过'史料'构造关于它们的或多或少带有主观性的见解、观点或摹本"，转引自何兆武主编《历史理论与史学理论：近现代西方史学著作选》，商务印书馆，1999，第285页。

[3] 孟秀丽：《回望高原时代巨变，书写牧人精神天路——杨志军长篇小说力作〈雪山大地〉面世》，《半岛都市报》2023年3月4日，A13版。

善便会得到雪山大地的保佑，才让听力突然恢复，角巴掉下山崖却大难不死，强巴多次遭遇狼群非但没有被吃掉反而受到狼群的保护，这些情节"确证"好人将得到雪山大地的保佑。相反，对雪山大地不敬或作恶便会受到惩罚，强巴为了种草而翻耕土地的行为在牧民眼中便是对雪山大地的亵渎，而其出乎意料的惨痛失败便彰显了自然的愤怒与惩罚。另外，与传说相印证的奇异现象也不时显示着雪山大地的神力。例如，在转山途中有一道狭窄的"无量关"，传说"能过去就说明你有善心善德，好运好报，要是卡住就意味着你恶业累累，在劫难逃"①，身材胖大的角巴竟然轻松过关，表明他的善得到了神明的认可。

作为雪山大地的一部分，小说中的动物也具有神性，彰显着前者的神奇。草原狼好似传达雪山大地意志的使者，它们不吃人的反常行为体现着雪山大地对人的认可和保佑，吃人却不一定代表否定和惩罚，反而可能是轮回中的助力。例如，姜毛处处行善却丧生狼口是因为"她前世是一只老虎，咬死过很多狼，今生是要还账的，还了账，来世她就是人堆里的尖子"。②作者曾反复书写的藏獒在《雪山大地》中也出场了，它们不光勇猛忠诚，而且具有神奇的识别能力，能远远地辨识陌生人的善恶与意图，能预知危险以及自己的寿命。小说中着墨最多的动物则是马，它们具有超出一般认知的理解力、感情、道德，其中最突出的是被香萨誉为"天马"的日尕，它可以在茫茫草原中找到正确的方向和最快的路线，能觉察主人未宣之于口的复杂意图，它虽然从属于人类，却不时以神明的姿态向人类示以怜悯与关怀。作者在描写日尕时，还透露出动物间神奇的跨物种交流能力。例如，日尕在冬天赶路时会向牦牛讨食，后者则将反刍后的食物吐给它吃。另外，草原上的藏羚羊、藏野驴、鸟儿、老鹰等都能相互传话，草原上没有秘密。

生活在这神奇环境中的人同样不可思议。首先，他们能听懂动物的传话，眼镜曼巴听听鸟儿叫便知道远方的才让恢复了听力。其次，他们有神

---

① 杨志军：《雪山大地》，作家出版社，2022，第476~477页。
② 杨志军：《雪山大地》，作家出版社，2022，第130页。

奇的预知能力，老藏医能提前知道患者将要到来及其具体病情。再次，他们似乎能与雪山大地及其他神灵交流，通过念诵祈福真言让神明听见自己，并且总能领会后者的好恶与指引，从而得以在高原恶劣环境中生存繁衍。例如，桑杰知道"地势低的水里住着黑龙，地势高的地方住着白龙，黑龙脾气大，白龙性情柔"①，所以将家安在高地，从而避免了之后洪水的冲击。

对雪山大地的信仰更神奇地左右了草原牧民的灵魂，信仰对善的强调塑成了人们"向善而生"的价值和行为准则，促使他们做出一系列非凡的善举。②角巴德吉一直在为草原和他人奔波、给予、奉献，最终在说服牧民响应城市化号召的奔走中遇难；桑杰经商却不耽于私利，将巨额存款全部捐赠学校；央金为救人葬身火海；才让留学归来建设家乡，鞠躬尽瘁逝于任上；梅朵放弃如日中天的演艺事业去照顾毁容的麻风病人，被称为"甲木萨"③；赛毛舍己救人落水而死；曼巴（藏语，意为医生）为治病救人不惜闯入禁忌之地……这样的大善并不是草原牧民所独有的，小说还以父亲、母亲为代表，描绘了入藏工作者的至善人格。"我"的父亲强巴是县里的汉族干部，在草原调研期间被赛毛所救，出于感恩和责任将余生都奉献给草原，引导了一系列促使沁多发生巨变的事件；"我"的母亲苗苗则"是那种天生的医生，骨子里带着慈悲，血液里流着济世"④，她在禁地生别离山开设医疗所救治麻风病人，被称为"下凡的甲木萨"⑤，感染后仍坚守岗位，治愈了病人却累死了自己。正如"菩萨""甲木萨"等赞语所示，这些人物善良无私得不像凡人，而近乎诸佛菩萨。相比其他现实主义作品对复杂人性尤其是人性之恶的呈现，这样的人性景观显得不那么真实，小说研讨会上即有评论指出："与其说这是一部现实主义作品，

---

① 杨志军：《雪山大地》，作家出版社，2022，第9~10页。
② 杨志军：《雪山大地》，作家出版社，2022，第363页。
③ 杨志军：《雪山大地》，作家出版社，2022，第649页。小说中的"甲木萨"原为吐蕃对文成公主的尊称，藏语中"甲"的意思是"汉"，"木"的意思是"女"，"萨"的意思为神仙。本书中的"甲木萨"则并不强调汉族身份，可理解为"女菩萨"。
④ 杨志军：《雪山大地》，作家出版社，2022，第349页。
⑤ 杨志军：《雪山大地》，作家出版社，2022，第289页。

不如说它充满了浪漫主义情怀……即便是书写人与人之间的矛盾，作品也不太忍心用现实主义的冷峻态度去加以处理，而是把人性的部分写得非常优美。"①

综上，小说在书写历史、具有历史真实性的同时，表现着自然的神力以及动物和人的神性，弥漫着超出现实的神话色彩。然而，小说所书写地区在地理和文化上的特殊性则提示不能将此神话维度简单地理解为失真的虚构，亦即对历史维度的消解。相反，这一神话维度延续着雪域高原"自有人类繁衍以来，历史便是以充满神秘色彩的神话与宗教谱写"②的传统。正如卡彭铁尔所启示的那样，这种传统并非虚构技巧的传承，而是对"信仰产生了奇迹"所形成的"神奇现实"③的呈现。与"神奇现实""魔幻现实主义"等概念的诞生地拉丁美洲相似，雪域高原有着奇妙的自然环境和浓郁的宗教氛围，"整个藏地就处在众多神山、神湖、神水的护佑之中"④，此间人们眼中的世界不需要作者过多的虚构想象，其本身就是神奇的。小说以20世纪60年代初来到藏族牧区并在此长大的"江洋"的视角，还原了当时当地人们眼中的神奇世界，并且随着时代的变迁和江洋的成长，历史性地表现了这种主观现实的变化。例如，在江洋成年以后的故事中便很少出现动物传话等具有明显神话色彩的描述，并且将雪山大地的保佑由此前确信的客观存在转而叙述为自觉的主观信念："相信祈祷的力量，相信雪山大地的照应，竟是这般神奇地左右了我们的灵魂，让我们敢于乐观地面对一切灾难。"⑤

对上述神奇现实及其变迁的发现，离不开作者与江洋相似的草原生活经验，即卡彭铁尔所强调的"作者身处其中的亲身感受"⑥。而"亲身感

---

① 《一部厚重、扎实、诗情洋溢的现实主义力作——杨志军〈雪山大地〉研讨会在京举行》，《文艺报》2023年4月3日，第5版。
② 王映川：《"格萨尔史诗"的神话传统与宗教关系》，《西藏研究》1982年第2期。
③ 〔古〕阿莱霍·卡彭铁尔：《这个世界的王国》序言，陈众议译，载柳鸣九主编《未来主义·超现实主义·魔幻现实主义》，中国社会科学出版社，1987，第469~472页。
④ 得荣·泽仁邓珠：《藏族通史·吉祥宝瓶》，西藏人民出版社，2001，第7页。
⑤ 杨志军：《雪山大地》，作家出版社，2022，第363页。
⑥ 〔古〕阿莱霍·卡彭铁尔：《这个世界的王国》序言，陈众议译，载柳鸣九主编《未来主义·超现实主义·魔幻现实主义》，中国社会科学出版社，1987，第473页。

受"及其书写实际上在"神奇现实"原有的主观视角上又叠加了作者的主观视角。在这种双重主观视角下的历史书写必然带有偏差或潜在的目的性,即"为了显示过去的一部分而特别建立的复杂的语言结构"①,其神话色彩便显在地提示着个人叙述与客观实在的偏差,同时也成为作者主观目的的集中体现。

首先,小说对信仰下"神奇现实"的呈现便存在明显的选择性,与其说"雪山大地"是对当地信仰的概括,不如说是绕过了次生宗教(即佛教等人为宗教)而直接与藏族先民古老的自然崇拜对接——文中鲜见对具体神明、教义、仪轨等宗教元素的涉及,拉加寺这一宗教寓所更被隐于山名"阿尼琼贡"之下。《斯巴宰牛歌》《猕猴与罗刹女繁衍人种》《卵生人种》等神话表明藏族先民具有早期人类文明中普遍存在的泛神论的自然崇拜习俗。② 彼时人类还没有将自身从"世界"中分离出来,尚处于人与"世界"浑然一体的神话时代。关于神话时代的"终结",雅思贝尔斯认为发生在"轴心时代"人返归自身、在自我存在中体验到无限性的时刻③,扬·阿斯曼则将这种转变与宗教从多神教到一神教的转折联系在一起④;之后科学技术的发展以及由之而来的思想解放则更彻底地打破了神话思维,在此前人与"世界"分离的认知图景中进一步将人擢升为"主体",而将"世界"降格为"客体",人取代神成为主宰。然而,这些被描述为普遍性的转变在藏区并没有发生,无论是"轴心时代"的苯教还是后来传入的佛教,都延续着原始的泛神论与自然崇拜,并将其与宗教神话相融合,而没有"从理性精神出发,以'Logos'反对'Myths',以唯一上帝的超验性反对诸神和恶魔的存在"⑤,这种未经动摇的神话传

---

① 〔美〕海登·怀特:《"描绘逝去时代的性质":文学理论与历史写作》,任厚恺译,载〔美〕拉尔夫·科恩主编《文学理论的未来》,程锡麟等译,中国社会科学出版社,1993,第50页。
② 得荣·泽仁邓珠:《藏族通史·吉祥宝瓶》,西藏人民出版社,2001,第646页。
③ 〔德〕卡尔·雅思贝尔斯:《论历史的起源与目标》,李雪涛译,华东师范大学出版社,2016,第33页。
④ J. Assmann, *The Price of Monotheism*, translated by Robert Savage, Stanford University Press, 2010, p. 2.
⑤ 张进:《新神话主义视野下的拉图尔"共同世界"观》,《贵州社会科学》2022年第2期。

统亦足以对抗现代科技文明的冲击。未经"祛魅"的藏文化便一直处于神话思维之中，当几经"祛魅"的现代文明遭遇战争、虚无、生态破坏等现代性危机，回过头向古老神话寻求安慰与解决之道时，藏文化便为其提供了"活"的资源与示范。或许正是由于藏文化的影响，杨志军与文中的强巴一样，较早发现了现代文明中的问题，尤其是生态问题，在20世纪80年代便以《大湖断裂》《环湖崩溃》等作品表达了对生态问题的忧虑，其代表作《藏獒》则表达了"对人类中心主义的否定"与"对动物生命内在价值的肯定和尊重"[1]。《雪山大地》则是其生态关怀的集大成之作，既有过往对生态危机和动物灵性的呈现，也创造性地将藏地信仰集中呈现为自然崇拜，并以当代神话的形式召唤着对自然的敬畏，而人与自然默契相通的牧区生活则是对理想生态情景的示范。

其次，小说中对神性道德的描绘，既来自作者对藏民和父辈的真实记忆，也存在将这种超出普通人道德经验的神性品格普遍化为民族性格的倾向。在叙述姜毛的善举时，作者便写道，"不用报答，藏族人都一样"[2]。这种普遍性的概括压抑了对恶的呈现，于是作者迫使老才让在最后突兀地迷途知返；而其作为一种静态的符号也遮蔽了道德的变迁，于是小说对市场经济下牧民贪欲的增长只有浅尝辄止的叙述。这种扬善抑恶的叙述具有两方面的"神话"意义。一方面，当我们用"神话"这个词"形容某种并不真实的东西"时，小说中的人性景观尤其是普遍的民族性，无疑可以被指认为建构的"神话"。另一方面，这种建构背后是古老神话思维的延续，神话作为一种"指向在人类存在之中无时间的因素"的艺术形式，并不在意被称为"真实"的"随机性事件所形成的变动不停的无序状态"，而是超越有限的存在与经验"让我们窥见现实的内核……真正拥有了我们的全部人性"。神话对"过去"的呈现"更关注事件的意义"，它"在实质上是一种指导，它告诉我们为了生活得更为丰富，我们必须做什么"，[3] 二者之间

---

[1] 汪树东：《天人合一与当代生态文学》，广东高等教育出版社，2018，第165页。
[2] 杨志军：《雪山大地》，作家出版社，2022，第122页。
[3] 〔英〕凯伦·阿姆斯特朗：《叙事的神圣发生：为神话正名》，叶舒宪译，载叶舒宪、李家宝主编《中国神话学研究前沿》，陕西师范大学出版总社，2018，第22~23页。

并不矛盾。杨志军对人性神话的建构，包含着希望小说能在当代发挥神话示范或"训诫"[①]功能的期待，小说中所表现的人之神性实际上是"关于'人'的一个标准"，"是人的精神气质和人格完善的体现"[②]。这是作者在"藏獒"系列中所坚持的社会理想与文学使命的延续——"总应该出现一种力量、一种形象，来挽救日益衰残的道德风景，并给它们涂上人性的光辉"[③]。

总结而言，《雪山大地》中表现了自然的神力、动物与人的神性，这些超出普通读者一般经验的内容构成了小说的神话维度。其一方面是作者对当时当地人们眼中神奇现实的反映，另一方面也寄寓了作者的主观意图，即希望在模仿古老神话的同时借得神话的示范与训诫功能，从而通过小说传递自己的生态理想与人格理想。

三 史诗：文化遗产与时代话语的对接

"史诗"（Epic Poem）这一西方文学概念的传入及其在汉语文学中的缺失，激发了中国现当代文学"以'长篇小说'叙写本世纪'历史''现实'的'史诗情结'"[④]，各个历史时期均涌现出大量被称为"史诗"的作品。但从20世纪80年代中后期开始，史诗总体性的宏大叙事和重点表现的英雄形象都遭到了后现代文化思潮的解构，长篇小说逐渐抛弃了史诗性追求。然而，"所有的作家都梦想写一部史诗性的皇皇巨著"[⑤]，所以20世纪90年代以来史诗性追求再度出现在长篇之中，但与此前被称为"史诗"的作品相比，这些"新史诗"仍然表现出对时代性宏大叙事和英雄形象的警惕或回避[⑥]。2022

[①] 陈建宪：《神话：从原始法典到当代生活——〈中国神话学研究前沿〉代序》，载叶舒宪、李家宝主编《中国神话学研究前沿》，陕西师范大学出版总社，2018，第3页。
[②] 李魏：《青岛作家杨志军新作〈雪山大地〉回望父辈之路，书写高海拔"故乡"的时代巨变——雪山大地的呼唤，绵延流传》，《青岛日报》2023年2月20日，第7版。
[③] 仲伟志：《杨志军：汉人皮囊，藏地灵魂》，《齐鲁周刊》2018年第13期。
[④] 黄子平：《"灰阑"中的叙述》，上海文艺出版社，2001，第10页。
[⑤] 莫言、崔立秋：《"有不同的声音是好事"——对〈生死疲劳〉批评的回应》，《文学报》2006年9月28日，第1版。
[⑥] 赵彦芳：《"史诗"观念的中国接受与中国"史诗"审美传统的生成》，《广东社会科学》2023年第2期。

年，中国作家协会发起"新时代山乡巨变创作计划"，并发出了对新时代史诗的召唤："新时代山乡巨变创作是一项系统文学工程，是在更高层次上、更大规模上、更全要素上书写恢宏时代气象和生生不息人民史诗。"① 无论是"新时代"还是"人民史诗"，都明确表达了对一度失落的时代性宏大叙事的呼唤，实际上是对比"新史诗"更"新"的新时代史诗的召唤。

入选这一计划的《雪山大地》对宏阔"历史""现实"的书写，表现了对中国现当代文学中由来已久的史诗情结的继承。而其历史维度和神话维度的叠加则指向一种更古老的史诗性——历史与神话的叠加正是《荷马史诗》《格萨尔》等经典史诗的共同特征之一。其中《格萨尔》史诗是藏族人民集体创作的珍贵非物质文化遗产，是至今仍在活态传承的世界最长史诗。其讲述了神子推巴噶瓦为救护苍生降生凡间岭国，赛马称王后带领部众降妖除魔、除暴安良、统一各部落、教化民众，在众生获得安宁祥和的生活后回归天界的故事。值得一提的是，《雪山大地》中沁多的现实原型玛沁所属果洛地区正是传说中格萨尔赛马称王之地，也是《格萨尔》史诗流传最广泛的地区之一，这里的藏民坚信自己是格萨尔的后人，此地是"岭国"的地界。在这种文化背景下，小说中不乏对"格萨尔王"这一经典文化符号的引用，深入考察之下更可以发现小说与《格萨尔》史诗之间的诸多相似之处及其与经典史诗理论的契合。换言之，小说从古老的文化遗产中汲取经验，从而"绕开"现代以来尤其是20世纪80年代以来纷繁芜杂的"史诗"问题，直接以一种更"原初"的"史诗性"回应着新时代对史诗的呼唤。

《雪山大地》首先在细节处或显或隐地引用了"格萨尔"这一经典符号。它出现在牧民即兴而歌的歌词中。例如，梅朵唱道：

群山里的高峰，众马里的骏马，
我家的哥哥，草原上的好汉，

---

① 张宏森：《书写新时代山乡巨变的新史诗》，《旗帜》2022年第5期。

人堆里的尖子，人人喜欢的赛马王。①

它也经常出现在人们的日常对话中，作为表达和理解意义时必不可少的通用符号。例如，眼镜曼巴为了化解角巴的恐惧而神化自己的能力，史诗的"训练"使角巴理解并相信了这一明显的谎言："啊嚎，那就跟格萨尔王一个样子啦。"② 它还出现在牧区的文化活动中，赛马会的"奖品"便是格萨尔王的荣耀，因为"自从有了格萨尔赛马称王，所有拿了第一的人都是他们心目中的王"③。文中还有较为幽隐的征引，例如小说末尾提及沁多城中的"野马雪山广场"，"大家都知道野马雪山广场意味着什么"④，其自然指向"雪山大地"所概括的信仰与价值体系，而沁多与现实玛沁的对应则使得这一"意味"也暗暗指向玛沁城中实际存在的格萨尔广场以及附着其上的文化体系。格萨尔广场这一现实存在也说明小说中对"格萨尔"的引用，实际上是在模仿当地人民现实生活中对这一符号的不断引用，生动反映了格萨尔王的传说及其精神遗产在当地生活和文化中的分量。

其次，小说的许多情节可以见到《格萨尔》史诗的影子。2000多万字的《格萨尔》史诗，其丰富内容可以概括为三句话：上方天界遣使下凡，中间世上各种纷争，下面地狱完成业果。《雪山大地》围绕主要人物强巴所展开的故事也可以做出相似的概括：故事开始于强巴带着任务来到草原，结尾于其完成任务离开人世，中间则是强巴引领草原牧区发生一系列巨变的复杂过程。具体情节的对应则更清晰地显示出二者的相似性。其一，与格萨尔受命临凡对应，小说不光交代了强巴最初来到草原的公职任务，且为其之后推动草原发展进步的行动加置了神秘的指引——"是一个叫赛毛的女人用以命救命的办法烙印在他身上的宿命：阿尼玛卿草原从

---

① 杨志军：《雪山大地》，作家出版社，2022，第47页。
② 杨志军：《雪山大地》，作家出版社，2022，第294页。
③ 杨志军：《雪山大地》，作家出版社，2022，第455页。
④ 杨志军：《雪山大地》，作家出版社，2022，第669~670页。

此就交给你啦。"① 其二，与格萨尔赛马称王对应，强巴也获得了"天马"，且是和格萨尔的江噶佩布一样可以听懂人言的枣红马，它也助强巴获得了赛马会的第一；强巴后来出任阿尼玛卿州的州委书记、州长，以"一把手"的权威推动了城市化和生态保护。其三，与格萨尔王降妖除魔对应，强巴在草原创学校、办医疗、兴商业、建城市，驱除了蒙昧、疫病、贫穷、生态危机等"妖魔"。其四，与格萨尔地狱救妻对应，强巴的妻子苗苗陷入被视为"地狱"的生别离山，在"地狱"中的麻风病人得到治愈——对应史诗中地狱十八亿亡魂得到超度——之时，苗苗逐渐康复。其五，与格萨尔王返回天界对应，生态恢复、城市化已见成效之时，强巴于雪山之上溘然长逝，而此前强巴也曾在"中途"像格萨尔王怀念天界一样"有一种丢开尘世、走向永恒的感觉"，且同样被使命拉回尘世，意识到"我还有很多事要干呢"。②

再次，小说不仅有意无意模仿了《格萨尔》史诗的情节，而且具有与之相似的史诗品格。

其一在于人物的"英雄"品格。在"史诗"理论建构中具有重要地位的黑格尔最为推崇英雄史诗，并指出"英雄"的性格和行动具有民族代表性和行动主导性："他们……把民族性格中分散在许多人身上的品质光辉地集中在自己身上……处在首位，当时大事都要联系到他们的个性来看……他们在主要战役中战斗到底，承受着事变的命运。"③ 格萨尔王无疑契合这样的描述，他不仅以崇高的身世和性格集中体现着藏族人民对神明、理想统治者、理想人格的祈愿，而且作为有力的领导者，以81年的人生轨迹集中呈现着藏区由分散割据到逐渐统一、由氏族社会到奴隶制国家的漫长过程。《雪山大地》中则有强巴、苗苗、角巴、才让等，他们超越普通人的崇高道德正是其所代表人群——藏民族、入藏工作者等——光辉品质的集中；他们的一系列行动则缩影般呈现出青藏高原的山乡巨变——"一个与一个民族和一个时代的本身完整的世界密切

---

① 杨志军：《雪山大地》，作家出版社，2022，第619页。
② 杨志军：《雪山大地》，作家出版社，2022，第525页。
③ 〔德〕黑格尔：《美学》第3卷下，朱光潜译，商务印书馆，2009，第137~138页。

相关的意义深远的事迹"①。而在这个过程中,他们也都如格萨尔王及众英雄一样,是既有主动参与历史的使命感又获得了相应地位和权力的主导者,而不同于"新史诗"为其立传的那些"在情感、欲望中无处安放灵魂的市民"②。

其二在于其发生时代。黑格尔将史诗的发生时代表述为"中间时代":"一方面一个民族已从混沌状态中醒觉过来……但是另一方面,凡是到后来成为固定的宗教教条或政治道德的法律都还只是些很灵活的或流动的思想信仰。"③《格萨尔》史诗"产生在藏族氏族社会开始解体、奴隶制的国家政权逐渐形成的历史时期"④,这一漫长的历史时期不仅具有社会形态上的"中间性",还有宗教信仰上的"中间性":藏区主要信仰正经历着从本土苯教向外来佛教的转移。在这个过程中逐渐完成的"格萨尔王"形象便呈现为"立足于已为吐蕃王室所抛弃的本钵教而与正统宗教相对抗"的"佛教神佛的叛逆"⑤。《雪山大地》所处时代的"中间性"则在于"传统"与"现代"之间。晚清以来,历经现代性对传统的冲击、批判与颠覆,复兴传统的民族愿望却没有消散,新时代以来更提出了"全面复兴传统文化""文化自信"等,力图实现传统与现代相辅相成的中国式现代化。写于此时的《雪山大地》,其主人公强巴作为传播现代性的启蒙者,却逐渐成为传统文化的皈依者,也因此时而表现为现代性的"叛教者",例如其对人才流失、贪欲、信仰失落、生态恶化等现代性问题的发现与反抗。需要强调的是,在传统与现代和谐共进的当下,二者没有被叙述为对抗的关系,主人公也没有被叙述为无能为力的底层见证者⑥。相反,有力量的主人公通过行动调和着传统与现代之间的矛盾,使

---

① 〔德〕黑格尔:《美学》第 3 卷下,朱光潜译,商务印书馆,2009,第 107 页。
② 赵彦芳:《"史诗"观念的中国接受与中国"史诗"审美传统的生成》,《广东社会科学》2023 年第 2 期。
③ 〔德〕黑格尔:《美学》第 3 卷下,朱光潜译,商务印书馆,2009,第 109 页。
④ 降边嘉措、吴伟编纂《格萨尔王全传》,作家出版社,1997,前言,第 1 页。
⑤ 王映川:《"格萨尔史诗"的神话传统与宗教关系》,《西藏研究》1982 年第 2 期。
⑥ 如《秦腔》(贾平凹,2005)中的"张引生"、《望春风》(格非,2016)中的"赵伯渝"等。

其相互观照与促进，例如以现代医学破除对麻风病的神秘恐惧，在发展商业的过程中将传统道德作为约束，在城市化过程中为吸引牧民入城而在城中建起雪山大地的祭坛等。

其三在于"诗人"的地位。如前所述，史诗的发生时代并不等同于其所书写的时代。有意思的是，黑格尔既强调两个时代之间的差异，强调诗人"自己的时代意识和观念"，又要求诗人"必须完全熟悉他所描述的情况，观照方式和信仰"，让读者"从这里看到真实情况"，还要求诗人表现"全民族的原始精神"和"全民族的客观的观照方式"。① 于是，在赋予诗人创作上的"自由独立"——包括重构历史的自由——的同时，又对诗人的"天才"提出了极高的要求，要求其以"整一的精神"穿越时代的间隔，将两种时代性与民族精神共同呈现在"一部本身整一的艺术作品"中。②《格萨尔》史诗没有这样的"一个"诗人，但其神秘的传颂方式——神授——使唱诗人可以在任何时代"回忆"起史诗中的遥远时空，神授同时也意味着原始民族精神穿越时空的自我显形。在这一点上《雪山大地》的史诗性似乎更加清晰，其有明确的"诗人"，且因亲历而对所书写时代有充分了解，更重要的是，其以"自由的精神"与非凡的魄力，在历史、当下、民族精神的深处提炼出融会贯通三者的精神体系"雪山大地"，它是民族远古信仰的概括，是故事时代中"在个人内心起作用的那些普遍力量"③，同时又与新时代的精神理念对接，其内含的生态意识与人格理想，正是新时代价值体系的重要部分。

在强调"文化自信"的新时代，《雪山大地》在叙述历史变迁的过程中，生动展示了重要文化遗产《格萨尔》史诗在历史、文化中的重要地位，且对其进行了创新式的继承：既以情节上的相似使文本暗暗具有《格萨尔》史诗的当代重述的意味，也深刻领悟并发扬了其内在的史诗性，使作品具有完备的史诗品格。这一史诗性作品及时回应了"新时代

---

① 〔德〕黑格尔：《美学》第3卷下，朱光潜译，商务印书馆，2009，第108~112页。
② 〔德〕黑格尔：《美学》第3卷下，朱光潜译，商务印书馆，2009，第112~115页。
③ 〔德〕黑格尔：《美学》第3卷下，朱光潜译，商务印书馆，2009，第112页。

山乡巨变创作计划"对史诗的召唤,并且深刻体现了新时代的精神,为新时代"新史诗"提供了一个范本。

结　语

入选"新时代山乡巨变创作计划"的《雪山大地》,以书写青藏高原的历史变迁为明确目标。对于达成这一目标不可或缺的多重面向与多种经验,小说将其处理为各有侧重又彼此勾连的历史、神话、史诗三重维度。历史维度侧重于处理小说与历史的关系,追求小说叙述的历史真实性;神话维度侧重于处理小说与民族传统文化的关系,力图呈现民族地区独特的文化语境与精神风貌;史诗维度侧重于处理小说与时代的关系,尝试在经典文本的示范下建构新时代的史诗作品。历史维度构成了小说的主要叙述部分;神话维度既将信仰下的神奇现实作为历史的补充,又以与一般经验的偏差提示着历史书写的主观性;史诗维度既有前二者的叠加,又带来了更广阔的观照历史的视角,且为神话维度的偏差提供了诗人的自由。

三重维度的交织,构成了整一的《雪山大地》,同时也是一次多方位书写乡土历史的尝试。三重维度的存在及其相互关系,为如何认识历史的求真与小说的虚构之矛盾、如何处理宏大叙事与个人经验之关系、如何还原历史语境中的世界、如何实现传统经验与时代话语之沟通等问题做出了创造性的回答,也因此为之后山乡巨变的书写提供了经验与借鉴。

概念与分析：新世纪长篇小说返乡书写研究述评

史婉莹[*]

摘　要："返乡书写"近期成为国内文学创作与批评领域的热点话题，以"精神返乡"为主旨的长篇小说表现尤其突出。进入21世纪以来，中国乡村发生巨大变革，城乡关系不断调整，"返乡"概念由社会学进入文学批评领域，"返乡书写"概念的内涵也在不断变化。狭义上的"返乡书写"，可以界定为含有"城里人返乡"情节的写作；广义上的"返乡书写"，则可以指具有城市生活经验与当下返乡经历的作家，描摹故乡当下现实、表达精神返乡主旨的文学书写活动。学界先后围绕"新世纪转型""非虚构写作""新时代"等主题展开研究，鼓励作家积极参与返乡实践，期待更多为乡村现代化转型做出有益贡献的中国故事。

关键词：返乡书写　长篇小说　非虚构写作　新世纪转型

近年来，"返乡书写"在梁鸿"返乡三部曲"及王磊光、黄灯等人的非虚构作品之后，再次成为文学界热点概念。其中，以"精神返乡"为主旨的长篇小说表现尤其突出。仅2022年一年内，就有付秀莹的《野望》、魏微的《烟霞里》、林白的《北流》、乔叶的《宝水》、陈应松的《天露湾》、王跃文的《家山》等作品出版。2023年，乔叶的《宝水》获得第十一届茅盾文学奖，魏微的《烟霞里》获得第十一届茅盾文学奖提名。随着中国作家协会"新时代山乡巨变创作计划""新时代文学攀登计划"等项目的启动，多部长篇"返乡书写"题材小说密集推出，相关作品研讨会、期

---

[*] 史婉莹，武汉大学文学院博士研究生。

刊组稿、文学评奖也重新将关注重心放在"返乡书写"作品上。

  这一写作实践的新热潮与中国新世纪[①]以来的乡村变革息息相关。从乡村出走的青年人，在进入城市生活、工作数年之后返回乡村，在面对新乡村、新农民、新景观、新思想时，感受到富有冲击力的物质与精神巨变，在书写中表现出与过去的"返乡书写"[②]既有联系又有差异的主旨意涵与叙事效果。同时，在进入21世纪以来的历史时段内部，社会各因素的变化也使"返乡书写"发生阶段性的变化：无论是对乡村风景、世相、乡情、人心的描写，还是作者及叙事主人公情感、价值观的表达，都发生了相当程度的转变。因此，将"返乡书写"作为一个学术概念进行研究，不仅是简单的对新世纪返乡书写作品创作现状的归纳和总结，而且是一种写作学科对新世纪以来社会整体发展进程富有社会责任感的积极回应。

[①] 汪晖在《世纪的诞生——20世纪中国的历史位置（之一）》一文中认为："'世纪'概念的流行是一个偶然的现代事件。对于一个时代的分析很少能够准确地与世纪的刻度完全吻合，也正因为如此，历史学家们发明了诸如'长世纪'或'短世纪'这样的概念，以描述一个可以用细节、事件或逻辑加以界定的时期。"作为现代性偶然事件出现的"世纪"概念，被用来概括一个时间阶段的共同性特征，这就决定了"世纪"不只是一个物理时间概念，还是一个理论性概念。虽然目前还无法界定尚未结束的21世纪中国表现为何种性质，但是就目前中国发展现状而言，21世纪初期已经呈现出"和谐的、发展的时代"特征。如果按照这一标准去寻找社会发展的脉络与共性，那么目前中国21世纪显露出来的"新世纪"特征可以向前延伸10年，直接抵达20世纪90年代的中国。丁帆主编的《中国乡土小说的世纪转型研究》即将"20世纪90年代"作为其论述"世纪转型"的时间节点。李兴阳2008年发表在《扬子江评论》上的论文《"新世纪"的边界与"新世纪乡土小说"的边界——新世纪中国乡土小说转型研究之一》，以及宋学清的博士学位论文《"新乡土写作"的发生：新世纪长篇乡土小说研究》，均曾专门讨论过"新世纪乡土小说"的时限应该自20世纪90年代初期开始。"返乡书写"与乡土小说发展密切相关，甚至有重合之处，因此本文沿用此前对"新世纪"乡土小说研究的时间界定范畴。从社会角度来说，1989年的政治变故以及1992年邓小平发表的"南方谈话"，都为中国社会加速转型变革起到催化作用。从纯文学角度来说，这一时期文学整体在历史表象体系和叙事策略上发生了质的变动。陈晓明《"历史终结"之后：九十年代文学虚构的危机》一文即揭示了20世纪90年代初期之后，文学转向潮流背后社会的转型与意识形态的危机。因此，将20世纪90年代至今界定为"新世纪"的划分方式有社会学与文学层面上的双重合理性。

[②] 鲁迅的《故乡》和《祝福》是五四小说中知识分子返乡书写的代表；20世纪40年代解放区和"十七年"乡土小说中多有返乡青年形象的书写；上山下乡时期出现的知青小说一定程度上也可以作为"返乡书写"。

一 "返乡书写"概念的生成与传播

"返乡",无论是从文学意义上讲,还是从社会学意义上讲,一般都指返回自己的家乡,亦可称"回到故乡"。

从中华人民共和国成立以来对"返乡"一词的使用场景看,它并不来源于文学批评领域,而是最开始更广泛地出现在社会新闻与政府文件之中。以"返乡"为关键词在中国知网中检索,1956~1975年在标题中使用"返乡"一词的文字材料,大多是政府机关发布的指示与工作报告,包括处理灾民返乡、安置返乡人员进入公社从事农业生产、知识青年返乡改革生产技术等。1982年以来,"返乡"一词在返回乡村原籍这一单纯表述地理位置迁移的表面意思之外,逐渐产生带有"乡愁"情感和文化"返乡""寻根"的新义,尤其是美国华人、台湾同胞的"返乡",如《返乡记——今日浙江镇海》《台湾张源先大师返乡探亲访友》《高老太率子返乡》《三送毛泽东亲属返乡》《旅美返乡感慨多》《台胞返乡话统一》等。

进入21世纪,尤其是自1994年开始,"民工"("农民工"概念出现前,有"劳工""打工仔""农工""民工""外出打工青年"等不同称呼)与"返乡"两个概念的结合逐渐兴起。政府部门关注外出打工返乡农民,重视和鼓励他们返乡创业、再就业。进入21世纪以来,"民工返乡"或"返乡民工"成为热门话题,民工返乡过年的话题在春运期间受到关注。"大学生返乡创业"也多次出现在新闻媒体报道中,其与"民工返乡创业"虽有区别,但二者的"返乡"在语义上差别不大。"民工返乡"的相关社会学、经济学、政治学研究随之产生。随着"农民工"概念的产生、固定和逐步推广,"农民工返乡"也一度成为媒体热词。

2008年金融危机发生后,中国沿海地区劳动力市场受到影响。2008年9月出现"农民工返乡潮",乡村涌回大量失业人口,"农民工返乡"成为社会经济领域的重点话题。各级政府纷纷组织应对返乡人员下岗失业再就业问题。全国各地媒体也积极讨论农民工返乡问题。正是在"农民工返乡潮"背景之下,社会学专家贺雪峰等人进行了农民工返乡的专门研究——《农民工返乡研究：以 2008 年金融危机对农民工返乡的影响为例》。经历媒体长期、密集报道"农民工返乡"相关社会新闻之后，"返乡"一时在社会语境中固定为"回到故乡"的对应能指。从对"返乡"概念使用情况的梳理来看，它在社会层面的流行与中国 2008 年的"农民工返乡潮"不无关系。

"返乡"一词在社会层面的广泛流行，逐渐影响到中国现当代文学研究领域。21 世纪初期，"返乡"概念由政府文件、社会新闻报道进入文学批评范畴。研究者开始对中国现当代文学、外国文学作品进行"返乡"角度的考察，分析作家创作时的精神返乡心态。"返乡"概念逐步融入此前中国现代文学研究领域中的"归乡"①、"回乡"②、"还乡"③ 母题（或称"主题"）研究。最开始使用此概念的是一些文学研究论文，后来硕士、博士学位论文中也开始采用"返乡"概念。例如，《犹疑的返乡之路——论莫言民间文化立场的回归与游离》④、《鲁迅与民间文化——游子的精神返乡之旅》⑤、《返乡的可能、形式及意义——从〈九月还乡〉到〈小姐回家〉》⑥、《永远的故乡与鲁迅的返乡之路——鲁迅〈故乡〉的文

---

① 陈平原在《中国小说叙事模式的转变》中使用了"归乡"概念，他提出："五四作家的真正贡献在于，倒装叙述不再着眼于故事，而是着眼于情绪。过去的故事之所以进入现在的故事，不在于故事自身的因果联系，而在于人物的情绪与作家所要创造的氛围——借助于过去的故事与现在的故事之间的张力获得某种特殊的美学效果。最能代表这一创作倾向的是'游子归乡'这一母题。"并总结这类小说总的框架："一个远游多年的知识者，回到或拟想中回到故乡，目睹故乡衰微破败景象及乡人亲友贫苦麻木状态，回忆昔年故乡的美好形象，思及今日自己的困顿，不免无限感慨。"参见陈平原《中国小说叙事模式的转变》，上海人民出版社，1988，第 57~58 页。
② 汪晖在分析《呐喊》《彷徨》时使用了"回乡"概念。他认为这一主题在心理上的"回乡"与现实中的"回乡"所构成的张力中展开，在"绝望"与"希望"两种主观感觉之上，还有一种"走"的现实行为，表达实践人生的方式与面对现实的执着态度。参见汪晖《反抗绝望：鲁迅及其文学世界》，河北教育出版社，2000，第 192~194 页。
③ 何平在其博士学位论文中使用了"还乡"概念，参见何平《现代小说还乡母题研究》，复旦大学出版社，2012。
④ 周罡：《犹疑的返乡之路——论莫言民间文化立场的回归与游离》，《小说评论》2002 年第 6 期。
⑤ 凌云岚：《鲁迅与民间文化——游子的精神返乡之旅》，《鲁迅研究月刊》2003 年第 1 期。
⑥ 张永禄：《返乡的可能、形式及意义——从〈九月还乡〉到〈小姐回家〉》，《当代文坛》2004 年第 6 期。

本分析》①、《返乡之路——评〈跨越时空的对话：福克纳与莫言比较研究〉》②、《"返乡"与"开端"——关于海德格尔的荷尔德林阐释》③等。学者此前提出的"归乡""回乡""还乡"等概念表述，因社会层面上"返乡"概念的广泛使用而被逐渐弱化，"返乡"概念在中国现当代文学研究领域流行起来。

几乎在社会学家贺雪峰研究金融危机影响下农民工返乡问题的同时，梁鸿也在 2008 年和 2009 年进行了她在"梁庄"的乡村调研。她利用寒暑假在自己的河南老家开展了类似于社会学和人类学的调查，并写成非虚构作品《中国在梁庄》。这本书于 2010 年出版后引起社会轰动，她后续出版的两部非虚构作品《出梁庄记》（2013）、《梁庄十年》（2021）亦受到广泛关注。2015 年春节期间，王磊光《近"年"情更怯：一个博士生的返乡笔记》一文在网络广泛传播。此文描述了青壮年劳动力流失后乡村的衰败境况：农村的亲情关系越来越淡，农村里年轻人的婚姻受到了物质的压迫。作者作为知识分子的无力感在文中也表现得十分强烈。在此之后，王磊光对自己的故乡进行了持续的调查与思考，形成了更多的笔记。这些笔记于 2016 年由复旦大学出版社结集为《呼喊在风中：一个博士生的返乡笔记》。2016 年春节前夕，黄灯《一个农村儿媳眼中的乡村图景》记述了她生活在湖北农村的婆家三代人的命运挣扎，亦在网络上引发关注。2017 年 3 月，黄灯《大地上的亲人》一书出版，写作视野从自己丈夫的家庭向周边三个村庄扩展，将关注面向扩展到更广泛的"故乡"。黄灯的丈夫是黄灯"返乡书写"的出发点，他代表着一批出身农村、落户城市的知识分子。尽管乡村的破败与家庭的困顿给他们带来压抑沉重的负担，但出于传统的血缘观念，他们仍坚持向亲人提供经济和情感上的援助与温情，支撑乡村中的大家庭尽量平稳地运行。在王磊光与黄灯之后，很多人同样

---

① 刘俐俐：《永远的故乡与鲁迅的返乡之路——鲁迅〈故乡〉的文本分析》，《中南大学学报》（社会科学版）2006 年第 1 期。

② 李会学：《返乡之路——评〈跨越时空的对话：福克纳与莫言比较研究〉》，《外国文学研究》2007 年第 3 期。

③ 王歌：《"返乡"与"开端"——关于海德格尔的荷尔德林阐释》，《江苏社会科学》2007 年第 6 期。

借助新媒体途径,以"非虚构"形式写作,加入"返乡书写"潮流。这一时成为重要的文化现象。

梁鸿、王磊光、黄灯等人的非虚构作品关注农民工大批返乡之后乡村的面貌,在"农民工"所返回的乡村进行深入细致的调查与访谈,呈现他们真实的心理活动,恰好符合国内许多读者的阅读兴趣与阅读期待。以梁鸿、王磊光、黄灯等为代表的作者大部分人在城市中接受了高等教育,他们具有的"知识分子"身份使叙事内容、观点和判断有"可信度",而文章中渲染出的悲伤情绪又引起了广泛的共鸣与同情。再加上彼时移动互联网、微信公众号等网络新媒体以及智能手机、无线网络等初步普及,几乎人人都能在网络移动终端上阅读和转发文章。上述多种因素叠加起来,使这一批"返乡书写"作品在国内社会层面获得了广泛的传播与关注。

在这种人们热情创作、阅读返乡主题的文字作品的社会大背景下,研究者对这些现象进行及时的关注、批评及理论反思,并共同选择使用了"返乡"概念。孔德继认为新媒体平台上传播的知识分子返乡叙事作品在体裁上难以归类,将其描述为春节返乡题材文章[①],并将其中带有受过高等教育的准知识分子较强的知识和道德优越感、同时在网络上广泛传播的文章称为"返乡体"[②]。项静将王磊光、黄灯与梁鸿的作品并置探讨,认为三者以"返乡"为主题的写作都是"非虚构文学",并将其命名为"返乡"文学。[③] 潘家恩[④]、庞秀慧[⑤]则采取更加宽泛和中性的概念,将梁鸿、王磊光、黄灯的知识分子非虚构书写定义为"返乡书写",不做文类、体裁和媒介上的限制。潘家恩认为,"返乡书写"的实践主体以文学研究者和媒体工作者为主,也包括在城市不同领域工作有乡村经历和背景的知识分子。他们常以散文、笔记、见闻等相对多元的书写形式,延续现代文学

---

① 孔德继:《春节返乡题材文章的叙事和传播研究》,《现代传播》2018 年第 2 期。
② 孔德继:《"知识精英"的处境与"返乡体"的爆红》,《教育学术月刊》2018 年第1 期。
③ 项静:《村庄里的中国:城乡二元化结构中的"返乡"文学——以近年人文学者的非虚构写作为例》,《南方文坛》2016 年第 4 期。
④ 潘家恩:《城乡困境的症候与反思——以近年来的"返乡书写"为例》,《文艺理论与批评》2017 年第 1 期。
⑤ 庞秀慧:《"返乡书写"的情感困境》,《扬子江评论》2018 年第 4 期。

对"故乡"这一经典命题的关注,但其不同于一般的乡村书写,而是在城乡互动视野下对乡村及"农裔"知识分子状况的再审视。其中"返"是关键,既说明特殊的写作缘起与状态,也强调该书写是对长期"陌生化"乡村的重新面对,通过书写者的"现身"与经验的"在场",带出更为复杂的情感表达,折射出城乡剧烈转型过程中的普遍势能与内在困境。①

庞秀慧认为狭义的"返乡书写"源于 2010 年梁鸿的《中国在梁庄》,在 2015 年和 2016 年达到高潮,至 2018 年逐渐消退②。但从实际情况来看,"返乡书写"概念后来已经可以容纳新世纪以来出现的各种纪实类报告文学、非虚构写作、田野调查报告、网络自媒体文章,也可以用于中国现当代文学中"归乡""回乡""还乡"母题的小说研究。不少学者将"乡土文学"与"返乡书写"概念混用,认为写"返乡"即写乡土。总之,"返乡书写"逐渐成为一个被学界广泛讨论与使用的写作概念。"返乡书写"不再仅仅专指梁鸿、王磊光、黄灯等人引发的书写自己返乡见闻的文学热潮,也不再特指发表在网络媒介上的公众号文章,也逐渐脱离了金融危机下农民工返乡的社会阴影,而成为更加宽泛的写作概念,重新回到了"返乡"更加表面、直接的含义——"回到故乡"。无论是非虚构性的文学还是虚构性的文学,都因其共同存在的"返乡"情节而可以归纳到"返乡书写"的讨论范畴。

从上述对"返乡"概念以及"返乡书写"现象的梳理来看,由于城乡差异的客观存在,"返乡"一般指定居在城市里的人由城市返回自己在乡村的家。出身农村的人出于考学、就业等原因进入城市,一些人在城市购房、成家、定居、拿到城市户口,在法律意义上成为"城里人",但他们的大部分亲人仍然留在乡村,因而可以称作"农裔进城作家"。狭义上的"返乡书写",可以界定为写作内容中含有"城里人返乡"情节的叙

---

① 潘家恩:《城乡中国的情感结构——返乡书写的兴起、衍变与张力》,《中国现代文学研究丛刊》2019 年第 7 期。
② 庞秀慧:《新城镇文学的困境及其可能——以"返乡书写"为例》,《海南师范大学学报》(社会科学版)2021 年第 3 期。

事,特别是故事开头的叙事背景或起点即为主人公踏上返乡之路,并对眼前逐渐展开的乡土风貌进行翔实描写与深刻反思的文学作品。而广义上的"返乡书写",则可以指具有城市生活经验与当下返乡经历的作家,描摹故乡当下现实、表达精神返乡主旨的文学书写活动。事实上,对"返乡书写"的写作学研究不应只局限于静态的文学作品批评,还需要关注作家完整、动态的写作行为,读者对作品的接受情况,以及作品出版、宣传、批评等相关部门的运作过程。

二 新世纪长篇小说"返乡书写"研究发展进程

(一)第一次高潮(2007~2009年):关于"新世纪转型"的讨论

关于新世纪长篇小说中返乡书写的讨论在2007~2009年逐渐达到第一次高潮。这与当时对新世纪乡土文学转型的讨论以及"新乡土文学"概念的提出与推广[1]息息相关。丁帆、孟繁华、程光炜、李兴阳、王光东等一批当代文学批评领域的学者,共同注意到21世纪以来乡土文学的转型,认为新世纪的乡土小说从20世纪90年代开始呈现新的形态,并对返乡作家在面临乡土经验转换时的困惑进行描述与分析。代表性论文有王光东《"乡土世界"文学表达的新因素》[2]、李兴阳《"新世纪"的边界与"新世纪乡土小说"的边界——新世纪中国乡土小说转型研究之一》[3]、孟繁华《百年中国的主流文学——乡土文学/农村题材/新乡土文学的历史演变》[4]、丁帆与李兴阳《中国乡土小说:世纪之交的转型》[5]、丁帆《对

---

① 《"新乡土文学"备受关注》,《出版参考》2007年第10期。
② 王光东:《"乡土世界"文学表达的新因素》,《文学评论》2007年第4期。
③ 李兴阳:《"新世纪"的边界与"新世纪乡土小说"的边界——新世纪中国乡土小说转型研究之一》,《扬子江评论》2008年第1期。
④ 孟繁华:《百年中国的主流文学——乡土文学/农村题材/新乡土文学的历史演变》,《天津社会科学》2009年第2期。
⑤ 丁帆、李兴阳:《中国乡土小说:世纪之交的转型》,《学术月刊》2010年第1期。

转型期的中国乡土文学的几点看法》[1]等。2009年,"乡土中国现代化转型与乡土文学创作学术研讨会"召开[2],程光炜、丁帆、李锐、阎连科等诸多批评家和知名作家参加,认为面对现代性转型中的乡村,作家应该摆脱传统书写经验,靠近当下社会生活,对乡村进行重新观察和思考。李洱从作家角度提出,要了解现在的农村,必须有相当的知识背景,必须对社会学、经济学、人类学有一定的认识。梁鸿强调作家的"在场"、文学的责任感以及现实性,真正思考与了解自己的文化、乡村现实、乡村心灵需求。2012年,丁帆出版专著《中国乡土小说的世纪转型研究》,分析返乡作家价值观念的"变"与"常",以及进入21世纪以来部分长篇小说中返乡书写新的内容呈现与叙述风格,作为自己前一时期研究成果的总结。2015年,丁帆发表《二十一世纪初的中国乡土小说转型》[3],亦可作为此次高潮的余韵。

这一阶段是进入21世纪以来对长篇小说中返乡书写研究的起步阶段。尽管彼时学界尚未明确采用"返乡书写"的概念,但就研究者对身在城市、出生于乡村的年轻作家所书写的故乡及乡村童年经验内容的关注程度来看,返乡书写在新世纪乡土文学的转型研究中占据着重要的位置。同时,由于此时的返乡书写实践仍停留在理念先行的传统方式,作品中的描述与社会转型的最新情况并不完全符合,或仅书写社会转型前的"前现代"乡村。学者的批评探讨暗含着对新文类的召唤,期待出现一种真正反映现代化转型期乡村的知识分子写作,鼓励作家返回乡村,描摹乡村全新、真实的境况。

(二)第二次高潮(2010~2021年):关于"非虚构写作"的讨论

学者在21世纪初对返乡书写提出的期待很快就实现了。随着梁鸿的

---

[1] 丁帆:《对转型期的中国乡土文学的几点看法》,《文学教育(上)》2010年第2期。
[2] 程光炜、丁帆、李锐:《乡土文学创作与中国社会的历史转型——"乡土中国现代化转型与乡土文学创作学术研讨会"纪要》,《渤海大学学报》(哲学社会科学版)2010年第1期。
[3] 丁帆:《二十一世纪初的中国乡土小说转型》,《文学教育(上)》2015年第5期。

《中国在梁庄》（发表时原标题为《梁庄》）2010年初在《人民文学》"非虚构专栏"上发表，加之王磊光、黄灯在微信公众号发表的返乡书写主题文章在网络上被广泛转发，"返乡书写"迅速成为社会热点概念，学术界对新世纪长篇小说中的返乡书写研究随之达到第二次高潮。

此时对新世纪乡土文学的整体研究仍在继续。然而，属于乡土文学范畴的"返乡书写"作为新起的写作概念已经难掩其锋芒。它既是文学写作领域新的成果，又是与新世纪转型紧密相关的社会学新现象，在乡村变革的关键节点展示出其独特的意义与价值。这一时期，"非虚构"的返乡书写成为学者关注的重点，代表人物有孔德继、项静、潘家恩、庞秀慧等。借助对这一时期"非虚构"返乡书写作品的研究，他们初步建构了"返乡书写"的概念。

这一时期研究者主要关注"非虚构"形式的返乡书写的生成原因，并与传统文学创作形式进行利弊比较。比如，项静认为，20世纪90年代国税地税分开、国家政策向城市倾斜、设立经济特区、计划生育等是造成乡村困境的源头，都是难以用文学的方式予以呈现的。改革故事的主旋律中，对未来的美好幻想，先富带动后富的远景想象，都把这些正在进行的问题后置化，文学叙事与现实之间出现错位。而非虚构写作以高于现实主义小说的"真实性"出现时，其实是在宣布异议和不满，呼唤一种新的真实观。[1] 潘家恩认为，在呈现当下城乡困境的意义上，"返乡书写"可理解为对主流"代言论述"和"对象化"处理的反对与挑战。这种饱含叙事者自身困境、尴尬、伤痛和无奈的现实体验，区别于坚硬的政治经济学分析或高高在上的意识形态批评，让更多人可以从中找到自己或现实的影子，进而引起共鸣。[2] 杨胜刚分析了学院知识分子成为返乡书写主体力量的原因，认为他们普遍存在对学院生活和自身学术研究的怀疑。与现实生活丧失关联所致的悬空感、失重感是学院知识分子共同的精神困境。返

---

[1] 项静：《村庄里的中国：城乡二元化结构中的"返乡"文学——以近年人文学者的非虚构写作为例》，《南方文坛》2016年第4期。

[2] 潘家恩：《城乡困境的症候与反思——以近年来的"返乡书写"为例》，《文艺理论与批评》2017年第1期。

乡书写使他们获得生命实感，排解了自身困惑，实现了自我精神救赎。①庞秀慧认为返乡书写展现了城乡交流、新城镇背景下，人对于田园的想象，对"诗意地栖居"的渴望及努力。②

然而，"困境"与"问题"的阴影始终笼罩着这一阶段"返乡书写"研究，不少学者尝试为"返乡书写"寻找突破困境的方向。潘家恩提醒，"返乡书写"表达出的乡愁既可能成为一种新的意识形态，也可能成为掩盖城乡关系恶化之现实的一种文化包装。③王光东等提出"返乡书写"的困境在于对城乡发展过程中人物生存的艰难与宏大历史进程的合理性做出理性、情感的价值判断。④庞秀慧2018年首先从情感角度出发，认为知识者对情感建构的力量缺乏想象力，缺乏对人的热切观察和期望，并且毫无理性的引导。这一批评尽管略显过火，但显示出庞秀慧认为梁鸿、王磊光、黄灯等人的返乡书写对乡村的态度过于悲观。2021年，她补充论述，认为乡村的慵懒、颓废和衰败是"返乡书写"的重点，缺少对民间传统的描写，主题重复、文字干瘪、立意单薄。她在实践中发现"返乡书写"可以参照的方向，提出存在重构乡土的多种可能。比如，她认为作家可以从儿童视角出发，进行情感建构；从成长视角出发，理性思考乡村变革，对未来产生乐观期待；从生态角度出发，建构乡村绿色风景，呈现新的审美体验。⑤

同时，有研究者认为"返乡书写"应该对乡村建设实践产生积极意义。例如，项静提出返乡书写是知识分子返乡、试图反哺乡村的衍生品，既是知识分子的个人行为，也是百年知识分子传统的延续，在由文化和文学所塑造的城乡关系世界中，"返乡"既是知识者的实践行动，

---

① 杨胜刚：《"返乡书写"呈现的问题与反思》，《当代作家评论》2021年第6期。
② 庞秀慧：《新城镇文学的困境及其可能——以"返乡书写"为例》，《海南师范大学学报》（社会科学版）2021年第3期。
③ 潘家恩：《城乡困境的症候与反思——以近年来的"返乡书写"为例》，《文艺理论与批评》2017年第1期。
④ 王光东、杨位俭：《新世纪小说城乡流动视野中的"人"及其境况》，《中国现代文学研究丛刊》2016年第2期。
⑤ 庞秀慧：《新城镇文学的困境及其可能——以"返乡书写"为例》，《海南师范大学学报》（社会科学版）2021年第3期。

又是非常重要的写作动力。[①] 潘家恩亦倡议，"与其哀愁乡村，不如投身建设"，应该思考如何在主流逻辑下真正打开返乡书写的论述空间，让公共议题真正进入大众传媒和大众视野，让实践与"书写"之间真正实现互动。[②]

在"返乡书写"概念拓展与流行的过程中，对新世纪长篇小说中的返乡书写研究迅速增多。学者关注莫言、阎连科、林白、韩少功、贾平凹等一批在20世纪90年代前便开始写作的"50后""60后"作家，以及20世纪90年代后才开始写作成名的付秀莹、梁鸿、乔叶、魏微、徐则臣、李浩、刘玉栋、鲁敏、叶炜、计文君等"70后"作家所书写的关于其童年乡村生活与成年后返乡体验的作品，从"返乡书写"角度分析文本。其中，"70后"作家尤其是"70后"女性作家的返乡书写成为研究重点。代表论文有岳雯的《怀乡者说》[③]、贺仲明的《怀旧·成长·发展——关于"70后作家"的乡土小说》[④]、陈国和的《论"70后"作家乡村书写的常态性特征》[⑤]、张丽军与宋学清的《中国文坛异军突起的审美新力量——中国"70后"女作家论》[⑥]、曹霞的《城乡书写与"70后"女作家的性别意识》[⑦] 等。

从对"非虚构"写作的聚焦，到向虚构性小说的拓展，从仅仅局限于作者事实上返乡后发表的文章，到精神返乡小说亦可纳入考量，研究者的视域与思路逐渐打开，新世纪以来长篇小说的返乡书写研究达到较为繁荣的阶段。

[①] 项静：《村庄里的中国：城乡二元化结构中的"返乡"文学——以近年人文学者的非虚构写作为例》，《南方文坛》2016年第4期。
[②] 潘家恩：《城乡困境的症候与反思——以近年来的"返乡书写"为例》，《文艺理论与批评》2017年第1期。
[③] 岳雯：《怀乡者说》，《小说评论》2011年第6期。
[④] 贺仲明：《怀旧·成长·发展——关于"70后作家"的乡土小说》，《暨南学报》（哲学社会科学版）2013年第1期。
[⑤] 陈国和：《论"70后"作家乡村书写的常态性特征》，《文学评论》2018年第3期。
[⑥] 张丽军、宋学清：《中国文坛异军突起的审美新力量——中国"70后"女作家论》，《山东社会科学》2015年第11期。
[⑦] 曹霞：《城乡书写与"70后"女作家的性别意识》，《中国文学批评》2020年第2期。

（三）第三次高潮（2022 年以来）：关于"新时代"的讨论

学界自 2022 年开始的返乡书写研究热潮，主要缘于 2020 年之后集中出版的一批书写作家返乡经历与乡村经验的长篇小说，以及"新山乡巨变"写作浪潮的兴起。但更深层的原因则与"新时代"的政治路线、方针、政策息息相关。莫言的《晚熟的人》（2020）、梁鸿的《梁庄十年》（2021）、林白的《北流》（2022）、乔叶的《宝水》（2022）、魏微的《烟霞里》（2022）、邵丽的《金枝（全本）》（2022）、王跃文的《家山》（2022）、关仁山的《白洋淀上》（2022）、付秀莹的《野望》（2022）、陈应松的《天露湾》（2022）等长篇小说中的返乡书写成为这一时期研究的重点。高校、各级作家协会、出版社在作品出版后及时召开专题研讨会，《当代作家评论》《文艺争鸣》《小说评论》等国内多家中文学科核心期刊亦组织论文专栏、在公众号发表评论文章，对新出版的长篇小说进行批评与研讨。综合这一时期发表的学术论文来看，研究者主要集中从时代、家族、亲情三个切口展开分析，更加关注现实主义的叙事内容。这种对现实主义风格、内容的强调与前一阶段学界对返乡书写"非虚构"、写真实的讨论重点一脉相承，也与官方写作导向密切相关。

"新时代"是这一阶段较为突出的研究关键词。相关论文有李云雷《新时代乡村书写的文化价值和美学价值》[1]、张丽军《论新时代乡土文学的现实主义创作》[2]、张凡《新时代乡村小说的特征与风貌》[3]、朱佳宁《"回得去的故乡"何以可能？——新时代乡土文学初探》[4]、田振华《论新时代乡土小说中的"新山乡巨变"书写》[5]、张天宇《"风景"的发现与新时代乡村美学的建构——读乔叶〈宝水〉》[6]、朱旭《新时代少数民

---

[1] 李云雷：《新时代乡村书写的文化价值和美学价值》，《中国文学批评》2022 年第 4 期。
[2] 张丽军：《论新时代乡土文学的现实主义创作》，《中国文学批评》2022 年第 4 期。
[3] 张凡：《新时代乡村小说的特征与风貌》，《中国文学批评》2022 年第 4 期。
[4] 朱佳宁：《"回得去的故乡"何以可能？——新时代乡土文学初探》，《创作评谭》2022 年第 6 期。
[5] 田振华：《论新时代乡土小说中的"新山乡巨变"书写》，《文艺评论》2023 年第 2 期。
[6] 张天宇：《"风景"的发现与新时代乡村美学的建构——读乔叶〈宝水〉》，《当代作家评论》2023 年第 3 期。

族乡土小说的风景书写》①等。研究者依照"新时代"政治路线及文艺方针进行解读，将"书写新时代乡村"与"乡村振兴""讲好中国故事"进行结合，关注返乡书写与乡村建设之间的密切联系，与前一时期研究者提出返乡书写应助力乡村建设实践的要求形成有效的呼应。

此外，扶贫题材小说成为返乡书写研究新的重要方向。研究者结合新时代脱贫攻坚、乡村振兴、生态文明等中央政策对小说文本进行解读，关注返乡者对乡村基层治理体系的观察和参与。徐勇在2022年《创作评谭》专栏文章的主持人语中提到，返乡、回乡越来越与创业、振兴等新的命题结合在一起，而不再是实际上的离乡和精神上的返乡之二元对立的表征，显示了"新时代、新农村、新主题"下返乡书写的主题变异。研究论文有周鹏《从拔根到重构——论新世纪扶贫题材小说中的村庄书写》②、刘艳《为武陵山腹地"精准扶贫"历史现场铺写新时代乡村的精神图谱——评欧阳黔森现实主义长篇新作〈莫道君行早〉》③、谭杰《脱贫攻坚题材文学的"入围"与"突围"——以温燕霞的〈琵琶围〉为例》④等。这类题材小说由于目前已有作品的创作质量不高、刻板化描写严重，写作技巧参考意义不大，其研究价值还主要集中在写作学、社会学、政治学等领域。

结　语

综合目前研究成果来看，"新世纪转型""非虚构写作""新时代"先后成为新世纪长篇小说返乡书写研究三个高潮的主题。学者从写作的社会新背景、写作新形式、叙事新主题以及未来新的发展方向进行批评与建

---

① 朱旭：《新时代少数民族乡土小说的风景书写》，《中国现代文学研究丛刊》2023年第3期。
② 周鹏：《从拔根到重构——论新世纪扶贫题材小说中的村庄书写》，《当代作家评论》2023年第2期。
③ 刘艳：《为武陵山腹地"精准扶贫"历史现场铺写新时代乡村的精神图谱——评欧阳黔森现实主义长篇新作〈莫道君行早〉》，《中国当代文学研究》2023年第5期。
④ 谭杰：《脱贫攻坚题材文学的"入围"与"突围"——以温燕霞的〈琵琶围〉为例》，《中国当代文学研究》2022年第1期。

议,将返乡书写作为进入 21 世纪以来社会变革的真实记录,鼓励作家积极参与返乡实践、亲身投入社会主义新农村建设,期待出现更多为乡村现代化转型做出有益贡献的中国故事。

然而,学界常将"返乡书写"与"乡土文学""新乡土写作"等名词混为一谈,概念辨析不清、内容分界不明;未能从不同返乡群体角度分别展开论述,立场多集中在知识分子作家,对普通返乡者缺少关注;对文学层面的叙事方式、修辞手段、人物形象构造等方面的具体论述不足。同时,目前研究缺少对公共权力机关/政府文化部门、学术刊物/刊物编辑、批评家、作者等主体之间互动的考证与影响研究;对非虚构与虚构性小说的返乡书写缺少比较阐释。这些方面的问题直接影响到新世纪返乡书写作品的生产、批评、接受与未来发展,值得展开深入讨论。

张系国科幻小说中的中国文化内核*

孙 慧 王新晓**

摘 要： 在科技幻想的创作基础之上实现对中华优秀传统文化的深度书写，是中国科幻小说创作的重要范式。张系国的科幻小说依托"离散—归家"的叙事模式，承载着海外华人身处异域的身份迷惘以及对家的渴望，蕴含着深切的归乡情怀；同时，在乌托邦建构中体现对社会现实的关注，对技术发展的辩证思考，彰显其忧患意识。与西方硬核科幻不同，张系国坚守"文以载道"的创作理念，基于技术幻想建构中国特色的科幻，在具体的文本中呈现为多样的中国文化元素。张系国的科幻创作根植于中国优秀传统文化的思想内蕴，融入不同的文学样式，创作出有中国特色的科幻作品，是中国科幻小说本土化实践的有益尝试。

关键词： 张系国 科幻小说 中华优秀传统文化 中国故事

科幻小说是科学技术与文学幻想结合的产物，在中国，科幻小说可以说是西方的舶来品。五四以来科幻小说肩负起破除迷信、启蒙民众的责任，中华人民共和国成立之后其科普功能性进一步增强。弗雷德里克·詹明信关于"民族寓言"的论述适合于解读具有历史和现实寓言色彩的中国科幻。詹明信认为："第三世界的文本，甚至那些看起来好像是关于个人和利比多驱力的文本，总是以民族寓言的形式来投射一种政治。"[①] 五四以来的科幻作品在强调中国国情和时效性的同时，吸纳和借鉴外国科幻

---

* 本文曾发表于《写作》2023 年第 5 期。
** 孙慧，中国矿业大学中文系副教授；王新晓，中国矿业大学人文与艺术学院硕士研究生。
① 〔美〕弗雷德里克·詹明信：《晚期资本主义的文化逻辑》，陈清侨等译，生活·读书·新知三联书店，1997，第 523 页。

小说的文本样式,呈现为"西学为体,中学为用"的中国科幻模式。中国台湾地区科幻作家张系国不局限于"民族寓言"的创作,融入中国传统的人文内涵和价值表达,注重打造中国科幻的"桃花源"。

陈思和指出:"张系国以西方科幻知识为背景,努力从中国新文学传统中去开拓科幻领域。"[①] 显然,张系国的科幻创作建立在中华优秀传统文化之上,践行对民族道德倾向和价值体系的深度书写,是台湾地区作家的中国科幻创作的重要实践。进一步来说,张系国作为台湾地区科幻文学的引领者之一,也是中国科幻创作的先锋者之一。

张系国是电子计算机专家,又是小说家,文理兼备的知识背景使其创作兼具科学理性和文学幻想性。李欧梵给予其极高的评价:"他是中国作家中写科幻小说最适当的人才,在中国知识分子中,既精通科学又懂文学的人绝无仅有——而且又会写小说的,恐怕只有张系国一位。"[②] 同时,海外华人的身份使其创作呈现出身处异域文化的身份迷茫,也给其创作带来了离散的困顿,蕴含着中华优秀传统文化内核的科幻创作因而成为其灵魂解放的出路。张系国的科幻小说依托"离散—归家"的叙事模式,承载着海外华人身处异域的身份迷惘以及对家的渴望,是故土归属感的体现;同时,在乌托邦建构中体现对社会现实的关注,对技术发展的辩证思考,彰显其忧患意识。与西方硬核科幻不同,张系国坚守"文以载道"的创作理念,基于技术幻想建构中国特色的科幻,在具体的文本中呈现为多样的中国文化元素。根植于中国优秀传统文化的思想内蕴,融入不同的文学样式,创作出有中国特色的科幻作品,暗含着作者面对社会现实与科技发展的态度,也潜藏着其家国信念的寄托。

一 离散境遇中的归家情怀

"家"在中华文化中具有非常深厚的意蕴,不仅是偌大空间中的栖身之

---

① 陈思和:《创意与可读性——试论台湾当代科幻与通俗文类的关系》,载林燿德、孟樊编《流行天下:当代台湾通俗文学论》,台北:时报文化出版企业有限公司,1992,第278页。
② 李欧梵:《奇幻之旅》,载张系国《星云组曲》,台北:洪范书店,1982,第1页。

所、心灵归宿,还是承载着中华文化、家国精神的一种独特的价值符号,更是中华优秀传统文化的重要组成部分。它深刻地影响着中国人的价值取向与道德选择,以潜移默化的方式浸润于中国人的所思所想、所言所行,因而无论身处何方,对家、对国的依赖和向往都是中国人最深刻的情感体验之一。对于身处异国他乡的华人来讲,归家的情怀更加浓烈,故而海外华人离散文学常以离散者的视角来书写移民经历,或以跨文化的角度重新审视家国历史,并从中流露出对家国的眷恋与向往。

张系国的科幻作品则是将移民的场域从国家间转换到宇宙间,通过描绘乌托邦的幻灭崩塌以及陆地家园的救赎回归,传达出离散的迷惘和回归的渴望,蕴含着深深的归家情怀。科幻小说《星云组曲》共有十篇科幻故事,其中开篇和结尾的两篇作品都名为《归》。第一篇《归》故事设定于 21 世纪的海底世界,其时海底探矿技术快速发展,人类能更有效地开发利用海洋资源,海底城市出现并成为人类新的生存场所。少女吴芬芬是海底探矿站的技术人员,依靠脑中装设的心讯扩大器与电脑系统机一队相连接,依靠大脑意识来操纵智能机器,但不明潜水舰的出现使海底探矿站面临危难,吴芬芬也被困于海底四号仓,机一队调遣六辆工作坦克将四号仓托起送出海面,吴芬芬重回陆地获得救赎。结尾处吴芬芬回归陆地的设定蕴含着对两岸统一的期冀,从拯救吴芬芬的智能机器机一队身上可以得到印证。机一队是由吴芬芬的老师钟教授和台教授合作设计而成,最终为救吴分芬耗尽电量牺牲,同时结尾处作者写道:"两个人形终于合二为一,然后消失不见。"[①] 祖国统一的思想深深地印刻在作者心中,流淌在作者笔下。正如杨牧所言:"张系国是人,是中国人,深爱国家民族的中国人,他提笔写作,用艺术的形式,以自己的血肉和感情投入文学之中。"[②]

第二篇《归》则讲述了身处异地星球的秦国本不断地追问他是谁,他从何而来、因何而来,最终在追寻中燃烧生命的故事。身处异域的人们

[①] 张系国:《星云组曲》,台北:洪范书店,1982,第 20 页。
[②] 杨牧:《张系国的关心和艺术》,载张系国《香蕉船》,台北:洪范书店,1976,第 5~6 页。

逐渐忘记自己的本源，就像故事中服食了遗忘剂的秦国本，终生都被囚禁在身份认同的牢笼中，不断追寻的家园"仍留着梦幻的痕迹"①，成为异乡人最深刻的记忆。《星云组曲》的开头和结尾都在言说"归"，形成了回环的闭合结构，使整部作品充满"回归"的宿命感，可见这份归家的情感极为浓厚。

张系国是台湾的科幻作家，他的科幻创作在离散境遇中彰显归家情怀，进一步来讲，这种情感类似于"孤儿意识"。古继堂认为："孤儿意识的实质是爱中国、爱中华民族的强烈意识和情感的曲折体现，是渴望台湾早日重回祖国怀抱愿望的一种表达形式。"② 表达同样情感的作品还有《铜像城》的故事，人类开发银河系、殖民星空，但人类的野心并未因舞台扩大而收敛。多次的星际战争最终摧毁了星际文明中心之一索伦城，索伦人被迫离家，沦落为散落四处的离散者，但他们始终坚守回归索伦城的信念，并为之不懈探索与追寻。总而言之，张系国利用科幻的外壳，描绘离散境遇中离散者的归家情结，他借助人工智能机一队、宇宙飞船、遗忘剂等科幻元素作为归家意识的符号，传递回归家园的信号；同时，这些科技元素作为归家的助力者，也彰显了科技力量是不容忽视的。

二　乌托邦建构中的忧患意识

忧患意识是中国传统文化的重要内涵之一，在《周易》中，就有"安而不忘危，存而不忘亡，治而不忘乱"之说，后有孟子的"生于忧患，死于安乐"，又有范仲淹《岳阳楼记》中的"先天下之忧而忧，后天下之乐而乐"。忧患意识贯穿于中国文学发展进程，而科幻文学作为科技发展的时代产物，在新的历史实践中赋予忧患意识更加深刻的精神内涵，展现出极强的时代责任意识。

自晚清以来，启蒙主义思潮下的科幻小说肩负启民智、开民心的责

---

① 张系国：《〈星云组曲〉简介》，《星云组曲》，台北：洪范书店，1982，第 2 页。
② 古继堂：《台湾文学与中华传统文化》，九州出版社，2010，第 11 页。

任,以民族国家为本位、以科学知识为依托,打开了一个未来叙事的维度,忧患意识遂呈现为以爱国主义精神为核心的救亡图存思潮。梁启超于1902年创作的《新中国未来记》可谓中国科幻的标志性起点,小说以未来视角回望民族历史,融合科技奇观和儒家教化传统,展开"复兴叙事"。1905年,徐念慈的《新法螺先生谭》则展现了新旧更替时代先觉者无力改变社会现实的精神挣扎与狂想,故事直接将能源通信行业破产、失业人口激增归因于"脑电"技术的快速发展,思考科技与人类共存的模式。20世纪二三十年代现实主义文学思潮下,忧患意识以对社会现实的强烈关注和理性批判精神,为沉浸于技术文明的现代人敲响警钟,在这一时期彰显了直面现实、关注人生的积极意义。老舍的《猫城记》以灰暗的色调描绘民族现实图景,以异族"猫人"与人类之间的关系讽刺社会现实,投射出对其他星球的未知生命的想象与探索。再到新中国早期童恩正的《古峡迷雾》,在考察原始民族的科幻进程中展现寻根与乡愁的现实主题。科幻元素的融入使忧患意识在现实灰暗中张扬积极色彩,凸显人文精神和人道主义的艺术自觉。改革开放以来,现实主义风格依旧在文学创作中占重要地位,工业和技术快速发展带来的隐忧成为科幻文学关注的重点,忧患意识则转型为技术焦虑。1980年,张系国出版《星云组曲》,聚焦社会现实,以十个科幻故事探究科技发展中的伦理是非以及人与"非人"的关系问题。科技发展带来的忧思在张系国的科幻创作中得以赓续,张系国也直接将自己的创作归到"文以载道派",在技术幻想中融入当下社会对科技发展的忧虑。他也称这种写作方式为"双重曝光技巧","即在现代社会的底片上复印了未来社会的上层构架"。[①] 张系国小说如此专注于对社会现实问题的解决,正说明其中国传统文化人文内核的一个重要特点——具有浓厚的感时忧患意识。

张系国在科幻小说《奔月之后》中明确提到,"文以载道派的目的既是唤醒读者,使读者相信未来社会可能发展到这般境地,就必须强调他笔

---

① 张系国:《地》,纯文学出版有限公司,1986,第243页。

下未来社会和今日社会的共通性和连贯性"。①"文以载道"的创作理念运用在科幻文本上,呈现为社会现实问题与科学幻想相结合,乌托邦建构中隐含忧患意识。在小说《望子成龙》中,人工受孕及遗传工程学广泛使用以控制人口数量以及性别,生育后代的性别需要由人口计划局分配。李志舜夫妇等了十年也没有抽中男孩,在人口计划局职员的推荐下,李志舜付出了高额代价购买了男孩配额,并花大价钱为孩子购买了明朗的未来。但事与愿违,孩子五短身材、相貌丑陋、智力平平,原来这是因为人口计划局要保持社会人口均衡和人际平等,"一个社会既不能只有一种人,贤愚不肖一定要有适当的比例"②,李志舜为自己的贪心与性别偏见付出了代价。显然,科技美化现实,但也蒙蔽了大众认识社会现实的眼睛。

除了聚焦当下社会的现实问题,张系国在科幻创作中展望未来,探究人类与其他生命形式的关系。"从'非人'的角度审视人的欲望、人性的弱点,表现现代社会中人与人之间的悬隔分歧、人与人之间的无法沟通等存在主义的哲学命题。"③ 小说《玩偶之家》中,人类文明已崩溃,为机器人文明所取代,人类与机器人的地位倒置,机器人成为世界主宰,而人类成为机器人的"玩偶"。《岂有此理》中生物工程学不断有重大突破,郭志尧创造出透明虫,王复恩以此为基础用强力电磁场来重组历史人物的精神面貌,并成功创造出人造生命妲己、西施、褒姒,最终却被三个"绝代佳人"夺走了生命。奇幻的故事情节让我们惊叹于科技发展给人类带来的极大的生活便利,同时也因人类主体性遭到威胁而感到惊恐。小说中呈现的人机地位颠覆重击人类中心主义思想,重新审视有机体与机器、人类与其他生命形式的关系势在必行。

张系国的科幻创作打破了科技允诺给人类的乌托邦愿景,揭开其消极的一面,但他并没有因此陷入偏执的机器人有罪论,他的小说也呈现了一种人机和谐共处的状态。《玩偶之家》中人类成为机器人的"玩偶",但

---

① 张系国:《让未来等一等吧》,台北:洪范书店,1984,第 244 页。
② 张系国:《星云组曲》,台北:洪范书店,1982,第 43 页。
③ 李涛:《理智的寻梦者》,山东师范大学,硕士学位论文,2004。

故事中"机器人儿子"与"人类玩偶"感情深厚，吃饭、睡觉、出行形影不离，此处的"机器人儿子"符合西方科幻之父阿西莫夫曾提出的"机器人三大原则"：保护人类、听从指令和爱护自己。这昭示了机器人虽然无法拥有人类情感，但可以同人类和谐共存，同时也彰显了作者对永恒人性的召唤。张系国在《金色的世界》中也明确提到"并不是人类退化成为低等生物，反而可能是更进步的人类"。[1] 进一步来说，对于人类和其他生命形式的关系，张系国持积极开放的态度，对于即将来临的"后人类"时代，他认为人与机器人应当搭建平等的对话平台，消除以自我为中心的自恋情结，克服狭隘的二元对立观念，视线转向人类如何面对自身进化的深刻哲思，积极建构人与机器的新型伦理认知。

李欧梵认为："文以载道派的作家很担心目前社会将会走到他所反对的方向去，因此故意将他所不满或反对的社会状况加以扩大渲染，笔之为书，以警惕世人。"[2] 但张系国在乌托邦建构中融入忧患意识，力求寻找科幻世界与现实世界的连接点，其文以载道的创作理念所载的"道"不但有对解决社会现实问题的执着追求，还有对未来社会技术发展的辩证思考。从《新中国未来记》到《星云组曲》，中国的科幻作家经过风雨飘摇的年代，在民族复兴的路途上为中国文学开启了一个未来叙事的空间，忧患意识融入其中，与民族复兴意识紧密结合，显示出推动社会发展的强大精神力量。因而可以认为，张系国的科幻小说在科幻设定中注入了民族使命感与社会责任感，在打造乌托邦的同时也不忘积极有为的人生追求，着眼于技术与社会变迁的关系，在新的历史实践中彰显忧患意识的时代价值。

三 技术浪潮中的文化坚守

在科技浪潮的席卷下，新时代的科幻作家大多选择创作硬科幻，但张

---

[1] 张系国：《金色的世界》，台北：洪范书店，2017，第114页。
[2] 李欧梵：《奇幻之旅》，载张系国《星云组曲》，台北：洪范书店，1982，第5页。

系国仍然坚守"文以载道"的创作理念,以丰富的中华文化元素为躯干、以中华民族精神为灵魂,创作有中国特色的科幻故事。张系国在《乌托邦与桃花源》中提出"不应只拾西方的牙慧,局限于一两条线路。我们自有我们的桃花源,何求人的乌托邦"①。因而,他在科幻创作中自觉调动中国文学的创作元素,给中国传统故事注入科学幻想,适当借鉴西方笔法,在硬科幻浪潮下坚守文化传统,以通变的创作态度和对文化内核的坚守,成为讲好中国故事的科幻代言人之一。

首先,重塑中国历史故事,注入科幻色彩,塑造新的历史形象,达到文化创新的目的。前文提到小说《岂有此理》中的人造生命妲己、西施、褒姒,这三个历史上的绝代佳人都依靠美色迷惑了当朝统治者并最终导致政权的陨落,而处于不同的历史时空,原故事的精神内蕴不变,故事的结局依旧是王复恩被吸光精气而亡,郭志尧也因此背上学术骂名。故事利用科幻技术重塑历史人物并维持其历史本性,实现科幻元素与历史故事的现实碰撞,从故事不幸的结局可以看出张系国对传统历史故事精神内核的认同以及对当下生物技术、基因改造技术快速发展的反思。英国著名作家、科幻史家布里安·奥尔迪斯(Brian Aldiss)也谈道:"科学小说是一种文艺形式,其立足点仍然是现实社会,反映社会现实中的矛盾和问题。科学小说的目的并不是要传播科学知识或预见未来,但它关于未来的想象和描写,可以启发人们活跃思想,给年轻一代带来勇气和信心。"② 可以说,在《岂有此理》中,作者将回望历史、关注现实以及展望未来通过人类精神面貌的沉淀、过滤与重组这一过程熔铸在一起,情节奇幻,也启人深思"现实世界就是过去历史的总和"③。现在是未来的历史,未来的历史是什么样,要靠现在的我们来创造,延续中国文化精神内核的同时也应融入时代的新元素,既要做到坚守文化,又要做到文化创新。

其次,借鉴西方笔法,融合中国元素,富有新意的结合给人梦幻联动的感觉。小说《倾城之恋》的题目与故事中的"洪昇"一角,显然是作

---

① 张系国:《快活林》,台北:洪范书店,1976,第52页。
② 转引自王卫英《科幻小说与中国传统文化》,《小说评论》2008年第4期。
③ 张系国:《星云组曲》,台北:洪范书店,1982,第53页。

者运用了陌生化手法，给人新奇的体验和无限的阅读期待。其一，以《倾城之恋》为名，很容易让人联想到张爱玲的同名作。张爱玲描写了范柳原和白流苏这对现实庸俗的男女，在兵荒马乱之中的刹那间感受到彼此的一点真情，张爱玲笔下的爱情是充满妥协性和悲剧性的；而张系国笔下的《倾城之恋》带有更多真情，王辛为研究索伦城安留纪时期的历史来到这里，最后却宿命般爱上了这段历史和文明。明知城池必然陷落，但他还是坚持留下来，梅心为了心爱的人最终也留在了这个时空。两个故事中的男女都是因为一座倾倒的城而决定相守，但王辛与梅心的爱情是极为真挚的，呼回历史创设的宿命感使其更加深厚，他们的爱情让人有了新的感受。其二，洪昇一角使人联想到清代戏曲家洪昇的传奇戏剧《长生殿》，借唐明皇与杨贵妃爱情的悲欢离合写国家的兴亡。张系国的《倾城之恋》有异曲同工之妙，王辛与梅心的爱情进展中穿插索伦城的陨落，洪昇《长生殿》与《倾城之恋》的相互呼应带给人历史的沉重感与未来的宿命感。此外，小说《岂有此理》中的人造生命技术"透明虫"名为"精细鬼""伶俐虫"，作者挪用中国古典小说《西游记》中的形象，并利用"变形"的手法重塑科幻人物形象，使历史故事和经典文学作品在科学幻想的语境中得以再书写、再表征。

张系国的科幻小说中传统文化元素还有很多，比如《倾城之恋》中的王辛便是儒家理想人格的典范。正如杜维明对儒家理想人格的诠释，"充分体现个人潜力的理想，在道德的意义下，就是完成自由的人格、自己的道德自觉"。[①] 王辛热爱索伦城呼回历史，并愿意为之付出生命。这个人身上蕴含着作者对传统文化、价值观的呼唤和依恋。此外还有很多充满中国式浪漫诗意的表达。比如，《剪梦奇缘》中运用梦幻天视寻找另一半神交的男人通过读诗的方式来吸引异性，故事中化用的正是郑愁予的《错误》"我达达的马蹄是美丽的错误，我不是归人，是个过客……"[②]，古典意境的诗句营造了浪漫唯美的氛围。经典的中华文化与鲜活的技术幻

[①] 杜维明：《文化中国：扎根本土的全球思维》，北京大学出版社，2016，第74页。
[②] 郑愁予：《郑愁予诗的自选集》第1册，生活·读书·新知三联书店，2000。

想创造性地结合起来,不仅赋予中华文化新鲜活力,而且为科幻小说增添了文明的厚重感,进而唤醒今人的诗心与诗情、在笔墨世界中涵养精神与情怀。

结　语

张系国科幻小说创作中蕴含着根深蒂固的归家情怀、难以舍弃的忧患意识以及对中华文化的坚守,同时他对西方科幻文学样式又抱以灵活通变的态度。深入挖掘中华优秀传统文化的精神内核并将之融入科幻创作、打造中国特色科幻是新时代科幻小说发展的重要议题,是理解和把握中华文明的突出特性、推动中华优秀传统文化创造性转化与创新性发展的时代路径。

通过探究张系国作品中创设的离散境遇,感受其蕴含的归家情怀,可以看出海外华人作家在探寻自我本质与文化归宿的过程中,始终处于身份认同的迷惘和无措。放置宇宙空间中,地球文明的离散者也时刻处于对自我身份认知的不断追寻,表现出难以割舍的家国情结和无法逃脱的宿命感。张系国着眼于乌托邦建构中蕴藏的忧患意识,"将笔触伸向民族文学的根须,从中国古代神话和历史掌故中寻找科幻创作的灵感与资源,将之与现代人文精神及科学技术相交融,创作出具有中国特色的科幻小说"。[①]作者在科幻与现实交融的艺术表现中彰显对社会问题以及科技发展的理性审视,对于人与"非人"关系的思考更为我们提供了一种对生命权力和生命形式重新深入探究的新路径。在中国文化元素的运用上,重塑历史人物、新建科幻故事,借用王一川的"中国形象"提法,即"由符号表意系统创造的能呈现中国或能使人从不同方面想象中国的具有审美魅力的艺术形象"。[②]张系国通过巧用古人名讳、化用中国诗词的方式,使人物形象的建构充分体现中国特色。

[①] 姜韫霞:《解读中国科幻:中国科幻文学的人文精神与科学意识》,《学术探索》2005 年第 3 期。

[②] 王一川:《中国形象诗学》,上海三联书店,1998,第 9~10 页。

总而言之，张系国科幻创作不仅推动了台湾地区本土科幻的发展，而且有助于中国特色科幻创作的丰富完备。晚清时期梁启超通过宣扬"哲理科学小说"打破重人文轻自然的文学传统，五四时期鲁迅借"科学小说"启蒙民众，1949年之后叶永烈创作科普小说普及科学知识，新时代刘慈欣、王晋康、韩松、郝景芳等科幻作家探究人类命运共同体的理念。他们以天马行空的想象力建构中国人自己的"桃花源"，书写现实中国问题，绘制未来中国蓝图，体现了作家对中华文化的继承与发扬。在中国科幻文学的谱系中，张系国亦继承前人遗志，以科学幻想为支架，以对社会、国家的关切，调动着中华优秀传统文化精神内核，打造独特的科幻中国梦，彰显日益增强的中国文化自信力。

动物视角下的家庭空间与城市版图

——以电影《忠犬八公》为例

刘 诺*

摘 要：国产版电影《忠犬八公》以动物视角为出发点，勾勒出城市化建设大变局之下从家庭内部到广阔城市空间的剧烈震荡，展现出人与动物情感、关系的丰富维度，饱含动物与人类面对发展变化共通的怅惘，呼唤着对美好情感和品格的坚守与眷恋。影片呈现出当代中国发展语境下人与动物、生命与生态环境的和谐共存及灵动之美，为讲好中国故事以及讲好中国生态故事提供了借鉴。

关键词：中国故事 生态故事 城市化 《忠犬八公》

国产版电影《忠犬八公》于 2023 年 4 月上映，讲述了一只小土狗"八筒"等候去世的主人陈敬修长达十年的动人故事。"忠犬八公"的故事有日本版、美国版珠玉在前，但本片凭借对本土风土人情的精准把握、对动物与人之间深刻关系的细腻塑造，构筑了一个属于中国的忠犬故事，通过动物的故事切入对中国社会家庭、中国城市化进程的观察与反思，也传递了保护动物、尊重生命的生态理念。

通过展示时代变局下动物具体的情感流露与行为选择，影片深刻地揭示出人的现实处境与精神处境。同时，人和动物被置于同等地位，被看作平等的地球生命予以关照，这一创作思路契合了"生态整体主义"的理念，这一思想的核心是把生态系统的整体利益作为最高价值而不是把人类的利益作为最高价值，把是否有利于维持和保护生态系统的完整、和谐、

---

* 刘诺，武汉大学文学院博士研究生。

稳定、平衡与可持续作为根本尺度。在这种"整体生态观"的价值尺度之上，以动物视角为基准分析电影《忠犬八公》构筑的美学世界与创作特色，展现时代发展"大变局"之下对美好风物及品格的"小坚守"，也为讲好中国故事、发展动物题材创作、展现新时代生态观提供借鉴。

一　渐进式的空间变迁

影片故事背景设置在重庆，地质专家陈敬修在一次考察的路上，救下一只从狗场出逃的小土狗，将它带回学校，后不顾妻子反对将它留在家里，取名为"八筒"。八筒每天陪伴陈敬修去索道口，把报纸叼回家就跑回索道口等陈敬修下班。随着女儿陈晓舟出嫁、儿子陈新桥赴京创业，八筒逐渐成为这个家庭的一员。然而，陈敬修在一次考察中突发心脏病去世，妻子陈佳珍搬去北京与儿子同住，八筒无法忍受女儿女婿居住的狭小单元楼。女儿决定将八筒送到乡下，八筒找准时机逃回索道口日日守候。十年过去了，李佳珍随儿子回重庆探亲，在索道口与年迈的八筒重逢，八筒带他们回到几乎变成废墟的老房子，叼回了生命中最后一份报纸，在十年堆积而成的报纸小山和曾经家人的面前走到了生命终点。

这是一个横跨十年的故事，八筒的活动范围从室内空间延伸至室外空间，这些空间带给八筒不同的生命体验。影片横跨的"十年"也是中国城市化建设、基础设施建设高速推进的十年，不仅城市居民工作、生活的环境发生了重大变化，城市地形地貌、自然地理环境也被极大地改造。

（一）室内空间的转换

八筒所处的室内空间经历了狗场—学校—民居的转换，这几处空间极具代表性，这种转换是国家建设的大步伐从乡村延伸至城市的投射。小狗生命的第一个重要转折点是从乡村狗场转换到象征知识、现代文明的学校。人去楼空的狗场背后是被废弃的乡村，乡村被废弃的原因是重庆的水库建设，狗、狗场、乡村的设置本身就带有鲜明的时代建设气息。陈敬修对狗的营救不仅让动物在生命安全层面实现了由危转安，实现了对被弃置者的打捞、拯救，这是宏观大建设之下对于个体小生命的尊重，也暗示了城市文明作为上位者对破败乡村文明的反拨。

尽管"狗场"和"学校"的环境对比如此鲜明，这种"反拨"仍是温和的，乡村和城市并不是景观、思想上的二元对立，先进与落后的对照组。狗场所处的乡村因为水库建设被搬空，呈现出破败凋敝的景象，但仍然遗留着村民生活过的痕迹，如做饭的锅、灶，镜头拉远，乡村依山傍水，田野上植物丰茂润泽，电影以一种调和的姿态呈现出乡村美丑混杂的样态。这种调和也体现在对于狗场的态度上，影片并未直接表现狗在狗场里遭受虐待，时刻面临杀戮的正面镜头，而是通过"重返现场"的方式从侧面表现。陈敬修抱着狗缓慢踏入已经空无一人的狗场，人的视角观察到四处散落的狗毛，成片联排的狗笼，似乎还能闻到血腥腐臭气息，这时人的震惊是无法溢于言表的。但这并不是站在固定立场上大加挞伐、抨击农村，而是对具体社会时期乡村生活的真实还原。小狗陷在车底时对前来营救的人类不信任、逃避，就像乡村居民面对陌生事物的惶恐与戒备。因此，这只出逃的狗不仅是在人类面前处于弱势的个体，它也象征着不得不离开故土，一脚闯入陌生环境的离散者。

"校园"则是一个乌托邦式的存在，因此只能作为理想化、暂时的环境，并不能代表现实生活本身，在这个空间中基本没有人吃狗、伤害狗，对小狗"闯祸"的包容度较高，因此陈敬修能够去工作，把小狗单独留在办公室。身处学校这一空间，小狗对环境的恐惧、抗拒开始减弱，不愿只待在安全的书包里，适应之后开始探索教师办公室，在办公室的各个角落溜达，跳到教师的教具上，甚至一泡尿撒在了水坝的模型上，这让返回办公室的陈敬修哭笑不得。在大学校园的短暂停留象征对现代文明的一瞥，人与人、人与动物间的相处弥漫在文明的距离之下，距离提供安全，也展现疏离。

此后小狗生活在两个家庭空间中，这两个空间的变化是国家建设的脚步在中心城区延展的体现。第一个家庭空间是以陈敬修、李佳珍为主导的家庭空间。这是一座两层楼，二楼有阁楼、天台，一楼住宅区外边是陈佳珍经营的小卖部,门口还有一个小院子,可以摆放麻将桌甚至办酒席。城市中的家庭空间实际上也是复杂的情感混合体,小狗对家庭空间的探索过程是它与家庭成员的关系进展史。小狗对于家庭成员间的亲疏远近有着天然感知力。因此,小狗被陈敬修带回家后,在这个更加安全的环境里,它的好奇心和探索欲望得到了更充分的滋长。陈敬修将它藏在阁楼书房里,叮嘱它不要跑出来,结果小狗很快完成了对书房的"巡视",蹦蹦跳跳地下楼准备开发新的"领地"。小狗突然暴露在全家人面前,陈敬修不得不想尽办法,试着说服儿时被狗咬过、强烈反对养狗的妻子陈佳珍。这时小狗已经开始将这个家庭空间视为自己要居住的空间,因此当它被暂存在小卖部柜台等待询问和领养时,它在小小的箩筐里一动不敢动,充满委屈和迷茫。后来,它终于被接受为家庭的一员,并获得了名字"八筒",但它的活动空间依然受限。它的活动空间也是陈敬修的日常活动空间。在室内场景中,它主要在沙发附近挨着陈敬修,经常陪陈敬修看足球比赛。随着它与家人关系日益亲密,它开始趴在李佳珍的麻将桌附近,悠闲地吃西瓜,仿佛一个动物牌友。在一次大雨后,陈佳珍破天荒地允许八筒进了卧室,在床上给它擦干被淋湿的毛。狗从家庭公共空间进入私人空间的过程,是家庭其他成员尤其是李佳珍对狗的情感发生明显变化的体现。在这一刻,八筒真正成为他们的家人甚至孩子。

然而,随着陈敬修去世、老房子拆迁、李佳珍随儿子赴京生活,八筒被转移至第二个家庭空间,即女儿女婿生活的家庭空间。它从带小院的二层楼搬到了小区里的商品房,活动空间大幅收缩。更让八筒沮丧的是,它在户外活动的自由被剥夺,且女儿女婿忙于工作,陪伴它开展户外活动、在家庭空间中玩耍的互动都减少了。这对一只中大型犬而言无疑是致命打击,一个定格八筒无精打采通过防盗网看外面世界的镜头道尽它的委屈;人的社会关系被小区、商品房重新切割成规规矩矩的小格子,依附城市原有地貌诞生的相互混杂的居住环境、亲密无间的邻里环境也不复存在,因此"拆家"是八筒的必然行动。通常情况下,"拆家"的小狗会装作若无其事,或装可怜、装可爱试图逃脱惩罚,八筒则安然卧于它所"创造"

的一片狼藉之中，直视两个被混乱惊呆的人。它坚定的眼神仿佛在说，我不喜欢，我要反抗，我要离开。两个家庭空间转化产生的对比使八筒的离开成为必然。它在上一个家庭空间中充分体验了物理空间与情感上的爱与自由，当新的家庭空间无法满足它时，用激烈的方式表达抗议、离开必然成为它的选择。

如果说八筒毅然离开是对于城市化进程中物理空间收窄、情感淡化的显性抗议，展现出一定的批判性，那么室内空间所展现的严格秩序则传达出隐性的批判性。家庭以较为温情的方式划分领地、确立秩序。无论是人还是动物，对待室内空间都显现出领地意识。例如，陈敬修的领地是他的阁楼书房、客厅沙发，李佳珍的领地是麻将桌和厨房，儿子陈新桥总是窝在角落的电脑桌前。这种秩序也成了家庭中无法清除的"隔膜"的来源；"秩序"到了社会化属性更高的空间，则更加凸显出威严冷酷的一面。影片用发生在学校的两处空间表达制造了对比。陈敬修所处的会议室等级森严，按领导、教授、副教授、讲师依次排列，不可逾越，头发花白的陈敬修夹在一众年轻副教授中格外窘迫。与此同时，小狗把办公室当成了新的冒险地横冲直撞，甚至一泡尿撒在一个重点项目的沙盘上。狗的世界中也存在领地和等级划分，这种秩序以暴力、"野蛮"的方式维系；而人类社会早已经完成了这种构建，对规则的体认已经内化于社会化的人的认知、行为。因此，当人和狗要突破当下被赋予的境地时，所能选择的方式截然不同。小狗八筒诉诸破坏性行为，反对当下秩序本身的方式就是破坏秩序，而不是寻找新的秩序替换旧的秩序；陈敬修作为副教授想要越过领导、教授早早结束发言去照顾小狗，只能选择协商，他提出了按照字母排序的这一种秩序来暂时取代按职称高低的秩序。这两组镜头的对照都发生在作为理想、文明象征的高等学府，极具讽刺性，影片由此传达出对于"现代文明"的反思——文明的背后可能是更坚固、冷漠的分化与异化。

（二）户外空间的变迁

电影通过固定路线和散点这两种路径构筑了户外空间，固定路线是家庭住宅与索道口之间的一段路，散点则是陈敬修陪八筒去公园、市场或附近散步、玩耍，探索城市的其他空间，一人一狗作为城市变迁的见证者、记录者创造了共同记忆与情感体认，对城市空间的变化展现出一致的怅惘。

固定路线包括一长段阶梯、楼下的邻居家、沿江一段长满苇草的路、布满小摊贩人声鼎沸的一段商业街，最后到达交通枢纽索道口。索道口之所以成为八筒出逃后栖身十年的地方，首要原因是陈敬修上下班要经过索道口，八筒送走陈敬修就有了等候他归来的希望，迎来陈敬修则会获得重逢的喜悦。八筒在索道口还交到了人类朋友，一个是杂货摊的摊主老马，另一个是以挑货物为生的"棒棒"。他们尽力为八筒提供庇护，对八筒而言，索道口既意味着希望和喜悦，也意味着安全与温情。

往返于家和索道口的这段路是小狗和陈敬修属于彼此、独有的快乐时光。这段路程经过一段江边野道，这里不仅风景秀美，抬头还可以看到来往的索道，也是八筒夏天游泳纳凉的去处。陈敬修和八筒还在江边小舟附近一起刨出一块"秘密基地"，用来填埋八筒发掘的骨头，因此当八筒被陈敬修女儿陈晓舟送上去乡下的车时，它的记忆在看到江面和索道的一瞬间被激活，于是毅然跳下车朝索道口狂奔而去。一人一狗每天途经的邻居家，八筒与一只白色萨摩耶交上了朋友；商业街里八筒最喜爱的是卖糖画和风车的小摊，它甚至趁风车掉落悄悄叼走了一个。

影片用大量镜头展现了这种城市景观和风土人情的优美、质朴，也捕捉了小狗视角下城市建设进程中不断失去这种自然之美的失落。一是城市推进了跨江大桥的建设，长江索道不再是最方便的出行方式，面临关停改造，从昔日的人流如织变成一处黑洞洞的施工现场。哪怕索道再次面世，也会以旅游景点的形态出现，在重庆居民的生活中渐行渐远。八筒只能反复在新面孔的冲击下辨认，但熟悉的气味日渐消散，曾经陈敬修上班时与小摊贩打招呼、与售票员问好的亲切、稳定的熟人社会已悄然退场。另外，江景与城市天际线的变迁也昭示着城市化推进的迅疾。夜晚，八筒从熟悉的江边小路望向江对岸，拔地而起的高楼与霓虹闪烁的城市天际线已取代曾经静谧朦胧的夜色，似乎对岸才是先进的、值得追逐的，连江边的小舟也随水波飘向对岸。

八筒面对这种景象的迷惘、凄恻实际上也是人的心声，陈敬修正是"失落者"中的一员。城市空间的建设改造，让他们不得不直面从熟悉走向陌生的失去感。在婚宴当天，陈敬修带着八筒上二楼躲避礼炮声，看向江景和对岸火热建设的高楼也发出喟叹："江这边也会盖满高楼，到时候就看不见江了。"尽管八筒和陈敬修的生命长度无法相当，但长江成为他们生命中的重要精神依托，不仅八筒日日经过长江，充满快乐温情的记忆，而且陈敬修毕生的工作、研究、生活更是依托长江，与长江密不可分。影片并未着力渲染城市化进程中污染破坏的一面，而是通过人和狗共同的怅惘，营造了樱桃园式、带着夕阳色的失落与眷恋。这种惆怅不因物种的区别而产生隔离，这种对于空间的留恋实际上是生灵对于精神家园的共同需求、共同追寻。

二　社会关系的激荡与重构

电影展现了八筒与家庭成员的相处、与其他人类的交往。实际上八筒的到来正是这个家庭将要发生剧烈变化的关键节点，这种剧变是时代发展、中国经济社会腾飞大背景下，新一代更有勇气突破固有认知、脱离原有家庭、社会关系，追逐新发展机会的体现。另外，八筒后半生以渡口为据点，也见证了以此为基点的社会人群、职业变化。

（一）动物视角下的家庭关系重构

电影对八筒与家庭成员关系的刻画复杂、细腻，不同成员对八筒的态度展现着这个家庭的"过去"，而动物展现出的情感上的丰富维度，亦是对人类家庭的相处模式、情感表达的对照与反思。

八筒和陈敬修妻子李佳珍之间的关系相当微妙，展现八筒与李佳珍的关系实际上也是在交代陈敬修和李佳珍的关系。八筒完全能意识到李佳珍一开始对它的排斥与恐惧，因此它尽量缩在陈敬修身边，不敢犯错误，用委屈小心的神情面对她；陈敬修发火强硬留下八筒，李佳珍的态度开始松动后，八筒开始试图讨好取悦李佳珍，比如叼脏衣服、报纸，且完全遵守李佳珍的规则，试图换取李佳珍对它的接纳；等陈佳珍接纳八筒之后，八筒则安心地栖息在李佳珍脚下，听着打牌声打盹；后来面临分离时，八筒依依不舍，从车的后窗望着站在原地的李佳珍。相比陈敬修发自内心、无条件的爱，李佳珍的爱更像八筒努力的结果。然而，八筒之所以愿意做出努力，是因为它出于本能感受到李佳珍表面脾气火暴，内心善良柔软。陈敬修和李佳珍正是一个互补对照组，陈敬修的社会地位、知识水平远高于李佳珍，李佳珍则在性格和生活上更加老练强势，他们组成了中国式的男主外女主内模式：结婚、择业等大事要问陈敬修意见，李佳珍对他颇为依赖；送礼、吃什么、脏衣服放在哪里则全由李佳珍指挥，陈敬修节节退让。他们日常的相处方式也体现出中国人的"刀子嘴，豆腐心"，用埋怨表达关心，用行动取代语词。李佳珍和陈敬修吵吵闹闹的家庭生活，移到她和八筒这里表现为磕磕绊绊、"别扭"的爱。影片通过展现动物和人类家庭的关系，以此为代表，对中国家庭传统的内部分工、情感模式进行了描摹与思考。

如果说在描写陈、李的夫妻关系，影片只是客观的描摹式呈现，到了亲子关系这一部分，影片则通过表现动物与人类的差异，提出了温和的质疑。对待儿子陈新桥背井离乡、赴京创业一事，动物和人的表达方式截然不同。八筒直接跳进行李箱，把陈新桥的东西一件件往回叼，用直接的方式表达依恋不舍，陈新桥完全可以感受到这份直接的挽留之情；陈敬修、陈新桥则在"父爱如山""一切尽在不言中"的模式下留下遗憾，尽管陈新桥通过父亲特意买来的卤菜、八筒追上来的身影确认了这份深沉的爱，但他们也阴差阳错地失去了见最后一面的机会。这种"直接表达"在动物身上是一种不假思索的本能，在人与人之间似乎总是缺位甚至"羞耻"的，人总是用"为你好"或者某种曲折的方式取代坦诚地表露感受、交流想法。对这种差异的描摹本身是对中国家庭情感表达的精准观察和戏剧化表达，也提出了一种反思：为什么动物能够轻易做的事情，对人来说却这么难？

陈新桥对待八筒的态度也值得玩味。以往关于宠物和家庭的研究一般发掘宠物在缓和家庭矛盾、增进心理和身体健康上的作用;[1] 一些研究认为,宠物不会在关系亲疏上与其他家庭成员产生竞争。[2] 但陈新桥在某个阶段似乎将八筒视为父爱的抢夺者和竞争者,尤其是在父亲对他赴京创业的答案不置可否,只是出门遛狗的一瞬间达到顶峰,气愤地说"自己还不如他养的一条狗"。在中国版和日本版电影中都出现了这样的设置,其他家庭成员都认为关爱被抢夺,生发出一定程度的不满,在美国版本中完全不存在这种问题。中日版本相似的设置是否意味着这是一种东亚特产似的家庭病?

八筒与家庭成员的关系变化是家庭"过去"累积的爱与障碍的体现,酝酿着不得不"变"的因子。八筒的到来也折射出人"当下"的焦虑,展现着家庭关系即将变化、已经变化后人类潜意识中潜藏的恐惧感、无助感。

陈敬修直接宣布八筒是自己的儿子,是晓舟、新桥的弟弟,这一点相当关键,为什么不是"宠物",而是除两个孩子之外的新的孩子?除了陈敬修的喜爱、尊重,似乎也点破了这个家庭整体的温情之下缺乏深度了解、沟通的现状,以及陈敬修潜意识中对于孩子即将离去的恐惧。陈敬修和李佳珍是合拍的生活伴侣,却在兴趣爱好上毫无共同话语;陈新桥试图寻求父亲关于职业的建议,却只得到忙于自己工作的陈敬修的含糊回复;陈敬修嘱咐儿子帮忙录球赛、喊他一起看球赛,却总是被忘记、得不到回复;女儿则更早呈现了对家庭的疏离态度,早早结婚搬走。这些使这个家庭处于一种"薛定谔的幸福"般的状态。当体认他们为"幸福"的家庭,又会忽然发现家庭中的彼此忽视、漠视,情感回馈的错位与缺失无处不在,每天发生,习以为常;当快要认定他们家庭的"不幸福",他们表现

---

[1] Linda Charmaraman, Stephanie Cobas, Jules Weed, Quan Gu, et al., "From Regulating Emotions to Less Lonely Screen Time: Parents' Qualitative Perspectives of the Benefits and Challenges of Adolescent Pet Companionship", *Behavioral Sciences*, Vol. 12, No. 5, 2022, p.143;张娜:《山西省老年人社会隔离对健康促进生活方式的影响研究:抑郁的中介效应和宠物依恋的调节效应》,山西医科大学,博士学位论文,2023。

[2] 张茂杨、彭小凡、胡朝兵、张兴瑜:《宠物与人类的关系:心理学视角的探讨》,《心理科学进展》2015年第1期。

出的善良、心软、相互支持又让人不忍苛责。尽管世界上并没有完美的家庭，但这种摇摆不定的"毛刺"状态必然制造隐形伤害。然而，数十年形成的习惯模式让每个人都放弃了修正的尝试，抹杀了改变的可能性。等儿女彻底离开家庭追求新生活，这种积累而成的伤害更不可能有机会修正，成为潜伏于家庭中隐形却长存的伤口。

李佳珍对待八筒的态度转变最大，她也是在家庭关系中受到冲击最大的人，她不断被迫告别过去，不停修正自我与当下的关系。先是儿女逐渐脱离家庭，她不得不接受八筒、她、陈敬修是一个三口之家的当下现实；后来陈敬修去世，她和八筒之前的情感连接还生发出更深的意味。有研究指出，人们并非只是随意或跟风式地去选择某些宠物，而是有意无意地从自己的人格特点出发，进行有所偏好的选择。[①] 八筒是陈敬修留在这个世界上最珍爱的一分子，他们是一种相互选择，或者这正是建立在他们高度相似的善良和坚持之上，因此李佳珍似乎可以通过八筒再看到陈敬修。李佳珍目送八筒离开，那一瞬间的踉跄、不可置信，既叠加了陈敬修离世带给她的痛苦，也暗示着她对于即将再次踏入新家庭关系的惶恐无助。

（二）动物视角下的社会关系激变

八筒和陈敬修的交往奠定了它与人类关系的底色。面对大多数人，它愿意表现出信任和善意，因此八筒不只与这个家庭建立了深刻的连接，也与家庭周边的其他人物建立起联系，包括李佳珍的牌友、陈敬修在索道口的老朋友等人。在原生家庭成员纷纷离开居住地建立新的家庭后，八筒的停留使它成为这个家庭中城市社会关系激变的唯一见证者。

八筒栖身的索道口是城市社会关系变动的观察窗口，电影通过描绘八筒和索道口两个小人物的情谊，展现出八筒对于原有社会关系和情感的眷恋。它在家庭之外同杂货摊摊主老马和"棒棒"建立了关系，这个"棒棒"甚至和八筒是老乡。在八筒遇到恶劣天气或者被顽皮小孩欺负时，

---

① 张茂杨、彭小凡、胡朝兵、张兴瑜：《宠物与人类的关系：心理学视角的探讨》，《心理科学进展》2015年第1期。

这两个朋友总是施以援手。八筒和老马的感情连接始于陈敬修，他有每天在老马店里买报纸的习惯，两人已经是多年的老熟人。八筒选择索道口，除了老马经常为它提供庇护，关爱它，也是在其他家人去世、远走的情况下，与陈敬修保有某种联系的方法，还是八筒面对的大变动下几乎唯一没有改变的连接。八筒和"棒棒"的关系则更加奇妙，"棒棒"刚来到索道口找活干，不小心占领了八筒等候陈敬修的"专属位置"，被八筒赶走，他非但不气恼反而尊重八筒的行为。当索道口停业，"棒棒"无生意可做时，这位老乡还郑重地与八筒告别并告知接下来的打算，饱含中国古典式依依惜别的落寞之美。"棒棒"的告别是社会发展下职业生态时刻发生变动的体现，也展现出美好情感随关系动荡、人物迁移而离散的残酷现实。

　　影片还展现出社会巨变下危机四伏的一面，以"光"的两处对比为例。一处"光"是温情的，李佳珍带着伞来找冒雨出门的陈敬修和八筒，八筒踩着手电筒打出的光斑一路朝家的方向走去，陈敬修感叹"动物和人都爱往亮堂的地方去"。在这个语境下，"家"是八筒心中亮堂、安心之处。当八筒再次循着"光"来到家的所在地，等来的却是夜间打着手电筒拆迁的施工队，它眼见着"光"带来了毁灭，站在夜色中四处张望，陷入迷茫。同样是"光"，从前带来安全与爱，现在却带来破坏。在八筒身处建筑工地时，也是原有的社会关系保护了它：李佳珍从前的牌友轻声将八筒赶走，将它从一群虎视眈眈，似乎想把八筒作为食物的建筑工人手中搭救出来。

　　面对城市建设的大潮，大部分人主动或被动选择顺势而为，跟随变化，城市要建设，老房变新居，年轻人也要离开老家探索新职业。然而，影片着眼于八筒的不变。它"不变"的背后也反映着陈敬修这类人的存在与选择，尽管乍一看显得古板、不合时宜，但某些珍贵的记忆和品质正需要这类人的存在予以保存，贯穿社会、人类发展的脉络。"坚守"本身的能力是直击人心的，陈新桥、李佳珍十年后再回到索道口和老宅，看到堆积的报纸小山瞬间被震撼，因为这正是八筒依托于"物"，经过十年漫长的累积对撞出的空间冲击，通过八筒的坚守和重复，他们过去多年的记忆在一瞬间被唤起，重新召唤回自己的一部分。

狗对于已有事、物的眷恋相较人类更为浓烈。例如，八筒选择栖身于索道口、坚持运送报纸、一直喜欢陈敬修送给它的第一个玩偶。人的特质和喜好也以各种形式贯穿生命历程，例如口音和口味，定居重庆多年的北京人陈敬修讲着京片子，学不会吃辣；而长于重庆赴京工作的陈新桥的重庆话乡音未改，这也是某种意义上的"故土难离"，帮助人确认自身的主体性和独特性，而不至于在时代洪流中彻底与过去离散。

三　生态文明建设与讲好中国故事

国产版电影《忠犬八公》从小狗的视角出发，构建了从私密家庭内部到广阔城市风貌的空间版图，尤其是对重庆这一城市人情、风物、景观的描绘，使影片呈现出哀而不伤的淳朴诗歌气质，饱含人类和动物共通的温情与怅惘，也展现了当代中国发展语境下人与动物、生命与生态环境的和谐共存、相互映照，传达了各类生命对于美好情感的支持、栖居环境的长久渴望、共同追寻。这种追求依附于充分发达的物质建设成果，更是精神层面对真、善、美的渴望。

中国社会发展已迈入新的阶段，新时代生态文明建设不断推进，生态环境保护领域的实践不断更新。在这种状况下，文艺领域创作了一批新的反映生态文明思想的作品，构成讲好中国故事的重要环节。2023 年 5 月，为了贯彻落实习近平总书记关于文艺工作的重要论述，促进新时代生态文学繁荣发展，弘扬生态文化，推进美丽中国建设，生态环境部、中国作家协会发布《关于促进新时代生态文学繁荣发展的指导意见》，其中大力宣扬的创作方向之一是"赞颂人与自然和谐共生之美"[1]，关于动物与人的故事属于这一范畴。国产版电影《忠犬八公》的出现可谓恰逢其时，影片并没有大制作和流量明星班底，而是从内在呼应了这种创作需求，对

---

[1] 《关于促进新时代生态文学繁荣发展的指导意见》，中华人民共和国生态环境部网站，2023 年 5 月 23 日，https://www.mee.gov.cn/xxgk2018/xxgk/xxgk03/202305/t20230530_1031688.html。

"讲好中国生态环境保护故事，为建设人与自然和谐共生的现代化夯实思想基础、凝聚奋进力量"[1]的要求做出积极的回应，是当下中国故事讲述中一抹清新的亮色。

　　值得一提的是，除了影片文本本身，还有一层文本附着于电影之上，即电影整个过程作为一个"文本"。在影片宣传过程中，导演用文字补充了坚定选择中华田园犬而不是原故事中秋田犬的来由，以及剧组悉心救助与训练流浪狗的过程[2]。电影在结尾字幕处打出了"领养代替购买，用爱终止流浪"的口号，也展现了剧组成员在结束拍摄后，收养作为本片演员的流浪狗的花絮视频，身体力行地在影片内外践行关爱流浪动物、关心本土物种的理念。这份关心公益事业、呼吁社会关注、试图改善动物处境的爱心、耐心和责任心，不仅让影片更靠近普通观众，让他们感受一个生灵和谐共生的艺术世界，而且将用实际行动感染更多普通人。影片的内在文本和外在文本相互延续、叠加，似乎验证了一种可行性，即讲故事本身是一种行动。因此，"讲好中国故事"不只是一种语词，更是一种对公共领域的参与。从参与电影制作环节的人转变观念开始，让更多人切身关心所处的环境和其他生命与物种，投入对生态环境的保护和对生命之美的追寻，或许是影片更为深远的意义所在。

---

[1] 《关于促进新时代生态文学繁荣发展的指导意见》，中华人民共和国生态环境部网站，2023年5月23日，https://www.mee.gov.cn/xxgk2018/xxgk/xxgk03/202305/t20230530_1031688.html。

[2] 徐昂：《给毛茸茸的主演讲戏》，豆瓣电影，2023年4月23日，https://movie.douban.com/review/15080852/。

少数民族文学创作中民族性表达的创意过程探析

——以满族作家老舍为例

杨 越[*]

摘 要： 创意写作是以"创意"为核心的文本写作活动，创意过程指"创意"这一核心要素的发生、发展与实践。创意写作理论普遍认为"作家可培养，写作可教授"，而民族性作为少数民族文学创作的创意核心，其表达理应有方法论可依。本文对满族作家老舍的作品与创作经历进行创意过程分析，认为少数民族文学作家应当在创意发生阶段完成从个人生活到民族史诗的开掘，在创意发展阶段深化与加强对民族特质的理解和表现能力，在创意实践阶段从视角、语言和体裁等方面将创意落实，从而在作品中融入深刻的民族性。创意写作学科的发展在促进少数民族文学创作和中国文学多样繁荣方面有着广阔的前景。

关键词： 创意过程 少数民族文学创作 民族性 老舍 创意写作

民族性是当代少数民族文学的核心价值追求之一。[①] 深刻的民族性表达不仅是少数民族文学保持生机活力的重要因素，也是促进中国文学多样繁荣的必然要求。然而，当今中国少数民族文学创作中存在民族性表达浮浅化的问题：作品中充斥读者司空见惯的民族服饰、民族习俗等外在文化符号，甚至不再能提供陌生化体验，而真正体现民族性的深层价值追求和精神面貌却很难表现得深刻。这样的作品要引起本族同胞共鸣尚且困难，

---

[*] 杨越，黑龙江大学满学研究院硕士研究生。
[①] 朱斌：《当代少数民族文学的民族性价值追求反思》，《文学与文化》2018年第1期。

更休提将读者范围扩展至全国。创意写作学认为，科学有效的创意写作训练能够培养作家、繁荣创作[1]，因而在少数民族文学创作中引入创意写作学视角及其方法论，其必要性不言而喻。

创意写作的核心为"创意"，创意写作视域下的创意过程是"对于写作从原始创作灵感或动机发生，到修改打磨文本，再到通过各种不同的最终形式进入社会生产实践的基本步骤的描摹"[2]。对创意过程的研究可以推导出创意过程各阶段的影响因素，并据此总结出可供借鉴的方法与技巧，从而提供相应的方法论支持。创作具有深刻民族性的少数民族文学作为一种创意写作活动，"民族性"显然是其创意核心。相应的，对"民族性"的创意过程研究是为少数民族文学创作提供方法论的重要途径。老舍作为最负盛名的中国现当代少数民族作家之一，创作出众多包含深刻满族民族性的经典作品。其作品的读者远超出本民族范围而获得了全国乃至世界的关注，是少数民族文学创作的典范。从创意过程的三个阶段即创意发生、创意发展、创意实践来对满族作家老舍的创作经历与部分作品进行分析，可以为少数民族文学创作者在作品中融入深刻的民族性提供可资借鉴的思维方式与构建过程。

一 创意发生：个人成长与民族史诗

对于个人作者来说，创意发生离不开创意个体丰富的心理资源。[3] 在创意写作理论中，创意写作是发现自我、反思自我、开发自我、形成自我并超越自我的活动[4]，自我的人生经历与人格个性、知识修养等是使创意产生而有待作者进行开掘的重要资源。这种对自我的开发极具延展性，可

---

[1] 许道军、葛红兵：《创意写作：基础理论与训练》，广西师范大学出版社，2012，第2页。
[2] 谭旭东、梁哲浩：《创意写作视域下的创意过程研究（上）》，《语文教学通讯》2022年第28期。
[3] 谭旭东、梁哲浩：《创意写作视域下的创意过程研究（上）》，《语文教学通讯》2022年第28期。
[4] 许道军、葛红兵：《创意写作：基础理论与训练》，广西师范大学出版社，2012，第124页。

以从个体的人生经历拓展到家庭、家族、地方和民族的历史变迁。少数民族作家不应该忘记，其本人的人生正是显微镜下一例清晰的民族细胞切片。对于少数民族文学创作而言，深度挖掘作者本人拥有独特民族气质的人生经历，正是民族性这一核心创意得以发生的首要条件。满族作家老舍一生的创作，几乎全部取材于他在北京的成长经历以及当时北京城内浓厚的满族文化，其诸多作品中民族性的创意发生也根植于此。

满族出身全方位塑造了老舍的人格。老舍出身于清代末年北京的下层旗人家庭，母亲将其抚养长大，并为其灌输京旗满族的传统精神与价值观。"旗人"一词产生于清朝的八旗制度。八旗组织在创立初期为清政权的崛起与扩张提供了强大支持，是清王朝制胜的重要因素之一，因此清廷早期为八旗官兵子弟提供了优渥的待遇。八旗子弟不仅由政府提供钱粮支持，而且在入仕为官等方面皆有捷径。八旗子弟在获得优待的同时，也面临严苛的束缚——为防止与民争利，旗人只有当兵和做官两条出路，务农、经商等职业一概不准从事，这就使旗人逐渐失去了必要的谋生能力和手段。随着清朝统一全国、社会稳定发展，兵丁名额与发给旗兵的饷银远远赶不上旗人的增长，下层旗人家庭能够领到的饷银也就越来越少，八旗子弟生计问题开始显现。辛亥革命之后，下层旗人家庭失去了政府钱粮这一经济来源，其境况更是雪上加霜，大量底层满族人成为城市贫民，从事洋车夫、巡警、艺人、小商贩等行当，甚至许多满族妇女沦为娼妓。[1] 老舍正是出生成长于清末民初的贫困京旗满族家庭，童年时期他与社会下层满族劳动人民近距离接触，并产生深刻的精神羁绊，为其之后的创作积累了数不清的素材。老舍的"穷人"生命体验，使得他对这些社会底层劳动人民的生活一直有着深切观照，其"写穷人为穷人"的写作观念即使放在当时百花齐放的现代文坛来看也是独树一帜的。《骆驼祥子》中拉黄包车的祥子、沦为妓女的小福子，《我这一辈子》里的老巡警以及《月牙儿》母女俩等人物形象大都取材于这些现实中的底层人物。

早期八旗制度对旗人待遇十分优厚。在雍乾时期，甚至最低级的八旗

---

[1] 关纪新：《老舍与满族文化》，辽宁民族出版社，2008，第37页。

兵丁的物质生活也十分舒适，王公大臣更是有过之而无不及。[1] 客观上看，清朝对八旗子弟的限制的确令其丧失了务农经商的生活技能，还使其养成了懒惰腐化的生活方式。然而，正是这样一批将精力投入艺术和玩乐之中的"闲散旗人"，对京旗满族文化形态的塑造起到关键作用。玩票唱戏、舞文弄墨、品评香茗，京旗满族好艺术、讲体面、追求生活情趣，这些独特的精神气质也同样流淌在作家老舍及其身边满族人的血液中，为老舍塑造小说人物提供了灵感。《四世同堂》中的小文夫妇正是这类精神气质的代表性人物。老舍对小文的身世有过几乎明示的交代，小文"降生在一座有花园亭榭的大宅子中"，"在幼年时期，他的每一秒钟都是用许多金子换来的"，若"早生三二十年，他一定会承袭上一等侯爵，而坐着八人大轿去见皇帝的"。告诉读者小文夫妇是家道中落的京旗贵族，是曾经富足闲适的旗人代表。即便失去了过去的物质基础和社会地位，小文夫妇依旧保持着过去的习性。家里除了一两件家具外几乎别无长物，但二人依旧过得闲适自如，沉迷唱戏，日日拉胡琴、吊嗓子。这种与生俱来的从容，以及不以物喜不以己悲的淡然，正体现了京旗满族的独特精神气质。

满族作为中国最后一个封建王朝的统治民族，其特殊性同样对老舍产生了深刻影响。由于清末外国列强的侵辱和清政府的无能，再加上辛亥革命初期"驱除鞑虏，恢复中华"的口号，使得民国初期社会对满族人有些另眼相看。老舍在这样的社会氛围中长大，而他又与满族同胞有着深厚的情感联结，因而为本族同胞正名也成为他的写作动机之一。尽管因为现实原因，老舍很少在作品中表明所描写人物的满族身份，但他总是通过这些人物的经历、举止、性情等透露出他们的特别出身，并写出他们善良、耿直、自尊、勤恳的品质与精神。[2]《老张的哲学》中的赵四、《离婚》里的丁二爷、《骆驼祥子》里的祥子，都呈现出依稀可辨的满族特质，而这些人物身上尽管有不同的缺陷，却被老舍塑造得可亲可感，让读者去同情与尊重。满族人身上自尊、体面的美好品质在老舍笔下被一一表现

---

[1] 冷纪平、郭晓婷：《清代子弟书的诞生同八旗子弟生活方式的关系》，《满族研究》2009年第4期。

[2] 关纪新：《老舍与满族文化》，辽宁民族出版社，2008，第37页。

出来。

　　老舍前期作品并未直接透露人物的满族身份，读者却依旧能够推断得出。前文提到创意发生需要对个人的心理资源进行深度挖掘，而心理资源则来自作者本人的人生经历、人生体验、民族历史、社会环境等多个方面，因而作者在创作时，并不需要为强调民族特色而强行加入各种浮浅的外在民族符号。对个人心理资源的挖掘，不仅是在梳理作者本人的人生经历，实际也是对作者所在民族的历史追溯。如果能够发掘出个人经历的本质，其背后隐藏的民族性自会深刻而不经意地体现出来。对个人日常生活的细致观察、对民族气质的深刻感知以及为本民族代言的强烈愿望，是少数民族文学创作得以在创意发生阶段就将民族性融入其中的重要因素。

二　创意发展：理解的加深与能力的成熟

　　创意发展，即创意的阐发和走向。创意发展过程是对原始创意进行分析、整合、修改、重塑的过程，是一个不断认知、优化创意的过程[①]，实际上也就是个人思维风格的发展以及对核心创意的认识理解不断加深的过程。创意写作视域下的创意发展应当建立在文本基础上[②]，因此将老舍成熟期与青涩期或称探索期的作品进行比较，并在此基础上考察不同时期老舍对同一创意核心（民族性）的不同认识及表现能力，能够较好地对创意发展过程进行观照。在老舍的创作生涯中，关于民族性的思索一直处在进行时，老舍作品由青涩走向成熟的过程，正是其民族性创意核心不断优化的发展过程。

　　老舍在创作之初就自发地将"幽默"这一满族的民族性格融入创作之中，"幽默"在其不同时期作品中的表现值得关注。在《老张的哲学》和《赵子曰》甚至《二马》这几部早期的长篇小说中，老舍对满族人的

---

① 谭旭东、梁哲浩：《创意写作视域下的创意过程研究（下）》，《语文教学通讯》2022年第31期。

② 谭旭东、梁哲浩：《创意写作视域下的创意过程研究（下）》，《语文教学通讯》2022年第31期。

幽默民族性格显然还没有深刻、历史的理解。京旗满族人受到八旗制度的严格制约,"闲散旗人"闲散之命运有时并非自己的选择。这种郁闷之情无处排解,他们便索性维持一种乐天面世的形象,其心性演变基本沿着刚强—达观—散淡—诙谐的路子,逐渐沉淀为一种民族性的精神习尚。① 这种幽默的本质是对悲苦现实的讽刺和对人生无奈的自嘲。或因当时身在英国的老舍离国内严肃的文坛较远,或因老舍身在英国而受到其深厚幽默小说传统的影响,又或因老舍本身就抱着游戏人间的态度来创作,总之上述几部作品的创作时期是老舍的幽默最为大胆、不加节制的时期。然而,肆意放任的"幽默"就显得过头甚至"并不幽默"②,"太过火,以至于讨厌"③。例如,《老张的哲学》中第十章开篇对饭馆的描写,"简直是幽默语言的狂欢"④,厨师们"勺儿盛着肉片,用腕一衬,长长的舌头从空中把肉片接住,尝尝滋味的浓淡。尝试之后,把肉片又吐到锅里,向着炒锅猛虎扑食般地打两个喷嚏"⑤,食客们"压阵的烧鸭或闷鸡上来,饭碗举起不知往那里送,羹匙倒拿,斜着往眉毛上插。然后一阵恶心,几阵呕吐。吃的时候并没尝出什么滋味,吐的时候却节节品着回甘"⑥。不可否认这样的描写的确吸引眼球,却不可避免地落入低俗。

到《猫城记》与《大明湖》的写作时期,已经回国的老舍一方面被当时中国的沉重现实所影响,另一方面又受到国内文学评论家对其幽默风格的口诛笔伐,开始有意识地远离幽默风格,追求更加严肃的表达。然而,幽默作为老舍的文学基因和民族特质,是其创作拥有生命力的重要因素。《大明湖》由于手稿被毁无法面世,单从《猫城记》来看,作品失于矫枉过正,成为无聊的说教,违背了艺术的本质。《猫城记》是一部讽刺作品,应当与讽刺紧密结合的幽默却不见了踪影。整部作品甚少对人物形

---

① 关纪新:《老舍与满族文化》,辽宁民族出版社,2008,第224~225页。
② 老舍:《老舍自传》,广东人民出版社,2018,第37页。
③ 老舍:《老舍自传》,广东人民出版社,2018,第37页。
④ 王卫平:《从"三起三落"看老舍幽默的命运和处境——以其长篇小说为例》,《民族文学研究》2020年第4期。
⑤ 《老舍全集》第1卷,人民文学出版社,2013,第46页。
⑥ 《老舍全集》第1卷,人民文学出版社,2013,第46~47页。

象的刻画，只是借猫人之口将作者既定的认知表达出来，几乎是席勒式的风格了。这样的作品即使受到当时一些过度追求严肃而蔑视幽默的文学评论家称赞，终究不能谓之成功。直到《离婚》，老舍的个人风格终于成熟——他回归到自己擅长的幽默领域，又重新开始描绘自己熟悉的老北京城和北京市民。与之前的幽默作品相比，《离婚》有了相当的节制。"我立意要它幽默，可是我这回把幽默看住了，不准它把我带了走。"① 老舍之所以有能力将"幽默看住"，首先是因为他放弃了自己在早期作品中体现出的游戏人间以及为使语言俏皮而故意耍贫嘴的企图；其次，对自己幽默天性刻意压制的策略显然也因与作者的创作气质以及读者期待不符而遭到废弃；再次，《离婚》的幽默来自"生活熟稔的、带有文化批判自觉的反躬自省"②。老舍在《离婚》中描绘了他从小成长的北京城和他最熟悉的老北京人。在剔除了刻意为之的油滑腔调和对创作天性的压抑之后，建立在更为坚实的现实基础上的"含泪的微笑"就此诞生。这样的"幽默"无疑更为自然，也更有力量。老舍对民族特性不断深化的认识以及对作品风格运用能力的不断成熟，使得满人的幽默在其文学作品中有了更为深入和生动的表现。

满族的传统道德观念是另一个值得表现的民族特性。在满族传统理念中，对淳朴、忠义、豪爽、正派等品行异常崇尚，旗人多礼、讲体面、宽厚隐忍以及遵守秩序等道德观念③也对老舍的人格品质起到塑造作用。老舍成长生活于清末民初，正是新旧社会两种文明观激烈交锋的时期，旧的秩序日益崩坏，而新的秩序还未建立起来。面对民国社会的道德失范和伦理无序，习惯于传统道德与秩序的满族人自然满腹牢骚与不满，老舍也是其中之一。老舍的作品中向来不乏新旧对比，在所谓"新派人物"与旧派的对比中，批判现实的道德崩坏，表现对传统价值秩序的怀念。

对传统道德的怀念、自己的满族身份以及表现满族人美好品质的强烈

---

① 老舍：《老舍自传》，广东人民出版社，2018，第37页。
② 徐仲佳：《"幽默"的变迁：论文学场对老舍的塑造——以〈离婚〉的三个版本为例》，《文学评论》2014年第3期。
③ 关纪新：《老舍与满族文化》，辽宁民族出版社，2008，第61页。

愿望，都使得老舍在其早期作品中对故乡北京以及那些带有老派旗人特质的人物有所袒护。从《老张的哲学》到《二马》，老舍从不吝啬于赋予老北京市民美好的品质。例如，赵姑母曾对侄女付出了毫无保留的母爱，老马善良、大方且正直。然而，悲哀的是，正直大方的老马毫无生意头脑，固守长幼尊卑观念，好虚礼；慈母般的赵姑母可以毫不犹豫地破坏侄女的恋爱，将其送去做别人的小妾，还因为这个计划没有实现而与侄女断绝关系致其走上绝路。他们做出的选择全部出于作者本人有所依恋的旧道德——从传统道德出发，这些或迂腐或近于残忍的不近人情全都被合理化了。当然，对于这些在北京成长起来、浸润了京旗文化的人物，老舍也不无嘲讽和批判，批判以"道德"为名对人的压迫以及旧道德体系下的僵化思想。但出于对故乡、民族以及传统价值的依恋，这种批判并不严厉，甚至在态度上有所保留。

也正因如此，在老舍的前几部作品中很少能看到出自老北京、拥有京旗气质的反派人物。作者态度鲜明进行批判的新派市民通常与京旗文化圈相隔较远，比如蓝小山和欧阳天风这两个反派人物便有着明显的南方姓氏。[①] 直到《离婚》时，老舍终于塑造出小赵这一形象。与之前的蓝小山和欧阳天风相比，小赵最大的不同便是其身上浓重的京派恶少印记。老舍终于不再一味袒护京旗文化下成长起来的人物，开始正视现实——即使在北京这片土地上，即使受着传统满族道德的熏陶，在"与官僚政治相结合的环境下，同样可以滋生精神毒瘤"[②]。老舍对满族传统道德这一民族性有了更深刻的认识——要想加强其表现深度，不能仅仅停留在对本民族的正面表现，还要勇于暴露和揭示本民族在道德这层遮羞布下深藏的劣根性。

除了对民族性的认识和表现深度有所加强，老舍在表现广度上也有所扩展，他不再仅仅满足于表现京旗满族人的独特民族性。抗日战争时期，老舍继续写北京、写北京人，但在民族性之外同时强化了国家性，此时老

---

① 关纪新：《老舍与满族文化》，辽宁民族出版社，2008，第72页。
② 关纪新：《老舍与满族文化》，辽宁民族出版社，2008，第75页。

舍笔下的主角已经不是简单的北京人、满族人，更是在民族危难时期凸显出来的中国人。同样以《四世同堂》中的小文夫妇为例，小文夫妇表面淡漠而内心炽热，他们愿意竭尽所能来帮助自己的朋友，但少有国家观念。作为清朝遗民，当时处在危难中的中国似乎并不能引起他们的兴趣，他们只专注于个人的一方小天地，用戏曲来填充自己的生命。然而，乱世当中保持个人与时代的疏离是何等奢侈，小文夫妇必须也必然汇入现实的河流中。小文夫妇的结局极为悲惨，若霞被日寇杀害，小文则选择与凶手同归于尽。但正是他们对日寇的不屑、反抗以及最后的死亡，将其个人命运与民族和国家的命运紧紧联系在一起，小文夫妇已经完成了从清朝遗民到乱世中的中国人的转变。

创意发展本质上是对创意发生阶段产生的创意的阐发过程，是对创意核心深度与广度的扩展过程。在以民族性为创意核心的少数民族文学创作中，创意发展一方面需要对民族性本身进行深度挖掘，深入认识民族个性与气质形成的历史原因，既要积极表现本民族的独特思维与精神价值，又要敢于暴露和揭示民族深层的问题，只有这样才能使作品具有深厚的民族性内涵；另一方面，又要对民族性的广度进行开拓，探求本民族与他民族之间的共性和特性，努力探寻民族性与国家性的深刻联系。在中国各民族交融的背景下，在更广阔的中华民族共同体中汲取养分，强化民族性之外的国家甚至世界属性——这也是最终作品的受众面扩展的关键。

三　创意实践：视角、语言与体裁

创意实践是将创意转化为有形的成果的过程[①]，在文学创作中就是完成文学文本的过程。创意实践需要与创意发生和创意发展紧密结合，将创意以最恰当的方式呈现到文本当中。

---

① 谭旭东、梁哲浩：《创意写作视域下的创意过程研究（下）》，《语文教学通讯》2022年第31期。

对少数民族文学创作而言，将远离熟悉的民族与故土而前往异乡作为创意实践的开始不失为一个可行的办法。正如海明威在巴黎写美国、米兰·昆德拉在法国写捷克，老舍的代表作也大都在远离故土时创作，如英国时期的《老张的哲学》等、济南时期的《离婚》等、青岛时期的《骆驼祥子》等、北碚时期的《四世同堂》等。老舍在英国创作的《二马》是较早表现东西方文化碰撞的中国文学作品之一，这部在异域创作的小说分别对东西方视角中呈现的对方做了细致描绘。老舍分别从双方视角出发，揭示两个不同国家和民族存在的顽疾。马威这个既受到传统中国落后观念和积贫积弱国情桎梏，又无法融入异域文化开始新生活而备感抑郁的年轻人形象，更为尖锐地将旧中国的顽疾展现出来。这部小说通过不同文明之间的他者视角来对本民族文化进行观照，无疑在表达作者主观意图方面更有力量。老舍在异乡的创作经历给少数民族作家带来启示——远离故土，可以为跳出"不识庐山真面目，只缘身在此山中"的困局提供客观条件。长期生活在本民族环境中，很容易将其价值追求与思维方式视为理所当然，作者也陷入本民族的集体无意识，很难发现其中独特之处，而异乡与异族的刺激可以使作者对习以为常的民族模式有新的思考与认识。当然，空间上的距离并不是必需的，关键是作者需要有与他民族进行比照、交流甚至抗衡的意识。不论作者最终是否在作品中表现这种对比，不同文明的碰撞已为作者观察本民族特质提供了新的视角。

文学是语言的艺术，语言是文化的载体。要将少数民族文学作为承载民族文化的容器以及传播民族文化的扩音器，语言的运用是创作实践中重要的一环。满族拥有自己的语言——满语。清军入关之后，满汉民族迅速交融，满族置身汉族包围圈，学习汉语成为必需。尽管清朝将满语确定为国语，但其衰落已成定势，满族或者说旗人的官方用语基本上经历了满语为主汉语为辅—满汉双语并重—汉语为主满语为辅的过程。不过，在满汉语言互动时期，满语并不只是采取被动姿态，可以说，满族人正是塑造出北京话"京腔京韵"的主力军。满语为汉语北京话提供了不少满语词，并且为北京话增添了"轻声"和"儿化音"的新特征……北京逐渐形成了独具特色的"满式汉语"[①]。老舍正是这种自由、活泼、表现力极强的北京方言的母语者，他显然也对这一语言有着发自内心的热爱，就如《正红旗下》中的这段描写：

> 至于北京话呀，他说的是那么漂亮，以至使人认为他是这种高贵语言的创造者。即使这与历史不大相合，至少他也应该分享"京腔"创作者的一份儿荣誉。是的，他的前辈们不但把一些满文词儿收纳在汉语之中，而且创造了轻脆快当的腔调；到了他这一辈，这腔调有时候过于轻脆快当，以至有时候使外乡人听不大清楚。[②]

在作品中对北京方言娴熟的运用为其作品增添了通俗、生动的气质，使作品的"京味儿"十分浓郁。老舍对母语运用的驾轻就熟对少数民族作家应当有所启示：尽管汉语普通话是中国的官方语言，但不可否认的现实是，还有一部分少数民族作家并不是汉语母语者。对于非汉语母语作者来说，可以选择自己的民族语言进行创作。母语创作可以使一部分少数民族作家跨越因语言困难而形成的写作障碍，更为得心应手或者说更为准确地对脑中的创意进行文本表达。

然而，仅仅在作品中运用母语、方言并不足以使老舍成为公认的语言大师。老舍真正的功力体现在他的文学语言既有浓烈的"京味儿"，又合乎规范的汉语语法。很多冷僻的北京土语虽然生动，却不适合直接用到文学作品中。老舍经过精巧的设计与严谨的思考，使自己的文学语言既拥有日常北京话的生动与幽默，又让非北方地区的读者也能理解，[③] 感受到其语言的魅力。因此，意图以汉语进行创作的少数民族作家，在作品中运用方言与母语时，应当有所警惕，切忌落入刻意表现民族特征而方言土语泛滥、毫无节制与改造的陷阱。选择母语进行创作的少数民族作家也应当努

---

① 关纪新：《满族与"京腔京韵"》，《中国文化研究》2008年第1期。
② 《老舍全集》第8卷，人民文学出版社，2013，第474页。
③ 苏叔阳：《北京话与"文学语言"和老舍》，《北京师范大学学报》（社会科学版）2005年第4期。

力提高自己的汉语水平。在少数民族语言文学翻译事业还有待加强的今天，拥有较高的汉语水平能够使作家在作品翻译过程中掌握主动权，为译者提供宝贵意见，从而保证少数民族语言文学在获得更广阔的读者市场的同时，依旧保有独特的民族魅力。

想要恰如其分地表现创意核心，合适的作品体裁也很重要。老舍本人在创意实践的过程中，就尝试了小说、散文、戏剧等各种体裁，为更好地实现主观目的而在文体形式上进行开拓。在抗日战争的背景下，1938年3月27日，中华全国文艺界抗敌协会（简称"文协"）成立，提倡"文章下乡，文章入伍"，鼓励作家走出书斋，反映战争现实生活，创作直接反映现实且能被普通民众所接受的文艺作品。这种倡议带来的最明显变化便是文体——报告文学与通讯成为热门体裁，诗歌朝着广场艺术的方向发展，鼓词唱本等基层文学创作都异常活跃。之前以小说创作享誉文坛的老舍作为"文协"理事长，自然也自觉实践通俗文艺的创作。如他所言，尽管"在抗日战争以前，无论怎样，我绝对想不到我会去写鼓词与小调什么的。抗战改变了一切。我的生活与我的文章也都随着战斗的急潮而不能不变动了"[①]，但是"我不应该以写了鼓词与小曲而觉得有失身份"[②]。中华人民共和国成立之后，老舍积极实践"为工农兵创作"的文艺思想，又将自己的创作重点放到话剧上，创作了《茶馆》《龙须沟》等优秀剧作。因此，少数民族文学创作不应当局限于以小说为主体的纯文学创作，尤其是在拥有众多传播媒介的信息社会，所谓"文学"的概念范围也有所拓展，依托不同传播媒介有不同的文字创作类型。除了传统的依托纸媒与出版社的纯文学创作，还有可以通过网络即时发布的网络文学；美国音乐人鲍勃·迪伦荣获诺贝尔文学奖，也为流行音乐词作者开放了文坛这个新天地；在剧本创作方面，除了话剧剧本与电影电视剧本，如今还有依托短视频平台的短视频剧本创作，甚至还有新兴的"剧本杀"剧本创作；本民族各种特色传统民间艺术形式也可以尝试……总之，随着传播渠道的

[①] 老舍：《老舍论创作》，上海文艺出版社，1980，第57页。
[②] 曾广灿、吴怀斌编《老舍研究资料（上）》，知识产权出版社，2010，第158页。

扩展，各种新的体裁层出不穷，少数民族作家也应当开拓思维，不以"写了鼓词与小曲而觉得有失身份"。

创意实践是创意最终落实的重要阶段，将作为创意核心的民族性表现出来，需要借助具体的外部形式。在实践即写作过程中，少数民族作家既要保持自己的民族内部视角，又要自觉地借鉴他者视角来对本民族进行观照；既要极力避免本民族的集体无意识，又不能陷入完全脱离民族实际的"东方学视角"。在利用民族特色语言赋予作品生机的同时，要考虑到读者群体的接受度和现代汉语规范，避免冷僻土语的泛滥。随着时代发展而愈加丰富的体裁形式，更应该得到少数民族作家的利用。民族性创意核心的落实，是需要同时考虑其表现丰富性与可行性的复杂过程。

结　语

创意写作学科对传统写作学的革新之处在于，其不仅认为写作是可教授的，甚至其核心"创意"从产生到落实的过程同样"有法可依"。民族性作为少数民族文学创作的创意核心，其创意过程应当得到关注。作家应当在创意发生、创意发展、创意实践三个过程中发挥主观能动性。在创意发生阶段，少数民族作家应当对个人生活经历进行深度挖掘，并由此扩展到民族发展历程，在日常生活中寻找民族性闪光点。在创意发展阶段，作家应当对挑选出的民族特性进行深度分析，不断加深对民族特质的理解，加强对民族特质的表现能力，并对民族性广度加以国家性与世界性的扩展。在创意实践阶段，作家应当自觉联系前两个阶段的创意过程，培养自我观照之外的他者视角；在运用方言土语为作品增添生动性的同时，要注重对其进行文学化改造，避免过于生僻的表达；以非汉语母语进行创作的少数民族作家，也应努力提高汉语水平，推动少数民族语言文学翻译事业的发展；同时，不拘泥于特定体裁而充分尝试丰富的新兴文学创作，也是推动少数民族文学发展的重要手段。

文学作为文化产业的基础构成，其发展繁荣是提高国家文化软实力的重要推动力。同时，文学作为意识形态的一种表现形式而对读者有着潜移默化的影响。少数民族文学是中国文学的重要组成部分，少数民族文学创作的发展不仅是促进中国文学发展的重要动力，也是铸牢中华民族共同体意识工作中极为重要的一环。发展少数民族文学创作，一方面丰富了各族人民的自我表达，另一方面也可以加强各族人民之间的相互理解与融合。创意写作学科与创意过程研究在少数民族文学创作领域的运用，为少数民族作家提供了新思路，为其在作品中表现深刻的民族性提供了可供参考的方法论建议。利用创意写作学科来激励少数民族文学创作是极具可行性的方法，在促进民族文学发展与中国文学多样繁荣方面具有广阔前景。

中国写作人才培养

中国巨灾风险管理

论传统写作观对大学写作教学的启示

曹 渊*

摘 要：在长期的写作实践及反思总结中，我国古人形成了稳定而持久的看法，可概括为传统写作观。传统写作观大体有两大特征：一是"德本文末"说；二是将写作活动等同于生命活动，喻德文关系为根与枝叶的关系。这促使我们反思当前看重能力培育的写作教学理念，对我们的教学实践活动也有一定的启发意义。

关键词：传统写作观 大学写作教学 德育 写作学

尽管我国各级学校早有写作方面的课程，但将之作为通识教育的组成部分是最近几年才兴起的。2018年5月，清华大学率先提出为本科新生开设"写作与沟通"课程，将教学目标明确定位为"非文学写作"，意在"提升学生的写作表达能力、提高沟通交流能力、培育逻辑思维和批判性思维的能力"。① 上述定位既出于自身人才培养目标及现状的考虑，也借鉴了西方一些高水平大学的普遍做法，概括地说，即注重写作能力和其他相关能力的培养。② 与之形成鲜明对照的是，中国传统写作观更为注重德的培育，强调德本文末，将德与文的关系比喻为根与枝叶的关系，所谓"艺者德之枝叶也"，③ 认为根深者方能枝叶茂盛。尽管"德"的具体内涵有特殊指谓，未必尽合人意，但其中无疑包含对人的综合素养的热切关

---

* 曹渊，浙江农林大学文法学院讲师。
① 淑霞：《清华将在2018级学生中开设"写作与沟通"必修课2020年覆盖所有本科生》，《新清华》2018年5月25日。
② 关于西方一些高校大学写作课程的开设情况，参见王晓芳、邓耿《美国大学写作课项目调研及借鉴——以普林斯顿大学为例》，《高等理科教育》2019年第3期。
③ 俞绍初辑校《建安七子集》，中华书局，1989年，第276页。

注。作为人的本质力量的一种表现方式，写作不但显示出写作者的表达能力、认知能力、逻辑思维能力、自我实现的能力等，而且反映了写作者的思想、道德、人格、气质、心胸、趣味等精神和价值层面上的素养。探讨传统写作观秉持的信念、原则和观点，吸纳其中的积极因素，不但可以对西方偏重能力培育的观念给予一定的补偏，还有助于加深对写作的理解，从而在教学实践中更全面、更透彻、更灵活地运用各类教学方法处理各种写作上的问题。

一

写作是人类的一种高级精神活动。所谓"写作观"，指人们对写作活动的根本的稳定的看法，包括对写作的性质、价值、功能、特征、过程等方面的理解与认识。关于写作活动，我国古人早有思考，并提出过不少深刻的见解，其中最为根本者，笔者以为，当是把写作活动理解为一种生命过程。把一切问题或现象生命化，并试图从生命过程的角度予以解释，本是我国传统文化心理的一大倾向，即在古人的意识世界里，宇宙万物乃一个大的生命体，具有生命的整体性特征。作为一种原初的信念，这种生命本体意识业已内化为古人的思想特质与思维方式，从源头上看，可追溯至《周易·系辞下》中"近取诸身，远取诸物。于是始作八卦，以通神明之德，以类万物之情"[1] 之类的话语。直观地从自身以及其他各类事物中提取、总结出一套抽象的符号系统（八卦）用来彰显和沟通万物之情，这种思维方式本身就显示出一种对宇宙生命整体性的信念与体认。对此，方东美在《中国形上学中之宇宙与个人》中有过一段描述。他认为："中国哲学上一切思想观点，无不以此类通贯的整体为其基本核心，故可借机体主义之观点而阐释之。"机体主义（即生命主义）旨在"统摄万有，包举万象，而一以贯之；当其观照万物也，无不自其丰富性与充实性之全貌着眼，故能'统之有宗、会之有元'，而不落于抽象与空疏。宇宙万象，赜

---

[1] 《十三经注疏·周易正义》，中华书局，2009，第179页。

然纷呈，然克就吾人体验所得，发现处处皆有机体统一之迹象可寻，诸如本体之统一、存在之统一，乃至价值之统一等等。进而言之，此类披纷杂陈之统一体系，抑又感应交织，重重无尽，如光之相网，如水之浸润，相与洽而俱化，形成一在本质上彼是相因、交融互摄、旁通统贯之广大和谐系统"。① 这一番话提纲挈领，对于我们理解上述传统文化心理倾向很有助益。

在涉及写作的问题上，人们亦自觉或不自觉地从生命的整体性角度予以认识与把握，并形成了具有持续性、稳定性的看法，此可谓传统写作观。传统写作观可分为两个层面。一是作为写作活动的物化形态，文章本身即一个有机的生命整体。这属于文体论范畴，相关的表述，如《文心雕龙·附会》："夫才量〔童〕学文，宜正体制。必以情志为神明，事义为骨髓，辞采为肌肤，宫商为声气。"② 再如《颜氏家训·文章》："文章当以理致为心肾，气调为筋骨，事义为皮肤，华丽为冠冕。"③ 以上说法皆把文体直接类比为人体。此外，在古代文论中，一些常用的概念如"风骨""风格""文气""肌理"等，也无不与人体相关。二是写作活动过程也是一个有机的生命整体，这主要涉及古人所谓的文德关系。德，指一种人格修养，属于人的精神内质，包括一个人的思想、道德、品格、修为、心胸、见识、趣味等。文，即文章，可看作德的表现形态。在写作活动中，德与文之间存在一个由内而外、由德而文的转化过程，古人以为其中有一个类似生命体的运动规则。具体地说，在这类似生命体的运动中，德是第一位的，相当于根，文是第二位的，相当于枝叶，亦即德是文的根据。例如，徐干《中论·艺纪第七》云："艺者，以事成德者也；德者，以道率身者也；艺者德之枝叶也，德者人之根干也。"④ 再如，宋朱熹云："有质则有文，有本则有末。徒文而无质，如何行得？譬如树木，必有本

---

① 刘梦溪主编，方东美著《中国现代学术经典：方东美卷》，河北教育出版社，1996，第372页。
② 刘勰著，陆侃如、牟世金译注《文心雕龙译注》，齐鲁书社，1995，第511页。
③ 国学整理社编《诸子集成》第8册，中华书局，2006，第20~21页。
④ 俞绍初辑校《建安七子集》，中华书局，1989，第276页。

根,则自然有枝叶华实。若无本根,则虽有枝叶华实,随即萎落矣。"类似的说法常见于朱熹、方孝孺、王阳明等诸儒笔端,皆着意强调德作为根的重要性,而将文视为德所滋生者,此可概括为德本文末论。

德本文末的写作观是明清以来各类教育机构中的教师普遍遵循的写作教学准则。谷屹欣调查了"明初到清中叶 85 位教育名人的生平日记、书信、序、铭、志、记、论文、手札、讲义、塾帖等资料",发现:"这些曾在书院、私塾等场所任教过的教师在写作教学方面存在明确的共识,主要表现在:文章根本在于道、气、性,好文章的标准在于思想立意深远独立、境界高远,以及提升写作能力要从明道、养气、做好人、读经、躬行实践等个人涵养层面入手等观念。"① 所谓"道、气、性",与德一样,同属于个人涵养层面。"德者以道率身者也",而"气""性"显然属于身心方面,乃为德所率者。可见,德实涵盖了"道、气、性"三者内容。谷屹欣所谓的明清以来写作教学的共识即德本文末的传统写作观。

德本文末,即将文归根于德。从解决问题的方式来看,这是试图通过对事物源头的追溯来获取答案。其追溯的信念则是:事物的源头要比该事物更为重要。我们不妨对此观念也追溯一番。早在《尚书·尧典》中,即有"诗言志"的说法,这大概是对文的来历进行追溯的最早的文献记载。此后,尽管孔子提出"文质彬彬"说,貌似文质并重,但他注重伦理道德的思想显然更倾向于质(德)的一面。在他的影响下,后世的儒者沿着"诗言志"的溯源路线,致力于将志、情志规范于礼教之下,直至达成以德为本的共识。从文的角度来说,这种看法无疑具有轻文的意味,所谓的德亦有相当的狭隘性与封闭性,但儒家追溯事物本源的理路及其生命整体观所蕴含的客观价值仍然不容抹杀。

二

作为一种人类高度复杂的精神生产活动,写作不仅仅是各种思维能力

---

① 谷屹欣:《无声的河流:明初到清中叶写作教学传统研究》,《北京大学教育评论》2017 年第 2 期。

或写作技能的需求问题,更是这些能力或技能如何产生的机制和原理问题。这种生产机制和原理究竟如何,恐怕至今无人能说清楚。然而,传统儒家不把问题简单化、片面化,致力于追寻内在机理,从根源上加以整体把握的写作观,不但有助于我们更加深刻地认识写作活动,对于当前的教学实践亦具有极大的指导意义。下面试从教学的角度谈几点启发。

第一,辩证地对待"文"的概念,将综合素养与写作能力的培育结合起来。众所周知,在我国古代,文或文章,泛指一切文类,既包含文学写作,也包含非文学写作。在古人的信念里,凡为文之道皆有共通的原理,如刘勰《文心雕龙·原道》以道统文,将天地万物之文与人文合而论之,并首推儒家经典著作:"人文之元,肇自太极,幽赞神明,《易》象惟先。庖牺画其始,仲尼翼其终。而乾坤两位,独制文言。言之文也,天地之心哉!"[①] 将儒家《易经》及孔子的阐释视为人文的根始,其以伦理道德为文章之本的意图很明显,此即上文所概括的德本文末说。德,作为儒家的一个重要的道德范畴,一般指一个人的内在品性,在今天看来,不妨将之视为包含人的思想、品德、心胸、趣味等在内的综合素养。在德上使劲,是治本,见效慢;在文上下功夫,是治标,但往往见效快。这就要求我们在教学实践中首先摈弃急功近利的思想观念,在为文之道的传授上,没有捷径,不但需要设法提高学生的写作能力,而且要慢下性子扎扎实实地加强对学生综合素养的培育,标本兼治方能取得全效。此外,对"文"的概念不应机械地加以理解。将为文分为非文学写作与文学写作,这本无可厚非,但在具体的教学实践中,事情往往很复杂,至少无法如此泾渭分明。比如,根据目前我们对大学写作课程的定义,文学写作被直接排斥在外,但这并不表明在具体的课堂中一点儿文学创作都不讲。课堂讲学是综合的艺术,不但包括知识的传授与讲解,还包括气氛的营造、兴趣的激发与引导,以及教育教学的方式等。文学创作既可以作为教学内容的反面予以介绍,以加深学生对"非文学写作"的理解,也可以将文学作品及其现象作为研究对象进行"非文学写作"的教学。以笔者的教学经

---

① 刘勰著,詹锳义证《文心雕龙义证》,上海古籍出版社,1989,第11页。

验来说，一个通常的现象是，学生在写作课堂上往往倾向于文学写作，这是其写作的原初趣味所在，他们的困惑往往也由此而来。此时，教育者的首要任务便是为他们解惑，并适当地加以引导，而非一开始就从概念上厘清何谓文学写作、何谓非文学写作。由此来看，在教学实践中，教育者仍要灵活地处理为文的分际，既要从概念上区分文学写作与非文学写作以明确教学定位，区分之后也要让学生完全理解。

第二，将写作教学与传统文化的弘扬有机结合起来，培育学生的综合素质。作为通识教育的组成部分，大学写作课程是新事物，在新文科建设和强基计划实施的背景下，正面临着自身课程建设以及如何与专业教育等结合起来的一系列问题。仅从培育学生综合素养的角度来看，将写作教学和传统文化的弘扬有机结合起来，不但能激发学生写作的原初兴趣，借助传统文化的深厚魅力，因势利导地进行兴趣教学，还能让学生从写作的角度别开生面地领略传统文化的博大精深，培养学生的民族自豪感与认同感，不失为一举两得的做法。以笔者的教学经验来看，深入挖掘古代文章学、诗文批评理论，将之与具体的作品分析结合起来，往往能收到事半功倍之效。以《西游记》为例，这部小说一条明显的逻辑线索是唐僧师徒取经历程，是为明线。但除此明线外，尚有一条暗线，即故事的主角石猴成长的历程，引导学生追寻石猴成长的线索，不但有助于深入了解小说的文本结构、叙事技巧，还可训练学生发现问题、分析问题的理性思维能力和批判性思维能力，并能加深学生对人性与社会的理解。这也说明，文学写作尽管不是大学写作课程的教学内容，但文学作品能与非文学写作教学有机地结合起来。二者也应该加以融合与统一，机械地理解非文学写作的教学定位将使教学失去自有的广阔天地，显得我们对文的理解孤立而狭隘。此外，在传统文化中，本就有一笔为文之道的丰厚遗产。古人对文的理解亦不偏于一隅，圆通、开放而又直通根本的见识，实为民族的智慧，将之继承下来，运用于写作教学，这本身就是对文化的传承与弘扬。

第三，灵活对待和处理非文学写作及相关能力培育的教学定位。根据当前开设大学写作课程的大多数高校的通行做法，写作课程的教学定位明确为"非文学写作",也就是说文学写作不在写作课程的教学范围之内。不论这样的定位是否合理,就定位本身而言,并未明确将文学及其写作活动列为课堂上绝对禁止的内容。客观地说,尽管文学写作与非文学写作所需的能力各有侧重,不能混淆,但它们同为写作,在一般意义上,二者仍有共通之处,也就是说它们应当有一个根本的能力。这便是古人对为文之道的认识,或曰信念。他们倾向于认为这种根本的能力本质上类似于生命力,有如根生化、滋养出枝叶的那种力。也许这听起来有些玄乎,但在具体的教学活动中,笔者发现,无论是文学写作的教学,还是非文学写作的教学,确实有一个根的问题,这个根即深植于学生表达自己、实现自己的兴趣。从这个意义上看,文学写作与非文学写作并不绝缘,最起码在培养学生的写作兴趣上既有异曲同工之妙,也能互补互助,相得益彰。这是每个写作教学者应当看到的。

毋庸讳言,我国传统的写作观,反映在教学上,无疑有过于重视人的品德而淡化写作能力培养的缺点,这与当前的写作教学所秉持的理念正好处于两极。我们应当综合地加以考虑,各取其长,以期全面、深刻地理解人类的写作活动,从而更好地指导我们的教学实践。

立足学生主体性，提升写作教材的引领作用[*]

——谈高等教育出版社《大学写作》的编写策略

金 鑫[**]

摘 要：高等教育出版社 2020 年 11 月出版的《大学写作》立足学生主体性，在编写策略上做了一些新的尝试，力争增强写作教材对学生的引领作用。引领大学生全面发展是新时代大学教育的核心命题之一，引领以学生的认可、信任为基础，《大学写作》教材以长期对学生写作研习主体性的调研为基础，增强内容的针对性，以获得感赢得学生认可，为引领奠定基础。针对学生普遍对写作活动的社会属性认识不足的问题，《大学写作》以显隐结合的方式，将社会性的相关内容融入教材主体各编、课后习题和拓展阅读，补齐学生写作短板的同时，也起到引领学生认识社会、走向社会的作用。教育的目标是自我教育，引领的高阶目标也应该是自我引领，《大学写作》将结构的弹性与内容的针对性相结合，赋予师生写作研习更大的自由度，也为学生结合个人未来规划，做有针对性的研习，实现自我引领提供了空间。

关键词：写作教材 高等教育 主体性 大学写作

引领大学生全面发展，是新时代高等教育的核心任务之一。相应的，各专业、每门课程也要结合自身特点，承担起引领大学生全面发展的责任。大学写作作为一门重要的通识课，既担负着提高大学生文字表达能力

---

[*] 本文曾发表于《中国大学教学》2023 年第 12 期。
[**] 金鑫，南开大学文学院副教授，南开大学文化与写作研究中心主任。

和母语素养的责任，也担负着帮助学生掌握基本社会技能，更好地适应未来工作、生活的任务。因此，新时代的大学写作课对学生的引领可分为培养基本能力素养和适应、融入社会生活两个层面。从教育到引领，很形象地说，就是让大学生从接受知识，成长到主动地追求能力提升，实现自我完善。就大学写作课而言，让学生有收获感、信任感，由被动学习到主动研习，是完成引领任务的关键。为更好地完成新时代赋予大学写作的新任务，《大学写作》（乔以钢、金鑫主编，高等教育出版社，2020）在充分掌握学生写作研习主体性的基础上，对编写策略做了有针对性的探索和尝试。

一　以调研为先导，把握学生写作研习主体性

教材是重要的教学要素，是教师授课的主要依据，也是学生学习和了解课程内容的基本途径，因此对于引领学生有着重要意义。一本理想的大学写作教材，首先要能打消使用者的质疑，让学生读起来、用起来，觉得有针对性、获得感。只有学生信任、乐于接受，课程才有可能发挥引领作用。基于此，《大学写作》在编写前和编写过程中连续做了5年的调研，调研对象以南开大学一年级在校生和高中二、三年级学生为主，累计调研对象超过2000人。通过调研，编写组初步掌握了教材使用者和潜在使用者写作研习的基本特征，尤其是主体性方面的特点，并以调研数据为参考调整教材内容和结构。

例如，对于学生的写作研习方式，在调研中我们发现，有97%以上的受访学生中学阶段的作文教学采用命题写作训练加范文讲评的方式，有2%的受访学生中学阶段的作文教学在命题训练、范文讲评的基础上设置了互评环节，而中学阶段接触过作文专题讲授和写作专项训练的受访学生不足1%；在作文批改方式上，在中学阶段，86%的受访学生接受的是整体给分加文末批语的方式，12%的受访学生接受的是仅给一个分数的批改方式，接受过面批面改的受访学生不足1%；在范文讲评方式上，老师主要讲解范文立意、主旨、结构的占81%，主要讲解范文表达和词句运用

的占 11%，讲解范文例证、引用的占 5%，而讲解范文文体特征、修辞技巧的不足 1%。

分析调研数据，我们认为，大学写作课的教学对象接受过比较多的命题写作训练，对写作实践有个人的零散体会，但对写作活动缺乏理论层面的系统认识；学生对好文章的认识基于成文后老师指出的优点，对文章优点是如何写出来的以及行文流程的认识相对不足；学生对写作的理解呈现出两极化倾向，或是整体的判断评价，或是局部细节的认识模仿。

基于上述分析，《大学写作》"上编"理论性相对较强，从阅读与写作的关系、立意与选材、文体与结构、语言表达等维度，集中揭示写作活动的基本属性、规律、核心要素等，以补充学生在写作理论层面的不足，提升学生对写作活动的认识水平，同时也通过增加理论元素，体现大学写作与中学写作在内容层次上的差异，使学生读起来、用起来都觉得很新鲜，有很明确的理论知识上的收获。

又如，对于学生的写作研习目标，在调研中我们发现，有 68% 的受访学生认为通过写作练习其最大的收获是学到了范文的立意与构思，有 21% 的受访学生认为从老师的点评中收获信心和努力方向，仅有 5% 的受访学生认为通过自己的写作实践积累了感悟和技巧；对于好文章的标准，有 47% 的受访学生认为是立意新颖、构思巧妙，有 45% 的受访学生认为是表达精当、语言优美，其他选项的占比均不足 5%。

分析调研数据，我们发现，大学写作的教学对象对写作的认识是零散的，呈点状，而非完整的写作流程式的，其写作研习目标主要集中于文章立意构思和语言表达两个方面。

基于上述分析，《大学写作》的"中编"以写作流程中的几个重要环节为中心，设"起笔抓由头""行文分轻重""精心写细节""文脉贯全篇"四章，以扩展学生对写作流程的认识。

再如，对于学生写作经验积累，在调研中我们发现，有 39% 的受访学生认为提升写作能力的关键是多阅读，有 33% 的受访学生认为是多练习，还有 12% 的受访学生认为是多听老师讲；对于通过阅读主要可以为写作积累什么，有 61% 的受访学生认为是积累素材和例子，有 17% 的受访学生认为是积累方法、技巧；当被问到对一篇文章印象最深的往往是什么时，有85%的受访学生回答是题材内容，有12%的受访学生回答是阅读过程和相关生活经历，选择技巧手法的受访学生不足1%。

分析调研数据，我们发现，大学写作的教学对象比较重视阅读对于提升写作能力的作用，但受高中作文训练影响，多数学生更注重从阅读中积累素材、例证等显性因素，对于较为隐蔽、零散的技巧、策略等普遍重视不够。

基于上述分析，《大学写作》"上编"专门设置了"重视阅读"一章，以阅读理论为基础，分析阅读与写作的关系，介绍阅读的原则与技巧。这一章可以引导学生在理论层面更好地认识阅读，理解阅读与写作的复杂关系，丰富学生以阅读提升写作能力的具体策略和做法。

《大学写作》"上编"侧重理论，与普遍认为的写作课应多举例子、多做练习、少讲理论的观念不一样，为阅读设置专章也是在写作教材中较为少见。这些新的尝试都以调研结果为基础，指向教材使用对象写作研习的主体性，学生使用、阅读更容易产生新鲜感和获得感。这不仅是对学生写作知识体系的更新和补充，也为更好地引领学生奠定了认同乃至信任的基础。客观上讲，以调研为先导增强了教材的针对性，但一定程度上也会对教材的体系性造成负面影响。就写作教育而言，针对性当胜过体系性；就多数知识性课程而言，则应该努力寻求教材针对性与体系性的平衡，让学生有收获进而认同，才能推动课程由知识传授向成长引领升级。

二　重视写作活动的社会属性，补齐学生的写作短板

让学生顺利走入社会，更好地融入社会生活是引领大学生全面发展的最终目标。大学写作课作为写作教育的高级阶段，承担着培养学生的社会技能、使学生更好地参与社会对话和社会工作的职责。因此，重视写作的社会属性，既是大学写作的题中之义，也是引领大学生全面发展赋予大学写作课的新使命。

《大学写作》的编者在编写过程中非常重视写作活动的社会属性，在

调研中也比较多地指向学生对于写作社会性的认识，初步掌握学生对写作的社会属性的认识情况，进而结合调研结果设置并调整教材内容。

例如，关于影响写作的主观因素，有53%的受访学生选择了文化修养，33%的受访学生选择知识文化水平，11%的受访学生选择人生阅历，没有学生选择身份处境。这组调研数据反映出学生对于写作社会性的认识状况，他们受所处人生阶段和生活阅历影响，更多地把写作看成一门知识性课程，因此比较重视自身的学习积累，对写作的社会因素的影响估计不足。在与学生的个别访谈中我们发现，有学生认为社会身份、现实处境等外在因素对写作的影响是不正常的，是一种庸俗的现实功利。这很直观地体现了大学写作授课对象对于写作社会性在认识上的欠缺。

又如，关于影响文体选择因素，有41%的受访学生选择作者的立意构思决定文体选择，有36%的受访学生选择作者的表达目标决定文体选择，仅11%的受访学生选择社会通例决定文体选择。这组调研数据至少可以说明三个问题：第一，学生对文体的理解较为狭窄，多数局限于文分四体或临场作文的记叙文、议论文二分；第二，学生对文体的认识普遍是定义性的，知道某种文体有什么特征，有哪些写作要求，但对特征、要求的形成及原因缺乏必要的认识；第三，多数学生把文体理解为供写作者主观选择的写作要素，对文体自身传统、限制认识不够。对文体理解的简单化、平面化很大程度上与学生对写作的社会属性认识不够有关，相应的文体的社会属性也应该成为大学写作课重点强调的内容。

再如，关于修辞，有53%的受访学生认为好的修辞是新颖、出乎意料，有36%的受访学生认为好的修辞是文辞生动、优美，而选择好的修辞是恰切、能更好地服务于写作目标的受访学生不足6%。调研结果表明，多数学生对修辞的理解是狭义的，局限在文学修辞的范围内，将审美视为修辞的根本目标。对于广义的修辞，修辞中的社会因素，修辞以写作的现实目标为指向，受社会对话身份、时机、通道等因素的制约，多数学生缺乏必要的认识。一定意义上说，写作就是一种社会修辞活动，好文章离不开恰当的修辞手段的运用，不能认识到广义修辞的社会性，完善写作技能，适应社会需要则无从谈起。因此，站在社会维度重新认识修辞，了解广义的修辞，当为大学写作课重点讲授的内容之一。

通过以上数据不难看出，对写作的社会属性的认识不足，不了解社会对各写作要素的影响，未在写作实践中融入社会意识，是学生普遍存在的写作短板。针对学生的短板，《大学写作》有意识地突出写作的社会属性，努力将其融进教材。

首先，融汇社会性的教材编写策略。教材把写作的社会属性及其表现作为知识呈现给学生并不难，但对于大学写作教育而言这是远远不够的。一方面，"社会"二字是复杂的，不仅蕴含时代性、地方性，还包含很多经验性的东西，这些很难形成系统的知识传授给学生；另一方面，社会对于写作而言并不是先导知识，而是应纳入写作活动的一个维度，也是写作者应有的一种意识，需要逐步认识、体会、掌握。因此，《大学写作》采取"融汇"的策略，将社会属性、社会性的具体表现、社会对写作可能的影响等融入教材，形成一条隐形线索，力争将社会属性嵌入教材使用者的写作意识。

其次，依照社会与写作的复杂关系显隐结合地设置相关内容。社会因素对写作的影响，大体可分为知道、理解、运用三个层次，针对不同层次的特点，《大学写作》采用了不同的编写策略。

对于应该知道的内容，教材主要进行知识化显性编排，把相关内容放置于理论性较强的"上编"。例如，在"重视阅读"一章，讲"阅读的未来"，重点介绍信息形式、传播方式对阅读的影响，将阅读知识与阅读经验并举，体现社会生活对人阅读经验的塑造；在"立意与选材"一章，讲立意的客观性原则、目的性原则、时代性原则，在写作起点处强调其社会性；在"文体和谋篇"一章，讲文体的定义，重点强调其社会属性，将社会属性作为文体定义的核心，认识文体问题的起点。

对于应该理解的内容，教材主要融入写作流程，将其显隐结合地编排在实践性较强的"中编"。例如，在"起笔抓由头"一章，讲开头的写法，指出要充分考虑现实写作要求和读者对象的情况，将社会因素融入开头的写作。在"行文分轻重"一章，讲行文重点的选择不拘泥于一般的方法或某一种文体，而是记叙、抒情、议论并举，从几类表达的社会作用出发，谈行文重点的选择对于社会作用实现的意义和影响。在"精心写细节"一章，讲语言细节，强调阅历、身份对语言的影响；讲心理细节，强调特定处境的影响；讲场面细节，强调事件和情境的影响，将社会因素融入细节写作。

对于应该运用的内容，教材主要汇入"下编"和课后练习，以隐性的编排方式推动知识内化为学生的写作经验。《大学写作》的"下编"为应用文写作，涉及公文、新闻、论文、广告、调查报告等常用文体，介绍这些文体的社会作用、体式规范、语言特征与社会活动的关系。这样的内容编排本身就是对写作社会性的延伸和具体化。此外，教材的每一章都设计了课后练习，在理论性相对较强的"上编"，也尽量将练习题目置于一定的社会关系或社会情境中。例如，"上编"的"语言表达"一章的练习题：

作为一名大学生，有时需要向别人介绍自己的所学的专业。尝试通过一段文字，分别向高中同学、外国朋友和用人单位介绍自己的专业。注意语言表达的准确、凝练、生动、平易。

题目不仅有明确的写作内容和表达要求，还带有一定的情境设定，引导学生注意对话对象，把握对话对象的经验范围和对话诉求，进而提高语言表达的质量。

又如，"中编"的"文脉贯全篇"一章的练习题：

大学生都有自己所学的专业。你认为当自己走上社会之后，所学专业将为自己带来什么？请以文章提纲的方式呈现你的基本想法。

题目要求学生通过列提纲体会文脉，内容上将学生对专业的认识理解置于社会大环境中，这既是写作练习，也有一定的站在社会角度审视学生所学专业的意味。

在引领大学生全面发展的时代教育命题下，引导学生面向社会、走向社会、融入社会已成为大学课程的一个核心目标,大学写作作为"知行合一"的一门课,应充分认识到社会与写作之间的复杂关系,帮助学生认识、理解乃至运用社会性,提升写作能力。《大学写作》显隐结合地融汇写作活动的社会属性正是一次积极尝试。

三 以开放的教材结构,培养学生写作研习的自我引领意识

教材是学科知识、教学传统与编者观念相互结合的产物,是成体系的知识系统。就写作教材而言,有专注于写作原理讲授的,也有聚焦某一文体文类具体写法的,有侧重理论方法论析的,也有侧重范文解析和写作实践的,无论哪一种,都会有较为封闭的教学范围和整饬严谨的知识结构。相较而言,《大学写作》的内容涉及的范围更广,结构也更开放,可以简单概括为具有弹性结构的开放型写作教材。

《大学写作》前言中写到其编写新意之一就是"尽可能适应多种写作教学形态的需要"。教材"上编"以写作知识为主,为写作教学和学生提供写作基础理论的储备;"中编"主要介绍写作过程中的重要环节,重点突出,利于为学生提供写作指导,便于教师设置定向训练;"下编"涵盖常见应用文体,内容较为具体,实用性强。三编除了可以分别满足写作理论学习、写作训练、应用写作的教学和自修需要外,还可以通过重新组合,设置不同的写作研习专题。例如,以"上编"第三章"文体和谋篇"为理论先导,配合"下编"应用文写作的六章,就形成了较为完整的应用文写作体系。又如,侧重写作实践的教学,可穿插使用"上编""中编"部分章节,"上编"第二章"立意与选材"、"下编"第五章"起笔抓由头"、"上编"第三章"文体和谋篇"、"下编"第六章"行文分轻重""文脉贯全篇"、"上编"第四章"语言表达",就构成了较为完整的写作流程。再如,以"下编"某一类或几类应用文为先导,从"上编""中编"相关章节中抽出提高应用文写作质量的理论方法,就构成了有针对性的应用文写作体系。此外,《大学写作》每一章都配有练习题和学习

拓展资源（主要包括推荐书目、名家语录等内容），这些补充资源可以使每一章都拓展为一个独立的写作专题，供教师讲授和学生自学。

《大学写作》的三编、课后练习和拓展资源，既相对独立，又可以根据写作的内在关联性和教学需要重新组合。这能最大限度地满足不同教学目标、不同生源、不同学时安排的教学需要，还能为任课教师和学生提供充分的空间，自由选择和安排写作研习内容。这是教材编者结合大学写作的内在特征和教学实际进行的创新性设计。在设计中汇入对学生主体性的关注和了解，同时兼顾引领大学生全面发展的时代命题，这样的创新设计就又有了更深层次的意义和价值。

首先，立足大学生写作研习的主体性，在教材结构广泛适用性的基础上增强内容的针对性。利用教材开放性结构自由组合大学写作课的学习内容，为使用者提供更广阔空间的同时，也提出了更高的要求。因为在自由组合的时候，使用者一方面要考虑客观因素，如学校教学目标、课时学程安排等，另一方面也要考虑主观因素，如学生的写作基础、写作研习习惯、所处的学习阶段等。《大学写作》在编写的过程中就充分考虑了学生写作研习的主体性，基于调研，在掌握相关情况的前提下设置内容和结构，一定程度上分担了授课教师了解学生写作基础、研习习惯的任务，为教师自主设计课程结构、自由组合课程内容提供了较为坚实的基础，使教材能适应多种教学需要，也能有较强的针对性。需要说明的是，《大学写作》编写过程中参照的调研数据，无论是采样数量还是范围都是较为有限的，不同地区、学校的情况不同，学生的写作基础、研习习惯更是千差万别，为了让有限的数据尽可能发挥作用，我们将调研重点放在写作基础知识和写作活动的社会属性上，这两方面既是大学写作研习不可缺少的部分，也是中学写作训练普遍缺少的，学生之间的差异并不大，编者也更容易掌握共性特征，进而提升调研数据的普适性和有效性。

其次，开放的教材结构与立足学生主体性的内容，共同促进学生在写作研习上的自我引领。引领大学生全面发展是时代赋予大学教育的使命。在这样的时代教育命题下，一方面，大学写作课要了解学生，讲有针对性的内容，让学生练习其不了解的东西，以实实在在的收获感换取学生的信任感，为实现引领提供基础。另一方面，教育的终极目标是自我教育，引领的高阶目标自然是大学生的自我引领。《大学写作》弹性的结构不仅为教师提供了自由空间，也为学生在写作上实现自我引领提供了便利条件。教师授课，利用教材的弹性结构自主设置内容可以更好地达到课程要求，实现教学目标；学生则可以根据个人未来的职业规划，利用教材的弹性结构，提高自己的写作能力，丰富个人的学识。具体来说，未来希望继续深造的学生可以更多地关注写作理论部分，学习教材主体内容后，继续学习拓展资源部分提供的内容；可以将教材内容作为线索，继续深入研习；还可以将学习重点置于"下编"的论文写作上，加深对论文的认识，提高论文写作能力。未来希望尽早走向社会，在工作岗位上锻炼提升的学生，可以根据个人未来规划有选择地研习"中编"和"下编"的内容，利用课后练习题加强写作训练，提高写作实践能力。

立足学生主体特征设置有针对性的内容，可以帮助学生补齐短板，完成学业要求，同时建立起对教材、课程的信任；弹性的结构可以帮助学生结合个人未来规划做有针对性的写作研习。由完成课程要求到实现人生规划，从老师引领学习到自我规划选学，这既是一种写作研习境界的提升，也是一种从被引领到自我引领的飞跃。

立足学生主体性，进而增强写作教材的引领作用，是《大学写作》的编辑策略，也是为完成对大学生全面引领这一时代命题做出的探索和努力。应该注意的是，无论是学生写作研习的主体性，还是写作在引领学生全面发展中承担的任务，都有很强的时代性，随现实而动，随时代而变。这就要求写作教材编写具有动态意识，做到逐年调研，持续关注并准确把握学生写作研习方面的新表现、新特征、新习惯；保持专注，持续关注社会上出现的写作新规定、新现象、新要求；开阔视野，尽可能多地与不同地区、不同学校的一线写作教师交流互动，了解不同的写作教育需求；不断开放，尽可能多地将社会上对大学写作教学有利的资源吸纳进来，进一步增强社会性和针对性。只有做到这些，才能利用好教材修订的机会，及时对教材的内容和结构做出最有效、最有针对性的调整，使立足学生主体性、发挥写作教材引领作用的工作与现实同步，与时代同行。

红色经典作品融入大学写作课程思政的价值与路径探究[*]

王美芸[**]

摘　要： 课程思政是当下大学课程改革的重点。红色经典作品是中国红色文化的重要资源，将其与大学写作课程结合，以此为基础进行教学大纲、教学过程和教学方法等多方面的改革，有助于实现大学写作课程思政育人的重要目标。

关键词： 大学写作　红色经典作品　课程思政

2016年12月，习近平总书记在全国高校思想政治工作会议上强调："要用好课堂教学这个主渠道，思想政治理论课要坚持在改进中加强，提升思想政治教育亲和力和针对性，满足学生成长发展需求和期待，其他各门课都要守好一段渠、种好责任田，使各类课程与思想政治理论课同向同行，形成协同效应。"[①] 课程思政是当下大学课程改革的重点。大学写作课程作为面向本科生开设的通识课程，以育人、育才、价值观和素养培养为导向，因此对大学写作课程思政改革的探索尤为重要。

一　红色经典作品融入大学写作课程思政的价值

红色经典作品泛指在毛泽东《在延安文艺座谈会上的讲话》精神指

---

[*] 本文曾发表于《教育评论》2023年第7期。
[**] 王美芸，浙江农林大学文法学院副教授。
[①] 《习近平：把思想政治工作贯穿教育教学全过程》，新华网，2016年12月8日，http://www.xinhuanet.com/politics/2016-12/08/c_1120082577.htm。

导下创作的反映中国共产党领导的社会政治运动和普通工农兵生活的典范性作品，包括中华人民共和国成立后涌现的反映抗日战争、解放战争以及土地革命等时代巨变的一系列文学作品。红色经典作品体现了中国共产党领导下的社会主义建设主要内容。大学写作课程引入红色经典作品，不仅能够让学生学习写作专门知识，而且能潜移默化地达到多学科、全课程、全方位育人的课程思政要求。

首先，红色经典作品对大学生世界观、人生观的形成具有引导意义。红色经典作品是中国现当代文学的重要组成部分，是国家宣传革命意志、民族意识、时代精神与历史传统等意识形态的典型作品。"当代革命历史题材文学作品中，'三红一创''青山保林'最具代表性。这类作品最重要的特征是：首先，他们的叙述者通常是所叙事件的亲历者或知情者，对这段改变中国的战争岁月有刻骨铭心的记忆和深厚感情；其次，他们写作的过程其实是身份认定的过程，不仅是作者自我的身份认定，而且参与了关于国家革命历史权威叙述的建构过程——国家身份的认定。"① 这些历史题材反映了中华人民共和国成立筚路蓝缕的过程，是宣传中华人民共和国诞生重要意义的作品，是国家价值与国家历史的文学再塑。阅读这些作品，可以加深大学生对家国精神、历史现实的认知和理解，增强他们的国家情怀并建构其理想信念。

改革开放以来，经济的发展带动了社会思潮的变革，各种思潮蜂拥而入，大学生接受的文化主体是以玄幻、修仙、武侠、穿越为主的网络文学、漫画、游戏等，这些"大众"文化缺乏国家意识和历史厚重感，缺乏主流价值的方向引导，导致当今大学生产生焦虑、抑郁与患上"空心病"。红色经典作品推崇民族主义、英雄主义、理想主义，具有积极上进的价值观以及乐观明朗的叙事基调。红色经典作品在推崇道德意识和价值信念的同时告诉学生什么才是理想的生活与理想的人格，这无疑能够帮助处在人生重要关头的大学生更好地树立正确的世界观、人生观和价值观。

---

① 张胜璋、郑丽：《"红色经典"与大学生的思想教育——当代革命历史题材作品的传承与接受》，《滁州学院学报》2022年第4期。

习近平总书记提出:"重视、研究、借鉴历史,了解历史上治乱兴衰规律,可以给我们带来很多了解昨天、把握今天、开创明天的启示。所以说历史是人类最好的老师。"[1] 红色经典作品特别是战争题材的作品,可以让学生认识到中华民族的发展脉络、中华人民共和国成立的艰难历程,可以培养学生的国家意识与民族自信。因此,在写作课程中增加红色经典作品的阅读,对大学生精神塑造与价值培养具有重要的指导意义。

其次,将红色经典作品作为课程阅读范本,可促进大学生构建健康向上的历史观与美学观。有学者指出,大学写作课程"教师在讲授写作原理的同时,必须以具体的作家、作品为例才能生动拓展知识点,否则一堂写作课就味同嚼蜡"。[2] 大学写作课不应该是一门纯粹的技术理论课,需要在教学中提供示范的作品与相关文献。如果教师在教学中强调抓"热点"和"敏感问题",结合实际,将相关的红色经典作品导入课程,既能够消解大学写作课程技巧讲解的枯燥性,又可以提升学生的鉴赏力与审美力。

第一,红色经典作品丰富的历史、故事与人物主题,可以帮助学生建构正确的历史观。大学写作课程教学在选择阅读范本时,应重视作品的民族精神,重视作品讲述的"中国故事",重视作品中彰显的中国梦精神。写作课的范文阅读过程,既是写作方法习得的过程,也是课程思政目标实现的过程,即通过作品的情感熏陶、价值引领,帮助学生更好地认识民族文化与世界文化。例如,《红旗谱》记录了中国农民革命的光荣历史,《三家巷》刻画了怀着救国救民抱负的不同阶层的年轻人,《林海雪原》讲述了解放初期东北剿匪传奇,《平原烈火》《风云初记》《野火春风斗古城》《苦菜花》等作品反映了抗日战争曲折历史。这些作品集中表现了中国人民在中国共产党领导下浴血奋战、千辛万苦建立新政权的历史,剧情精彩跌宕、场面恢宏壮阔、人物形象生动,能够使学生获得对国家历史以及国家精神的具象感知。通过具体的文本阅读,学生既可以了解中华人民

---

[1] 习近平:《习近平致第二十二届国际历史科学大会的贺信》,《人民日报》2015 年 8 月 24 日,第 1 版。

[2] 徐汉晖:《"大学写作"课程教学范式改革的路径分析》,《教育教学论坛》2022 年第 3 期。

共和国成立的历史,也可以了解新旧更迭情况下人民群众思想意识的具体变化。例如,《创业史》《暴风骤雨》就是对中国农村经济改革的具体讨论。这些具体的历史过程、人物会启发大学生对家国历史的重新认知,帮助他们形成大历史观,建立历史与现代结合的思考方式。同时,这些历史、故事和人物会形成知识体系,成为他们创作的主题以及写作的材料。

第二,红色经典作品独特的艺术性,可以促进大学生审美能力的培养。红色经典作品不仅具有正确的价值观,而且蕴含丰富的艺术价值。例如,《林海雪原》采用中国古典小说章回体叙事结构,在情节设置和人物描写上具有民间传奇色彩,展现了中国传统侠义小说的表现方法、笔法与情节设计,也体现了章回体小说独特的叙事结构和独特的叙事美学。大学写作课程引入具有艺术独创性的红色作品,能够在实现课程思政目标的同时,提高学生对创作美学的认知。

此外,很多红色经典作品具有崇高美学和革命叙事的特点。红色经典作品中有崇高的人物形象,如江姐、杨子荣、林道静等,这些人物描写通常使用陌生化的手法,呈现了一种传统的审美范畴和精神境界。康德说:"崇高令人激动……崇高总是高大的……崇高必须朴素单纯……极高和极深都同样可以唤起崇高。不过极深引起的崇高夹杂着颤栗惊惧,而极高引起的崇高感伴随着欣赏感叹。因此,前一种情感可以叫可怕的崇高,后一种情感可以称为高贵的崇高。"① 红色经典是表现崇高美学与陌生化手法十分典型、集中的作品。红色经典作品拥有崇高的写作主题和立意以及丰富的艺术创作特色,是大学生学习写作的重要范本,不仅对当代大学生历史观的形成具有指导意义,还能提高他们的作品鉴赏和审美能力,为他们的写作提供一种美学思路。

最后,红色经典作品为大学生呈现了优秀的思政文本写作范式与方法。大学写作课程比较重视实操性与应用性,教师更偏重对写作技巧、方法等原理的讲授。"从本体论来看,写作本身具有很强的人文性和实践

---

① 〔德〕康德:《对美感和崇高感的观察》,曹俊峰、韩明安译,黑龙江人民出版社,1990,第3~4页。

性,'大学写作'课程天然携带育人内容的范式功能;就方法论而言,'大学写作'课程在传授学生一般性写作知识的时候,一定有某种'范式'的教学方法值得探究与推广。"① 写作课程的根本是激发学生写作的热情,培养学生写作的技巧。因此,为了避免课程仅讲授写作方法、写作技巧的枯燥性,教师在教学中引导学生对优秀作品进行学习和模仿具有重要意义。红色经典作品形式多样,除了小说还有诗歌、散文、戏剧、影视剧等。红色经典作品是思想与写作的富矿,在大学写作课程教学中融入红色经典作品,既能实现思政教育在专业领域具体化的目标,又能达到传授写作方法的课程要求,对于训练大学生写作能力具有一定的指导意义。

一方面,红色经典作品为学生提供了不同文体与结构的思政文本。红色经典作品体裁丰富,包括诗歌、散文、小说等。学生阅读不同文体的红色经典作品,会产生不同的写作感受。例如,杨沫的《青春之歌》是一部具有自叙传特点的描写青春的小说。这部小说以主人公林道静一生跌宕起伏的命运为线索,以爱情与革命的明暗双线处理结构,在歌颂革命青年青春的同时,也歌颂了革命事业的重要意义。这种自叙性文体的隐喻手段、明暗双线交织的结构处理,使作品在宏大的历史背景下,主题突出,情节清晰,非常值得学习和借鉴。这种文本能够启发学生认识到创作文体与创作结构对主题表达的重要性,提醒学生在选择创作主题时,应处理好文体与结构的关系。大量不同文体的红色经典作品可以源源不断地提供丰富的写作技巧的示范案例,学生阅读这些不同体裁的红色经典作品,能够从中获得对写作文体以及文章结构的感性认知。

另一方面,红色经典作品呈现了优秀的写作手法。写作手法又称"表达技巧",包括表现手法、表达方式、修辞手法等。表现手法包括开门见山、前后照应、铺垫伏笔、设置悬念、承上启下、以动衬静等,表达方式包括记叙、描写、抒情、议论、说明五种。大学生从小学就开始学习写作手法,大学写作课程更倾向于对不同文体写作方法的训练以及文章整

---

① 徐汉晖:《"大学写作"课程教学范式改革的路径分析》,《教育教学论坛》2022 年第 3 期。

体结构的处理。因此，红色经典作品能够充实大学写作课程对于写作手法细节的训练。学生阅读红色经典作品，可以领会到作家创作构思与表现手法等方面的特点，感受表现手法与主题呈现之间的逻辑关系，从而潜移默化地学习表现手法的处理和运用。与生硬的讲授相比，这更加具象、直接。

二 红色经典作品融入大学写作课程思政的主要路径

第一步，优化大学写作课程教学大纲。大学写作课程应以教育学生爱党、爱国、爱人民为主线，提高学生的写作水平与思想境界。在大纲的具体修订中，要加强"三红一创"等红色经典作品的教学，梳理红色经典作品的具体内涵，并将其融入教学大纲与教学实践。在教学过程的规划上，应从多渠道培养学生的写作能力，制定阅读与实践相结合、技巧培养与素养提高相协调的培养方案，使大学写作课程符合新文科建设的要求，切合社会提出的写作需要，在此基础上实现对学生的世界观、价值观以及人文素养的培养。基于应用型人才培养的大学写作课程教学改革，必须打破传统教学模式，对课程的教学目标、教学大纲、教学内容与方法等方面进行改革，以此调动学生学习的积极性，使其真正对写作产生兴趣，成为适应时代发展、具有正确价值观的高素质人才。

第二步，聚合资源建设大学写作课程资源库。写作课不是简单的技术与技巧训练课，其目的是培养学生的鉴赏能力、激发学生的写作兴趣、提高学生的写作水平。从通识课的角度考量各时期的红色经典作品，兼顾学生的阅读兴趣，推动红色经典作品资源库建设，能够为大学写作课程思政提供丰富的教学资料与参考文献。

首先，以已审定的课程主干教材为中心，深入挖掘相关红色经典作品的教育元素，建立符合教学实际、遵循学生阅读规律的资源库。可以依据作品内容，划分"反映中华人民共和国历史和国家精神的作品""反映英雄主义与理想主义的作品""反映人文思想与审美意识的作品"等门类，使学生对作品内容与作品精神有更清晰的认知。资源库目录不仅能为学生阅读提供明晰的线索，而且学生在找寻写作资料时能够按图索骥，迅速找到与自己写作主题相关的文献资料。也可以按照文体分为"小说""诗歌""散文""报告文学"等门类，使学生既能领略到文体丰富的红色经典作品，又能对文体知识有进一步的认知。

其次，结合地域红色文化及地方名人方面的资源，在条件成熟的情况下建设与课程有关的红色经典作品资源库。可以按照不同的地域进行归类，如延安、井冈山等革命老区；可以设立专门的作品库，特别是将共产党建党初期在本地发表的关键性作品融入其中，使学生在了解优秀经典作品观点与内容的情况下，直观体会中国共产党、中华人民共和国成立和发展的过程。本土的红色文化与文学作品总是更能引起当地师生的共鸣。因此，不同地域的高校收集属于自己地域的特色的红色经典作品，能够使思政教育与本地文化紧密结合，取得共赢的效果。

最后，结合"00后"学生喜爱的网络形式，将红色经典的优秀影视、纪录片等进行整合，建立专门的资源库。现今大学生的阅读渠道发生了很大的变化，他们的阅读已经从纸质时代进入网络时代，从文字阅读进入读图时代和视频时代。因此，资源库的建设应根据学生多样化的阅读形式，整合优秀的红色经典影视、纪录片、博物馆资料等，建立形式多样、目录丰富、资料深厚的多样态的阅读资料库甚至平台，从而开阔学生的视野、拓展学生的写作思路。

第三步，灵活设计丰富多样的教学活动。在大学写作教学中，教师要选取有代表性的红色经典作品进行文本细读，引导学生对作品的内容与形式进行分析，了解经典作品的写作背景与写作意义，基于 OBE（Outcome Based Education）教学理念，结合课程内容开展经典作品案例讨论、视听教学、小组讨论等，使大学写作课程思政教育效果达到最大化。例如，教师在阐释写作的某个原理或技巧时，可以提供一个写作话题或者题目，结合相关的红色经典作品阅读，通过鉴赏、演讲、小组分析研讨等方式，要求学生即时书写一篇微作品，辅以相关的写作案例研讨、主题辩论、写作实践等，激发学生学习的兴趣与主动性，在潜移默化中使学生树立正确的价值观。

大学写作课程教学不应局限于课堂，而应把整个社会作为教学的大课堂。写作课程是一种有创意的教学，是一门长效的教育，要把写作课堂拓展到大学生的生活与实践中，将其与学生社团活动、课外实践相结合，可以通过观看红色经典话剧、情景剧、系列短视频、微电影，推动学生进行相关主题的写作实践训练。例如，可以结合课堂的需求与计划，让学生参观一座博物馆、采访一位红色人物、整理一份红色村落情况报告，或者鼓励学生参加各种比赛，如红色演讲、演出、竞赛等。学生通过参加这些活动，进一步了解红色历史知识与红色历史文化，对家国历史与政治有更深的认识，使写作能力的训练更符合现实的需要。

小　结

新文科建设号召教学要从学科导向转向需求导向。大学写作课程既要符合专业特性，满足学生的职业需求，又要贯穿价值观塑造、信念培养的理念。因此，将红色经典作品融入大学写作课程思政，引导学生关心历史与现实，尊重人与自然的关系，并将这些转化成写作思维，习得与他人交流、让他人接受并回馈的主体间性的写作方式。构建融合价值导向、思维创新、能力培养的大学写作课程教学模式，可为高校写作课程思政改革提供方向指引。

中国写作未来展望

爱荷华写作模型的疗愈潜能探析

刘 婕**

摘 要： 美国创意写作学从早期发展开始，其内部就体现出疗愈性，但目前关于创意写作疗愈功能的研究相对不足。本文从对美国创意写作学科产生深远影响的爱荷华写作模型出发，重新审视该模型的三个主要原则，即"写你所知道的"、"找到你自己的声音"以及"展现出来，不要讲述"，探讨如何在创意写作已有的模式中发展其疗愈功能。爱荷华模型写作原则涉及心理联结、主导故事和知识、跨文化写作及其特有的创造性、隐喻特性、抽象的阶梯等各个层面，与心理疗愈和自我表达存在相通之处，这为创意写作疗愈功能的发展与更新提供了思路。

关键词： 创意写作　心理疗愈　爱荷华写作模型

创意写作和疗愈之间天然地存在亲缘关系。在创意写作发展之初，其内部就包含通过写作对个体进行疗愈的倾向。从19世纪的拉尔夫·沃尔多·爱默生和巴雷特·温德尔到20世纪的休斯·默恩斯，从疗愈意识到教学实践，疗愈维度在创意写作学科内的位置逐步确立。[①] 在英语创意写作教学和实践中，尤其是在非虚构写作的个人叙事领域，关于创伤性事件的书写普遍存在。情感挫折、病痛折磨、家庭变故、亲人离世、暴力事件、车祸意外……根据笔者2011~2020年在佛罗里达从事英语写作教学的观察，

---

* 本文是湖北经济学院外国语学院科研项目"英语创意写作与对外传播"（项目编号：WYKF202405）的阶段性成果。

** 刘婕，佛罗里达州立大学英语创意写作博士，湖北经济学院英文系讲师。

① 葛红兵、李枭银对英语创意写作"疗愈性"的历史发展进行了系统的梳理，具体参阅葛红兵、李枭银《创意写作的疗愈之维——早期创意写作的疗愈价值及其历史化考察》，《当代文坛》2023年第2期。

在创意写作学生和作家的个人叙写中,往往充溢人生的无常与哀伤。无论是学生还是教师,在参与英语非虚构写作工坊的作品讨论前可能都需要做一定的心理建设。虚构写作中惯常关于人物塑造、情节安排、场景描绘等写作技巧方面的提问,在涉及个人真实经历的书写时并不完全适用。

创意写作实践中疗愈写作大量存在,而学科内部理论研究又相对不足,在这种情形下,如何在创意写作已有的模式中发展其疗愈功能这一问题就显得更为重要。本文从爱荷华写作模型出发,重新审视该模型强调的三个主要原则,即"写你所知道的""找到你自己的声音""展现出来,不要讲述",挖掘其中有待发展的疗愈功能。[①]

一 "写你所知道的"

在《创意写作的兴起:战后美国文学的"系统时代"》一书中,马克·麦克格尔通过对美国高等教育创意写作学科发展历史的考察,总结出爱荷华作家工作坊(The Iowa Writer's Workshop)(以下简称"爱荷华写作工坊")主导下创建的基本写作模型(Iowa Model),其中包含从经历、创造性和技艺三个角度指导创意写作实践的经典原则[②]。从经历角度而言,创意写作课程普遍强调"写你所知道的"(Write what you know),麦克格尔认为这一原则以真实性(authenticity)为导向,要求写作者运用个人的记忆和观察,书写自己熟悉的内容。这可能是创意写作学科内最有争议也最容易被误解的原则。虽然从早年开始包括海明威在内的众多作家就以自身经历为素材,写作带有明显的自传性质,但由于这一原则的长期存在与反复应用,"写你所知道的"犹如陈词滥调,不再令人信服。诺贝尔文学奖得主石黑一雄曾在访谈中对此明确表示反对:"不要写你知道的"。爱伦·坡奖得

---

① 本文引用的英文资料皆为笔者翻译。
② Mark McGurl, *The Program Era: Postwar Fiction and the Rise of Creative Writing*, Harvard University Press, 2009, p. 23.

主梅甘·阿博特（Megan Abbott）认为作者应该"一直都写你不知道的"。[1]曾在中国教授创意写作的作家、学者朱厄尔·帕克·罗兹（Jewell Parker Rhodes）从跨越种族和文化隔阂的角度出发，批判这一原则可能带来的"创造性上的自私"，学生作者更容易陷入个人的狭隘视角。[2]珍妮特·伯罗薇（Janet Burroway）指出，因为很多教师在课堂上强调基于个人经历进行创作，学生撰写了大量"去世祖母的故事和寝室生活传说"。[3]

实际上，如果"写你所知道的"仅仅停留于个人经历和事件的表层，就容易出现这些批评所针对的状况。这一原则常被忽视的内涵在于写作者本人与作品的心理联结，所知的范畴也不应局限于经历和事件，还有超越时空的人类共通的情感和心理现实。在更深层次上，"写你所知道的"也意味着书写个人所体验过的各种感觉和情绪，即写作者的共情。这类书写正可与疗愈写作有效连接，通过艺术化的表达为写作者提供心灵的出口。对于"写你所知道的"，作家内森·英格兰德（Nathan Englander）敏锐地意识到，"这是关于情感的建议"。[4] 在直接书写经历之外，个人的复杂情感可以投射到作品中的各种人物身上，让写作者与人物形成独特的心理联结，使写作者在作品人物的发展中获得情绪疗愈。相较直接书写个人创伤经历要面对的障碍和困难，间接的情绪投射式写作更为容易，更能让写作者感到安全。杰夫·埃尔金斯（Jeff Elkins）曾有意识地将自己在生活中经历过的负面情绪运用于小说人物的塑造[5]，可以作为挖掘创意写作疗愈

---

[1] Emily Temple, "Should You Write What You Know? 31 Authors Weigh in", LITHUB, February 7, 2018, https：//lithub.com/should-you-write-what-you-know-31-authors-weigh-in/.

[2] Jewell Parker Rhodes, "Imaginative Crossings：Trans-Global and Trans-Cultural Narratives", in David Morley and Philip Neilsen, eds., *The Cambridge Companion to Creative Writing*, Cambridge University Press, 2012, pp. 196-200.

[3] Janet Burroway, Elizabeth Stuckey-French, Ned Stuckey-French, *Writing Fiction：A Guide to Narrative Craft*, 3rd edition, HarperCollins, 1992, p. 9.

[4] Emily Temple, "Should You Write What You Know? 31 Authors Weigh in", LITHUB, February 7, 2018, https：//lithub.com/should-you-write-what-you-know-31-authors-weigh-in/.

[5] Jeff Elkins, "How to Write What You Know", The Write Practice, https：//thewritepractice.com/write-what-you-know/.

潜能的参考案例之一。目睹幼子在草丛中蹒跚学步摔倒以后，他将自己当时的忧虑情绪如实记录下来，并在之后将这种情绪放大，转换为一篇小说中流浪的超级英雄在战斗中目睹同伴失败被俘时内心所遭受的痛楚。情绪是"让我们的写作生动起来的有力工具"，埃尔金斯反思自己的写作过程时总结道。① 其实，情绪也能借助写作获得释放，完成写作者自身的疗愈。

"写你所知道的"包括的另一层含义是"写你想知道的"（丹·布朗）②。为了使作品更真实可信，写作者往往要进行大量的调查研究，甚至要对外人看来无关紧要的细节进行反复校验（比如驱车七百多里去查验山路边的树名）③。更进一步说，写作是一个探索发现的过程，即使基于自己所熟悉的经历，写作者在开始时也并非全知全能，需要在写作过程中不断思考学习、丰富作品内容。在直接经验以外，写作者也不可能脱离间接经验写作。从这一角度来说，叙事疗法理论中关于知识和权力关系的分析以及两者对个人叙事的塑造作用，也为创意写作疗愈潜能的发掘提供了另一种思路。将人看作故事性的存在，叙事疗法的创始人迈克尔·怀特（Michael White）和戴维·爱普斯顿（David Epston）认为个体通过故事④来认识和组织生活事件，指出当个体内部的主导故事（dominant story）与实际经历存在严重的偏差时，个体就会经历各种心理问题。⑤ 他们主张帮助患者从经历中重新发掘积极的替代故事（alternative story）来消解有问题的主导故事，最终实现疗愈。受米歇尔·福柯影响，迈克尔·怀特认为主导故事和替代故事在很大程度上来源于主导性知识和替代性知识。⑥ 根据福柯的论述，权力具有生成性，能通过知识起作用，在特定的权力架构

---

① Jeff Elkins, "How to Write What You Know", The Write Practice, https://thewritepractice.com/write-what-you-know/.
② Emily Temple, "Should You Write What You Know? 31 Authors Weigh in", LITHUB, February 7, 2018, https://lithub.com/should-you-write-what-you-know-31-authors-weigh-in/.
③ Melissa Goldthwaite, "This, Too, Is Research", in Wendy Bishop, ed., On Writing: A Process Reader, McGraw-Hill, 2004, p. 436.
④ 叙事疗法的故事和叙事概念是通用互换的。
⑤ Michael White and David Epston, Narrative Means to Therapeutic Ends, Norton, 1990, pp. 1-37.
⑥ Michael White and David Epston, Narrative Means to Therapeutic Ends, Norton, 1990, pp. 1-37.

中形成的知识等级序列会赋予某些知识真理一般的权威性，对整个社会产生深远影响，而处于这个等级序列底层的属于"被制服的知识"，如地域性知识和博学知识，容易被忽视或边缘化，但也能成为替代性知识的来源。[1] 由此可见，为了达到疗愈的效果，"写你所知道的"原则可以进一步扩展，超出个人日常的、具体的知识经验，而挖掘探寻个人的整个知识体系。如果写作者能够反思辨别从社会获得的主导性知识，察觉其中有问题的主导性叙事，便可以转而有意识地探寻此前个人知识体系中被压制、被忽略的替代性知识，从中生成积极的替代故事，实现写作的疗愈效果。叙事疗法的主导故事和替代故事概念可以为创意写作教学与实践提供新的理论框架，使创意写作的疗愈功能从创作源头上得到重视。

二 "找到你自己的声音"

如果被有问题的主导故事压制，个人就很难发出自己的声音。而"找到你自己的声音"（Find your voice）是爱荷华写作模型强调的另一重要原则，其基底也与心灵疗愈有着千丝万缕的联系。在麦克格尔的总结中，这一原则以创作自由为导向，重视想象的力量，鼓励写作者发展个人风格、进行独一无二的表达。[2] 值得注意的是，这一原则在表述上强调写作者需要"寻找"自己的"声音"，这显示出独特创造力是个体本身已经具有的，写作者需要向内部探求，返归自我的本然存在。根据《牛津高阶英汉双解词典》对"voice"一词的定义，除了表示"呼声；意见；态度"之外，这个词也意味着"心声"（"a feeling or an opinion that you become aware of inside yourself"）[3]，指向个体对内在情感或观念的觉察，而这与疗愈写作所追求的自我表达是一脉相承的。实际上，在写作技术出

---

[1] Michael White and David Epston, *Narrative Means to Therapeutic Ends*, Norton, 1990, pp.1-37.
[2] Mark McGurl, *The Program Era: Postwar Fiction and the Rise of Creative Writing*, Harvard University Press, 2009, p.23.
[3] 〔英〕霍恩比：《牛津高阶英汉双解词典》（第9版），李旭影等译，商务印书馆，2018，第2408页。

现以前的口传文化时代，每个人的声音展现了鲜明的个人特质，是其他人所无法复制或取代的。

创意写作强调对个体独特声音的寻求，这与外界对写作者内部声音的干扰是分不开的。与自己的声音相对的是众多来自其他地方的声音，如家庭、学校、工作场所、媒体等。个体在成长过程中，不可避免地会受到这些声音的影响，并将之吸收内化，而属于自我本真存在的声音可能被逐渐淹没，变得模糊不清。安妮·拉莫特（Anne Lamott）就曾为自己写作时脑海中不断浮现的包括家人、朋友、读者的其他各种声音所苦恼。[1] 经过长期写作工坊训练的人在写作过程中头脑里也可能会不时跳出工坊教师和同伴的议论，在作品完成之前就不自觉地考虑各种写法可能受到的评价，写作自然的心流被打乱。更严重的问题在于，来自流行文化的声音可能夹杂着偏见和刻板印象，而年轻的学生作者更容易为这些有问题的声音所影响，写出认识肤浅、毫无新意的作品。珍妮特·伯罗薇曾指出，阅读不够广泛的初学者更容易模仿影视和通俗小说中的二流作品，而缺乏对自身经历中"有趣、独特、新颖"部分的挖掘。[2] 在论述学生习作中的刻板印象时，杰尔姆·斯特恩（Jerome Stern）指出那种老套人物的出现是由于"作者没有意识到她自己的文化偏见——她只找到她被教着去看的那些东西。因此，这个人物即使是来源于生活的，也不像一个个体那样生动"。[3] 这种写作认知上的局限其实也与叙事疗法所定义的有问题的主导故事相呼应。如果一个写作者内化了外来的有偏失的主导故事，代表其自我的声音就会被抑制、边缘化，成为有待发掘寻找的替代故事。

在这种情形下，转向内心表达的表达性写作就显得尤为重要。表达性写作是创意写作在艺术治疗领域的延伸，有助于个体疗愈情绪创伤，对此

---

[1] Anne Lamott, "Shitty First Drafts", in Wendy Bishop, ed., *On Writing: A Process Reader*, McGraw-Hill, 2004, pp. 319-321.
[2] Janet Burroway, Elizabeth Stuckey-French, Ned Stuckey-French, *Writing Fiction: A Guide to Narrative Craft*, 3rd edition, HarperCollins, 1992, p. 9.
[3] Jerome Stern, *Making Shapely Fiction*, W. W. Norton & Company, 1991, p. 220.

已有学者进行过专门研究[1]。本文主要探讨追求自我表达并有可能实现疗愈效果的另一种创意写作——跨文化写作。在《创意写作的兴起：战后美国文学的"系统时代"》一书中，马克·麦克格尔已经意识到爱荷华写作模型在实际应用中可能涉及跨文化问题。在论述以真实性为导向的个人经历书写时，考虑到多族裔、多语言的文化现实，他发出对真实性概念的质疑，这意味着爱荷华写作模型不应是一个基于单一语言文化的模型。例如，美国印第安作家纳瓦雷·斯科特·莫马迪（Navarre Scott Momaday）虽然书写本族文化，使用的第一语言却是英语。麦克格尔因此问道："会有真正的美国印第安小说这种东西吗？""谁能算是真正的印第安人？"[2] 由于多元文化并存的事实，美国创意写作发展史并不能忽视写作工坊中少数族裔作家的存在，比如爱荷华写作工坊中以詹姆斯·艾伦·麦克弗森（James Alan McPherson）为代表的黑人作家、以任璧莲（Gish Jen）为代表的华裔作家。在《近三十年中国大陆背景女作家的跨文化写作》中，周颖菁将跨文化写作描述为"创作有明显的全球意识和文化对比意识"，受到多元文化影响，与单一文化写作相比，在"主题、视角、风格"等方面有较大差异。[3] 在《边缘书写与文化认同——论北美华文文学的跨文化写作》中，王亚丽将跨文化写作理解为"一种跨域的边缘书写"，包括"文化上的、心理上的跨域"。[4] 本文认为跨文化写作也应该包括跨语言写作。如果说在某个语言文化系统中，由于现存的知识体系和外界声音的影响，对个体写作者而言，察觉消解有问题的主导故事、寻找内心声音进行自我表达是具有相当难度的，跨文化写作及其带来的心理上的跨越界限为写作者打开了一个全新的空间，带来了更多的疗愈可能。

---

[1] 孙国玲：《表达性写作的疗愈维度透视：基于心理分析、艺术疗愈的视角》，《中国创意写作研究》2022年第2期。

[2] Mark McGurl, *The Program Era: Postwar Fiction and the Rise of Creative Writing*, Harvard University Press, 2009, pp.239-241.

[3] 周颖菁：《近三十年中国大陆背景女作家的跨文化写作》，武汉大学，博士学位论文，2010，第Ⅰ页。

[4] 王亚丽：《边缘书写与文化认同——论北美华文文学的跨文化写作》，陕西师范大学，博士学位论文，2012，第Ⅰ页。

在一个异质的语言文化系统中，尤其是在使用新的语言进行书写时，写作者更容易脱离旧有文化主导性知识和外界声音的影响，更容易返归个体的生命体验和替代性知识，发出新的、自我表达的声音。学习使用另一种语言、进入另一种文化，常常涉及个人身份的重塑和对自我的重新认知，这有时候被视为一种重生（rebirth）的过程，这一过程为自我的重新发现、定义和疗愈提供了契机。在《写出心灵深处的故事——非虚构创作指南》[1]中，李华表示在她的英语创意写作课堂上，自由写作被置于至关重要的地位，"自由写作是始也是终"。她强调这一活动的疗愈价值，鼓励学生通过自由写作抒发内心的真情实感、寻找真实的自我。她的学生的写作实践首先用英文完成，跨越语言和文化的界限，更容易释放内心的声音。爱荷华写作工坊的毕业生李翊云在访谈中表示，使用英文的跨文化书写对她个人具有特殊的意义。她曾与母亲关系紧张，并拒绝用中文写作。她将母语视为"公共语言"，将第二语言看作"私人语言"[2]，跨文化书写为她打开了一个进行自我表达的私人空间，可以借此重新建构、定义自我。"我和英语的相遇不带有任何历史交集。用个不恰当的比喻，我开始在英语中筑造自己的房子，而不是住在我继承的那所房子里。"[3] 通过跨文化写作打开的空间，她"找到了在英语中成为自己的方式"。[4] "用另一种语言写作当然改变了我"，哈金在访谈中也承认跨文化写作对自我的改变，他认识到自己"发展出一种非常坦率、直言不讳的个性"[5]，这可以看作他获得了更多力量去进行自我表达。

更值得注意的是，跨文化写作带来的创造性也为自我的表达和疗愈提

---

[1] 李华:《写出心灵深处的故事——非虚构创作指南》，中国人民大学出版社，2014，第34页。

[2] Li Yiyun, "To Speak Is to Blunder", New Yorker, January 2, 2017, https：//www.newyorker.com/magazine/2017/01/02/to-speak-is-to-blunder.

[3] Tom Gresham, "An Interview with Yiyun Li, Whose New Novel Is Being Called a Masterpiece", VCU News, January 30, 2019, https：//news.vcu.edu/article/An_interview_with_Yiyun_Li_whose_new_novel_is_being_called_a.

[4] Tom Gresham, "An Interview with Yiyun Li, Whose New Novel Is Being Called a Masterpiece", VCU News, January 30, 2019, https：//news.vcu.edu/article/An_interview_with_Yiyun_Li_whose_new_novel_is_being_called_a.

[5] Ha Jin, "The Art of Fiction No. 202", Paris Review, Vol. 191, 2009, pp. 117-145.

供了更多可能，这主要在于跨文化写作带来的双重视角、双重参照系。跨越界限和领域，个体不再为某一种知识体系、某一类主导故事或某些声音所束缚，能更清楚地看见现实存在的多种可能、多层叙事、多样声音。一旦个体意识到生活不是单行道，而存在多个选项，就能更自由地发展内心的自我。爱荷华写作工坊毕业生任璧莲成长为作家的经历表明，她有意识地在两种文化间穿梭，创造性地进行自我选择来成就梦想。例如，当她的中国父母不支持女孩成为作家时，她便转向美国文化中对个人价值的强调以获得对自我发展的支持[1]。在《老虎写作》中，她将自己在两种文化之间不时做出的灵活选择称作"创造性的选择同化"[2]。文化心理学家约翰·W. 贝里（John W. Berry）在论述文化适应模型时，也曾肯定"对两种社会的全部行为模式进行选择性的采用"[3]。这种文化实践有助于自我的心灵成长，也具有跨文化的创意写作可以发展的疗愈功能。

三 "展现出来，不要讲述"

很多时候，心理治疗是语言的艺术，而爱荷华写作模型确立的"展现出来，不要讲述"（Show, don't tell）主要是对语言表达的强调，两者同样存在共通之处，而这一写作原则在语言层面上的疗愈功能仍然有待进一步发展。根据麦克格尔的总结，以技艺为导向，这一原则侧重传统和修改过程[4]，对故事和人物进行视觉呈现，追求一种具象化的表达效果。在很多英语创意写作教师看来，仅仅告诉读者发生了什么是苍白无力的，读者只会"知晓"事件却无从感觉。通过生动的感官细节，具体语言在叙

---

[1] Bill Moyers and Gish Jen, "Public Affairs Television 'Becoming American: Personal Journeys' Interview With Gish Jen", PBS, https://www.pbs.org/becomingamerican/ap_pjourneys_transcript1.html.

[2] Gish Jen, *Tiger Writing: Art, Culture, and the Interdependent Self*, Harvard University Press, 2013.

[3] John W. Berry, "Acculturation and Adaptation in a New Society", *International Migration*, Vol. 30, No. 1, 1992, pp. 69–85.

[4] Mark McGurl, *The Program Era: Postwar Fiction and the Rise of Creative Writing*, Harvard University Press, 2009, p. 23.

述时能营造出很强的画面感,犹如在读者面前放置了一个摄像头,使读者仿若身临其境,能够主动去"经历"整个故事,达到一种沉浸式的状态。虽然这主要是从读者对文本的阅读接受角度来考虑的,但其对表达效果的追求也存在与心理疗愈联结的通道。

在语言层面,故事本身的隐喻(metaphor)特性为创意写作的疗愈功能奠定了基础。罗布·帕金森(Rob Parkinson)指出,因为隐喻特性能够对大脑功能产生影响,虚假的、有问题的故事会导致大脑产生错误的联结,从而使个体心理出现异常,而故事的疗愈性就在于其重构作用,新的、有益的故事如果能被接受,进入个体的内在叙事,就能修正原有的错误联结,达到疗愈的效果。[1] 乔治·W.伯恩斯(George W. Burns)将隐喻视作一种沟通方式,肯定其表达性和创造性,认识到隐喻在心理治疗中的多重功能。例如,在交流中以一种迂回间接的方式,隐喻可以绕过患者心理的防御机制,并创造新的可能性。[2] "一个隐喻性的故事能使听者踏出自己被困住的参照系,进入一个不同的经验领域,重新检查所有的可能性。"[3] 从这一意义来说,创意写作在语言上的疗愈价值指向了另一个维度,即从个体通过写作实现自身的心灵疗愈转向写作者通过创作隐喻性的故事来帮助读者改善不良的心理状况,也就是疗愈故事的创作。而当写作者为自我创作时,如果能有意识地关注自身表达中出现的隐喻,并对之进行调整修正,也仍然存在自我疗愈的可能。

在英语创意写作中,为了训练学生掌握"展现出来,不要讲述"的技巧,不少写作教师也会借用抽象的阶梯(The Abstraction Ladder),让学生在不同层级的语言差异中感知、尝试运用具象化的语言。"抽象的阶梯"是语言学者早川(S. I. Hayakawa)在《行动中的语言》中提出的概

---

[1] Rob Parkinson, *Transforming Tales: How Stories Can Change People*, Jessica Kingsley Publishers, 2009, pp. 28, 46.

[2] George W. Burns, *Healing with Stories: Your Casebook Collection for Using Therapeutic Metaphors*, John Wiley & Sons, Inc., 2007, pp. 5-7.

[3] George W. Burns, *Healing with Stories: Your Casebook Collection for Using Therapeutic Metaphors*, John Wiley & Sons, Inc., 2007, pp. 5-7.

念,用来表示语言从抽象到具体的变化。① 越接近梯子顶部,语言的抽象性越强,也就越远离现实世界;越接近梯子底部,语言表达便会越具体,越能展现不同人、事的特征,更符合"展现出来,不要讲述"对感官细节的要求,对真实世界的再现程度更高(虽然早川认为语言本身已经是对现实的抽象)。杰克·哈特(Jack Hart)曾在《故事技巧》一书中分析这种语言的阶梯中部和底部的特点,并将梯子顶部和底部所对应的"讲述"和"展现"命名为"概括叙事"和"场景叙事",推崇在小说写作中应用"场景叙事"。② 创意写作教学偏重让写作者尽量处于梯子底部,使用具象化的语言进行创作,"展现出来,不要讲述"也呈现出单向性的特征。创意写作实践却表明,优秀作品并不依靠单一的"展现",而是"展现"和"讲述"的综合运用,成熟的写作者也具备在阶梯上自由移动的能力。例如,狄更斯的长篇小说《双城记》开头便凝缩反映了法国大革命时期的整体社会面貌:"那是最美好的时代,那是最糟糕的时代;那是智慧的年代,那是愚昧的年代;那是信仰的纪元,那是怀疑的纪元……"③ 在小说大量的具象化描述以外,开篇以讲述的形式让读者从理性的高度迅速把握这一时代的特点和矛盾,具有提纲挈领的效果。

在创意写作原则对"展现"的偏向之下,是创意写作实践对"展现"和"讲述"的融合,以达到两者的协调状态。这种写作技术与心理治疗中关于抽象的阶梯的应用不谋而合,为创意写作在语言上发挥疗愈功能提供了另一种路径。心理学家理查德·布隆纳(Richard Blonna)就曾指出在抽象的阶梯两端是两类具有不同思维方式、各有优势和局限的群体。停留在梯子底部的具体/情境型当事人擅长从自己的角度详细描述事件,却很难理解其他人和自己有分歧的观点,也难以透过故事表层对自我展开分析。与之相反,位于梯子顶部的抽象/形式运思型当事人更偏好自我分析

---

① S. I. Hayakawa, Alan R., Hayakawa, and Robert MacNeil, *Language in Thought and Action*, 5th edition, George Allen & Unwin LTD, 1991, p. 169.
② Jack Hart, *Storycraft*: *The Complete Guide to Writing Narrative Nonfiction*, 2nd edition, University of Chicago Press, 2021, ebook, pp. 285-313.
③ 〔英〕查尔斯·狄更斯:《双城记:中英对照全译本》,盛世教育西方名著翻译委员会译,上海世界图书出版公司,2009,第2页。

和反思自己故事的意义，善于透过故事识别自己的行为模式，却很难举出具体的事例。① 在介绍发展咨询与治疗时，爱德华·S. 诺库格（Edward S. Neukrug）将抽象的阶梯进一步定义为"认知/情绪的抽象阶梯"（The Cognitive/Emotional Abstraction Ladder），根据当事人交流和体验风格的不同，将阶梯的不同位置细分为四个类型，即感觉运动的认知/情绪风格、具体化认知/情绪风格、抽象的形式运思型认知/情绪风格和抽象的辩证或体系型认知/情绪风格。② 他也强调在帮助患者进行心理治疗时，需要引导个体向自己不熟悉的阶梯区域移动，使之尝试不同的认知/情绪风格，以弥补自身认知的局限，达到身心的调和状态。可以说，以抽象的阶梯为桥梁，对"展现出来，不要讲述"原则进行优化调整，创意写作在语言的这一层面同样可以发展出疗愈功能。

总之，通过全面分析爱荷华写作模型的三个基本原则——"写你所知道的""找到你自己的声音""展现出来，不要讲述"，本文探讨了爱荷华写作模型在多个层面上可以继续发展的疗愈潜能。英语创意写作在发轫之初就显示出疗愈性的基底，当今关于创伤书写的大量实践也要求创意写作疗愈功能的持续发展与更新，这也为中国化的创意写作疗愈价值的实现提供了值得反思的参考案例。

---

① Richard Blonna, *Health Counseling: A Microskills Approach*, Jones & Bartlett Learning, 2005, p. 93.
② Edward S. Neukrug, *The SAGE Encyclopedia of Theory in Counseling and Psychotherapy*, SAGE Publications, Inc., 2015, p. 285.

基于读者思维的新媒体写作特性、策略与问题探究[*]

张纯静[**]

摘　要： 新媒体写作诞生之初，在写作自由度、作品发表、交互性以及表现形式等方面呈现出与传统写作明显的差异。读者思维主导的新媒体环境与新媒体语境要求创作者调整传统认知，明确目标读者定位，立足行业内容垂直深挖，建立召唤结构，实现与读者的情感关联，促成文章的裂变式传播。同时，在电子媒介的影响下，为争取更多的注意力资源，"读者本位"的新媒体写作也表现出低俗化、模式化、功利化倾向，文本质量高低不平、良莠不齐。在当代语境中，站在新的历史高度，以全新的思维方式来把握和评价新媒体写作，归纳其内在的变化规律，探究其发展中的问题，制定趋利避害的策略是应对新媒体写作所带来的诸多挑战的解决之道。

关键词： 新媒体写作　读者思维　作者身份　目标读者　写作策略

从写作学角度来看，写作思维是写作活动中的核心存在。它不仅决定写作主题的选择、表达方式的运用、语言规律的控制，而且还体现写作哲学与美学的理论实践，是写作者创造性的有力呈现。想不清，就写不明；想不深，自然也就写不透。在当下，以互联网和移动手机为主要媒介的移动互联网时代已经全面到来，大众文化的繁荣及新媒体的飞速发展催生了以虚拟、互动、自由、超文本、碎片化等为时代特征的新媒体写作。在写

---

[*] 本文曾发表于《写作》2024年第1期。本文为2023年国家社会科学基金重大项目"世界创意写作前沿理论文献的翻译、整理与研究"（项目编号：23&ZD294）的阶段性成果。

[**] 张纯静，西南大学文学院讲师。

作思维与写作路径上，与传统写作聚焦社会事件、政经时事、社会发展过程中的宏大话题不同，新媒体写作更加注重阅读文章的"人"，即读者本身。这样的性质决定了新媒体写作更加重视用户体验，有时甚至会迎合用户需要。可以说，在新媒体时代，任何作品都需要接受网络读者的筛选与检验，再好的作品，如果不符合网络读者的口味，也会迅速淹没在浩如烟海、数量庞大的网络作品之中。正是新媒体时代网络文艺大众化、娱乐化的特点，以及互联网经济中将用户流量作为营销核心的生存底层逻辑，决定了网络读者的阅读习惯与兴趣已成为影响新媒体写作走向的核心要素。基于此，本文主要探究在读者思维的主导下，新媒体写作呈现出哪些特性，在具体写作中采用什么策略可以更好地满足读者的心理需求与情感需要，在新媒体技术极大地影响人们生活、文学创作的当下，如何理性判断基于读者思维的新媒体写作现象，深入剖析其背后潜藏的一系列问题。

一 基于读者思维的新媒体写作特性分析

本质上，新媒体写作仍属于写作。它与传统写作一样，依然是人类处理、变革社会关系以及认识人自身的一种重要实践方式。但新媒体写作又极大地扩展和延伸了写作的内涵与外延。就写作活动本身而言，新媒体写作在"写什么""谁来写""怎么写""为谁写"等问题上呈现出巨大变化。其中，用户思维、服务意识贯穿写作过程始终，整个写作行为都要密切关注、积极回应用户的需求变化。从这个角度来说，新媒体写作正是建立在深度分析特定读者群特点的基础上，对特定内容进行垂直深挖的一种写作形态。在写作过程中，创作者通过自己的一套写作技巧和方法，快速抓住读者眼球，形成持续的用户阅读黏性。同时，作者与读者的交流对话也进一步增强，甚至读者对于内容创作的反馈都会极大地影响作者下一步的写作。"作者"身份出现新变，在新媒体写作中，涌现出越来越多的"作者"与"读者"身份相交融的现象。总之，在读者思维主导的新媒体环境与新媒体语境下，借助于新媒体技术的革命性和多元性特点，新媒体写作在发展之初就呈现出区别于传统写作的独特属性，笔者粗略地总结为以下几点。

第一，写作自由度更高。相较传统写作，新媒体写作的门槛较低，任何人只要懂得、了解新媒体的基本知识，具备新媒体写作的基本能力，都可以加入新媒体写作的行列，写作在新媒体语境中不再是公职人员、新闻记者、文学作家等从事的专业化职业，而是个人的兴趣爱好，写作仅仅是因为兴趣和激情。同时，新媒体写作的内容和表现形式也不会受到任何限制，不会有任何条件要求，完全按照写作主体个人的兴趣、爱好、性情等自由抒发、率性表达，每个新媒体作者都可以创造属于自己的写作园地和表达风格。总之，新媒体时代为每个人提供了展示个人才华的平台和机会，写作不再是精英阶层的专利，人人都可以写作，再小的个人，也可以通过新媒体发出自己的声音。

第二，作品发表更便捷。传统写作在作品完成后，发表路径会受到各种权力话语的审查约束，新媒体写作的发表则更为便捷。新媒体写作的作品完成后可以自由发表，几乎不受时间和空间的限制。只要有新媒体，只要写作者愿意，就可以发表作品，作品也就可以进入流通环节，供接受者阅读。新媒体作品既可以借助各种新媒体平台发布，供广大的读者阅读和交流；也可以仅发表在写作者自己的博客上，设置密码进行锁定，只提供给作者自己或者亲密的朋友阅读欣赏。另外，新媒体写作的作品在发表后传播速度非常快，如果形成"爆款文"，会进一步促成病毒式的裂变传播。只要作品发表了，进入流通环节，任何干预都比较困难，"即便是关闭服务器或者删除源信息，借助其他社交网络媒体、传统主流网络媒体（如论坛）、个人信息阅读器（如 RSS、E-mail、QQ）等之间的开放性接口，用户仍然可以阅读到微博的内容"。[①] 这些都是传统写作在文学生产与传播环节不具备的特质。

第三，交互性更强。传统写作一旦完成，文本结构基本固定下来，虽然读者在阅读和解读作品的时候可以对其进行二度创造，但这种二度创造是文本之外的再创造，读者不可能改变作品原来的文本结构。新媒体写作

[①] 刘渊：《微博的技术特征及其现实挑战》，《光明日报》2011 年 9 月 7 日，第 14 版。

与此截然不同。在新媒体写作中，参与创作过程的主体既可以是读者，也可以成为作者，创作者和受众之间没有明确界限。第一文本的诞生并不意味着其形式的定格以及故事结局的最终走向，他人完全可以不受第一文本的限制，对其进行加工和再创作。例如，文学网站、博客、微博、微信公众号的留言评论、跟帖等，都在某种程度上影响着作品结构、结局的最终呈现。"博客写作实际上是随写随评，随评随改，呈现出一种鲜明的智慧共享、集思广益式的'集体创作'的特色。博客创作的这一特点，在相当大的程度上导致了读者对写作产生了某种干预性，一方面，使得博客作者已经不复是某一个固定的主体，而是一种主体间性，所谓主体间性就是个性间的共在，孤立的个体主体变为主体间的共在、对话、交往和'视界融合'，变为交互主体性。"[1] 可以说，强交互性正是新媒体写作的基本特点。

第四，表现形式更多元。新媒体写作突破了过去传统写作单纯的文字组合与排列，将文字、声音、图像结合起来，在同一个页面内把文字、声音、图像结合在一起，形成了跨文体、跨体裁的写作。这种多元的表现形式，不仅为单一的文字作品增加了多媒体的视听美感效果，使作品更富有生动性和感染力；而且使文字作品借助"图形界面或标识语言将丰富的文本系统资源以层次或网络的形式包装起来，造成'文本中的文本'或'文本间的文本'"。[2]

综上，在屏幕阅读逐渐成为世界潮流的当下，通过新媒体传播以及阅读的各类文艺作品必将助推新媒体写作的迅猛发展，进一步拓展写作的空间。但是，我们也要认识到，写作毕竟是具体的、具有很强个体差异性的事。在新媒体时代，虽然每个人都可以进行自由写作和发表，但这只是新媒体时代赋予每个个体的一种权利，并不代表每个个体都具备运用新媒体为自己写作和发声的能力。因此，在比较新媒体写作与传统写作时，甚至

---

[1] 欧阳文风：《博客的兴起与文学创作方式的转型》，《福建论坛》（人文社会科学版）2009年第10期。

[2] 黄柏青：《新媒体写作与文艺研究范式的转型》，《内蒙古社会科学》（汉文版）2012年第4期。

认为前者更优于后者时，不可回避地仍然要去强调传统写作的语言能力和技巧。语言表达是写作的基本功，综观如今的网络文学，微博写作，微信公众号写作，知乎、简书上的写作达人，大多是传统媒体的写作者，包括传统媒体的资深记者、传统媒体的自由撰稿人、传统文学创作者。即使一些因新媒体写作成名的写作者，大都也是从一开始就比较喜欢写作，具有一定写作基础和能力的人。我们不能因为新媒体写作融入了多媒体技术，就放弃文字写作本体，甚至想当然地将新媒体写作与传统写作进行对立，认为它们是"两种"写作。实际上，传统写作是新媒体写作的基础，新媒体写作不是要颠覆传统写作方式，而是在原先基础上进行升级。

二 基于读者思维的新媒体写作策略探究

美国杂志 *Online* 曾将新媒体界定为"所有人对所有人的传播"。从这个意义来说，传播不再是单向的一对多的传播，传播指向的另一方变得很重要。BBC 全球新闻部主管查德·塞姆布鲁克也曾言，新媒体写作的意义就是"观众进场了"[1]。以前沉默的受众，现在随时都可以拿起手机，表达个人意见，成为当然的信息传播者。个人不再是被动接受的无所作为者，而是公共生活的参与者和亲历者。"观众进场"，是进入了新闻的现场，进入了社会生活的广场。[2] 因此，作者在进行新媒体写作时，也应当自觉树立读者思维，明确自己的写作是"为读者的写作"。既要满足读者对内容的心理需求，满足读者自我成长、自我实现等需求，也要满足读者的安全感、同理心、同情心等情感需要，同时还要适应读者的阅读场景。例如，微信公众号文章的发布时间、文字分段、排版设计等都应该适应读者的阅读习惯。总之，在新媒体写作中，那种仅关注自己，感动自己，而对读者熟视无睹的"自嗨式"文章，必然遭到读者的摒弃；那种缺乏人与人之间共有特质，不能提供知识增量，曲高和寡的文章，自然也得不到

---

[1] 胡泳：《众声喧哗》，广西师范大学出版社，2008，第 271 页。
[2] 喻季欣、薛国林：《新媒体写作谈之一 新媒体：催生"新新闻文体"》，《新闻与写作》2010 年第 4 期。

读者的青睐。基于此，在上述"为读者的写作"思维指导下，可以采用如下策略尝试进行新媒体写作。

第一，明确目标读者，做好定位。

在动笔进行新媒体写作之前，需要先做好定位。定位不同，文章产生的价值就不同。

具体而言，首先是明确目标读者。写作者在创作文字作品时，需要明确谁将会阅读你的文字，倾听你说话？年龄有多大？有什么样的习惯和偏好？这里面涉及对目标读者进行阶层分析，包括年龄、学习、职业、收入、性别等；偏好分析，包括目标读者的上网习惯、社交习惯、个性特点；痛点分析，包括目标读者常有的迷茫、焦虑、拖延、孤独等；还有心态分析，包括目标读者所具有的善良、真诚、积极、主动、利他心态等。如果文章读者是作者自己，那么作者写的可能是日记、笔记之类，而不是给别人看的文章。但如果写作者写文章是为了与更多读者交流思想、表达观点、抒发情感，那么写作前就需要深度研究目标读者群，充分了解他们的兴趣点，并经常性地为他们提供这方面的内容，获取读者的认同，这样才能有效增加读者黏性。

其次，明确作者身份。此处的作者身份包括两个方面：一是作者自我定位，二是作者所在原生环境的定位。就前者来看，写作者是学生，还是教师；是律师，还是医生；是投资达人、心理学者，还是情感专家……身份的打造，是给作者自己同时也是给读者的一个强烈信号和暗示：在某个领域，写作者是一个深度耕耘、拥有真知灼见的专业人士，是一个标签明确、值得信赖的 IP。当然，写作者在明确自身定位时还要注意，身份不能来回转变、摇摆，不能今天写励志，明天写职场；或者今天写两性话题，明天又写热点新闻；或者今天写情感故事，明天又表达犀利观点……这样会直接导致作者身份标签混乱，读者识别不了作者身份，从而动摇和犹豫，甚至直接对作者产生怀疑。另外，作者也不要轻易涉及超越自身认知和年龄范围的话题。如果写作者本就是一个刚刚 20 岁出头的新手，就不要强行把自己的目标受众定位成 40 岁上下的中年群体，否则写出来的东西不过就是一些二手观点和素材的表达与拼贴。如果硬要写超越自己年龄范围之外的事情，可以尝试让这件事情与自己产生关联，否则写作就会盲目跟风，变成一种精神消耗。

再次，写作者应尽量收敛与新媒体写作无关的个性。尽管新媒体写作强调风格化写作，强调凸显作者独特的个性，但个性是建立在基本的逻辑和价值观基础上的，一味强调个性，往往会适得其反。作者风格与个性要成为文章亮点，为文中故事或者观点锦上添花，而不是整篇文章都是作者在彰显自己的个性。就后者而言，所谓"原生环境"就是写作者当前最熟悉的环境，在这个环境中，写作者需要进行场景的识别和归纳。例如，写作者是高校的大学生，那么其当前的原生环境就是以学校为核心，学校里面又有教室、图书馆、体育馆、食堂、休闲娱乐区……将这些熟悉的生活场景变成写作素材的来源，而当中涉及的人和事就可以成为创造话题的现场。

最后，为读者提供某种价值。作者写作的文章能够为读者提供什么样的价值？是缓解了他们内心的某种痛苦，抑或解答了他们学习、生活、工作中的一个困惑？是为读者提供了一种观看世界的新角度，抑或为他们提供了一种新的思考方向和解决办法？是为读者带去欢笑和愉悦，抑或为他们带去身份的认同和尊重，以及情感上的共鸣？总之，作者写作的文章对目标读者而言，务必"有用"才行。只有这样，才能进一步促使读者阅读与转发。

很多写作新手在进行新媒体写作时，常常是想到哪就写到哪，习惯于从自己的角度出发去创作，忘却了新媒体写作的基本理念就是要有读者思维，要有服务意识。当然，不同的读者群体有不同的阅读习惯和口味，写作者需要抓住特定读者群的需求点来进行内容定位，同时还要根据读者的阅读习惯和口味不断进行写作方向的调整，让创作出来的新媒体文章能紧跟市场潮流与风向，以此来不断提高作品的竞争力，适应市场变化，同时也能节省大量的时间和精力。

第二，分众化阅读，垂直方向深度挖掘。

在新媒体环境下，读者的阅读呈现出明显的分众化特点，每个读者更愿意去阅读与自身兴趣、需求、特点相符合的内容，在内容的选取上更加个性化、专业化，这就意味着新媒体平台在内容的组织和投放上需要更加精准垂直；同时，这也决定了新媒体写作者为了满足受众的需求，在写作时需要规避信息同质化，增强对特定读者群的针对性和贴近性，立足于自身定位和基调，并结合热点、焦点问题，产出内容。因此，在某一个专业、行业或者更小的领域进行垂直方向的深度挖掘是新媒体环境下非常有效的写作方法。

人人都在做新媒体的时代，垂直方向深度挖掘可以帮助新媒体写作者写出一些充分表达特定读者群思想、观点、情感的文章，有效引发读者共鸣，从而实现文章的分享与转发，促成新媒体文章传播效果的最大化。具体来说，可以从两个写作维度进行挖掘。一方面，从日常性的人、事、现象等入手进行垂直方向深度挖掘。例如，关于"爱情"这个日常话题已经被普通大众谈了千万次，但做深度挖掘仍旧可以产生很多写作方向：

十个经典爱情故事；

十个遭人不齿的婚外恋故事；

十个科学家的爱情故事；

十个艺术家的爱情故事；

十个富豪的爱情故事；

诗经中的爱情；

唐诗、宋词、元曲中的爱情；

金庸小说中的爱情；

村上春树的爱情与川端康成的爱情比较；

机器人可以谈恋爱吗；

摩梭人是这样谈恋爱的；

惊悚的爱情，螳螂是这样恋爱的；

……

另一方面，结合热点、焦点问题，立足自身定位和基调来进行垂直方向深度挖掘。例如，国产剧《都挺好》2019年3月在浙江卫视、江苏卫视以及爱奇艺、优酷、腾讯视频等媒体播出后大火,深受观众喜爱,电视剧中呈现的都市家庭情感、传统家庭亲子关系等引发观众热议。当时,不少新媒体作者抓住这个热点,结合自身定位和基调,写出了很多不同角度和情感落点的文章。善于写亲子类文章的作者针对这部剧主要写中国父母和子女间的关系,如《"苏大强"式父亲遭人骂:中国父母,分为三层》《好的家庭,父母都很作》等;擅长写励志情感类文章的作者则写出了《不想活成苏大强,年轻时就要做到这三点》《你现在的不努力,老了就都成了打脸的证据》等;而定位于影视评论类的写作者则写出了《这部国产剧,火了!》《倪大红的崛起,流量明星们又一次被打脸》等文章。在这些新媒体文章中,每个写作者因为身份不同、自身定位不同,会寻找不同的切入点去追热点,而不是都去写《都挺好,这部电视剧真好看!》。如果仅是这样,则是写作者在为电视剧做宣传和打广告,对写作者与读者都没有益处,当然也不能更好地突出个人 IP 的价值。综上,明确读者对象,结合自身的定位和基调,在某个领域做垂直方向深度挖掘是新媒体写作获得成功的重要途径。

第三,建立召唤结构,实现情感关联。

从本质上说,新媒体写作就是"替读者代言"。读者只有在新媒体产出的文章中读到自己想说而无法说、渴望表达又没有充分表达的观点时,才会产生与新媒体文章的情感联结,在情感上的共鸣,进而才会产生转发、分享该文章的欲望。那么,如何实现强有力的情感联结?在新媒体写作中,运用图文声像等多种符号建构起鲜明而强烈的"召唤结构"是有效的写作策略。

"召唤结构"是德国接受美学代表人物沃尔夫冈·伊瑟尔在《文本的召唤结构》中提出的概念。他认为文学文本中的"空白点""未定点"能够激发读者的阅读兴趣和想象空间,并称这种由"未定点"和"空白点"组成的文本的结构基础为文本的"召唤结构"。[①] 这种文本结构因空白和

---

① 转引自曾庆香、玄桂芬《社交媒体召唤结构:新闻交往化与亲密性》,《现代传播》2019 年第 1 期。

否定所导致的不确定性呈现为一种开放性的姿态，并且随时召唤着接受者能动地参与进来，通过想象以再创造的方式接受文艺作品。在新媒体写作中，强调从外部到内部都要对读者和观众进行召唤，使他们成为真正的参与者。

例如，"老徐的复利人生"微信公众号于2022年8月24日推出《四川高温背后的真相简直是触目惊心》[①] 一文。这篇推文从2022年8月川渝两地的高温天气写起，延伸到最近几年全国各地频频发生的自然灾害，而后将话题延伸到整个地球的极端性气候：

> 今年7月，英国气温首次超过40摄氏度，打破最高气温纪录，连机场跑道都被阳光晒融；
>
> 德国部分地区温度超过46摄氏度，政府开始拨款建设高温援助紧急避难所；
>
> 西班牙被热到拆除沥青路回归自然，因为光是一个月就有3000多个人死于高温；
>
> 就连北极，也开始热到融化。
>
> 今年夏天，北极圈的气温竟一度飙升到32.5摄氏度。
>
> 7月19日，格陵兰岛温度超过15度，把在当地做报道的主持人热到穿短袖。
>
> 要知道，在这之前格陵兰岛的全年平均气温均在0摄氏度以下……

由此，进一步谈到这种极端气候所带来的灾害，以及这样的灾害对人类和地球上生物的重要影响。最后提出观点：

> 科学家称，按照现在的变暖趋势，到2100年将会有六分之一的物种迎来灭顶之灾。

[①] 我是老徐：《四川高温背后的真相简直是触目惊心》，"老徐的复利人生"微信公众号，2022年8月24日，https://mp.weixin.qq.com/s/CviL6fZ5xZ4cyOiDp45sQQ。

躲过了适者生存，却没躲过环境污染。

何其悲惨。

灾难，开始和每个人息息相关。

首先，推文围绕 2022 年 8 月川渝两地的热点话题（川渝两地的高温、旱情）进行写作，很容易抓住读者的注意力。其次，在推文中进一步列举全球自然灾害的时候，不仅有大量生动形象的文字描述，还有很多令人触目惊心的图片，从外部环境给予读者强烈的心理冲击，使得读者切身感受到如果不珍惜和保护好地球自然环境，那么"灾难，开始和每个人息息相关"。直接让读者对当前地球的生存环境产生评论的欲望。最后，作者在文章结尾处写道：

当地球已经开始警告人类，我们不能再置之不理，人类每一个小小的举动，都会为后代子孙留下福报。

爱护环境，节约能源，在生活的小事中多做一点，这不是抠门，而是大爱；

少开一天车，空调调高一度，出门自己带环保袋，这些也许不能改变什么，但是当越来越多的人加入行列中，却可以凑成巨大的改变。

人类，从来没有像现在一样感受到命运共同体的存在。

改变，也已经迫在眉睫。

要不然这次的高温，也许只是一个开始。

作者在文章结尾发出了中肯的警告，同时还提出了一些改变当前局面的具体做法，由此建构了一个"召唤结构"，以吸引读者参与并互动发言。正是由于这种既含理性又有情感的召唤，吸引了大量读者在推文后面留言，参与讨论，与作者互动。可见，在新媒体写作中，大量运用这种"召唤结构"，可以有效实现与读者的情感关联，唤醒读者内心的情感因子，激发其情感共鸣；同时，还可以更好地让读者参与其中，与创作者进行交流互动，更好地激发参与者自发传播。

三 基于读者思维的新媒体写作问题批评

新的时代背景下,新媒体写作的诞生,使写作借助新媒体平台一定程度上补充和延伸了传统媒介的内容,更好地满足了现代社会人们对于多层面信息的需求,普通大众能够更为便捷地呈现自我、表达自我,进而参与公共沟通与社会管理,写作成为数字化时代个人生存和公共沟通的重要手段。在此过程中,不可否认的是,读者思维给新媒体作品生产带来的积极作用,不仅体现了新媒体写作的规律,即基于读者思维写出的新媒体文本是在交流、倾听的视野中构思出来的,能使读者更易阅读、联想,更容易跳出直线阅读的习惯;而且深刻体现了新媒体写作对用户的关注与需求的回应。这正是当前信息"爆炸"时代,读者(观众)注意力资源的匮乏所导致的注意力商品化的直接结果。在今天数字化媒介主导传媒的大环境下,注意力商品化作为一种文化现象,不仅颠覆了文学传播的传统等级制度,建构了新的文学写作秩序;而且进一步推动了文学传播价值的转向:文学写作不再是知识分子或者精英阶层的特权或专利,过去传统文学表达中的宏大叙事、责任意识、审美价值等,不再成为当前新媒体写作的必要因素。写作的门槛降低了,在新媒体场域中,人人可以写作,人人可以发表作品,文字不仅是交流思想的工具,也成为个人宣泄情感的载体。同时,新媒体的出现与发展,打破了专业作家与非专业作家、写作爱好者、业余写手的职业壁垒,甚至重塑了写作圈层的原有格局,那些处在圈层顶端高高在上的作家,一定程度上丧失了原有的话语霸权,其作品传播的传统优势日趋式微,而那些反映读者心理需求和情感需要的由普通"素人"创作的新媒体文章却呈现出蓬勃的生命力。总之,对于传统写作而言,这种"读者本位"的写作姿态构成了巨大的挑战。在新媒体时代,传统写作的一些金科玉律在悄然发生变化,过去那种自说自话、自娱自乐的写作逐渐向对象化、聚焦式、赋值式、时效性、阅读社交性、风格化的写作转变。

不可否认,基于读者思维的新媒体写作因写作主体的平民化、内容体裁的扩大化、文学技巧的疏松化等特点，其文本具有几分"野蛮"生长的力量，再加上其准入的低门槛、题材的广泛性、体裁的包容性、形式的多样性等较之于传统写作的优势，赢取了读者群与创作主体的广泛关注和参与，促使传统的文学生产与消费的基本途径发生了巨大变化。但是，在强调将技术性作为本质内涵的电子媒介的影响下，新媒体写作也暴露出一系列问题。首先，在新媒体语境下的写作是大众化的、娱乐性的，需要依靠读者的点击量、阅读量来获得生存、求得发展。因此，为了争取更多的注意力资源，一些新媒体平台生产的作品不得不降格以迎合读者的口味，满足市场的需要。在这些作品中很难见到传统文学中所蕴含的审美特质、社会责任感，而更多地充斥吸引读者眼球、满足读者种种欲望的要素，一些新媒体写作的文章呈现出明显的低俗化、模式化和功利化倾向。其次，随着网络平台和新媒体技术的迅猛发展，作为当代文学的新型生产方式——电子出版，在一定程度上打破了传统文学期刊设置的行业壁垒，为更多的作品面世提供了机会。然而，作品发表的过度自由和随意也成为粗制滥造的温床，使新媒体写作的文本质量高低不平、良莠不齐。新兴的电子媒介与生俱来的商业化操作、碎片化写作等问题使新媒体写作带有明显的被消费的嫌疑，导致经济与文化之间的矛盾进一步加剧。

新媒体写作打破了传统写作的权力话语和生成机制，从而呈现出新形式、新思想、新要求、新境界，其对传统写作的更新与重构、挑战与超越理应受到学界的关注和重视，尤其是面对新媒体写作发展过程中出现的一系列问题，制定趋利避害的应对策略更应该成为当前学界思考与探究的重要维度。对此，笔者认为，对于当前基于读者思维的新媒体写作，一方面，应将其放置于当代语境中进行考察与评价。在这样的语境中，新媒体写作更多地表现为一种个人兴趣、生活态度、思想方式和行为模式。新媒体写作抛弃了传统写作的生产体系和评价标准，其本身并不追求所谓的思想深度、写作力度和质量尺度，这就决定了对于新媒体写作，不能再以传统写作中的质量高低、价值优劣、思想高下等标准进行判断和取舍，而是应该站在一个更高的历史高度以一种全新的思维方式来把握和评价。另一方面，由于互联网平台和新媒体技术的强有力支撑，新媒体写作在当前依然保有强劲的发展势头,尚未迎来峰值,更谈不上趋向衰落或终结。基于此,新媒体写作对传统写作的影响及其结果也处于变化、发展甚至周而复始的颠覆和重构的状态。过早地对新媒体写作的发展态势下结论,会造成对其价值评判和理论研究的偏颇。所以,分析当前基于读者思维的新媒体写作特性,归纳其内在的变化规律,探究其发展过程中出现的问题,并适时制定相应的写作策略与方法,正是应对当前新媒体写作所带来诸多挑战的解决之道。

余 论

新媒体写作的出现,彰显了技术性的本质内涵,体现了科技与人文、技术审美化和文学技术化的统一。但新媒体写作发展过程中出现的一系列问题又向人们提出一个疑问:科学技术能否真正激发人的灵感,解放人的文学创造力?众所周知,文学中核心的东西是人文关怀和审美价值,而这与媒介类型几乎是无关的。从这个角度看,无论是纸质的媒介,还是现有的新媒体,理论上都有承载优质文学作品的可能性。当下出现的新媒体文章质量参差不齐,不能全部归咎于新媒体本身,作为写作者,应该进一步反思:如何有效运用新媒体技术,如何采用适当的写作策略来创作出更好的作品。总之,"在未来的创作中,如何利用传媒技术表征艺术审美,以电子媒体彰显文学本性,用技术手段为人类打造诗意栖居的精神家园,让网络文学赢得一个文学性的向度,应该成为未来网络文学发展的新拐点。"[1]

---

[1] 欧阳友权:《网络文学:盛宴背后的审美伦理问题》,《探索与争鸣》2009年第8期。

通识写作课的网络媒介素养教育与课程思政实践[*]

朱垚颖[**]

摘　要：信息化时代，大学生网络媒介素养教育契合现实教育需求。清华大学"写作与沟通"课程作为必修通识课，因教育必要性和有效性成为面向本科生进行网络媒介素养教育的重要载体。"数字化生存"等主题写作课通过教学内容安排、教学环节设置和说理写作训练，在满足课程定位基础上，有效拓展学生对网络媒介的认知和综合能力，最终实现价值塑造。作为课程思政建设的组成部分，写作课重视对学生的价值观引导，强调教学主客体的主动性，并兼顾教育科学性和人文性，符合新时代思想政治育人目标。

关键词：写作课　网络媒介素养　课程思政　育人理念

"媒介素养"概念最早由英国学者F. R. 利维斯（F. R. Leavis）和D. 汤普森（D. Thompson）于1933年提出，针对媒介对青少年的负面影响，指出要对媒介信息进行批判和辨别[①]。网络媒介素养概念在互联网技术飞速发展后出现，强调对网络媒介上的信息获取、分析、评估、传播及理解的能力。在当今错综复杂的国际局势和快速发展的新媒体环境中，学生群体易受互联网和各类媒介信息的影响，大学生网络媒介素养教育符合现实

---

[*] 本文曾发表于《传媒》2024年第5期。本文为2023年清华大学本科教育教学改革项目"通识写作课中的大学生数字素养教育与课程思政实践研究"（项目编号：ZY01_01）的阶段性成果。

[**] 朱垚颖，清华大学人文学院写作与沟通教学中心讲师。

[①] F. R. Leavis, Denys Thompson, *Culture and Environment*: *The Training of Critical Awareness*, London: Chatto & Windus, 1933.

育人需求，是媒介能力培养与课程思政目标的有效结合。

清华大学"写作与沟通"课程 2020 年起成为大一本科生通识必修课，是清华大学通识教育体系中的重要组成部分。"写作与沟通"课程强调主题式、小班制、"全过程深度浸润"，设置了丰富的主题供学生选择。其中，"数字化生存""网络文化工业""游戏与人""社交网络""智能生活"等主题聚焦信息社会的技术、产业、应用、用户，旨在提高学生网络媒介素养。本文以"写作与沟通"课程相关主题为例，分析"写作与沟通"课程为何成为网络媒介素养教育载体，如何开展育人探索，并最终实现课程思政的教育目标。

一 "写作与沟通"课程作为教育载体的必要性和有效性

网络媒介素养教育作为媒介素养教育的一部分，强调对网络媒介的使用能力、知识和理解三个层次。国内网络媒介素养教育在小学、初中、高中阶段仅有零星尝试，在高等教育阶段通常出现在传媒相关专业。清华大学"写作与沟通"课程成为面向本科生开展网络媒介素养教育的重要载体，主要有以下考虑。

从必要性角度出发，目前国内对通识写作课中的网络媒介素养教育研究极少，大多数研究从传媒专业课程出发，对其他专业课程尤其是通识类课程发挥的作用鲜少关注，也较少有教育者实践。这带来的一个问题是，除了新闻传媒专业的学生外，其他专业的学生往往缺乏专业性的网络媒介素养教育。大学生作为长期、高频、深度接触和使用互联网的"数字原居民"，他们对互联网的学习、认识和理解决定着他们在多大程度上会被互联网信息与技术影响，决定着他们能否有效辨析互联网上的纷繁信息，这也关系着他们的成长、成才。大学生网络媒介素养教育是培养学生正确价值观的重要环节，是高等学校育人育才的重要组成部分。

从有效性角度出发，首先，"写作与沟通"课程作为清华大学通识必修课，面向全校本科生，每学年开设 200 多个班次的大规模、小班制课堂，覆盖面较广、教学效果好。其次，课程主题丰富，对互联网相关话题较感兴趣的学生往往会选择相关主题的课程，学习意愿比较强烈。再次，作为通识写作课，"数字化生存"等主题课程可以在价值塑造、知识传授与能力培养维度上提高学生的网络媒介综合素养和数字素养。最后，学生在一学期的学习过程中要完成两篇说理性文章习作，授课教师需要为每名学生提供两次不少于30分钟的一对一"面批"。寻找选题、动笔写作以及同教师面谈的过程，让学生从被动接受者转换为主动思考者，增强网络媒介素养教育效果。

二 "写作与通识"课程中网络媒介素养教育的实践方式

清华大学"写作与通识"课程旨在提高学生的写作与沟通能力，基于"全过程深度浸润"模式来强化网络媒介素养教育，通过教学内容、课堂环节、写作训练等进行实践。

（一）结合教学内容，启发深度思考

"无专业门槛，有学理深度"的"写作与沟通"课程在设计初期就考虑到启发学生在不同领域深度思考。例如，"数字化生存"课的教学任务是带领学生思考数字技术如何塑造人们的生存方式以及其背后的深远影响，鼓励学生从数字技术使用者的身份跳出来，更深刻地理解媒介；在"理论运用"课上，教师会给出有关摄像头泄露隐私的新闻内容，先让学生思考现实生活中的信息泄露问题，再配合理论讲授，让学生基于全景敞视理论等框架来深入分析互联网时代的信息隐私问题。应用理论来分析现实问题的教学过程，能让学生摆脱日常思维，形成学术思维，加深他们对互联网信息技术的批判性思考。

此外，课堂上教师会结合文本阅读来帮助学生加深对授课内容的理解。例如，"社交网络"课上，教师会结合"手机冷落行为"这一阅读文

本，让学生了解"手机冷落行为"的概念、前因后果及影响因素，帮助学生理解移动互联网时代智能设备的"双刃剑"效应，进而更好地思考技术与社会发展间的关系。①

（二）基于课堂讨论，促进学生理解

"写作与沟通"课程的小班制课堂上，除了知识点讲授外，教师往往会设计丰富的课堂活动与小组研讨环节，鼓励学生在小组讨论、"政策讨论会"、"新闻发布会"或辩论等丰富的课堂活动中，思考他们习以为常事件背后的深层原因。例如，在"数字化生存"课堂上的辩论环节，两个辩题是"社交软件是拉近了还是疏远了人与人之间的距离""《欧盟通用数据保护条例》的出台对欧洲互联网产业的发展来说是利大于弊还是弊大于利"。辩题既有距离学生群体日常生活较近的技术使用话题，也有更具争议性的个人数据保护和互联网产业发展话题。在辩论中，学生会结合不同应用程序的功能设置、不同国家和地区的互联网产业状况、不同企业的数据安全等资料和案例进行辩论。这样的课堂活动能充分发挥学生主动性，加强其对互联网社交技术、数据安全及产业保护等问题的认识。

又如，在"游戏与人"课堂上，授课教师会让学生扮演游戏中的未成年人玩家、玩家家长、学校教育者、政策发布者等不同主体，以"政策讨论会"的形式展开课堂讨论。这样的课堂讨论让学生不仅从自身视角出发，而且从不同社会主体的角度来分析政府为何出台针对未成年人的游戏防沉迷政策，以及政策出台后对多方主体的影响。这种讨论形式打破了学生思考问题的单一视角，既兼顾了教育性，又激发了课堂活力，是提高学生网络媒介素养的有效教学方法。

（三）围绕写作训练，实现以研促学

"写作与沟通"课程是一门以写作和沟通能力提升为重要产出的通识

---

① 窦吉芳、曹柳星、贺曦鸣：《课程思政在主题式通识课程中的设计与实践——以"社交网络"为主题的写作与沟通课为例》，《高教学刊》2023年第11期。

课。为了强化写作训练，学生在一学期内要完成两篇说理性文章的写作任务。学生要结合课程主题及自己的研究兴趣，找到具有问题意识的选题进行深入研究。除了写作之外，课堂上也有展示汇报环节，让学生以学术交流为目的进行课堂展示，还会配合问答环节，让学生围绕选题展开深度沟通。以"数字化生存"课为例，教师将学生习作分为"数字化浪潮中的人们""控制？保护？""互联网产品""语言、文学与阅读"四个话题，围绕每个话题，学生既要分享自己的研究主题，也要以研究者的身份互相提问、对话。这种模拟学术论坛的交流形式，既能够让学生在课堂上分享自己的研究内容进而提高沟通能力，还能让学生在对话中进一步加深对相关选题的探讨，拓宽其知识广度和思考深度。

在课堂内外让学生写作，让学生逐渐尝试用研究者的视角来切入，继而主动思考互联网时代的种种问题。这种以研促学的方式有利于实现媒介素养教育的深度浸润，"润物细无声"地提高学生的网络媒介素养。

三 "写作与沟通"课程网络媒介素养教育的课程思政元素

《全面推进"大思政课"建设的工作方案》强调："要坚持以习近平新时代中国特色社会主义思想为指导，聚焦立德树人根本任务，推动用党的创新理论铸魂育人，不断增强针对性、提高有效性，实现入脑入心。"[①]如何更好地实现理论入脑入心，必须意识到互联网空间这一舆论主要阵地对大学生群体的深远影响。"写作与沟通"课程的相关主题重视对学生的网络媒介素养教育，符合课程思政的教育目标，具有思政教育元素。

第一，"写作与沟通"课程寓价值观引导于知识传授和能力培养之中。"写作与沟通"课程作为通识课，除了课程本身所需要达到的教学目标，也可以基于主题式、小班制、"全过程深度浸润"等特点，内嵌价值

---

① 《全面推进"大思政课"建设的工作方案》，中华人民共和国教育部网站，2022年8月10日，http://m.moe.gov.cn/srcsite/A13/moe_772/202208/t20220818_653672.html。

观引导目标。"写作与沟通"课程媒介素养的显性教育是提高大学生对网络技术和应用知识的理解能力，隐性教育则是进行世界观、人生观、价值观的引导。表1展示了"数字化生存"课的教学目标。其教学目标符合清华"知识传授、能力培养和价值塑造"三位一体教育理念。在价值观引导上，"数字化生存"课注重持续提高大学生的网络媒介素养，促成大学生有效认识复杂的网络生态环境，帮助其在纷繁复杂的互联网空间锤炼心智、坚定信念、塑造品格。

表1 "数字化生存"课的网络媒介素养教学目标

"三位一体"教育理念	面向学生的教学目标
知识传授	基于"写作与沟通"课程教学任务，掌握互联网技术和应用的知识体系，加强对网络媒介的认识和理解
能力培养	具备写作与沟通能力，具备逻辑思维和创新思维，具有理性辨析互联网内容、理性思考互联网技术的能力
价值塑造	深刻理解社会主义核心价值观，在互联网空间锤炼心智、坚定信念、塑造品格，增强文化自信，传播正能量

第二，"写作与沟通"课程充分发挥教学主客体的能动性。教育客体是有思想、有情感、有意志的人，他们在接受教育时不是完全被动的，也具有主动性。[①]《全面推进"大思政课"建设的工作方案》指出："要采用多样化的教学方法，注重发挥学生主体性作用。"好的教育者要充分发挥自身主体性，加强对课程整体教学任务和教学设计的把控，也应充分调动客体的主动性，实现更好的教育效果。在网络媒介素养教育中，这一主动性更为关键，也体现得更为充分。"00后"大学生群体自出生就成长于数字化空间，从小就熟悉并掌握互联网技术，甚至在某些新兴领域中比教育者更为了解互联网，符合后喻文化特征。面对这样一个群体，如果仅仅靠教育者的知识传授和引导，把被教育者作为一个被动接受者，那么教学效果会大打折扣，甚至可能引发学生群体的反感。"写作与沟通"课程通

---

① 骆郁廷：《论思想政治教育主体、客体及其相互关系》，《思想理论教育导刊》2002年第4期。

过课堂上的讨论等教学环节促使学生主动思考，配合写作任务，促使学生开展研究，让他们在教育过程中自觉、自主、自发地学习，从而更好地达到思政目标中的能动性要求，实现科学育人目标。

第三，"写作与沟通"课程高度重视教育的科学性与人文性。人文教育概念有三个特点。一是强调以思考、理智、判断能力为主要特征的智识。"写作与沟通"课程重视学生对互联网领域的思考判断能力，重在整体性素质提升。二是引导学生开展以"常识"和"普通知识"为本，以亲近智慧为目标的知识活动。网络媒介素养教育本身是为了让学生更好地在互联网上学习、生活、工作的教育，核心是素质、素养及智慧的提升。三是教育"知识"产生于"对话"，而不是"传授"，这也符合"写作与沟通"课程中以学生参与为主、以研促学、课堂讨论多的教学特点。"写作与沟通"课程从写作的研究选题、文献检索、论文结构到论证说理、理论运用等，整个课程具有逐步推进、科学讲授、体系健全的特点。与此同时，课程围绕不同主题，将知识讲授融入写作教学，并配合小组讨论、辩论、模拟政策发布会等形式，让学生在相关话题讨论中充分发表自己的意见，实现知识对话，有效体现教育的科学性与人文性。

结　语

《高等学校课程思政建设指导纲要》提出："使各类课程与思政课程同向同行，将显性教育和隐性教育相统一，形成协同效应，构建全员全程全方位育人大格局。"[①] 清华大学"写作与沟通"课程作为通识课，应结合课程主题定位、课程特点、价值理念，高度重视网络媒介素养教育，将课程思政的育人目标融入教学内容与环节，更好地发挥育人实效，最终为思想政治教育和人才培养贡献力量。

---

① 《高等学校课程思政建设指导纲要》，中华人民共和国教育部网站，2022 年 6 月 1 日，http://www.moe.gov.cn/srcsite/A08/s7056/202006/t20200603_462437.html。

多屏共生时代屏幕写作特性的
生成与转化*

林晓琳**

  摘 要： 屏幕写作是屏幕媒介与人的叙事需求相结合的产物。在多屏共生时代，它在电影艺术中被"结构"与"生成"，在电视荧幕和手机微屏幕的发展与叙事转变中被"拓展"与"提炼"。屏幕写作叙事特性的生成与转化构成了一条"叙事补偿"路径。它体现了屏幕媒介对叙事形式的规范与塑造，也记录了人在支配媒介技术的过程中，人类主体从利用屏幕故事传达交流到人类主体取代屏幕故事成为叙事主体的过程。

  关键词： 多屏共生 屏幕写作 屏幕媒介 叙事补偿

  人类渴望故事。千百年来，人们不断地寻找可以讲述故事的媒介。19世纪90年代，现代意义上的第一块屏幕——电影银幕，取代印刷书籍上的文字，电影这一可以复制现实的现代媒介勾起了人们讲故事的欲望。为电影屏幕创作故事的文本形式——屏幕写作（screenwriting）与电影一同诞生。屏幕写作的出现是屏幕媒介与叙事艺术相结合的产物。屏幕写作在电影技术的发展和剧本创作的规范中被"生成"与"完善"，在媒介发展与叙事形式的转变中被"拓展"与"提炼"。作为一种为屏幕创造故事的文本写作，它确立了写—看—听的创作特征。在屏幕媒介发展中，大屏幕（电影）、小屏幕（电视）与微屏幕（手机）的媒介演进和人对故事的需

---

 * 本文为教育部人文社会科学青年基金项目"现代上海电影编剧群体研究（1905~1945）"（项目编号：24YJC760072）、上海出版印刷高等专科学校课程思政项目"上海红色文化融入影视实践课程研究"（项目编号：XNSZ24019）的阶段性成果。

 ** 林晓琳，上海出版印刷高等专科学校影视艺术系讲师。

求不断地改变着屏幕写作的创作形式和接受体验，并形成了一条屏幕写作形式的复归路径。这条复归路径并非视听叙事的退化，而是屏幕叙事交流的进化。

一 电影的屏幕写作：视听影像的生成

"screenwriting"的最初含义是电影剧本，意为电影屏幕创作故事的文本形式。然而，最初为电影创作故事的并非"screenwriting"。电影诞生于1895年，剧本创作的实践在1896年就已经开始，法国导演乔治·梅里爱（Georges Méliès）称得上第一个为电影创作故事的人，他在1896年为他的电影《魔鬼庄园》（*Le Manoir Du Diable*）写了第一个主题脚本（sujets composés），故事讲述了梅菲斯托费勒斯和撒旦在中世纪洞穴中的斗争。而后，"scenario cinématographique"一词出现在乔治·梅里爱的电影《月球旅行记》（*A Trip to the Moon*, 1902）的剧本中，这部有幸保存下来的剧本有3页纸，分为30个场景，清楚详细地描述了要拍摄的动作和故事中的人物角色以及人物的前史。"scenario"一词起源于文艺复兴时期，是意大利即兴戏剧演员对戏剧主题、情节顺序和人物关系的记录。在无声电影初期，电影剧本大多改编自18~19世纪的戏剧和小说作品，"scenario cinématographique"一词更像一种电影创作者记录电影故事内容的备忘录。此时的剧本写作并非在进行全新的故事创作，而是在记录已知故事的梗概。

在无声电影时期，剧本中未出现对话文本，这种无对话的剧本被称为"scénario writing"。它是梗概剧本，是对故事情节的简单概括，主要由一个标题和一条动作线组成。早期的电影时长通常不会超过60秒，由一个镜头构成，故事梗概简明扼要，由几句话组成，一页纸的内容便可以拍摄一部电影。在无声电影初期，由于电影技术落后，即使电影制作者清楚地写出故事梗概，拍摄出来的影片也更像一部舞台化的电影或是一连串叙事模糊的运动插图画。剧本更多的是作为电影放映厅讲解员为观众解释故事时使用的解说讲稿。此时"电影的演出与其说是提供一种影片所特有的叙事，不如说是提供一种以活动画面的演示作图解的言语叙事"。① 电影无法脱离文本而独立完成故事的讲述。"如何用电影讲故事"是电影制作者面对的首要难题。"无声电影风格的每一个方面都致力于促进电影叙事的清晰度。"② 正是叙事困境推动着电影技术和剧本创作的完善与发展，并生成了电影的叙事特征和电影剧本的创作形式。

电影想成为独立的叙事媒介，首先要摆脱舞台剧艺术的禁锢，思考自己的叙事方式。机械复制技术的出现让戏剧成为一种可以被无限复制的廉价商品。低廉的成本、广泛的传播促使人们利用复制的舞台剧取代真人的舞台演出。早期的电影是一个复制舞台剧的工具，电影拍摄的舞台剧仅用一个正对舞台中心的固定角度去记录舞台的全景，一部影片仅有一个镜头、一个视角、一个画面。这种电影是舞台剧的屏幕化。电影制作者意识到要摆脱舞台剧，就要打破舞台的"静态"展示，让画面动起来。动态摄影技术的应用使画面以及画面中的人物动起来。拍摄者利用摄影机的运动改变了摄影机与被拍摄者的距离，从而让观看者与屏幕产生距离的变化。此后，他们改变摄影机拍摄的角度和高度、纵深和焦点，尤其是特写镜头让观看者见到生活中看不到或被忽视的细节与情绪，放大生存景象，强化内在情感。摄影机还将一个固定场景拆分为几个不同的镜头画面，使画面信息更加灵活多样。移动的摄影技术让摄影机成为人们观看世界的一双眼睛，它不仅展示事物，也在呈现不同视角下的事物。灵活的视角与多变的距离让摄影机更全面地展示和挖掘生活的真相，"电影叙述的力量，就在于电影可以借助于类似观察者的摄影机，在于镜头总是尽可能深入地研究每一个现象"。③ 当电影以运动图像形式展示出来之后，人们开始思考如何用其讲述故事。

1902年，乔治·梅里爱在拍摄《月球旅行记》时，将拍摄画面排列

---

① 〔加〕安德烈·戈德罗、〔法〕弗朗索瓦·若斯特：《什么是电影叙事学》，刘云舟译，商务印书馆，2005，第85页。
② 〔美〕大卫·波德维尔、〔美〕克里丝汀·汤普森：《世界电影史》，范倍译，北京大学出版社，2014，第60页。
③ 〔苏〕多林斯基编注《普多夫金论文选集》，罗慧生等译，中国电影出版社，1962，第71页。

与组合成一个完整的故事序列，这提示电影制作者画面之间的组合与排列可以构成故事。此后，电影制作者在图像画面的连接与组合中思考这种技术的形式及功能。这种组合与装配的技术被称为"蒙太奇"。蒙太奇是一种剪辑技术，将电影与普通的运动照片区分开，将电影从一系列的运动图片整合成一个完整的图像叙事，实现了电影叙事。蒙太奇的发明标志着电影艺术的诞生。蒙太奇让电影不仅成为一种讲述活动，而且成为一种理解活动，蒙太奇在构成叙事内容的同时，"从各个影像联系中创造出影像本身并未含有的意义"[1]，在画面的组合排列中不仅完成叙事展示，也可以让影像生成可见的联想与修辞。电影叙事不仅展示图像，亦在解释图像、创造图像。蒙太奇利用画面的衔接创造电影的时间与空间，建立电影叙事的时空关系，确立了电影时间的空间化特征。

电影在摄影机的运动与蒙太奇的组合中实现其叙事功能，电影成为利用一系列因果联系的镜头序列讲故事的媒介。在无声电影时期，随着拍摄技术和剪辑技术的发展，电影制作者意识到电影技术直接关联着剧本创作，电影化叙事也为剧本创作提供了规范的形式，摄影技术为剧本作者增加了一双"眼睛"，形成一种图像叙事的创作模式。蒙太奇技术为摄影机拍摄的图像创造了有意义的影像序列，形成电影语言。电影语言丰富着编剧的文学语言，充实着故事内容，延长了电影的播放时间。此时的剧本创作已不再是几句话组成的故事梗概，而是成为由一系列有意义场景支撑起的动作画面。电影的叙事特征提示剧本作者，电影剧本不是用文字讲述故事，它是用文字呈现的画面展示故事。剧本内容需具有画面感，而不是文字的记叙与说明、内心情感的表达与抒发，它需要内心情感的具象化表现。剧本创作的目的不是阅读，而是观看，它将传统的"写—读"的创作转变为"写—看"的创作。

"在艺术领域里，每一次技术革新都带来了新的灵感。"[2] 20 世纪 30 年代，声音技术直接参与电影叙事，它让利用夸张表情与过度肢体表达的

---

[1] 〔法〕安德烈·巴赞：《电影是什么》，崔君衍译，文化艺术出版社，2008，第61页。
[2] 〔匈〕巴拉兹·贝拉：《电影美学》，何力译，中国电影出版社，2003，第206页。

演员说话了，声音让沉寂的生活画面有了生命力，电影产生了环境的现场感与情绪的氛围感。声音成为一个全新的创作元素走进电影叙事与剧本写作。因为对话文本的加入，"scénario writing"被"screenwriting"取代，现代屏幕的剧本创作正式出场。

声音技术让电影有了大自然的声音和人的声音。大自然的声音证明了大自然的存在，人的声音确认了人的在场。声音元素进入画面，为电影叙事塑造出现实的画面感和空间感，声音技术让再现的现实更为真实。声音作为情节结构中的一个"道具"，使人物及人物的动作形成因果联系，通过声音表现人物的情绪与情感，引发戏剧性动作，推动情节。声音元素参与剧情产生修辞效果，不同的声音可以形成声音蒙太奇，对电影叙事起到推动剧情和产生意义的作用。人物的声音让故事中的人物成为故事的讲述者，他们利用对话塑造人物，形成动作，构成情节，讲述故事。人物可以利用说话的音调形成一种可见的情绪，表现内心的情感。人物的对话表达让角色与观众产生一种交流，观众在人物可见的叙述中与他们互动。声音也创造出无声电影无法实现的两种情绪氛围——"安静"与"沉默"。这两种情绪表达仅在声音塑造中才能被表现。电影这种有声的图像表达是之前任何一种叙事形式都无法实现的。

声音技术的出现促成了声音与画面的互动关系，将听与看的元素一同运用到电影叙事中。声音技术让电影中的人物有话可说、有事可做，让电影中的现实可以被感知、被确认。在电影叙事活动中，摄像技术和蒙太奇技术给剧本创作带来一双观察的眼睛，声音技术让剧本创作拥有了发声的嘴与聆听的耳。声音元素的加入让电影叙事成为一种可见的讲述，使剧本创作从"写—看"的创作发展为"写—看—听"的创作。电影作为"一种可见的直接表达肉体内部的心灵的工具"，让埋头阅读文字的人"重新变得可见了"。[1] 电影剧本的视听特性得以确认，它利用文字创造出被知觉的图像故事，使人的情感与心灵直接显现。

电影叙事功能的确立让屏幕作为叙事媒介存在于人们的眼前。美国媒

---

[1] 〔匈〕巴拉兹·贝拉：《电影美学》，何力译，中国电影出版社，2003，第29页。

介理论家保罗·莱文森认为媒介进化史就是一部媒介补偿史,任何一种后继媒介都在对过去某一个媒介或某一种先天不足的媒介功能进行补偿或补救。屏幕媒介的发展也在改变屏幕写作形式。屏幕写作形式的转化路径是一部屏幕叙事功能的补偿史。它不仅体现屏幕媒介对叙事形式的规范与塑造,补充了屏幕叙事的功能,也记录了人在支配媒介技术的过程中,人类主体从通过屏幕故事传达交流到人类主体取代屏幕故事成为叙事主体的过程。这个过程让人利用屏幕取代屏幕叙事重新成为讲故事的人。

人们对电影观看的不满足成为电影叙事的不足。有限的播放时间无法满足观众的观看体验,指定的观看地点、静默的观看环境和个体化的情感经历阻碍了观看者对故事接受的情感抒发与情绪交流。电视叙事补偿了电影叙事的不足,让电视荧幕成为继电影银幕之后又一个叙事屏幕,一种为电视屏幕创作故事的屏幕写作和电视叙事一同诞生。

二 电视的屏幕写作:延伸的叙事网络

"电视是一种能够重现前技术时代观察模式的技术,它能够像摄影摄像那样捕捉真实世界的内容,还可以通过电子信号模拟真实世界的传播过程。"[①] 电视继承了电影作为叙事屏幕的展示功能,电子技术的发展让电视具备了自身的媒介特性,电视补偿并丰富了屏幕叙事的展现方式和接受体验,让人们获得更长的观看时间和相对自由的观看空间。电视的媒介特性影响着电视叙事的展示形式,同时也在转变着屏幕写作的创作方式。以下以电视叙事——电视剧为例,探讨电视叙事及其屏幕写作的特征与转变。

人们无论何时打开电视机都可以看到各种电视剧集。它无限制的播放时间为电视叙事提供了充足的展示时间,与电影只有 90~120 分钟的播放时间相比,每集 45 分钟的电视剧可以有 20~60 集甚至更长的播出时间。与电影屏幕相比,电视剧讲故事的时间被延长几十倍,这让观看者获得更

---

① 〔美〕保罗·莱文森:《人类历程回放:媒介进化论》,邬建中译,西南师范大学出版社,2017,第 111 页。

为细腻与丰富的叙事内容和更为充足与丰盛的观赏时间。电视是一种群体性媒介。不同于电影银幕存在于电影院，看电视是一项休闲娱乐活动，时常以家庭为单位，一家人围坐在电视机前轻松愉悦地观赏电视节目，观看者之间可以随时就观看的内容展开交流。电视消除了电影观看所产生的沉浸的仪式感与静默感，形成了电视观看所特有的轻松活跃的合家欢氛围。电视观看发生在个体自由的私人空间，观看者可以在空间中随意活动，其观看行为可以随时被打断或停止。电视荧幕的尺寸要比电影银幕小很多，"在影视产业中，电影屏幕被称为'大屏幕'（the big screen），电视屏幕被称为'小屏幕'（the small screen）"[1]，屏幕的尺寸限制着图像内容的显现方式，显现方式影响着剧本创作的叙事构成以及观看者的观看体验。以上的电视媒介特征直接介入电视叙事的展示方式和电视屏幕写作的创作形式，影响着电视屏幕写作的叙事结构和叙事方式。

电视剧的播出时间是电影播出时间的几十倍，这意味着电视剧的叙事内容要比电影的叙事内容更为丰富。电视剧的情节与叙事人物比电影中的情节和人物多，相对经典电影紧凑、快节奏的线性叙事，电视剧更倾向于一种放射性松散的网状叙事。它的网状结构是由人物关系构成的，电视剧的人物塑造是群像展览式。电视剧中的人物出场既可以是单人演示，也可以是家庭或团队类型的群体模式。首先，主要人物之间会构成一个相对稳定的关系网，在主线叙事的贯穿下，主要人物的关系网会与其他人物或人物群继续建立联系组成叙事，形成独立的或连续的故事单元。与电影的集中叙事、强化情节相比，电视剧更倾向于由人物带动叙事，主要人物或人物群构成故事主线，引导叙事主体与不同的人物和人物群形成关联，构成独立的或连续的故事单元。单元中的人物或人物群在与主线人物或人物群形成冲突和联系的过程中不断地编织人物关系网，利用人物关系编织叙事、拓展叙事、延伸叙事，形成一个充实多元的叙事网络。

电视剧叙事网络结构是对电影叙事结构的一种延续和补充。与电视叙

---

[1] W. Richard, *Screen in Film, Television and Other Media*, Public Relations Society of America, 2003, p. 10.

事相比，电影叙事仅提供了 90~120 分钟的视觉展示，这让观看者与影片建立的故事世界和人物角色仅保持了 90~120 分钟的可见关联。屏幕叙事中人物的经历和情感的体验调动起人蔓延的想象力和共情的创造力，人们期待看到角色人物的后续经历以及相关的故事发展。这一需求让众多电影出现电视剧版本。与电影紧凑的叙事节奏相比，电视剧的叙事节奏更为松散多元，松散的叙事为电视叙事增添更多细节化的信息和生活化的情节，多元的人物可以带来不同的人物视角和丰富的人生经历。电影是利用叙事让人感受冲突的快感，电视剧则是利用叙事呈现生活的质感。由主线叙事贯穿的松散的故事单元可以让暂时离开的观众回到荧幕前时不必担心叙事无法衔接。尽管"回归"的观众无法获悉被中断的叙事内容，但是主线叙事可以引导他们继续了解人物的动作目的，同时新的叙事单元让观看者可以重新开始一个新的故事连接，而不影响他们理解完整的叙事。新的故事单元亦可以作为中断故事的内容补充，以帮助观看者充实叙事内容，延伸叙事网络。

和电影相比，电视剧更像一种听觉媒介，《辞海》中对电视剧的解释为"一种适应电视广播特点的戏剧艺术"。这与电视剧的存在形式和观看方式有关，电视媒介发明的最初构想是作为电影的一个分支，以"迷你影院"的形式存在。但在私人化的自由空间中，人们很难一直守在电视机前，不做其他事情。在家中，人们的观看行为可能随时被生活中的事情打断，造成视觉叙事的中断。人们为了不被暂时的视觉转移影响到叙事观看的连续性，就要求电视剧用声音的讲述去弥补视觉观看的缺失。"有图像的收音机"代替了"迷你影院"，电视叙事形成了以声音为主、以画面为辅的叙事特征。

与电影的画面造型语言相比，电视剧更侧重于声音造型。电视剧的叙事方式更多地利用人物台词的讲述、人物之间的对话详尽地推动故事的情节，讲述故事的内容。电视荧幕的尺寸也影响着叙事内容的展示，早期电视剧的屏幕尺寸和呈现清晰度受限，不能像电影银幕那样自如地使用全景与大全景镜头交代故事背景和呈现故事内容。电视剧的拍摄方式更多地采用中景、近景以及特写镜头以保证观看者可以清晰地观看叙事画面，这形成了电视叙事大量使用两个人物中景、近景互相切换的对话镜头。电影剧本是利用对话补充动作的讲述，电视剧剧本则是利用对话完成叙事，利用动作补充对话的讲述。

电视剧叙事利用充足的播出时间，在叙事主线的推动下塑造群体式人物，形成连贯性的单元故事，在人物的讲述和叙事的延伸下构成松散多元的网状叙事结构。电视叙事延长人们讲故事的时间，扩充人们讲故事的容量，电视荧幕让人们获得了充足的叙事时间和细腻的展示空间，构成了电视屏幕写作延续性的网状视听图像叙事的创作形式。

人们利用电视荧屏拓展屏幕叙事的内容空间和讲述时间。然而，与电影叙事一样，坐在电视荧幕前的人仍被屏幕上的信息支配，被动地接受内容，无法创造新的信息。电视屏幕让电视观众成为"静止的游牧民族"，他们静止地坐在电视机前接受庞杂丰富的电视内容，却无法利用屏幕创造内容。"电视播出长期以来形成的固定模式决定了人们对于电视科技的内容和形式的理解，电视机已然被简单地定义为一个家庭娱乐装置，而不再是一个可以任由个人使用的具有创造力的工具。"[①] 为了打破这种固定模式，白南准在他的作品《参与电视》（*Participation TV*）[②] 中呼吁创造一种受众可以参与的电视。这个诞生于 20 世纪 60 年代的电视屏幕艺术品是人们渴望参与屏幕、与屏幕互动的早期实践，也暗含人们期望通过屏幕掌握屏幕、掌握叙事的决心。几十年后白南准的预想在数字技术与互联网技术的推动下，实现于微屏幕（电脑、平板电脑、手机）之上。

三　手机的屏幕写作：凝练的碎片交流

20 世纪末，在数字技术的发展和互联网的推动下，电脑屏幕继承了电

[①] 转引自〔英〕戴维·莫利《传媒、现代性和科技——"新"的地理学》，郭大为等译，中国传媒大学出版社，2010，第 288 页。
[②] 《参与电视》这一屏幕艺术将观众通过麦克风传出的声音进行特殊的编辑程序处理，并让观众在监视屏幕上看到自己声音输入后同步显示出的抽象影像。他期望观众成为这个小屏幕的参与者和使用者，而非被动的观看者和接受者。

影银幕和电视荧幕创造内容、传播内容、展示内容的功能，同时还可以用来分发、存储和访问各种媒体。电脑作为一个媒体机器，多种文化形式的传播都会通过电脑，让人们与主流的文化数据（图片、文本、电影、电视剧、音乐等）逐渐产生交互（interfacing）。这种交互是电脑用户通过电脑屏幕与数字形式编码的文化数据进行互动的一种形式。这种互动界面让人与人之间形成一个交流平台，这种交流从最初的文字、图片再到后来的真人影像。在电脑技术和社交网络的发展中，人们逐渐可以操纵屏幕，从一个创造屏幕内容的人转化为屏幕的内容，从屏幕后、屏幕前走进屏幕中。屏幕的叙事内容可以无限制地延续，一个网上交流社区账号就像一个用不尽的屏幕笔记本，每个人可以在个体账号上随时发布"我"的叙事影像。每一个账号都是一个独立个体的屏幕故事集。

电影诞生100年后，电影和电视的屏幕叙事早已成为人们日常生活的一部分，虽然人们早已熟悉了电影和电视的叙事方式，但仍然不会使用它，即制作屏幕作品。人们认为制作屏幕作品需要高水平的专业要求，是专业群体的操作。然而，在近几年，这种局限性已经在微屏幕技术、智能手机应用和互联网的高速推动下被打破。智能手机继承了电脑的书写功能与交互功能，并具备视频拍摄与制作的功能，屏幕叙事作品的写作与制作皆可利用手机完成。外观轻巧、便于携带的优势让手机成为微屏幕叙事的主要媒介。微屏幕交互式叙事和主体性叙事形式让屏幕写作再次发生了转化。

在短视频和视频播客（video blog）风靡的当下，每个人不仅是屏幕叙事的接受者，同时也成为屏幕叙事的制作者、讲述者与传播者。与以往的屏幕叙事不同，微屏幕叙事中的主要人物不是虚构、模仿的角色而是创作者本人，微屏幕叙事只需对真实的人物主体进行真实化的人物展示。所谓真实化的人物展示是将真实人物可以被视觉化的形象特征、才艺特长和性格特色充分地挖掘与放大。人物讲述的是关于"我"的故事，我们无须利用屏幕和屏幕故事将自己的情感认知与心灵体验寄托于虚构的人物与故事，而是可以让人类主体进入屏幕参与叙事，进行自我的讲述与展示。人们不用再苦于创造虚构的故事，而是转化成一种自我存在与自我叙事。

现实中实体存在的"我"进入屏幕叙事成为叙事主体。这直接影响了微屏幕写作的方式以及它的存在形式,甚至有些作者直接否定了微屏幕写作的存在,他们称自己的屏幕叙事作品没有微屏幕剧本。然而,他们否定的并非剧本本身,而是在否定一种被加工、被虚构的创作方式,强调叙事内容的真实性与原创性。其实微屏幕的屏幕写作依然存在,只不过它不再是虚构的屏幕故事,而是成为一种拍摄内容的框架记录和内容标记。这种形式类似于电影发明早期屏幕写作生成阶段的"scénario writing",它多是屏幕叙事的内容梗概、场景标注和拍摄提示。人们不会创造固定的台词支配叙事主体的内容表达,剧本中会出现关键的提示内容,如何表达则是叙事主体在拍摄中自由发挥,以强调一种真实的内容传达与叙事交流。拍摄的内容并非一个有开头、中间和结尾的完整叙事,而是零散的碎片化内容,叙事内容可以是一种情绪的表达、一件趣事的分享、一个生活用品的展示、一个美味食物的制作过程,生活中的每一个真实片段都可以构成一个完整的屏幕叙事,看似零散的碎片化叙事拼贴成一个关于作者"我"的故事集。

  短视频的故事拍摄以电影叙事的展示方式为基础,以电视剧的延续性叙事为形式,电影是屏幕叙事的开端,它的叙事形式已经渗透到各个屏幕。在屏幕时代,电影式元素的影响逐渐增强,这符合当代社会的趋势——信息更多地加入视听运动影像序列,而非文本的形式。"电影式的感知方式,电影式连接时间和空间,电影式地呈现人类的记忆、思维和情感,这些不仅成为无数人的工作方式,也成了一种生活方式。电影的审美策略已经成为计算机软件的基本组织原则。曾经通往电影式叙事的虚构世界窗口,现在变成了通往数据景观的窗口。"[1] 屏幕叙事可以根据个人喜好支配电影语言,主观视角的主体化强调,客观镜头的纪实性展示,风趣幽默的夸张镜头,个性化强调的快切式剪辑,各种屏幕叙事手法可以任由叙事主体掌握与操控。每个人依据个体风格的不同、个人趣味的差异以及展示内容的区别,在剧本创作中利用文字记录不同的视觉叙事效果。

  微屏幕叙事是一种互动叙事,每个微屏幕作品会在屏幕内(弹幕)

---

[1] 〔俄〕列夫·马诺维奇:《新媒体的语言》,车琳译,贵州人民出版社,2020,第86页。

与屏幕下（留言）收到观看者的接受反馈和交流信息，这些内容影响着制作者的叙事内容和叙事风格。微屏幕制作者不仅是叙事者，也是接受者和互动者，这种身份的转化让所有的叙事参与者一同构成了一个多元的生活景观叙事。"数字媒体被发明并发展到世界各地，是因为它们更好地服务于我们的想象力，与早期的模拟媒体相比，它可以让我们进行即时的交流互动。"[1] 这种可见的信息传达让人们在他人的故事中完善自己的故事，在他者的信息中丰富自己的信息，"我"在传递信息的过程中既是输出的主体也是接受的个体，"我"影响他人，他人也在塑造"我"，这种庞杂的信息交流既是统一也是差异，是个性与共性的融合。

微屏幕写作形式是一种碎片式的叙事结构，是由主体支配的梗概式文本，是拍摄内容的提示、拍摄场景的记录和拍摄人物的补充。这种创作形式重新回归到屏幕叙事的原始形态——"scénario writing"。而这种复归与当时的创作背景大为不同。与当时叙事模糊、无法掌握叙事方式的困境相比，当下的框架式文本是创作主体可以支配屏幕叙事而形成的一种自由创作。在屏幕媒介发展过程中，人类主体的叙事实践从被屏幕支配转化为支配屏幕，人们不仅是利用屏幕媒介讲故事，而且可以"我"的身份出现在屏幕之中，操纵屏幕完成"我"的故事的讲述。

结　语

屏幕写作形式的转化路径是一部屏幕叙事功能的补偿史。电影叙事生成了一种利用视听图像讲述的可见的故事。电视叙事延长了电影叙事的时间，放大了电影叙事的空间，同时也拉长了创造叙事的时间，拓展了人们塑造叙事的空间，松散的叙事节奏充实人们的生活体验，大量的对话形成的叙事语言让电视剧成为生活消遣的图像收音机。在微屏幕叙事中，人们已经充分地操控了屏幕，人们不仅创造了叙事内容，同时也成为屏幕交流

---

[1] Paul Levinson, "Needed: a Post-Post Fomulation", *Postdigital Science and Education*, Vol. 1, 2019, pp. 14-16.

的叙事主体。人们可以利用屏幕跨越交流空间，支配交流时间，产生即时的传达与互动。屏幕写作形式的转化路径不仅体现了屏幕媒介对叙事形式的规范与塑造，补偿了屏幕间的叙事功能，也记录了人在支配媒介技术的过程中，人类主体从利用屏幕故事传达交流到取代屏幕故事成为叙事主体的过程。人们在操纵屏幕的过程中取代屏幕叙事，重新成为"讲故事的人"。然而，在这个过程中，人真的可以操纵屏幕吗？抑或人被屏幕利用了。屏幕的叙事内容在屏幕写作的创作中和屏幕影像的生产与传播中就已经被各种屏幕因素干预及引导。在此过程中，屏幕利用视听影像进行了一次虚构的叙事展示，营造出人类主体间的情感交流。

海外写作学界如何看待"创意写作研究"
——以《创意写作研究》为中心

王海龙 *

摘　要：《创意写作研究》于 2016 年创刊，由美国创意写作研究组织出版发行，在海外写作学界如何看待"创意写作研究"问题上具有一定代表性。分析该刊相关论文，本文有三点发现：其一，"创意写作研究"作为术语在海外引发争议，存在质疑与批判的声音；其二，"创意写作研究"相较自己的学科化目标仍有一定距离，需要创新发展思路；其三，"创意写作研究"提出了"生态性创意写作"和"包容性创意写作"的主张，为"创意写作"更自由的发展提供了坚实的理论支撑。以《创意写作研究》为中心了解海外写作学界对"创意写作研究"的思考，有助于国内写作学界把握创意写作在海外的发展动向，同时为中国的写作学发展提供有益的参考和借鉴。

关键词：海外写作学　创意写作　《创意写作研究》　写作学科

2017 年，葛红兵和雷勇在《社会科学》上发表《英语国家创意写作学科发展研究》一文，指出"国外创意写作学已经深化发展出了一门子学科——创意写作研究"。① 彼时，由美国创意写作研究组织（Creative Writing Studies Organization）推出的《创意写作研究》（*Journal of Creative Writing Studies*，JCWS）刊发了它的第一期论文。作为一种物质载体，这

---

*　王海龙，武汉大学文学院博士研究生。
①　葛红兵、雷勇：《英语国家创意写作学科发展研究》，《社会科学》2017 年第 1 期。

本 2016 年创立的刊物，在英国的《新写作》（New Writing）和澳大利亚的《文本》（Text）等杂志的基础上，使美国创意写作研究的学术共同体拥有了立足本国、面向世界的学术阵地，不仅在海外写作学界具有一定代表性，而且开启了海外创意写作研究的新阶段。中国学者有必要以当代学术史和全球学术圈的意识，关注和研究《创意写作研究》期刊承载的学术信息。

事实上，虽然海外的"创意写作"出现较早，但其与学术学科（academic discipline）结合而成的"创意写作研究"还处于初步发展阶段。黛安娜·唐纳利（Dianne Donnelly）2009 年在南佛罗里达大学的博士学位论文《建立作为学术学科的创意写作研究》（Establishing Creative Writing Studies as an Academic Discipline）使学界真正重视"创意写作研究"，《创意写作研究》刊发的一系列探讨"创意写作研究"的论文则使学界对"创意写作研究"的认识进一步深化。这些论文大致围绕三个问题展开探讨：其一，"创意写作研究"作为一个术语是否理所当然？其二，"创意写作研究"为何被视为一个学科？其三，"创意写作研究"对"创意写作"有怎样的影响？将海外学者对这些问题的探讨解释清楚，既有助于国内写作学界把握海外创意写作研究的前沿动向，也有助于国内创意写作学界更好地应对本土创意写作研究之发展所面临的挑战。

一 如何研究创意写作：批判作为术语的"创意写作研究"

从葛红兵于 2004 年将"创意写作"概念引入中国学界[①]，到张永禄于 2020 年在《写作》上发表《创意写作研究的学科愿景、知识谱系与研究方法》，指出"创意写作研究是创意写作在全球化传播过程中孕生出的新兴独立学科"[②]，中国的创意写作和创意写作研究已经走过了十余年。

[①] 宋时磊：《创意写作在中国接受与传播的历史考析（1959—2009）》，《写作》2018 年第 8 期。
[②] 张永禄：《创意写作研究的学科愿景、知识谱系与研究方法》，《写作》2020 年第 5 期。

其间,伴随着"创意写作"本土化发展的浩大声势,"创意写作研究"似乎也正不假思索地被国内学界所认可和接受,鲜有质疑与批判的声音。但"创意写作与创意写作研究是两个迥然不同的研究专业"[1],有海外学者在《创意写作研究》第一期上刊发的文章就表达了对"创意写作研究"的反对(against)态度。[2]

这位学者是查普曼大学的驻校作家安娜·莱希(Anna Leahy)。她认为自己的工作是"关于创意写作教学法和专业的学术或写作"(scholarship in or writing about creative writing pedagogy and the profession),而非"创意写作研究"(creative writing studies)。在那篇宣言式的《反对创意写作研究(以及反对鉴赏)》中,莱希指出,支持"创意写作研究"的学者本质上与"金发姑娘问题"(goldilocks problem)[3]一样,要么觉得"创意写作"太热太软,要么觉得"修辞作文"(rhetoric-composition)太冷太硬,唯有"创意写作研究"才刚刚合适。但她认为,不要不加批判地采用"创意写作研究"这个术语。虽然这些学者可以凭借"创意写作研究"的术语形成"一个自我运转的圈子"(a self-sustaining circle),但其中隐藏着诸如研究范围狭隘乃至自我局限的危机,会丧失很多属于创意写作的可能性。在莱希的理解中,创意写作"有责任增加、扩展和活跃学术话语,而不是仅仅穿着传统学者的服装潜入对话"。她反对学界像"金发姑娘"那样划定一个既不太容易又不太困难的学术舒适圈,即"创意写作研究"。因为这是一种妥协的表现,而没有积极设想和拓展创意写作。

莱希进一步指出,"创意写作研究"这个术语带来了一个本不需要

---

[1] 〔美〕黛安娜·唐纳利:《作为学术科目的创意写作研究》,许道军、汪雨萌译,上海大学出版社,2019,前言,第2页。

[2] Anna Leahy, "Against Creative Writing Studies (and for Ish-ness)", *Journal of Creative Writing Studies*, Vol. 1, No. 1, 2016. 本文引用的安娜·莱希观点皆来源于此。

[3] 所谓的"金发姑娘问题"源自童话《金发姑娘和三只熊》的故事。金发姑娘发现了三只熊的房子,每只熊都有自己喜欢的食物和床。在挨个尝试过三只熊的食物和床后,金发姑娘发现一个要么太热、太软,一个要么太凉、太硬,只有一个刚刚好。由此衍生出的"金发姑娘原则"(Goldilocks Principle)在心理学中指人们偏爱既不太容易又不太困难的任务。在安娜·莱希看来,"创意写作研究"正是学者在学术舒适圈中为自己寻找的一个"不太容易又不太困难的任务"。

存在的鸿沟,即创意(the creative)与批评(the critical)之间的鸿沟。莱希认为自己一直将创意与批评结合在一起,但"创意写作研究"加大了二者之间的分歧,并从"创意"逐渐走向"批评",将对话带到创意写作的边界之外。这种从创意写作到创意写作研究的转变,使学者离作家更远,而与社会学家和教育家的距离更近。在她看来,创意和批评之间的相互作用可以促使创意写作成为一门健康的学科,而将创意和批评分离的"创意写作研究"如同"截肢手术"。莱希显然更青睐原有的"创意写作",并将自己的批评工作都归属于"创意写作"的范畴。针对"创意写作研究"的支持者一直纠结的"我们属于哪里"(where do we belong)的问题,莱希提出了"跨学科"的思考,即关于创意写作的学术研究发生在创意写作和其他学科的重叠中。这种"重叠论"主张来自各个领域(创意写作、文学、写作,还有心理学、神经学、传播学、教育研究、商业等)的学者共同研究创意写作。在这样的设想中,由"创意写作研究"人为设定的创意与批评之间的鸿沟自然消解,同时使创意写作成为真正的跨学科研究。莱希的见解无疑极具启发意义。

整体来看,莱希实际上借由对"创意写作研究"术语的批判,要求学界专注于创意写作的内部,积极开拓"创意写作"的内涵和范围,而非自我设限。正如莱希自己所言:"我反对这一术语,但不反对相关学者以及这些学者的工作。"虽然"创意写作研究"的术语受到批判,但问题不在于创意写作是否需要研究,而在于如何研究创意写作:是采用传统的划定界限的学科惯例?还是通过既有学科之间的"重叠"展开跨学科研究?虽然"在创意写作发展历史上,它一直是一个回避学术研究的领域"[1],但莱希的设想很好地规避了创意与批评之间的鸿沟,并借由其他学科对创意写作的关注,拓展了创意写作的影响范围,也提升了研究创意写作的层次和水平。

---

[1] 〔美〕黛安娜·唐纳利:《作为学术科目的创意写作研究》,许道军、汪雨萌译,上海大学出版社,2019,前言,第1页。

二　在领域与学科之间："创意写作研究"
　　学科身份的探讨

十年前,"创意写作"的学科身份曾引发中国学界热烈讨论。2011年,《湘潭大学学报》(哲学社会科学版)第 5 期刊载了一组包括葛红兵《创意写作学的学科定位》① 等文章在内的"创意写作学科的基本理论与实践"专题研究。《探索与争鸣》也于同年刊发葛红兵与许道军的《中国创意写作学学科建构论纲》。② 然而,"创意写作研究"的学科身份没有引起广泛关注。张永禄受黛安娜·唐纳利的启发,在《创意写作研究的学科愿景、知识谱系与研究方法》中专门探讨了这个问题。③ 不过,除了"为提升创意写作研究为一个学术研究科目而鼓呼"④ 的唐纳利,中国学界还应深入了解海外创意写作发展的历史语境,并关注《创意写作研究》上一些学者对"创意写作研究"学科身份的论述。

在《创意写作研究》创办前,英语世界主要有英国的《新写作》和澳大利亚的《文本》专注于创意写作的相关研究,美国学界则更关注修辞研究和作文研究,创意写作研究在其中没有足够的发展空间。海外英语研究的三个主要专业组织,即美国作家和写作专业协会(Association of Writers and Writing Programs)、大学写作与传播联合会(Conference on College Composition and Communication)和现代语言学会(Modern Language Association),长期以来是海外写作研究学术共同体的重要依托。然而,创意写作研究之于这些学术平台长期处于边缘状态。在这样的学术语境和研究背景下,特伦特·赫根拉德(Trent Hergenrader)在罗切斯特理工学院的支持下,创办了《创意写作研究》。与此同时,沃伦·威尔逊学院为

---

① 葛红兵:《创意写作学的学科定位》,《湘潭大学学报》(哲学社会科学版)2011 年第 5 期。
② 葛红兵、许道军:《中国创意写作学学科建构论纲》,《探索与争鸣》2011 年第 6 期。
③ 张永禄:《创意写作研究的学科愿景、知识谱系与研究方法》,《写作》2020 年第 5 期。
④ 〔美〕黛安娜·唐纳利:《作为学术科目的创意写作研究》,许道军、汪雨萌译,上海大学出版社,2019,前言,第 3 页。

雷切尔·希默尔黑伯（Rachel Himmelheber）提供了场地和一些资金，在2016年9月举行了首届创意写作研究会议。在威斯康星大学麦迪逊分校的詹姆斯·W. 瑞安（James W. Ryan）看来，这一切使创意写作研究从"一种支离破碎、边缘化的对话变成一门独立的学科"。[1]

然而，学科身份远非一本期刊和一场会议就可以形成。米勒斯维尔大学的蒂姆·迈耶斯（Tim Mayers）在《创意写作研究》上撰文称"创意写作目前还不是一门学科"。[2] 他认为创意写作研究虽然具备某些成熟学科的特征，但同样缺乏成熟学科的特征。比如，创意写作研究还缺乏学位，只有少数创意写作研究课程。那些积极从事创意写作研究的人通常不得不在英语研究中更成熟的分支机构运作。包括迈耶斯等学者在内的创意写作研究者获得的是作文与修辞的博士学位，并且他们在研究时通常遇到较大阻力，需要通过文学研究项目开拓道路。在这样的情况下，迈耶斯提出，最好将"创意写作研究"描述为拜伦·霍克（Byron Hawk）所说的"领域"（field），而非"学科"（discipline）[3]。这就意味着创意写作研究存在一种"潜在的学科性"[4]。

迈耶斯进一步质疑了学科是否应该成为创意写作研究的最终目标。他认为创意写作研究虽然可以成为英语中一个类似于写作学与修辞学一样完全成熟的分支学科，但也可以努力使其跨越现有的分支学科，转化到更加综合的英语系，进而形成必要的次学科（sub-disciplinary）交叉，使创意写作研究者、创作者和文学理论研究者协作交流，既在英语系的课程中讨论创意写作的价值，也在其他分支学科的学术会议上讨论创意写作。迈耶斯的看法显然与莱希的"重叠论"异曲同工，但他对"创意写作研究"的态度更加积极。迈耶斯不仅认同这一术语，而且分别就创意写作研究的

---

[1] James Ryan, "Manifestos: What Creative Writing Is, Was, and Shall Be", *Journal of Creative Writing Studies*, Vol. 1, No. 1, 2016.
[2] Tim Mayers, "Creative Writing Studies: The Past Decade (and the Next)", *Journal of Creative Writing Studies*, Vol. 1, No. 1, 2016. 本文引用的蒂姆·迈耶斯观点皆来源于此。
[3] 学科是基于院系部门（departments）和机构层次结构（institutional hierarchies）的行政范畴，领域是内在层面上的问题（issues）、文本（texts）、理论家和实践者的集合。
[4] 这种"潜在的学科性"取决于范德斯利斯（Vanderslice）倡导的学位课程的出现。

学术工作场所和英语研究领域的专业组织提出两方面建议：一是继续将创意写作研究发展为本身具有知识领域的知识；二是将创意写作研究作为英语研究中一种颠覆性和创新性的力量，创造一个更广阔的视角。迈耶斯乐观地认为，创意写作研究可能会对英语研究领域产生显著的影响，从而有效地融入文学研究、写作研究以及（变革性的）创意写作自身。

不同于迈耶斯，特伦特·赫根拉德在《创意写作研究》上为创意写作研究探寻了另一条道路，即让大学的创意写作课程为学生提供无法从其他学科获得的经历。① 赫根拉德发现创意写作在高等教育中处于微妙的位置，经费的减少和来自管理者越来越大的压力使创意写作面临一系列其没有准备好回答的问题。因此，他主张使创意写作真正成为21世纪大学的重要组成部分。随着目前的STEM（即Science、Technology、Engineering、Math的缩写）教育拓展到STEAM（加入了Art），创意写作也可以参与进去，阐明创意写作为学生提供的切身利益，使创意写作在迅速变化的高等教育中占据重要位置。简而言之，赫根拉德认为需要让创意写作研究成为创意写作学科的中心而非外围。由此，创意写作研究与创意写作之间的关系围绕学科身份紧密联系起来，而非"最熟悉的陌生人"。

三 生态性与包容性："创意写作研究" 对 "创意写作" 的贡献

2016~2021年，《创意写作研究》已发行六期。虽然"创意写作研究"在术语内涵和学科定位上仍有争议，但在此概念之下的研究工作实实在在地推动"创意写作"进步。其中最有代表性的贡献便是对"创意写作"生态性（Ecological）和包容性（Inclusive）的认识，并系统阐述了生态性创意写作（Ecological Creative Writing）和包容性创意写作（Inclusive Creative Writing）的主张。

---

① Trent Hergenrader, "Making Space for Creative Writing Research in the Academy", *Journal of Creative Writing Studies*, Vol. 1, No. 1, 2016.

《创意写作研究》首期便刊载了北爱荷华大学杰里米·施拉芬伯格（Jeremy Schraffenberger）的"生态性创意写作宣言"。[1] 施拉芬伯格在文章中默认了创意写作研究的学科性，并以独特的行文宣扬"我们的学科"（Our Discipline）。他以抒情式的口吻写道："我们的学科是山川、海洋与洞穴。我们的学科是潮汐与河流。我们的学科是大气。我们的学科是冰川。我们的学科是草地、沙漠与森林。我们的学科是马路、街道、小巷与公路。我们的学科是垃圾场、后院、稻田与停车场。我们的学科贯穿于我们游逸的时间与空间。我们的学科是后田园的。"也充满想象力地说："我们的学科超越了大学的围墙去探索外面的广阔世界。我们的学科喜欢玩泥巴。我们的学科在外面待到很晚忘记回家。我们的学科有漫游的天赋。我们的学科希望讲述一种完全自由与野性的语言。我们的学科有点失控。我们的学科知道语言是野性的，思维是野性的栖息地，人类是野性的生物。"全篇行文充满了对世俗功利主义的排斥和对自然生态环境的向往，施拉芬伯格一再强调"所有的教育都是一种环境教育"，主张"我们的学科培养环境性、环境想象和环境意识"。就本质而言，施拉芬伯格这篇清新脱俗的文章是在传递一种生态之于创意写作的隐喻，力图软化人们僵硬的学科思维，主张用生态思维重塑当前的学术环境。这种对创意写作研究的生态性理解超越了人们当前的学科认知，并将通识博雅的理念内化于创意写作的研究，浪漫地突破了学科桎梏，以生态环境中无限的可能性扩充了创意写作研究的内涵。

"生态性"是创意写作研究对创意写作学科属性的拓展，"包容性"则是创意写作研究对创意写作实践主体的解放。同样是在《创意写作研究》首期，托尼娅·海格曼（Tonya Hegamin）描述了有色人种作家在创意写作项目中的亲身经历，以及这些项目中多元性和包容性对话空间的缺失。[2] 美

---

[1] Jeremy Schraffenberger, "Our Discipline: An Ecological Creative Writing Manifesto", *Journal of Creative Writing Studies*, Vol.1, No.1, 2016. 本文引用的杰里米·施拉芬伯格观点皆来源于此。

[2] Tonya Hegamin, "Diversity and Inclusion: A Manifesto and Interview", *Journal of Creative Writing Studies*, Vol.1, No.1, 2016. 本文引用的托尼娅·海格曼观点皆来源于此。

国社会的有色人种在创意写作学习、教授和行政管理中的缺失已经成为一个普遍的话题。针对这种缺失以及对这些对话的持续需求,海格曼认为多元(diversity)"仅仅是一种想法、一种理论,而包容(inclusion)则是必要的行动"。也就是说,这种行动将为边缘化和代表性不足的人创造更大的公平。除了有色人种,还涉及不同的宗教、社会阶层、语言、性别、身份、国籍/移民身份和身体/学习能力(缺陷)等其他少数群体。在海格曼看来,现代学术的创意写作课堂是草根和小区行动主义(community activism)的直接产物,这些行动主义发现于哈莱姆文艺复兴(Harlem Renaissance)、黑人艺术运动(Black Arts Movement)、垮掉的一代诗歌(Beat Poetry)、口头语言(Spoken Word)、女性主义(Feminist)、酷儿(Queer)和残疾人研究(Disability Studies)等。如果没有这些多元化的革命,文学课堂上就会只有老朽的白人男性,可能也不会有那么多创意写作项目。事实上,自爱荷华大学于1897年春季学期设立第一个以"诗歌"为主的创意写作班,到随后工作坊的建立,虽然它们未能解决政治和身份问题导致的对有色人种作家的敌视和压抑,但为个人发出多样性的主张提供了平台和声音被听到的机会。正是在这个意义上,创意写作研究有可能在多个层面上建立持久的跨文化交际。

创意写作研究界对"包容性"的讨论持续进行。2017年,伦敦的布鲁姆斯伯里出版社出版了贾内尔·阿德西特(Janelle Adsit)的《走向包容性创意写作:文学写作课程指导的阈值概念》(*Toward an Inclusive Creative Writing: Threshold Concepts to Guide the Literary Writing Curriculum*)。其后,在2020年的《创意写作研究》上,英属哥伦比亚大学的约翰·维尼亚(John Vigna)为此书撰写了评论文章①。维尼亚认为贾内尔·阿德西特的《走向包容性创意写作:文学写作课程指导的阈值概念》为包容性课堂提供了及时、具有启发性和说服力的案例,并且促使教师和机构转变课程和工作坊实践。阿德西特的核心论点是让"学生在创意写作中学

---

① John Vigna, "Review of *Toward an Inclusive Creative Writing: Threshold Concepts to Guide the Literary Writing Curriculum*", *Journal of Creative Writing Studies*, Vol. 5, No. 1, 2020. 本文引用的约翰·维尼亚观点皆来源于此。

习如何以批判意识来书写差异和同一性"。该学科的教师有责任去"揭露审美精英主义的神话对我们视野不平等的蒙蔽,走向更具包容性的创意写作教学"。阿德西特借用佩姬·麦金托什(Peggy McIntosh)的"解除特权"(unpacking privilege)练习,让创意写作教师和学生"发现并揭露延续了这种审美精英主义神话的特权形式"。换言之,阿德西特改变了一种"以学科为中心"而非"以学生为中心"的教学方法,打破了创意写作"以教师为中心的等级制度"(teacher-centered hierarchy)。全书用大量篇幅介绍了"注意力""创造力""作者""语言""体裁""技艺""小区""评价""表现""抵抗""理论""修改"等12个基本概念,阿德西特认为这些概念"可以将创意写作技艺的教学转变为对文化生产多样性和广泛性进行批判性反思的机会"。

总体来看,生态性也好,包容性也罢,本质上创意写作研究带给创意写作的贡献在于自由:生态性使作为学科的创意写作享有更自由的创意空间,包容性使作为实践的创意写作更富有自由的写作氛围。在这样的过程中,不合理的权力和权威逐渐式微,创意写作的课堂也变得更谦逊、更人性化。无论是创意写作教师还是学生都在重新审视自己作为作家的价值,并在努力表达自己时探索不同的声音。从学术学科的意义上说,如果没有创意写作研究,便不会有生态性创意写作和包容性创意写作的主张,正是创意写作研究使创意写作更自由地发展。

结　语

《创意写作研究》是观察海外写作学界看待创意写作研究的一个重要媒介。通过安娜·莱希的论文,可以发现创意写作研究作为一个术语并非理所当然,在接受和使用这一术语时需要批判性考察,并保持清醒认知,避免沉湎于安逸的学术舒适圈。当前,虽然蒂姆·迈耶斯指出创意写作研究仍然只是一个领域,而非学科,但他与特伦特·赫根拉德都为争取创意写作研究学科身份提供了可行的思路。至于创意写作研究对"创意写作"的影响,杰里米·施拉芬伯格和托尼娅·海格曼等学者的研究表明,不一定要分离看待"创意写作研究"与"创意写作",生态性创意写作和包容性创意写作的提出实际上与创意写作研究息息相关。上述内容对中国学界了解海外创意写作学的发展应当有所帮助,并可为本土创意写作发展提供启发和借鉴。

同时,有必要注意的是,《创意写作研究》的产生具有本土研究语境,"创意写作研究"术语的提出也具有本土学术背景。对于中国学者而言,固然可以移植外来概念,但不能简单挪用,不应忽视海外的研究语境和学术背景,也不能忽视中国学术研究的现实情况。如果引入"创意写作研究"的概念,那么对于"创意写作研究"的术语合理性问题、学科身份问题及其与"创意写作"之间的关系问题,需要中国学者从中国写作学的实际出发,进行审慎的思考。

后 记

2013年，习近平总书记在《在全国思想宣传工作会议上的讲话》中指出，要讲好中国故事，传播好中国声音。随后，在2014年的《在文艺工作座谈会上的讲话》以及2017年的"十九大"报告中充实和强化了这一重要论述，对中国写作学科的理论研究与写作实践有重要指导意义。写作实践中出现的新问题、新情况需要学理化的探索与总结，中国写作学科对讲好中国故事的相关理论建设刻不容缓。

故事作为人类个体、群体的叙述或叙事行为的结果，是人类生活中发生的事件及其过程的记录形式。中国故事是中华民族共同体生活中的事件及其历史的呈现，可以通过神话、传说、音乐、绘画、舞蹈、诗歌、小说、戏剧、电影、电视剧等艺术类型来表达。写作便是讲好中国故事的"基础设施"。中华人民共和国成立70多年以来，中华民族和中国社会取得了伟大进步，这种进步是由一次次生动鲜活的事件组成的。要讲好中国故事，就要以中国和中国人民为核心，真实再现中国的历史与现实，客观正视中国社会的主要矛盾和问题，准确反映中国人民的生活与心声，完整体现中国人的物质文明与精神气质，全方位、大视野、多角度地呈现中国的发展与进步。

为此，2023年11月10日至12日，中国写作学会"写作与讲好中国故事"学术研讨会暨会员代表大会在湖南长沙召开。本次会议获得国家社会科学基金社团主题学术活动资助，由中国写作学会和湖南大学主办，湖南大学中国语言文学学院承办，得到写作杂志社、高等教育出版社支持。来自清华大学、浙江大学、武汉大学、南开大学、华东师范大学、华中科技大学、湖南大学、上海大学、国防科技大学等80多所高校，以及各省、市、区 20 多个写作学会的 200 余名专家学者、会员代表参加会议。会议倡导写作学界同人通过写作的方式,挖掘中国故事、建构中国话语、传播中国价值观,向世界展现真实、立体、全面的中国,提高国家文化软实力和中华文化影响力。此次会议致力于实现三大目标。

第一,以新媒介技术和大众传播渠道,拓展中国故事的写作场域。当前关于"中国故事"的理论与批评更多地关注"怎样讲述",也就是何为"中国性"以及怎样具有"故事性"等问题,谈论对象则多聚焦于中国现当代文学作品,这一角度当然具有合理性。但我们也必须看到,在当代社会文化语境下,"中国故事"在文学层面常见的讲述方式已经不只是传统形态的文学作品,还有以新媒介技术和大众传播渠道为支撑的网络文学以及影视作品等。因此,对于写作与讲好中国故事的学术研讨不仅要立足于传统文学写作,也需要与时俱进,关注更广泛的写作场域。

第二,凸显中国道路和中国智慧,增强文化自觉和文化自信。梳理和全面总结中国文化的发展脉络与历史进程,充分挖掘先辈留下来的众多优秀文化精髓,在继承和弘扬传统文化的基础上创立适应当今时代发展需要的当代中国文化,面向国内外受众群体讲好更多蕴含中国传统、中国智慧、中国精神和中国风貌的中国故事。这对于我们建立起自身应有的文化自觉与文化自信至关重要。

第三,以故事讲述中国构建人类命运共同体的努力和成就。有意识、有目的地挖掘、整理与呈现对蕴含中国传统、中国风格、中国形象、中国精神的故事。同时,还要讲好中国在伙伴关系、安全格局、经济发展、文明交流、生态建设等方面的努力和成就,让中外受众愿意听、听得懂、有共鸣,为构建人类命运共同体凝心聚力。

此次会议以世界为视野,立足中国写作实践,重点强调了写作学科体系建设、学术体系建设和话语体系建设要具有中国特色,并从顶层设计、写作实践、人才培养三方面总结、探索了中国写作学派的体系建构与发展路径。与会学者指出,中国优秀传统文化故事和反映中国当下时代发展全貌的作品有助于展现中国形象与中国特色,让世界全面了解中国;应当凸显中国传统文论及现当代写作中的中国道路和中国智慧,增强文化自觉和文化自信；要注意挖掘、传播优秀文学作品蕴含的中国价值观，提高国家软实力和中华文化影响力。同时，会议展望新时代写作学科"讲好中国故事"的愿景，提出要发掘优质写作素材，提高中国故事内容质量；融合多种写作媒介，增强中国故事传播能力；提炼核心写作概念，打造中国故事学术品牌。

此次会议收到论文77篇，总字数达60余万。除此之外，中国写作学会还以"写作与讲好中国故事"为主题发起征文活动，并在会刊《写作》杂志上开辟同名专栏，共发表了10余篇。在这些论文的基础上，本书加以精选，并依照一定的体系分类整理。在这个过程中，湖南大学胡辉杰、沈闪及其带领的学生团队，以及武汉大学写作学研究生史婉莹、杨梦慈、肖一诺、曾楚尧、张笑雨、李桂豫等都做了不少工作。社会科学文献出版社的编辑团队在出版过程中做了大量而细致的编校工作。在此，对会议的组织者、参加者以及图书编辑者表示感谢，尤其要感谢国家社会科学基金规划办公室对会议和图书出版的资助。

愿以本书出版为契机，带动更多写作学者投身"写作与讲好中国故事"这项伟大事业。

编者
2024年10月

图书在版编目（CIP）数据

写好中国故事：中国写作学会专题论文选编／方长安，萧映，宋时磊主编．--北京：社会科学文献出版社，2024.11. --ISBN 978-7-5228-4565-4

Ⅰ.H05-53

中国国家版本馆 CIP 数据核字第 2024YJ4729 号

写好中国故事
——中国写作学会专题论文选编

主　　编／方长安　萧　映　宋时磊

出 版 人／冀祥德
组稿编辑／祝得彬
责任编辑／郭红婷
责任印制／王京美

出　　版／社会科学文献出版社·文化传媒分社（010）59367004
　　　　　地址：北京市北三环中路甲 29 号院华龙大厦　邮编：100029
　　　　　网址：www.ssap.com.cn
发　　行／社会科学文献出版社（010）59367028
印　　装／三河市龙林印务有限公司
规　　格／开　本：787mm×1092mm　1/16
　　　　　印　张：25.25　字　数：377 千字
版　　次／2024 年 11 月第 1 版　2024 年 11 月第 1 次印刷
书　　号／ISBN 978-7-5228-4565-4
定　　价／168.00 元

读者服务电话：4008918866

版权所有 翻印必究